**AG SPAK Bücher**
Arbeitsgemeinschaft sozialpolitischer Arbeitskreise

Bernd Hüttner, Christiane Leidinger, Gottfried Oy (Hrsg.)

# Handbuch Alternativmedien

# 2011/2012

## Printmedien, Freie Radios, Archive & Verlage

## in der BRD, Österreich und der Schweiz

Impressum

© Bei den HerausgeberInnen bzw. AutorInnen

1. Auflage 2011

ISBN 978-3-940865-22-9

Satz + Umschlaggestaltung: H. Zimmermann, W. Schindowski

Druck und Herstellung: Digitaldruck leibi.de, www.leibi.de

Erscheinungsort: Neu-Ulm

Die Veröffentlichung erscheint als M 247
in der Reihe Materialien der AG SPAK bei

     AG SPAK Bücher  Tel. (07308) 91 92 61
     Holzheimer Str. 7 Fax (07308) 91 90 95
     89233 Neu-Ulm  www.agspak-buecher.de

     Mitglied bei aLiVe

Die Veröffentlichung dieser Publikation erfolgte mit Unterstützung der Rosa Luxemburg Stiftung, Berlin.

**Bibliografische Information der Deutschen Bibliothek**
Die Deutsche Bibliothek verzeichnet diese Publikation in der
Deutschen Nationalbibliografie;
detaillierte bibliografische Daten sind im Internet über
http://dnb.ddb.de abrufbar.

# Inhaltsverzeichnis

Bernd Hüttner / Christiane Leidinger / Gottfried Oy

# Vorwort

Nach fünf Jahren liegt mit diesem Buch eine erweiterte und aktualisierte Fortsetzung des *Verzeichnisses der AlternativMedien 2006/2007* (Neu-Ulm 2006) vor. Der Band enthält wieder Beiträge zu alternativen Medien, der BRD-Adressbestand wurde von Christiane Leidinger aktualisiert und erweitert; die neuen Datensätze für Österreich und die Schweiz erhielten wir von zwei Genossen aus beiden Ländern.

Für die BRD konnten wir 472 Printmedien nachweisen, für Österreich 89 und die (deutschsprachige) Schweiz 104 Titel. Der Vergleich zum 2006er Verzeichnis zeigt die große Dynamik der alternativen Medienlandschaft. Nur bei 71 im letzten Verzeichnis genannten Titeln aus der BRD gab es keine Änderungen. Korrigiert und/oder ergänzt wurden 264 Datensätze. 137 neue Titel wurden aufgenommen. Eingestellt wurden oder auf online-Publikation umgestellt haben 119 Medien, über ein Viertel aller in 2006 aufgenommenen Titel.

Aber macht ein gedrucktes Verzeichnis mit Adressen von Printmedien heutzutage noch Sinn? Der Comedian Dieter Nuhr drückt sicher die Haltung vieler aus, wenn er sagt: *Zeitung ist ein Informationsmedium für Leute ohne Strom, so erfahren die, was gestern im Internet stand.*

Die Frage nach dem Sinn haben wir uns auch gestellt. Allen reden von Online und E-Books und der Bedeutungslosigkeit von Printmedien; in diesem Handbuch mit rund 700 Adresseinträgen von gedruckten Zeitungen, Zeitschriften, Fanzines und Infoschriften für die BRD, Österreich und die Schweiz zeigt sich ein anderes Bild. Unzweifelhaft gibt es einen Bedeutungsschwund gedruckter Medien. Aber zum einen war die Resonanz auf das Verzeichnis der AlternativMedien 2006/2007 sehr gut und etliche sprachen Bernd Hüttner auf eine Neuauflage an. Zum anderen wurde 2006 parallel zur Buchpublikation vom Verlag AG SPAK die Datenbank der Alternativmedien (www.alternativmedien.org) als online nutzbares Instrument geschaffen. Diese Datenbank, die auch weitergeführt werden wird, wurde sukzessive aktualisiert und ist Ausgangsbasis des in diesem Buch vorliegenden Verzeichnisses. Zudem gibt es faktisch weiterhin eine große Anzahl von alternativen Printmedien.

Wichtige Aufgabe von alternativen Medien ist es, Kritik und Utopien zu entwickeln, minoritäre Sichtweisen, Themen und Praxen zu thematisieren, zu reflektieren und gegebenenfalls zu popularisieren. Aufgaben und Herausforderungen, mit denen wir sympathisieren, und die wir angesichts der Lieblosigkeit mit der linke und alternative Bewegungen mit ihren Medien umgehen, weiterhin für wichtig halten.

Alternative Printmedien, also Zeitungen und Zeitschriften, spielen weniger für die Information der breiten Öffentlichkeit eine Rolle, ihre Bedeutung liegt vorrangig in programmatischen Debatten.

Wir riefen auf vielen verschiedenen Wegen, etwa über indymedia sowie etlichen Mailinglisten und Blogs dazu auf, neugegründete Titel zu melden. Darauf erfolgte, im Gegensatz zu 2006, keinerlei Resonanz. Die Einwerbung von Beiträgen zum redaktionellen Teil erfolgte öffentlich, ebenfalls über Mailinglisten und auf anderen Wegen. Das Echo darauf war wie auch beim Verzeichnis von 2006 eher ernüchternd. So sehr die entstandenen Beiträge zu begrüßen sind, und wir uns über sie freuen, kann doch als Ergebnis festgehalten werden, dass es derzeit keine weitergehende Beschäftigung mit alternativen Printmedien gibt – weder in der Wissenschaft, noch in den alternativen Printmedien selbst. Die Debatte um das Internet findet nicht nur, aber vor allem dort statt. Akademische Forschung und andere Auseinandersetzungen widmen sich den emanzipatorischen Möglichkeiten des Internets und anderer elektronischer Kommunikationsmittel. Was überhaupt heute alternative Printmedien sind, welche Bedeutung sie für Selbstverständigungsprozesse der sozialen Bewegungen wie auch zivilgesellschaftlicher Gruppen und das Erreichen einer größeren Öffentlichkeit spielen, wird kaum reflektiert. In den englischsprachigen Ländern ist dies offenbar anders. Dort erscheinen voluminöse Sammelbände in renommierten sozialwissenschaftlichen Verlagen, wie etwa *The Alternative Media Handbook* Ende 2007 im Routledge Verlag.

Es gilt auch dieses Mal: Ob die veröffentlichten Adressen ein realistisches Abbild der real existierenden Landschaft der alternativen Printmedien darstellen, muss offen bleiben, da niemand über ein vollständiges Bild verfügt, dies geht auch gar nicht. Mit dem Verzeichnis liegt aber auf jeden Fall eine aktuelle Bestandsaufnahme vor. Wir denken, dass wir zwar nicht alle, aber hoffentlich alle „relevanten" Medien versammelt haben. Es kommt hinzu, dass dieses Mal auch erstmals die Länder Schweiz und Österreich vertreten sind und deren deutschsprachige Titel aufgelistet werden.

Niemand kann sagen, wie groß die Zahl unbekannter existierender, aber hier nicht erfasster Medien ist. Die weite Szene der Musik-, Kultur- und anderen Fanzines ist vermutlich ebenso wenig in ihrer ganzen Breite erfasst, wie die der selbstorganisierten studentischen Hochschulmedien oder die der linken Betriebszeitungen. Ob der eine oder andere Titel in den Verzeichnissen ein alternatives Medium im ursprünglichen Sinne des Wortes ist, muss dahingestellt bleiben und sollte Gegenstand von politischen Diskussionen sein.

Auch dieses Handbuch kann und will nicht die Frage klären, was alternative Medien sind. Die Grenzen zum Mainstream sind mitunter fließend und intersektional betrachtet – also Herrschaftsverhältnisse verschränkt gedacht – wird ein klassisches Alternativmedium im einen Bereich aus einer anderen Perspektive betrachtet flugs zum zentralen Teil des Mainstreams der Medienlandschaft. Alternativ jedenfalls bedeutet seit den 1990ern Jahren – oder doch schon immer? – nicht automatisch links zu sein. Wir als Herausgeber_innen sind uns darüber untereinander und auch mit den Autor_innen nicht immer einig und können und wollen dies zudem nicht sein.

Im Zweifel haben wir uns bei der Titel-Aufnahme für alternative Einzelinhalte und/

oder Perspektiven entschieden, die das Medium (auch) publiziert. Sicherlich konnten nicht alle bestehenden und neuen Medientitel erfasst werden; dieses Handbuch bietet aber einen breiten Überblick über die Vielfältigkeit der alternativen Printmedien.

## Danksagung

Wir danken zuerst der *Rosa Luxemburg Stiftung*. Die umfangreiche und aufwendige Arbeit an diesem Buch wurde von ihr im Rahmen ihrer Projektförderung teilweise finanziert. Weiter danken wir allen Autoren und Autorinnen – und dem Verein *Contraste*, der die gleichnamige, schon seit über 20 Jahren erscheinende Monatszeitschrift herausgibt, auf deren „Bunten Seiten" der Adressbestand von 2006 beruhte.

Dann geht ein dicker Dank an zwei ungenannt bleiben wollende Genossen der radikalen Linken aus Wien und Zürich, die in den dortigen Archiven sozialer Bewegungen seit Jahren engagiert sind und die Adressen aus ihren Ländern beitrugen bzw. korrigierten.

Für Infos zu den BRD-Adressen bedanken wir uns bei allen Archiven und Initiativen, die uns Rückmeldungen gaben, v.a. bei Rita Kronauer vom *ausZeiten Frauenarchiv* (Bochum), bei Jürgen Weber vom *medienkombinat* (Berlin), Patrick Schwarz und seinen Kollegen vom *apabiz, antifaschistisches pressearchiv und bildungszentrum* (Berlin), Fabian Virchow (*FH Düsseldorf*), außerdem der *Bundesarbeitsgemeinschaft für Straffälligenhilfe e. V.* (Bonn) für Adressen zu Gefangenenzeitungen. Für weitere Unterstützung geht ein Dankeschön an: Vanessa Tuttlies, Gabriele Dennert und Jillian B. Suffner (alle Berlin) sowie an Ingeborg Boxhammer (Bonn) und M. K. aus Oldenburg.

Nicht zuletzt danken wir allen alternativen Medienmacher_innen sowie ihnen und euch, falls sie dieses Buch gekauft und/oder gelesen haben – und wünschen bei der Lektüre viel Spaß, neue Erkenntnisse und Streitpunkte rund um alternative Medien.

Bremen / Berlin / Frankfurt/Main, April 2011

# Zusätzliche Angebote zum Handbuch AlternativMedien 2011/2012

**Web-Adressen**
**www.alternativmedien.org (kostenlos)**

**Adressenliste als Exel-Datei**
**Bezug über Verlag (spak-buecher@leibi.de) 30 Euro**

# ALTERNATIVE MEDIENDISKUSSIONEN

# Alternative Medien – theoretisch gesehen

*Gottfried Oy*

# Lebenswelt Gegenöffentlichkeit

## Medienkritik und Alltag sozialer Bewegungen

*„Es ist keine Zeit nüchterner Reflexion, sondern eine Zeit der Beschwörung. Die Aufgabe der Intellektuellen ist mit der des Organisators der Straße [...] identisch: mit dem Volke zu spre-chen und nicht über das Volk. Die prägende Literatur jetzt ist die Underground-Literatur, sind die Reden von Malcolm X, die Schriften Fanons, die Songs der Rollings Stones und von Aretha Franklin. Alles übrige klingt wie der Moynihan-Report oder ein ‚Time‘-Essay, die alles erklären, nichts verstehen und niemanden verändern."* (Andrew Kopkind, 1968)

    *„Die Diktatur des SINNs zersprengen, das Delirium in die Ordnung der Kommunikation einführen, das Begehren, die Wut, die Verrücktheit, die Ungeduld und die Verweigerung sprechen lassen. Diese Form der linguistischen Praxis ist die einzige adäquate Form einer umfassenden Praxis, die die Diktatur des Politischen zersprengt, die die Aneignung, die Ver-weigerung der Arbeit, die Befreiung, die Kollektivierung in das Verhalten einführt."* (Radio Alice, 1977)

Die Zeit der Beschwörungen ist längst vorbei, niemand redet mehr vom Delirium der Kommunikation, wer heute noch von Gegenöffentlichkeit spricht, hütet sich vor pa-thetischen Formeln oder kommunikationstheoretischen Grundsatzfragen. Nicht, dass es nicht noch immer eine Suche nach den „wahreren" Informationen und eine grund-legende Kritik an den bürgerlichen Medien und der Passivierung nicht nur des Fern-sehpublikums gäbe, im Gegenteil. Allerdings ist der Kontext einer Gegenöffentlichkeit als kritischer Gesellschaftstheorie und zugleich einer Lebenspraxis eines Alternativ-milieus weggebrochen – und das nicht erst seit kurzem. Diesen doppelten Charakter nachzuzeichnen, ist einer der Ansprüche dieses Beitrags. Es geht dabei auch darum aufzuzeigen, dass es falsch ist, das Konzept Gegenöffentlichkeit auf ein einfaches Ma-nipulationstheorem zu verkürzen: Als Lebenswelt war Gegenöffentlichkeit auch immer dadurch geprägt, Medienkompetenz vermitteln zu wollen, sich selbst zu Medienprodu-zenten zu machen und dadurch letztlich auch das eigene Rezeptionsverhalten radikal zu verändern.

    Welche Bestandteile zeichnen Gegenöffentlichkeit als Lebenswelt aus? Da ist zu-nächst der starke, existenzialistisch eingefärbte Imperativ des „Politisch-Seins" der 68er, im Gegensatz zum „rein äußerlichen Engagement", wie ihn Diedrich Diederichsen (2005: 4) benennt:„Wichtigste tiefenmoralische Innovation der 68er war, das man politisch *sein* muss – politisch *leben*." Als weiterer Aspekt ist das ambivalente Verhältnis zur Warenwelt zu nennen. Auf der einen Seite beinhaltet auch das Konzept Gegenöffentlichkeit eine harsche, fast schon protestantisch-asketisch zu nennende Konsumkritik, gleichzeitig ist aber auch eine Nähe zur Warenwelt zu spüren: „Der Warenkonsum war in Wahrheit der besseren Welt viel zu nahe" (ebd.), musste gerade deshalb entsprechend scharf bekämpft werden. An der Welt der Massenmedien gab es jedoch auch in den Sechzigern kein vorbei: „Nur die seltene, weit entfernte und schwer – für den Protestanten durch harte Arbeit oder Askese, für den Plutokraten durch viel Geld, für den Kenner durch erlesenen Geschmack – erreichbare Erfahrung konnte von Belang sein. Den massenhaft kursierenden Bildern und Praktiken der Befreiung war nicht zu trauen, zugleich waren sie aber das Material, das die kritische Unruhe einiger Studierender zu einer globalen Massenbewegung machte." (ebd.)

Die Medien selbst sind schließlich immer auch Konsumprodukte und der Konsum medialer Produkte auch eine Form der Rezeption. Der Mickey Mouse-Heftchen lesende Andreas Baader wurde einerseits bildungsbürgerlich abgekanzelt, andererseits auch gerade deswegen bewundert. Enzensberger hat dieses Phänomen schon 1970 in seinem Baukasten-Aufsatz kritisiert: „In Westeuropa tritt die sozialistische Bewegung hauptsächlich mit sprachlich, inhaltlich und formal exklusiven Zeitschriften an eine Öffentlichkeit von Einverstandenen. Diese Korrespondenzen und Mitteilungsblätter setzen eine Mitglieder- und Sympathisantenstruktur und eine Mediensituation voraus, die etwa dem historischen Stand von 1900 entsprechen [...]. Vermutlich hören ihre Produzenten die Rolling Stones, verfolgen auf dem Bildschirm Invasionen und Streiks und gehen ins Kino zum Western oder zu Godard; nur in ihrer Eigenschaft als Produzenten sehen sie davon ab, und in ihren Analysen schrumpft der ganze Mediensektor auf das Stichwort Manipulation zusammen." (1997: 105)

## Lesebewegungen

Es gab also schon 68 eine deutliche Orientierung an Massenmedien: Ihnen ist zwar nicht zu trauen, gleichzeitig sind ihre Bilder, Argumentationen und Begriffschöpfungen Grundlage der Rebellion bzw. formen so etwas wie eine Bewegung mit, wie etwa Antje Eichler anhand der Berichterstattung des Bayerischen Rundfunks und Meike Vogel in ihrer Untersuchung von ARD und ZDF zeigen (vgl. Eichler 2005; Vogel 2005). Wie anders als über Massenmedien konnte z.B. der Eindruck weltweiter Aufstände – von Südostasien bis Südamerika – vermittelt werden?

Zwar war auch schon in den Sechzigern das Fernsehen Massenmedium Nummer eins, Printmedien waren allerdings immer noch sehr bedeutend, es gab einen regelrechten Publizistikboom, unterstützt durch die Entwicklung neuer, günstiger Drucktechniken wie dem Offsetdruck. Printmedien als eigene Medien werden zu Symbolen des Alternativmilieus. Bestimmte Zeitschriften zu abonnieren wird zum Ausdruck der Zugehörigkeit zur Bewegung. Buch- und Infoläden sind wichtige soziale Treffpunkte, Adelheid von Saldern prägt in diesem Zusammenhang den Begriff der „Lesebewegungen" (2004). Sie geht noch weiter und unterstellt den Printmedien, dass sie eine verstreute und isolierte Linke „in medial verbundenen Netzwerken [zu] sammeln und dadurch [zu] stärken"(ebd.: 165) vermochten. Unter Lesen wurde jedoch nicht etwas Individuelles, sondern eine soziale Praxis verstanden, es gab ein anders geartetes Verständnis von Bildung: „Ein entgrenzter, autonomer und selbstbestimmter Bildungswille sprengte den konventionellen Kanon dessen, was bis dahin als Pflichtlektüre angesehen wurde. Es war die Suche nach neuen Bezugsgrößen, die das Lesen stimulierte." (ebd.) Genau an diesem Punkt ist die Schnittstelle von Gegenöffentlichkeit als rationalem Konzept und einer Lebenswelt mit hochgradig symbolischem Gehalt zu erkennen: „Linke Bücher und Zeitschriften dienten nicht nur der Information, der Aufklärung und der Selbstfindung, sondern wurden auch Symbole eines kulturell-politisch bestimmten Milieus, die in den damals neuen Wohngemeinschaften und den dazu passenden Lebensstilen ihren Niederschlag fanden." (ebd.: 166)

Die Gegenöffentlichkeit beginnt darüber hinaus in die bürgerliche Öffentlichkeit hinein auszustrahlen: Es wir der Verband des linken Buchhandels gegründet, der sich in der Standesorganisation des deutschen Buchhandels, dem Börsenverein, Auseinandersetzungen mit den etablierten, großen Verlagen über Vertriebsstrukturen und Verlagsprogramme liefert, auf den Buchmessen der damaligen Zeit und innerhalb der Verlage gibt es heftige Debatten über Organisationsstrukturen und inhaltliche Ausrichtung. Die Raubdruckbewegung beeinflusst besonders stark die Verlagspolitik und zwingt Großverlage zu Neuausgaben vergriffener Werke. Die Rezeption wichtiger theoretischer Schulen wie etwa der Kritischen Theorie, der Sozialpsychologie oder der Antiautoritären Pädagogik wurde maßgeblich durch Raubdrucke beeinflusst; gerade da, wo sich Autoren oder Verlage einer Wiederveröffentlichung zentraler Schriften verweigerten (vgl. von Olenhusen 2002). Zahlreiche Verlagsneugründungen dieser Zeit verdeutlichen, wie weit die Gegenöffentlichkeit in den Literaturbetrieb hineinwirkte (vgl. von Saldern 2004; Bentz u.a. 1998) - bis hin schließlich zu der von Peter Glotz Ende der Siebziger angestoßenen Zwei-Kulturen-Debatte.

Das Konzept Gegenöffentlichkeit leidet allerdings darunter, dass es trotz Bezügen auf die Bilderwelten des Fernsehens, trotz Medienwerkstätten, Videogruppen und Freien Radios eine auf Printprodukte und das Lesen, wenn auch als kollektivem Prozess, fixierte praktische Medienkritik blieb und deshalb schließlich mit dem Niedergang linker Lesebewegungen in den achtziger Jahren zu kämpfen hatte - dem Wandel der Leitmedien konnte nicht begegnet werden. Adelheid von Saldern (2004) folgend, war die Lesekultur der linken Protestbewegung die letzte, die nahezu ausschließlich auf das geschriebene Wort, Buch und Zeitschrift rekurrierte, insofern kann das Konzept Gegenöffentlichkeit getrost als Bestandteil einer grauen, noch nicht multimedialen Vorzeit abgehakt werden. Oder vielleicht doch nicht? So schnell soll die Ehrenrettung des Konzeptes noch nicht abgebrochen werden. Zunächst sollen noch einmal die konzeptionellen Grundlagen des Konzeptes Gegenöffentlichkeit vergegenwärtigt und die Frage beantwortet werden, was sich davon heute noch in praktisch-kritischen Medienkonzepten wiederfindet. Die kleine Gegenöffentlichkeits-Geschichtsstunde geht demnach in die zweite Runde.

Drei idealtypische Formen von kritischen Theoremen von Öffentlichkeit, Medien und Demokratie und den mit ihnen korrespondierenden Praxisformen der letzten 40 Jahre lassen sich in diesem Kontext bestimmen: Gegenöffentlichkeit als Sorge um die Demokratie, Betroffenenberichterstattung als Kritik an der Massendemokratie und Kommunikation als emanzipative Strategie (vgl. Oy 2001: 191 ff.).

## Sorge um die Demokratie

Im September 1967 wird auf einer Delegiertenkonferenz des SDS als Reaktion auf die Berichterstattung über die studentische Protestbewegung in den Massenmedien eine „Resolution zum Kampf gegen Manipulation und für die Demokratisierung der Öffentlichkeit" (SDS 1967) verabschiedet. Hier ist zum ersten Mal im Kontext bundesrepublikanischer sozialer Bewegungen von Gegenöffentlichkeit die Rede. Nach Ansicht des SDS ist es die ökonomische Krise, die nach dem Ende der Restaurationsphase der Nachkriegszeit Repression und Manipulation als Herrschaftsmittel begünstigt. Öffentlichkeit sei in dieser historischen Phase nicht mehr „Widerspiegelung des grundlegenden gesellschaftlichen Konflikts" (ebd.: 29), sondern „funktionale Beherrschung der Massen" (ebd.). Herrschaft beruhe auf der „erkauften Zustimmung der Beherrschten" (ebd.). Somit werde der Kampf um die „Befreiung des Bewusstseins" (ebd.) die zentrale gesellschaftliche Auseinandersetzung - nicht nur auf einer manifesten Ebene, sondern auch bis hin zur psychischen Konstitution der Individuen. Die Enteignet-Springer-Kampagne mit ihren Zielen Entflechtung der Monopole, Abschaffung der Werbung, Schutz vor staatlichen Eingriffen, innere Pressefreiheit und Recht auf Artikulation in den Medien wird zur ersten umfassenden und offensiven Aktion gegen Meinungsmanipulation erklärt. Das Aktionsprogramm beinhaltet den Kampf um das Grundrecht auf Freiheit der Information und die Aufforderung zur Bildung einer „praktisch-kritischen" (ebd.: 34) Öffentlichkeit: „Es kommt darauf an, eine aufklärende Gegenöffentlichkeit zu schaffen, die Diktatur der Manipulateure muss gebrochen werden" (ebd.).

Auf Grundlage einer solchen Vorstellung von Gegenöffentlichkeit sollten die 1970er-Jahre zum Jahrzehnt der alternativen Publizistik werden. Treffend wurde sie von Geert Lovink (1992) im kritischen Sinn mit dem Begriff „Megaphonmodell" charakterisiert: Vom Aktivismus weniger und der Verbreitung der richtigen Informationen wird sich eine Art gesellschaftsverändernde Kettenreaktion versprochen.

## Kritik der Massendemokratie

Das zweite große Konzept innerhalb der Theorie und Praxis alternativer Öffentlichkeit stellt sich – anders als das Konzept Gegenöffentlichkeit, welches eine explizit moderne, an der Philosophie der Aufklärung orientierte politische Theorie ist – in die ambivalente Tradition der Kritik der Massengesellschaft. Hinter dem Ansatz der authentischen Kommunikation, welcher die „eigentlichen" Bedürfnisse der Individuen in den Mittelpunkt stellen möchte, steht eine fundamentale Kritik an den Informations- und Kommunikationsangeboten der Massenmedien. Ihnen wird vorgeworfen, sie würden auf Grund ihrer anonymen und einseitigen Struktur einen realen Meinungs- und Wissensaustausch verhindern und somit dazu beitragen, dass es den Individuen nicht mehr möglich sei, „wirkliche" Erfahrungen zu machen. Eine solche Kritik rekurriert insbesondere auf früh-bürgerliche Formen der kommunikativen Praxis und auf die Etablierung konkreter geografischer statt abstrakter Orte des kommunikativen Austauschs.

Drei Momente stehen bei dieser Art Medienkritik im Mittelpunkt: Das ist zunächst die Vorstellung der Authentizität selbst, das heißt der Propagierung einer „wirklichen" Kommunikation statt einer durch die Massenmedien vermittelten, die als eine verfälschte Form angesehen wird. Zum Zweiten gehört zu diesem Konzept ein positiver Bezug auf den Begriff der Kreativität. Rezeption wird innerhalb des Theorems der authentischen Kommunikation als eigenständige kreative Tätigkeit nicht anerkannt, insbesondere die Rezeption massenmedialer Angebote fällt unter das Verdikt des unkritischen, passiven Konsumierens. Schließlich ist die Vorstellung der Authentizität eng mit dem Betroffenheitskonzept verbunden. Gemäß dem Postulat der Politik in erster Person wurde einer als authentisch eingeschätzten Äußerung eines Betroffenen mehr Glauben geschenkt als Berichten aus den etablierten Medien. Durch die kategorische Ablehnung von Journalismus sollte der Zusammenschluss von authentischer Meinungsäußerung, Bericht der Betroffenen, Kollektivitätserfahrungen und politischer Aktion gewahrt bleiben (vgl. Stamm 1988: 71 ff.).

Darüber hinaus geht es den Akteuren der alternativen Medien auch um den Organisierungs- und Mobilisierungseffekt, der die authentische von der Massenkommunikation abhebt. Eine Art Selbstaufklärung der Beteiligten soll im Gegensatz zu klassischen anonymen Aufklärungsprozessen die Berücksichtigung individueller Erfahrungs- und Lebenswelten verbürgen.

## Emanzipative Strategien

Drittes großes Konzept innerhalb der Theorie und Praxis alternativer Öffentlichkeit schließlich ist das Rückkanal- oder Interaktivitätsmodell. Von der sowjetischen Avantgarde in den 1920er-Jahren über Brecht und Benjamin bis zu den Netzwerktheorien der 1990er-Jahre zieht sich der Gedanke, nur ein grundlegender Wandel des Verhältnisses von Medienproduzenten und -rezipienten könne eine Umwälzung der Struktur der Medien und somit der Gesellschaft hervorbringen. Dieser Wandel wurde zum einen – zunächst am Radio, wesentlich später dann am Internet – an der technischen Möglichkeit, zugleich senden und empfangen zu können als Chiffre für wahrhaft demokratische Verhältnisse und zum anderen an der theoretischen Beschäftigung mit dem Rezeptionsverhalten – maßgeblich angeleitet durch Stuart Hall und seine Unterscheidung in affimierende, kritische und oppositionelle Lesarten – deutlich.
Grundsätzlich eint die Ansätze der Interaktion, dass Kommunikationsprozesse als Gegenpol zu den als vermachtet beschriebenen Strukturen der klassischen Massenmedien angesehen wird. Historisch bezieht sich diese Betonung von Kommunikation auf

die Durchsetzung der Meinungsfreiheit als eine der zentralen Forderungen der bürgerlichen Revolutionen (vgl. Schuster 1995). Die Etablierung von Kritik und die Entstehung der Medien sind historisch untrennbar miteinander verbunden. Im Prozess der Ausdifferenzierung der kommunikativen Techniken setzte sich jedoch eine Art „Geständniszwang" (Dorer 1997: 248) durch, die ehemals freie Meinungsäußerung wurde in eine Art „Verpflichtung zur medialen Selbstrepräsentation" (ebd.: 249) transformiert. Wenn also heute von einer Diskursivierung der Macht ausgegangen werden kann, sollten dementsprechend andere politische Strategien eingefordert werden. Kommunikation kann demnach nicht mehr an sich als demokratisierend beschrieben werden, es geht vielmehr darum, benennen zu können, welche Aspekte von Kommunikation – ehemals in emanzipativem Sinne eingefordert, heute machtkonform integriert – öffentliche Räume anders strukturieren würden und welche inzwischen fester Bestandteil dieser Räume sind.

## Erfolgsgeschichte Gegenöffentlichkeit?

Wo finden sich nun die in diesen drei idealtypischen Konzepten formulierten politischen Ziele wieder? Inwieweit deren Praxis Eingang in Inhalt und Konzept moderner Medien gefunden hat, soll an deren Grundlagen überprüft werden. Diese sind (vgl. Oy 2001: 191 ff.): Politik in erster Person, Betroffenheit und Authentizität, Verbreitung zurückgehaltener Nachrichten, Verwirklichung des Rückkanal-Theorems, nichthierarchische Arbeitsteilung und schließlich parteipolitische und ökonomische Unabhängigkeit.

Der Einzug von Politik in erster Person, Betroffenheit und Authentizität in die Massenmedien ist sicherlich am deutlichsten zu beobachten. Losgelöst von politischen Inhalten, werden Betroffenheit und authentische Meinungsäußerung selbst zum Inhalt und verleihen den Medien ein kritisches Image. Hier zeigt sich die Vereinbarkeit von Betroffenheit und Personalisierung, eine der Grundlagen des Journalismus. Was auf den ersten Blick wie eine Öffnung einer ehemals monokulturellen Hegemonie hin zu nichthegemonialen Lebensläufen oder einfach nur abseitigen Themen wirkt, stellt lediglich eine neue Form der erweiterten Selbstdisziplinierung in der geforderten permanenten Rede über sich selbst dar. Inwieweit die Normierung massenmedialer Lese-, Seh- und Hörgewohnheiten das in erster Linie alltagskulturelle Rezeptionsverhalten bestimmt, kann allerdings nicht allein über die Analyse der Medieninhalte, sondern nur über die Beschäftigung mit der kulturellen Hegemonie selbst geklärt werden.

Die Verbreitung zurückgehaltener Nachrichten: Rein quantitativ kann davon ausgegangen werden, dass mittels zunehmender Anzahl von Printmedien, Fernsehkanälen, Hörfunksendern und Onlineangeboten die Zahl der veröffentlichten und auch relativ breit zugänglichen Informationen zunimmt. Allerdings zeigt sich ebenso, dass auch die vermehrte Anzahl an Publikationsmöglichkeiten kein Verlassen des vorher festgesteckten hegemonialen Terrains ermöglicht. Insbesondere im globalen Kontext zeigt sich doch allzu oft eine erschreckende Fixierung auf eine borniert nationale Perspektive.

Zu beobachten ist zudem eine zunehmende Passivierung der Öffentlichkeit und eine Zusammenhangs- und Folgenlosigkeit kritischer Äußerungen.

Verwirklichung des Rückkanal-Theorems: Ging es bei Brecht noch darum, anhand der nicht genutzten technischen Möglichkeiten des Radios aufzuzeigen, inwiefern die Vermachtung eines neuen Massenmediums zur machtförmigen Verknappung der demokratisierenden Potenziale führt, so ist diese Argumentationsweise angesichts der neuen Informations- und Kommunikationstechnologien in gewisser Weise obsolet geworden. Zwar gibt es auch heute ebenso Vermachtungsprozesse neuer Medientechnologien, welche die Spielräume für emanzipative Möglichkeiten verkleinern – wie die Massenmedialisierung des Internets zeigt –, aber der „Rückkanal" als technische Möglichkeit ist längst eingeführt, eine tatsächliche Umwälzung der Verhältnisse in der Medienwelt lässt aber weiter auf sich warten.

Auch die Aspekte der angestrebten nichthierarchischen Arbeitsteilung und der damit zusammenhängenden ökonomischen und parteipolitischen Unabhängigkeit innerhalb der Projekte der alternativen Medien fungierten – neben ihrer utopischen Rolle, die sie sicherlich auch spielten – als Innovationspotenzial für die Umstrukturierung der Produktion – nicht nur im Bereich der Medien (vgl. Hirsch 2002; Negri, Hardt 2004). Selbstausbeutung und ein hoher Identifikationsgrad mit Arbeit und Betrieb waren die betriebswirtschaftlichen Vorteile der Alternativen Medien, so konnten handwerkliche und materielle Schwächen durch große Innovativkraft ausgeglichen werden. Indem nun die Massenmedien diese ehemaligen alternativen Konzepte – und auch die dazugehörigen, entsprechend hoch motivierten Seiteneinsteiger – übernehmen, wird das gesamte Konzept überarbeitungsbedürftig. Anzumerken ist an dieser Stelle aber auch, dass der umgekehrte Weg beschritten wurde und ehemalige Alternativprojekte Konzeptionen der Massenmedien übernommen haben.

Inwieweit gerade der Erfolg der Medienkritik aus der Gegenöffentlichkeit zum Zusammenbruch der Gegenöffentlichkeit als Lebenswelt beigetragen hat, bleibt zu diskutieren. Der berühmte „Sprung aus der Marginalisierung", von dem Peter Brückner angesichts der Gründung der *taz* sprach und die herbeigesehnte Professionalisierung führten letztlich eben auch zum Ende des Alternativmilieus, das sich um die Medienprojekte der Siebziger rankte.

Alternative Medien sind also, wie sich gezeigt hat, gar nicht so rationalistisch-aufklärerisch und an der Funktionsweise von Macht vorbeigehend, wie sie immer kritisiert werden. Ihre vermeintlichen Nebeneffekte wie Medienkompetenz, kollektive Prozesse, Ausprobieren, Do it yourself-Selbstermächtigung und Rezeptionserfahrungen sind als weit wichtiger und umfangreicher einzuschätzen, als die Vorstellung, mittels Gegenöffentlichkeit direkt gesellschaftliche Verhältnisse verändern zu können. Insofern ist auch die Gegenüberstellung einer Formierung von Gegenöffentlichkeit und der Ausbildung von Medienkompetenz, wie sie etwa in neueren kommunikationstheoretischen Modellen und Praxen wie der Kommunikationsguerilla unterstellt wird, nicht haltbar (vgl. Kleiner 2005: 315). Wer von Gegenöffentlichkeit redet, aber eigentlich Manipulationstheorie meint, geht haarscharf am Phänomen vorbei. Erst über die Lebenswelt des gegenöffentlichen Alternativmilieus erschließt sich die ganze Bandbreite dessen, was einmal mit Gegenöffentlichkeit gemeint war.

Es geht in diesem Beitrag somit auch um eine Rückbesinnung auf die Stärken der Alternativen Medien: Sie unterscheiden nicht zwischen den Aspekten der Information, Kontextualisierung und Vernetzung. Es gelingt ihnen somit, zumindest für einen begrenzten Zeitraum, Elemente eines kritischen Gegendiskurses zu etablieren. Das Modell Alternative Öffentlichkeit als gesellschaftskritisches Konzept kann seine Wirkung nur entfalten, indem es nicht als isolierte Medientheorie, sondern als umfassende Gesellschaftstheorie und Praxis begriffen wird. Eine Theorie, die sich immer wieder praktisch umsetzen lässt, zeitlich und örtlich begrenzt, ohne Hoffnung auf großen politischen oder ökonomischen Mehrwert – aber dennoch Erfolg versprechend, so paradox das klingen mag.

*Dieser Text ist ein Reprint aus: Hüttner, Bernd: Verzeichnis der Alternativmedien 2006/2007. Zeitungen und Zeitschriften. Neu-Ulm: AG SPAK 2006, S. 39-49.*

## Literatur

Bentz, Ralf u.a.: Protest! Literatur um 1968, Marbach 1998

Diederichsen, Diedrich: „Wir waren so politisch", in: *jungle World*, Nr. 30/2005, S. 4-5.

Dorer, Johanna: „Das Internet und die Genealogie des Kommunikationsdispositivs. Ein medientheoretischer Ansatz nach Foucault"; in: Andreas Hepp, Rainer Winter (Hg.): Kultur – Medien – Macht. Cultural Studies und Medienanalyse, Opladen 1997, S. 247-258

Eichler, Antje: Protest im Radio. Die Berichterstattung des Bayerischen Rundfunks über die Studentenbewegung, Frankfurt am Main 2005

Enzensberger, Hans Magnus: „Baukasten zu einer Theorie der Medien (1970)", in: Peter Glotz (Hg.): Baukasten zu einer Theorie der Medien. Kritische Diskurse zur Pressefreiheit, München 1997

Hirsch, Joachim: Herrschaft, Hegemonie und politische Alternativen, Hamburg 2002

Kleiner, Marcus S.: „Semiotischer Widerstand. Zur Gesellschafts- und Medienkritik der Kommunikationsguerilla", in: Gerd Hallenberger, Jörg-Uwe Nieland (Hg.): Neue Kritik der Medienkritik. Werkanalyse, Nutzerservice, Sales Promotion oder Kulturkritik?, Köln 2005, S. 314-366

Lovink, Geert: Hör zu – oder stirb! Fragmente einer Theorie der souveränen Medien, Berlin, Amsterdam 1992

Negri, Antonio / Hardt, Michael: Multitude. Krieg und Demokratie im Empire, Frankfurt am Main, New York 2004

Olenhusen, Albrecht Götz von: Handbuch der Raubdrucke. Bibliografie, Bericht, Dokumente (CD-ROM), Freiburg 2002

Oy, Gottfried: „'Haut dem Springer auf die Finger'. Neue Soziale Bewegungen und ihre Medienpolitik", in: Hüttner, Bernd / Oy, Gottfried / Schepers, Norbert (Hg.): Vorwärts und viel vergessen. Beiträge zur Geschichte und Geschichtsschreibung neuer sozialer Bewegungen, Neu-Ulm 2005, S. 95-107 (2005a)

Oy, Gottfried: „Gegenöffentlichkeit als Qualitätssicherung der Qualitätsmedien?", in: *vorgänge. Zeitschrift für Bürgerrechte und Gesellschaftspolitik*, Heft 169/2005 S. 49-57 (2005b)

Oy, Gottfried: Die Gemeinschaft der Lüge. Medien- und Öffentlichkeitskritik sozialer Bewegungen in der Bundesrepublik, Münster 2001

Saldern, Adelheid von: „Markt für Marx. Literaturbetrieb und Lesebewegungen in der Bundesrepublik in den Sechziger- und Siebzigerjahren", in: *Archiv für Sozialgeschichte*, Heft 44/2004, S. 149-180.

Schuster, Thomas: Staat und Medien. Über die elektronische Konditionierung der Wirklichkeit, Frankfurt am Main 1995

SDS: „22. ordentliche Delegiertenkonferenz des Sozialistischen Deutschen Studentenbundes (SDS). Resolutionen und Referate", in: *neue kritik*, Heft 44/1967, S. 12-66.

Stamm, Karl-Heinz: Alternative Öffentlichkeit. Die Erfahrungsproduktion neuer sozialer Bewegungen, Frankfurt am Main, New York 1988

Vogel, Meike: „'Außerparlamentarisch oder antiparlamentarisch?' Mediale Deutungen und Bennenungskämpfe um die APO", in: Frevert, Ute / Haupt, Heinz-Gerhard (Hg.): *Neue Politikgeschichte. Perspektiven einer hinstorischen Politikforschung*, Frankfurt/M. 2005, S. 140-165

*Marisol Sandoval*

# Warum es an der Zeit ist, den Begriff der Alternativmedien neu zu definieren

*„Sie [die Presse] ist ihrem Berufe nach der öffentliche Wächter, der unermüdliche Denunziant der Machthaber, das allgegenwärtige Auge, der allgegenwärtige Mund des eifersüchtig seine Freiheit bewachenden Volksgeistes."* (Marx 1849/1968: 231)

Im beginnenden 21. Jahrhundert wird das Internet nicht selten als eine Technologie gefeiert, die UserInnen von ihrem passiven RezipientInnendasein befreit und es ihnen ermöglicht, aktiv Medieninhalte zu gestalten. Dank des Webs, so die VertreterInnen der Partizipationsthese, seien KonsumentInnen vom Rand ins Zentrum der Medienlandschaft gerückt (vgl. Jenkins 2006: 246), sie würden die Kontrolle über die mediale Berichterstattung zurückgewinnen (vgl. Gillmor 2006: xviii; Bowman/Willis 2003). Der Journalismus funktioniere nun nicht mehr einseitig, er habe sich gewandelt „from a 20th century mass-media structure to something profoundly more grassroots and democratic" (Gillmor 2006: xxiii). Partizipative Medienproduktion werde zum Normalzustand: „Participation is understood as part of the normal ways that media operate" (Jenkins 2006: 24).

Angesichts der immer stärker werdenden Einbindung von RezipientInnen in die Medienproduktion, dem Entstehen so genannter ProsumentInnen (vgl. Toffler 1980; Fuchs 2010) stellt sich die Frage, ob der für viele Alternativmedientheorien so grundlegende Ruf nach mehr Partizipation tatsächlich noch die geeignete Forderung ist, um der Macht kommerzieller Medien und der Einseitigkeit der Medienberichterstattung zu begegnen. Was bedeutet es für die Theorie alternativer Medien, wenn Partizipation im Internet und in anderen Medien immer mehr zum Normalzustand wird?

Dieser Beitrag behandelt die Frage, was Alternativmedien unter den heutigen Bedingungen leisten können und sollten. Es wird versucht zu zeigen, dass die Aufhebung der Trennung von ProduzentInnen und RezipientInnen nicht ausreicht, um das Mediensystem emanzipatorisch zu gestalten und gesellschaftliche Alternativen zu fördern. Es ist daher an der Zeit, den durch das Partizipationsparadigma geprägten Alternativmedienbegriff zu überdenken. Dazu wird in diesem Beitrag zunächst das Partizipationsprinzip als das dominante Konzept der Alternativmedientheorie vorgestellt. Anschließend verweise ich auf wesentliche Schwächen des Partizipationsparadigmas, bevor ich ein Modell alternativer Medien als kritische Medien vorstelle, welches versucht, deren Möglichkeiten gesellschaftlicher Einflussnahme zu verbreitern.

## Das dominante Paradigma der Alternativmedientheorie: Alternative Medien als partizipative Medien

Bei der näheren Betrachtung des Feldes der Alternativmedientheorie ist die Dominanz der Forderung nach mehr Partizipation im Mediensystem offensichtlich: Da die Mehrzahl der aktuellen Auseinandersetzungen mit alternativen Medien partizipative Produktionsprozesse als deren entscheidendes Definitionskriterium begreift, kann eine solche Beschreibung alternativer Medien als das derzeit dominante Paradigma der Alternativmedientheorie bezeichnet werden (vgl. Peissl/Tremetzberger 2008; Dowmunt/Coyer 2007; KEA 2007; AMARC 2007; Gumucio Dagron 2004; Couldry 2003; Jankowski 2003; Rodriguez 2003; Atton 2002; 2004; Servaes 1999). Einem Verständnis von alternativen Medien als partizipative Medien zufolge besteht ihr emanzipatorisches Potenzial darin, als Sprachrohr gesellschaftlich benachteiligter Gruppen zu fungieren. Entscheidend sei vor allem die Demokratisierung der Medienproduktion und die Verbesserung der Lebenssituation jener, die an ihrer Produktion beteiligt sind.

Schon im Jahr 1932 kritisierte Bertolt Brecht (1932/2004) die Nutzung des Radios als einseitigen Informations- anstelle eines zweiseitigen Kommunikationsapparats. Ähnlich betonte Walter Benjamin das Potential der Presse, als demokratisches Kommunikationsinstrument zu fungieren, sodass die „literarische Befugnis" zum Gemeingut werden (Benjamin, 1934/2002: 236). In diesem Sinne argumentierte Hans Magnus Enzensberger (1970/ 2004), dass die Trennung zwischen SenderInnen und EmpfängerInnen bei elektronischen Medien nicht durch technische Ursachen erklärt werden könne, sondern Ausdruck bestehender Klassenverhältnisse sei.

Viele aktuelle Ansätze innerhalb der Alternativmedientheorie greifen diese Vision der Aufhebung der Trennung von ProduzentInnen und RezipientInnen auf, und verweisen auf das emanzipatorische Potential der dadurch möglich werdenden Demokratisierung des Mediensystems. So erachtet zum Beispiel Nick Couldry (2003) alternative Medien als Gegenpol zur Meinungs- und Definitionsmacht der konzentrierten Medienlandschaft, in der die Befugnis Medien zu produzieren nur Wenigen zustehe, während der Großteil der Menschen davon ausgeschlossen sei (vgl. ebd.: 42). Die Aufhebung der Trennung zwischen ProduzentInnen und RezipientInnen, wie sie nur durch partizipative Medien geleistet werde, sei daher Voraussetzung für das Aufbrechen konzentrierter Medienmacht (vgl. ebd.: 45). Auch für Chris Atton ist die individuelle Ermächtigung durch direkte Einbindung in die Medienproduktion, Kennzeichen des emanzipatorischen Potential alternativer Medien. Darüber hinaus verweist er auf die Relevanz nicht-kommerzieller Organisationsprinzipen (vgl. Atton 2002: 25).

Auch der Diskurs über BürgerInnenmedien orientiert sich weitgehend am Prinzip der Partizipation. BürgerInnenmedien stehen für die Einbindung von Betroffenen in die Produktion, die Organisation und das Management von Medien (vgl. z.B. Lewis 1976: 61; Jankowski 2003: 8; Coyer 2007; KEA 2007: 1; Peissl/Tremetzberger 2008: 3; AMARC 2007: 63).

Während für Brecht, Benjamin und Enzensberger die Relevanz partizipativer Medien vornehmlich darin bestand, gesellschaftliche Demokratisierungsprozesse zu fördern, wird in der BürgerInnenmedientheorie die individuelle Ermächtigung der an der Medienproduktion beteiligten Menschen als zentral erachtet. Dieses Argument steht auch im Zentrum der Alternativmedientheorien von Alfonso Gumucio Dagron (2004) und Clemencia Rodriguez (2003). Für Gumucio Dagron können alternative Medien nur dann zur Förderung progressiven sozialen Wandels beitragen, wenn sie benachteiligten Individuen und Gruppen eine Stimme geben: „In my own view alternative communication is in essence participatory communication, and the alternative spirit remains as long as the participatory component is not minimized and excluded" (Gumucio Dagron, 2004: 48). Rodriguez verwendet den Begriff „Citizens' media", um zu verdeutlichen, dass die wichtigste Aufgabe alternativer Medien darin besteht, die Selbstbestimmungs- und Teilhabemöglichkeiten von Individuen zu erweitern: „Citizens' media is a concept that accounts for the processes of empowerment, concientization and fragmentation of power that result when men, women and children gain access to and reclaim their own media" (Rodriguez 2003: 190). Häufig wird der partizipative Produktionsprozess, unabhängig vom produzierten Inhalt als Indikator für die Alternativität eines Mediums erachtet: „The political nature of alternative media is often present irrespective of content, located in the mere act of producing" (Dowmunt/Coyer 2007: 2).

Dass ein solches Verständnis alternativer Medien problematisch sein kann, erkennt auch Chris Atton und warnt daher davor, Partizipation als Wert an sich zu verstehen (vgl. Atton 2008: 217). Er verweist auf die Gefahr, dass ehemals oppositionelle partizipative Praktiken unter kommerzielle Logiken subsumiert werden: „the danger of the incorporation of what has been an oppositional practice into the logic of commercialization cannot be set aside" (Atton/Hamilton 2008: 144). Worin genau diese Gefahr sowie weitere Schwächen des Partizipationsparadimas bestehen, soll im Folgenden geklärt werden.

## Drei Einwände gegen das Partizipationsparadigma

Eine „herrschaftskritische, an Emanzipation orientierte Zielsetzung" (Oy 2001: 98) kann als wesentliches Element einer alternativen Medientheorie kristallisiert werden. Dies gilt auch für die bislang dargestellten Ansätze, die partizipative Produktionsprozesse als das zentrale emanzipatorische Moment alternativer Medien begreifen. Wie die VertreterInnen dieses Ansatzes betonen, leisten partizipative Medien einen Beitrag zu sozialem Wandel und zur Demokratisierung der Medienproduktion (vgl. Servaes 1999: 269; Gumucio Dagron 2004) sowie zur Ermächtigung benachteiligter Gruppen und Individuen (vgl. Carpentier 2007b; Gumucio Dagron 2004; Jankowski 2003: 8; Rodriguez 2003). Dennoch stellt sich die Frage, inwiefern der partizipative Produktionsprozess als alleiniges Kriterium zur Erfassung des emanzipatorischen Potenzials alternativer Medien ausreicht. Kann ein Verständnis alternativer Medien als partizipative Medien dem herrschaftskritischen, emanzipatorischen und damit gesellschaftsverändernden Anspruch alternativer Medientheorie gerecht werden? Folgende drei Einwände sollen zeigen, warum ein Verständnis alternativer Medien als nicht-kommerzielle, partizipative Medien in diesem Zusammenhang unzureichend ist.

Erstens abstrahiert ein exklusiver Fokus auf partizipative Produktionsprozesse vom Resultat des Produktionsprozesses und vernachlässigt damit die Frage, inwiefern die Inhalte alternativer Medien herrschaftskritischen Ansprüchen entsprechen. So ist es durchaus möglich, dass partizipative Produktionsweisen dazu genutzt werden, um repressive politische Inhalte und Interessen zu propagieren. Bart Cammaerts verweist zum Beispiel auf die extensive Nutzung des Internets und anderer Medien durch „non-progressive reactionary movements, be it the radical and dogmatic Catholic movement, the fundamentalist Muslim movement or the extreme right – post-fascist – movement" (Cammaerts 2007: 137). Ein Beispiel für ein rechtsextremes, partizipatives Medium ist die Website Altermedia. Ein Medium, das eigenen Angaben zufolge das Ziel verfolgt „jenen eine Stimme zu geben, die sonst keine Möglichkeit haben, ihre Versionen oder Ansichten über verschiedene Vorgänge äußern können [sic]" (Altermedia 2005: online), und als Sprachrohr der neonazistischen Szene fungiert. Auch die Auseinandersetzung von Viguerie und Franke (2004) mit der Nutzung alternativer Medien durch konservative Kräfte in den USA, sowie die Studien von Hillard und Keith (1999) über rechtsextreme alternative Medienprojekte zeigen, dass eine Definition alternativer Medien als partizipative Medien zu kurz greift, um deren emanzipatorischen Charakter erfassen zu können.

Dies zeigt sich auch bei der Betrachtung des Internets als alternativem Medium. Im Internet ist partizipative Medienproduktion längst alltäglich und fester Bestandteil kommerzieller Mainstream-Onlinemedien geworden. Von LeserInnenkommentaren bei diversen Onlinezeitungen bis hin zu Web 2.0 Multimediaplattformen und Social Networking Seiten ist die Beteiligung aktiver NutzerInnen gefragt. Christian Fuchs hat in diesem Zusammenhang darauf verwiesen, dass die Profitakkumulation auf Web 2.0 Plattformen wie Facebook, YouTube oder Myspace auf der von ProsumentInnen unbezahlt geleisteten Arbeit basiert, wodurch ein neues Ausbeutungsverhältnis im Internet entsteht (vgl. Fuchs 2009; 2010; vgl. dazu auch Sandoval 2011). Partizipation ist also auch im Internet nicht immer emanzipatorisch. Im Gegenteil, werden die demokratischen Potentiale der Partizipation im Internet von Profitinteressen untergraben, so trägt Partizipation dazu bei, Ungleichheiten und Herrschaftsverhältnisse zu stärken. Wie Gottfried Oy (2006: 47) betont ist „der ,Rückkanal' als technische Möglichkeit [...] längst eingeführt, eine tatsächliche Umwälzung der Verhältnisse in der Medienwelt lässt aber weiter auf sich warten".

Ein zweiter wesentlicher Grund der gegen ein Verständnis alternativer Medien als partizipative Medien spricht ist, dass alternative Projekte nicht außerhalb des Kapitalismus stehen und sich daher nicht vollständig von ökonomischen Zwängen befreien können. So sind kleine, nicht-kommerzielle, partizipative Medien von der permanenten Gefahr der Marginalisierung bedroht. Diesbezügliche Kritik an alternativen Medien, welche eine partizipative, kollektive und anti-kommerzielle Organisationspolitik pflegen, kam bereits in den 1980er Jahren von einer Forschungsgruppe namens Comedia (1984): Um Marginalität zu vermeiden, müssten alternative Medien sich der schwierigen und vielleicht unangenehmen Aufgabe stellen, eine Balance zwischen ökonomischer Notwendigkeit und politischem Ziel herzustellen (vgl. ebd.: 96). Andernfalls würde ökonomische Instabilität und geringe Marktanteile dazu führen, dass sich alternative Medien in einem „alternative ghetto" (ebd.: 100) bewegen.

Mangelnde finanzielle Ressourcen führen häufig zu Selbstausbeutung der MedienproduzentInnen sowie eingeschränkten Produktions- und Vertriebsmöglichkeiten, wodurch die Gefahr der Marginalisierung erhöht wird (vgl. ebd.; Knoche 2003). Wie Manfred Knoche betont, führt das Streben nach völliger Unabhängigkeit von Kapital, Staat und Markt letztlich häufig zu einer „existenzbedrohenden Zerreissprobe" (ebd.: 15) in Form des Widerspruchs zwischen Marktmechanismen und Emanzipationsansprüchen.

Diese Gefahr der Marginalisierung alternativer Medienprojekte wird von den VertreterInnen eines Verständnisses alternativer Medien als partizipative Medien nicht immer als problematisch erachtet. Gumucio Dagron (2004) und Rodriguez (2003) argumentieren zum Beispiel, dass Fragen nach Auflagenzahlen und Reichweiten kein Bewertungskriterium des Erfolgs alternativer Medien darstellen sollten (vgl. Dagron 2004: 49f.). Wenn Partizipation aber nur die Fähigkeit zu sprechen, nicht aber gehört zu werden einschließt, so ist das mehr ein Schein von Partizipation als echte gesellschaftliche Teilhabe. John Downing und Mojca Pajnik verweisen zum Beispiel darauf, dass es nicht nur darauf ankommt abweichende Stimmen zu erheben, sondern vor allem darauf, ihnen Gehör zu verschaffen: „In the contemporary world it is not uncommon that being heard is more important than what is being said. The result is a cacophony of simultaneous monologues leading ultimately to uniformity and standardization, rather than exchange of ideas between equals" (Pajnik/Downing 2008: 7).

Einen entscheidenden Einwand gegen obige Einschätzung, wonach Partizipation und Nicht-Kommerzialität unter kapitalistischen Bedingungen kaum zu realisierende Ideale wären, liefert das Internet. Das Internet ermöglicht kostengünstige partizipative Medienproduktion, das Umgehen von GatekeeperInnen und dabei das Erreichen eines potentiell globalen Publikums (vgl. Meikle 2002: 60f; Vegh 2003: 74; Rosenkrands 2004: 75; Couldry 2003: 45). Die Ressourcenfrage ist aber auch im Internet nicht obsolet geworden. Auch hier bedarf es finanzieller Mittel, um das Angebot aktuell zu halten und kontinuierlich Beiträge erstellen zu können, sowie für grafische Gestaltung, Webspace und technische Wartung. Damit ein alternatives Onlinemedium in der Flut von Informationen und Webseiten sichtbar bleibt, sind gerade im Internet finanzielle Mittel nötig, um das Onlineangebot zu bewerben und sichtbar zu machen. Die Ressourcenfrage ist daher weiterhin aktuell. Auch die scheinbar freie und demokratische Kommunikation im Internet unterliegt unter kapitalistischen Bedingungen strukturellen Einschränkungen, die Aufmerksamkeit ökonomisch regulieren und steuern.

Eine dritte Einschränkung des dominanten Paradigmas der Alternativmedientheorie besteht darin, dass eine Definition alternativer Medien als zwangsläufig nichtkommerziell und partizipativ organisiert sehr exklusiv ist und damit jene Publikationen ausschließt, die emanzipatorische Ansprüche verfolgen und in ihren Inhalten herrschaftskritisch, zugleich aber professionell organisiert sind. Beispiele hierfür finden sich vor allem im englischen Sprachraum. Dazu zählen *The New Internationalist*, *Z Magazine*, *Rethinking Marxism*, *Historical Materialism*, *New Left Review*, *Monthly Review*, oder *Mother Jones*. Das dominante Paradigma der Alternativmedientheorie lenkt den Fokus auf kleine alternative Projekte mit geringer Reichweite und vernachlässigt dabei eine Auseinandersetzung mit einem Modell alternativer Medien, das nicht primär auf Ermächtigung von MedienproduzentInnen abzielt, sondern darauf, abweichende herrschaftskritische Sichtweisen einem größeren Publikum zugänglich zu machen. Dieser Problematik soll im nachfolgenden Abschnitt mit Hilfe einer dialektischen Betrachtung alternativer Medien begegnet werden.

## Eine dialektische Betrachtung alternativer Medien: Alternative Medien als kritische Medien

Auf analytischer Ebene können verschiedene Dimensionen der Auseinandersetzung mit Medien unterschieden werden. Innerhalb kritischer Medientheorie finden sich zum einen subjektorientierte Ansätze, die sich vorwiegend mit den AkteurInnen des Mediensystems also mit dem Handeln von ProduzentInnen und RezipientInnen befassen. Zum anderen gibt an objektiven Aspekten ausgerichtete Betrachtungen des Mediensystems, die sich verstärkt mit Strukturen wie Medieninhalten oder den ökonomischen Formen und Mechanismen des Mediensektors beschäftigen (vgl. Sandoval 2008).

Diese Dimensionen kritischer Medientheorie – Rezeption, Produktion, Inhalt und Ökonomie – können auch auf die Auseinandersetzung mit alternativen Medien übertragen werden. Rezeptionsorientierte Ansätze finden sich zum Beispiel innerhalb der Cultural Studies und deren Betrachtung der widerständigen Aneignung kultureller Produkte (vgl. z.B Hall 1980/2006; Fiske 2000). Ein Fokus auf die Produktionsprozesse alternativer Medien ist kennzeichnend für das beschriebene Verständnis alternativer Medien als partizipative Medien. Die Ökonomie alternativer Medienprodukte steht zum Beispiel für den Medienökonomen Manfred Knoche (2003) im Zentrum der Auseinandersetzung. Für ihn ist die ökonomische Unabhängigkeit von Kapitalinteressen und Marktmechanismen Voraussetzung für die Möglichkeit, alternative Medien zu entwickeln. Am Inhalt alternativer Medien orientiert ist zum Beispiel der Ansatz von John Downing. Für ihn ist kritischer, progressiven sozialen Wandel fördernder Inhalt das entscheidende Kriterium für die Alternativität eines Mediums: „The role of radical media can be seen as trying to disrupt the silence to counter the lies, to provide the truth" (Downing 1984/2001: 16).

Basierend auf diesen Dimensionen kann ein umfassendes Verständnis alternativer

Medien erarbeitet werden. Diesem zufolge sollten alternative Medien einerseits kritisch rezipiert und partizipativ produziert werden und andererseits ökonomisch unabhängig und inhaltlich kritisch sein. Diese Kriterien zusammengenommen ergeben also ein Idealmodell alternativer Medien. Auf der Akteursebene schließt dieses Idealmodell partizipative Produktion kritischer Medieninhalte sowie kritische Rezeption mit ein. Auf struktureller Ebene bedeutet das Idealmodell, dass alternative Medienprodukte keine Warenform annehmen und herrschaftskritisch sind.

In Anbetracht der Bedingungen unter denen alternative Medienprojekte existieren müssen und die häufig Ursache für einen massiven Mangel an finanziellen, personellen und zeitlichen Ressourcen sind, ist ein solches Idealmodell kaum, oder nur auf Kosten von regelmäßigem Erscheinen, Qualität der Berichterstattung und öffentlicher Sichtbarkeit zu realisieren. Daher erscheint es wenig sinnvoll, alternative Medien in diametralem Gegensatz zu kommerziellen Massenmedien zu konzipieren. Um die gesellschaftliche Wirkmächtigkeit alternativer Medien zu erhöhen, sollte diese strikte Dichotomie zugunsten eines dialektischen Modells alternativer Medien aufgegeben werden. Eine dialektische Perspektive ermöglicht es, politische Alternativen nicht als Rückzugsorte außerhalb des Systems, sondern diese gleichzeitig als Teil des Systems *und* als dessen Negation zu konzipieren, im Sinne eines Arbeitens „gegen die etablierten Institutionen" „während man in ihnen arbeitet" (Marcuse 1972/2004: 60).

Für alternative Medien bedeutet dies, dass sie sich sogar bestimmte Mechanismen des kommerziellen Mainstreams zunutze machen können, um ihre eigenen Anliegen zu fördern. Dies schließt auch Werbefinanzierung und professionelle Organisationsstrukturen nicht aus. Anstelle des Idealmodells erscheint es daher sinnvoll, Mindestanforderungen alternativer Medien zu definieren. Der herrschaftskritische Inhalt eignet sich als ein solches Mindestkriterium. Zum einen ermöglicht er als normatives Kriterium eine klare Unterscheidung zwischen emanzipatorischen und repressiven Medien. Zum andern ist es eine essentielle Leistung von Medien, Öffentlichkeit für bestimmte Inhalte und Themen herzustellen. In einer Situation, in der der Großteil der rezipierten Informationen vom kommerziellen Massenmedien bereitgestellt wird, deren Inhalte Filtermechanismen (vgl. Herman/Chomsky 1988/2002) durchlaufen und repressiven medienkulturellen Mustern unterliegen (vgl. Prokop 2004), ist es für systemkritische Bewegungen und deren Verbreiterung zentral, herrschaftskritische Inhalte für eine möglichst breite Öffentlichkeit zugänglich zu machen. In diesem Sinne verweist Herbert Marcuse (1972/2004: 60) in seiner Auseinandersetzung mit der Studierendenbewegung der 1960er Jahre auf die Relevanz des Aufbaus radikaler, „freier" Medien.

| | | Kommerzielle Mainstream-Medien | Idealtypische Alternativmedien | |
|---|---|---|---|---|
| **Strukturen** | Ökonomische Produktform | Warenform | Nicht-kommerzielles Medienprodukt | |
| | Inhalt | (Tendenziell) ideologischer Inhalt | Herrschaftskritischer Inhalt | |
| **AkteurInnen** | RezipientInnen | Viele RezipientInnen | Kritische RezipientInnen | Kritische ProsumentInnen |
| | ProduzentInnen | Wenige ProduzentInnen | Kritische ProduzentInnen | |

| |
|---|
| Diese Dimension ist notwendiger Bestandteil alternativer Medien |
| Diese Dimension ist möglicher Bestandteil alternativer Medien |
| Diese Dimension ist niemals Bestandteil alternativer Medien |

*Tabelle: Charakteristika alternativer Medien (C) Sandoval*

Die Tabelle zeigt, dass einem dialektischen Verständnis alternativer Medien zufolge der herrschaftskritische Inhalt notwenige Voraussetzung für die Alternativität eines Mediums ist. Die Alternativität besteht also voranging darin, den herrschenden Meinungen und Ideen kritische Sichtweisen entgegenzusetzen, deren Ziel nicht nur die Demokratisierung des Mediensystems, sondern vielmehr die Demokratisierung und Emanzipation der Gesellschaft ist. Die radikale Kritik des Bestehenden ist auch die Aufgabe, welche Karl Marx der Presse zuschrieb: „Die erste Pflicht der Presse ist nun, alle Grundlagen des bestehenden politischen Zustandes zu unterwühlen" (Marx 1849/1968: 234). Einem Verständnis alternativer Medien als kritische Medien zufolge besteht deren emanzipatorisches Potenzial darin, den herrschenden, durch die Massenmedien verbreiteten Ideen kritische Inhalte entgegenzustellen und dadurch die Veränderung der bestehenden materiellen Verhältnisse zu fördern. Dazu sind alternative Medien aber nur in der Lage, wenn es ihnen gelingt, ein möglichst großes Publikum für die von ihnen produzierten Inhalte herzustellen. Da nicht-kommerzielle Organisation und partizipative Produktionsprozesse diesem Vorhaben hinderlich sein können, sollten diese Aspekte nicht als unumgehbare Kriterien zur Definition alternativer Medien herangezogen werden. Dies würde das Spektrum der alternativen Medien erheblich einschränken. Im Idealfall gelingt es alternativen Medien, nicht-kommerziell organisiert zu sein, ihren Produktionsprozess demokratisch zu gestalten und gleichzeitig eine breite Öffentlichkeit für kritische Inhalte herzustellen. Alternative Medien können aber auch kommerziell organisiert sein, wenn es ihnen gelingt, dennoch kritisch, d.h. inhaltlich unabhängig von den ökonomischen Interessen ihrer Geldgeber, zu bleiben. Für alternative Medien ergibt sich also die Herausforderung, mögliche Versuche der Einflussnahme abzuwehren; zum Beispiel indem die Auswahl von Anzeigenkunden selektiv erfolgt, das Alternativprojekt selbstverwaltet bleibt und Einnahmen nur genutzt werden, um entstandene Kosten zu decken. Gelingt dies nicht, so bedeutet dies das Scheitern des alternativen Projekts.

Der hier dargelegte Fokus auf kritischen Inhalt bei der Auseinandersetzung mit alternativen Medien erfordert eine Präzisierung des zugrundeliegenden Kritikbegriffs. Ein Herrschaft hinterfragender Kritikbegriff ist am Marxschen Kritikverständnis orientiert. Demzufolge können jene Inhalte als kritisch gelten, welche am Marxschen kategorischen Imperativ *„alle Verhältnisse umzuwerfen,* in denen der Mensch ein erniedrigtes, ein geknechtetes, ein verlassenes, ein verächtliches Wesen ist" (Marx 1844/1975: 385), orientiert sind. Gegenstand der Kritik sind somit alle Formen von Herrschaft und Unterdrückung. Diese gilt es nicht nur theoretisch zu kritisieren, sondern auch praktisch zu verändern. Das hier beschriebene Kritikverständnis wurde von Vertretern der Frankfurter Schule weiterentwickelt (vgl. Horkheimer 1937/1992; Marcuse 1937/1968 ; Adorno 1969/1974; 1971). Es ist gekennzeichnet durch dialektisches Denken, welches sich ein-dimensionaler Logik widersetzt. Demzufolge versucht kritischer Inhalt soziale Phänomene als komplex und Gesellschaft als dynamisch und veränderbar zu begreifen. Kritischer Inhalt betrachtet hinter den Erscheinungen liegende gesamtgesellschaftliche Zusammenhänge, hinterfragt Herrschaftsverhältnisse und zeigt, dass diese veränderbar sind. Damit unterstützen kritische Medien jene Bewegungen, deren Ziel es ist, Herrschaft aufzubrechen und zur Realisierung einer vernünftigen, selbstbestimmten Gesellschaft beizutragen.

Das hier beschriebene Modell alternativer Medien ist kein illusorisches. Es ist für alternative Medien durchaus möglich, herrschaftskritisch im Inhalt zu sein und dennoch ein großes Publikum, das über AktivistInnenkreise hinausgeht, zu erreichen. Das zeigen vor allem Beispiele aus dem englischen Sprachraum. Rodney Benson etwa hat anhand einer inhaltsanalytischen Untersuchung von vier amerikanischen alternativen Wochenzeitungen gezeigt, dass kritischer Inhalt und kommerzielle Finanzierung einander nicht zwangsläufig ausschließen: „Critique and commercialization need not be mutually exclusive" (Benson, 2003: 111). Weitere Beispiele aus dem deutschsprachigen Raum die, zumindest in Ansätzen, das beschriebene Modell verfolgen sind die Wochenzeitungen *Jungle World, der Freitag* sowie die Schweizer *WOZ*.

## Ausblick

Angesichts der derzeitigen Dominanz des Paradigmas der Partizipation innerhalb der Alternativmedientheorie erscheint es notwendig, auf dessen Begrenztheit zu verweisen und zu betonen, dass Alternativität nicht zwangsläufig auch Marginalität bedeuten muss. Vielmehr gilt es Strategien zu entwickeln, um die politische Macht alternativer

Projekte zu erweitern und ihren Bekanntheitsgrad zu erhöhen, um so die öffentliche Sichtbarkeit abweichender, herrschaftskritischer Meinungen zu erweitern. Der Verweis auf partizipative Produktionsprozesse als Definitionskriterium alternativer Medien greift zu kurz: Einerseits weil ein solches Verständnis sehr exklusiv ist und das Spektrum alternativer Medien erheblich einschränkt sowie den Fokus beinahe ausschließlich auf kleine, in der öffentlichen Debatte marginale Alternativmedien lenkt. Andererseits weil es nicht in der Lage ist, eindeutig zwischen repressiven und kritischen Inhalten zu unterscheiden.

Darüber hinaus bleibt ein Partizipationsbegriff, der sich nur auf die Fähigkeit, zu sprechen ohne gehört zu werden, auf die Fähigkeit zu diskutieren, ohne zu entscheiden, bezieht, letztlich sehr beschränkt. Seine Erweiterung erfordert die Kritik jener Strukturen, welche die Realisierung eines viel umfassenderen Partizipationsbegriffs, der demokratische Entscheidungsfindung und demokratisches Eigentum einschließt, verhindern. Um eine solche Kritik zu leisten, bedarf es alternativer Medien in Form von kritischen Medien.

## Literatur

Adorno, Theodor W. (1969/1974): Zur Logik der Sozialwissenschaften. In: Maus, Heinz/ Fürstenberg, Friedrich(Hg.): Der Positivismusstreit in der deutschen Soziologie. Darmstadt, Neuwied: Luchterhand. 125-143.

Adorno, Theodor W. (1971): Kritik. In: Kritik. Kleine Schriften zur Gesellschaft. Frankfurt a. Main: Suhrkamp. 10-19.

Altermedia(2005):WeristAltermedia?http://at.altermedia.info/altermedia/wer-ist-altermedia_23.html [aufgerufen am 06. Dezember 2010]

AMARC (Association mondiale de radiodiffuseurs communautaires) (2007). Community radio social impact assessment. AMARC Global Evaluation. Online: http://www.centreforcommunicationrights.org/images/stories/database/case_studies/amarc-evaluation-2007.pdf [aufgerufen am 30. September 2010]

Atton, Chris (2002): Alternative Media. London: Sage.

Atton, Chris (2004): An Alternative Internet. Radical Media, Politics and Creativity. Edinburgh: Edinburgh University Press.

Atton, Chris/ Hamilton, James F. (2008): Alternative Journalism. London: Sage.

Benjamin, Walter (1934/ 2002): Der Autor als Produzent. In: Schöttker, Dettlef (Hg.): Walter Benjamin. Medienästhetische Schriften. Frankfurt a. Main: Suhrkamp. 231-247.

Benson, Rodney (2003): Commercialism and critique: California's alternative weeklies. In: Couldry, Nick/ Curran, James (Hg.): Contesting media power. Alternative media in a networked world. London: Rowman & Littlefield. 111-128.

Bowman, Shayne/ Willis, Chris (2003): We media . How audiences are shaping the future of news and information. The Media Center at The American Press Institute. Online: www.hypergene.net/wemedia/

Brecht, Bertolt (1932/ 2004): Der Rundfunk als Kommunikationsapparat. Rede über die Funktion des Rundfunks. In: Pias, Claus/ Vogl, Joseph/ Engell, Lorenz/ Fahle, Oliver/ Neitzel, Britta (Hg.): Kursbuch Medienkultur. 5. Aufl. Stuttgart: DVA. 259-278.

Cammaerts, Bart (2007): Blogs, online forums, public spaces and extreme right in North Belgium. In: Carpentier, Nico et. al. (Hg.): Media technologies and democracy in an enlarged Europe: The intellectual work of the 2007 European media and communication doctoral summer school. Tartu: Tartu University Press. 137-151.

Carpentier, Nico (2007a): Participation and Media. In: Cammarts, Bart/ Carpentier Nico. Reclaiming the media. Communication rights and democratic media roles. ECREA Book Series. 87-91.

Carpentier Nico (2007b): Theoretical frameworks for participatory media. In: Carpentier, Nico et. al. Media technologies and democracy in an enlarged Europe. The intellectual work of the 2007 European media and communication doctoral summer school. Tartu: Tartu University Press. 105-122.

Comedia (1984): The alternative press: The development of underdevelopment. Media, Culture & Society 6. 95-102.

Couldry, Nick (2003): Beyond the hall of mirrors? Some theoretical reflections on the global contestation of media power. In: Couldry, Nick/ Curran, James (Hg.): Contesting media power: Alternative media in a networked world. London: Rowman & Littlefield. 39-54.

Dowmunt, Tony/ Coyer Kate (2007): Introduction. In Dowmunt, Tony/ Coyer, Kate/ Fountain, Allen (Hg.): The alternative media handbook . Oxon: Routledge. 1-12.

Downing, John (2001): Radical media: Rebellious communication and social movements. Thousand Oaks: Sage.

Enzensberger, Hans Magnus (1970/ 2004): Baukasten zu einer Theorie der Medien. In: Pias, Claus/ Vogl, Joseph/ Engell,Lorenz/ Fahle, Oliver/ Neitzel, Britta (Hg.): Kursbuch Medienkultur. 5. Aufl. Stuttgart: DVA. 264-278.

Fiske, John (2000): Lesarten des Populären. Wien: Turia und Kant.

Fuchs, Christian (2009): Information and communication technologies & society. A contribution to the critique of the political economy of the Internet. In: European Journal of Communication 24, 1. 69-87.

Fuchs, Christian (2010): Labor in informational capitalism and on the Internet. In: The Information Society 26, 3. 179-196.

Gillmor, Dan (2006): We the media. Grassroots journalism by the people, for the people. Sebastopol, CA: O'Reilly Media.

Gumucio Dagron, Alfonso (2004): The Long and Winding Road of Alternative Media. In: Downing, John/ McQuail, Denis/ Schlesinger, Philip/ Wartella, Ellen (Hg.): The SAGE Handbook of Media Studies. Thousand Oaks: Sage. 41-63.

Hall, Stuart (1980/ 2006): Encoding/Decoding. In: Durham, Meenakshi Gigi/ Kellner, Douglas (Hg.): Media and Cultural Studies. KeyWorks. Malden/ Oxford/ Carlton: Blackwell.

Herman, Edward S./ Chomsky, Noam (1988/ 2002): Manufacturing Consent. The Political Economy of the Mass Media. New York: Pantheon.

Hillard, Robert L./ Keith, Michael C. (1999): Waves of rancor: Tuning in the radical right. Armonk, NY: M.E. Sharpe.

Horkheimer, Max (1937/ 1992): Traditionelle und Kritische Theorie. In: Traditionelle und Kritische Theorie. Fünf Aufsätze. Frankfurt a. Main: Fischer. 205-260.

Jenkins, Henry (2006): Convergence culture. New York/London: New York Univeristy Press.

Jankowski, Nicholas (2003). Community media research: A quest for theoretically grounded models. Javnost - The Public, 10 (1). 5-14.

KEA (Kern European Affairs)(2007). The state of community media in the European Union. On-line: http://www.europarl.europa.eu/activities/committees/studies/download.do?file=22408 [aufgerufen am 30. September 2010]

Knoche, Manfred (2003): Freie Radios - Frei von Staat, Markt und Kapital(ismus)? Zur Widersprüch-lichkeit Alternativer Medien und Ökonomie. In: Medien Journal. 27, 4. 4-19.

Lewis, Peter M. (1976). Bristol channel and community television. London: IBA.

Marcuse, Herbert (1937/ 1968): Philosophie und Kritische Theorie. In: Kultur und Gesellschaft I. Frankfurt a. Main: Suhrkamp. 102 – 127.

Marcuse, Herbert (1965/ 1984): Repressive Toleranz. In: Herbert Marcuse Schriften: Aufsätze und Vorlesungen 1948-1969. Frankfurt a. Main: Suhrkamp. 136-166.

Marcuse, Herbert (1972/ 2004): Konterrevolution und Revolte. In:Herbert Marcuse Schriften. Bd. 9. Springe: zu Klampen. 7-128.

Marx, Karl (1844/ 1975): Zur Kritik der Hegelschen Rechtsphilosophie. Einleitung. In: Karl Marx/ Friedrich Engels - Werke, Band 1. Berlin: Dietz. 378-391.

Marx, Karl (1849/ 1968): Der erste Pressprozess der „Neuen Rheinischen Zeitung". Verteidigungs-rede von Karl Marx. In: Karl Marx/F riedrich Engels - Werke, Band 6. 223-234.

Meikle, Graham (2002): Future Active. Media Activism and the Internet. New York: Routledge.

Oy, Gottfried (2001): Die Gemeinschaft der Lüge. Medien- und Öffentlichkeitskritik sozialer Bewe-gungen. Münster: Westfälisches Dampfboot.

Oy, Gottfried (2006): Lebenswelt Gegenöffentlichkeit. Medienkritik und Alltag sozialer Bewegun-gen. In: Hüttner, Bernd (Hg.): Verzeichnis der Alternativmedien 2006/2007. Neu-Ulm: AG Spak 39-49.

Pajnik, Mojca/ Downing, John (2008). Introduction: The challenges of nano-media. In: Pajnik, Mo-jca/ Downing, John (Hg): Alternative media and the politics of resistance. Ljubljana: Peace Institute. 7-16.

Peissl, Helmut/ Tremetzberger, Otto (2008). Community media in Europe: Legal and economic contexts of the third broadcast sector in 5 countries. English Summary. Online: http://www.communitymedia.eu/images/publications_books/2008_rtr_community_media_in_europe_eng.pdf [aufgerufen am 30. September 2010]

Prokop, Dieter (2004): Gegen Medien-Lügen. Das Neue Lexikon der Kulturindustrie. Hamburg: VSA.

Rodriguez, Clemencia (2003): The bishop and his star: Citizens' communication in southern chile. In: Couldry, Nick/ Curran; James (Hg.): Contesting media power: Alternative media in a net-worked world. London: Rowman & Littlefield. 177-194.

Rucht, Dieter (2004): The quadruple `A´. Media strategies or protest moevemenetns since the 1960s. In: De Donk, Wim van/ Loader, Brian D./ Nixon, Paul G./ Rucht, Dieter (Hg): Cyberprotest. New media, Citizens and Social Movements. New York: Routledge. 29-56.

Sandoval, Marisol (2008): Grundlagen dialektischer Gesellschafts- und Medienkritik. In: Vorschein 30. Nürnberg: Antogo. 97-119.

Sandoval (2011): Consumer surveillance on web 2.0. In: Fuchs, Christian/ Boersma, Kees/ Albre-chtslund, Anders/ Sandoval, Marisol (Hg): Internet and Surveillance. New York: Routledge (im Erscheinen).

Servaes, Jan (1999): Communication for development: One world, multiple cultures. Cresskill, N.J.: Hampton Press.

Toffler, Alvin (1980): The Third Wave. New York: Bantam.

Vigurie, Richard A./ Franke, David (2004): America's right turn: How conservatives used new and alternative media to take power. Santa Monics, CA: Bonus Books.

Vegh, Sandor (2003): Classifying Form of Online Activism: The Case of Cyberprotest against the World Bank. In: McCaughey, Matha/ Ayers, Michael D. (Hg): Cyberactivism. Online Activism in Theory and Practice. New York: Routledge. 71-96.

*Jeffrey Wimmer*

# Illusion versus Zwang

## Zum Umgang alternativer Medien mit ihren ökonomischen Grundlagen

Der Beitrag fokussiert einen marginalisierten Bereich bisheriger kommunikationswissenschaftlicher Forschung: die Medienökonomie alternativer Medien. Die ökonomischen Besonderheiten alternativer Medien (Finanzierung, Beschaffung, Produktion, Distribution usw.) werden auf Basis einer Metaanalyse – einer Zusammenstellung bisheriger Forschung – aus vergleichender Perspektive kritisch diskutiert.[1] Ausgangspunkt ist die Frage nach der (empirischen) Aktualität der Anfang der 1980er Jahre formulierten These von Beywl und Brombach (1982: 556), dass es für alternative Medien eine „Illusion ist, sich außerhalb der Zwänge des kapitalistischen Marktes zu bewegen". Der Beitrag zeigt den Umgang alternativer Medien mit ihren ökonomischen Grundlagen anhand zweier Dimensionen: Der erste, inhaltliche – eher *normative* – Fokus fragt danach, inwieweit die einzelnen Alternativmedien auf einen pragmatischen oder idealistischen Umgang mit Ansprüchen an Gegenöffentlichkeit(en) setzen wie z.B. „Kommunikation als emanzipative Strategie von Individuen" (Oy 2001). Die zweite – eher *deskriptive* – Dimension richtet ihren Blick auf die Form des Medienmanagements innerhalb des jeweiligen Alternativmediums und differenziert dabei zwischen einem rationalem Einsatz von Betriebsmitteln (d.h. klassische Medienökonomie in einem engeren Sinne) und der emergenten, d.h. auf Intuition, Erfahrung oder Überzeugung beruhenden Alltagspraxis der MedienmacherInnen andererseits. So fallen beispielsweise für den Bürgerrundfunk aus politischen und rechtlichen, aber auch aus konzeptionellen Gründen, Werbung und Sponsoring in der Regel als Finanzierungsquellen weg oder bewegen sich in einem subkulturellen oder szeneinternen Rahmen wie Buchladen- oder Verlagsanzeigen.

Um dieser Problematik auf den Grund zu gehen, gliedert sich der Beitrag in drei Abschnitte. Zuerst wird aus kommunikationswissenschaftlicher Perspektive auf den Wandel alternativer Medien eingegangen. In einem zweiten Schritt werden vier idealtypische Konstellationen des alternativen Umgangs mit den wirtschaftlichen Grundlagen von Massenmedien präsentiert, abschließend folgen weiterführende Überlegungen.

## Alternative Medien früher und heute

Alternative Medien bildeten „das wesentliche Bindeglied der alternativen Öffentlichkeit" (Stamm 1988: 140). So vielfältig wie die Themen, Ziele und Organisationsformen der Neuen Sozialen Bewegungen (NSB) sind, so unüberschaubar haben sich auch alternative Medien entwickelt. Sie gewährleisten u.a. in der Funktion als bewegungseigene Medien noch heute die Kommunikation zwischen den dezentral organisierten, heterogenen Gruppen und Projekten der Gegenkultur. Als Artikulations- und Selbstdarstellungsmedien kanalisieren sie das Kommunikationsbedürfnis lokaler und regionaler, sozialer und kultureller Gruppen und stellen somit den kommunikativen Knotenpunkt lokaler Gegenöffentlichkeiten dar.

Beim Begriff „alternative Medien" wird man auf den ersten Blick in der Forschungsliteratur mit einer Vielzahl von einzelnen, oft synonym gebrauchten Bezeichnungen konfrontiert wie u.a. „Alternativpresse", „andere Medien", „Bewegungsmedien", „citizen media", „community media", „counter-hegemonic journalism", „lokale und sublokale Publizistik", „nichtkommerzielle Medien", „radical media" oder auch „underground press".[2] Als kleinster gemeinsamer Nenner können zwei Eigenschaften gelten, die konstitutiv für alternative Medien sind: Aus der Ablehnung der herkömmlichen Produktionsweise und Berichterstattung heraus entwickelte sich eine *alternative Art* sowohl der *Medienproduktion* als auch der *Medienkommunikation*, die sich auf höchst verschiedene Medienpraktiken, -deutungsmuster und -aneignungsweisen bezieht (vgl. Atton 2002: 27). Die Bezeichnung „alternativ" verweist gerade darauf, dass sie nur in Relation zu ‚etablierten' bzw. ‚vorherrschenden' Medien zu verstehen sind: Das Publikum sollte nun bei der Medienproduktion teilhaben können wie z.B. bei Stadtteilzeitungen oder freien Radios (= Prinzipien der Offenheit und der Partizipation). Dem Selektionsverhalten der etablierten Medien sollten dabei einerseits die Behandlung ‚ausgegrenzter' und ‚unliebsamer' Themen entgegengesetzt werden. Andererseits, wurde angestrebt, dass die Arbeitsstrukturen unhierarchisch und möglichst unabhängig von einem als kapitalistisch verstandenen Wertesystem sind. Weichler (1987: 151f.) definiert alternative Medien im Sinne einer alternativen Presse dementsprechend: „Zur Alternativpresse zählen Zeitschriften und Zeitungen, die von demokratisch strukturierten Redaktionskollektiven in selbstverwalteten Betrieben nach dem Kostendeckungsprinzip, das heißt ohne Profiterzielung und unter Verzicht auf Anzeigen produziert werden. Bei in der Regel periodischer Erscheinungsweise verfolgen sie das Ziel der Herstellung von Gegenöffentlichkeit zur traditionellen Presse. Dabei werden Alternativzeitungen weder von Parteien oder parteiähnlichen Gruppierungen noch von Verbänden oder verbandsähnlichen Organisationen herausgegeben. Auch Publikationen, die sich nur an eine institutionell begrenzte Teilöffentlichkeit richten sowie Einschränkungen der Pressefreiheit unterliegen, zählen nicht zur Alternativpresse."

Somit unterscheiden viele AutorInnen u.a. Partei-, Kirchen-, Betriebs-, Schüler- und Gefängniszeitungen, aber auch die Bewegungsmedien von den alternativen Medien (vgl. kritisch dazu den Beitrag von Hooffacker in diesem Band). Die zwei für ein Alternativmedium grundlegenden Kriterien können noch weiter ausdifferenziert werden:

(1) *Alternative Medienkommunikation*: Zentrale Unterscheidungskriterien zwischen alternativen Medien und Massenmedien liegen also darin, andere Themen bzw. Medieninhalte den vorherrschenden entgegenzustellen (Leitbild der gegenöffentlichen Kommunikation), die Positionen und Betroffenheit der BürgerInnen dabei authentisch

zu artikulieren (Leitbild der authentischen Kommunikation) und somit gesellschaftspolitisch und emanzipativ wirksam zu sein (Leitbild der emanzipativen Kommunikation)
(vgl. ausführlich Oy 2001: 191ff.). Brüseke und Grosse-Oetringhaus (1981: 55f., ähnlich
Weichler 1987: 69ff.) dokumentieren eine idealtypische Position damaliger Blattmache-
rInnen: „Die Antwort ist denkbar einfach: alternativ zu dem, was existiert, das heißt,
Alternative zu einer bürgerlichen Presse [...] In welchem Maße diese Gegenöffentlichkeit eine Alternative zu der bestehenden Presselandschaft sein kann, muß sich daran
zeigen, inwieweit es ihr gelingt:

- unabhängig von Parteien, Institutionen und Anzeigenkunden zu sein [sic]
- die von der bürgerlichen Presse unterdrückten, verfälschten oder aus dem Zusammenhang gerissenen Nachrichten zu veröffentlichen, zu korrigieren und in Bezug
  zu setzen,
- eine Zeitung von Betroffenheit für Betroffene zu werden, Einwegkommunikation
  aufzuheben und eine Kommunikation zwischen Leser und Zeitung herzustellen,
  eine Kommunikation frei von Produktinteressen,
- die Erfahrungswelt der Betroffenen möglichst umfassend und konkret darzustellen,
- dem Leser Handlungsmöglichkeiten anzubieten, damit er über das Lesen der Zeitung hinaus aktiv werden kann,
- – ein [sic] Sprache zu verwenden, die es dem Leser ermöglicht, das, was er liest, auch
  zu verstehen".
- Der Basis- und Betroffenenbericht bzw. die Artikulierung authentischer Bedürfnisse
  und die Unmittelbarkeit der Information stellten lange Zeit die inhaltlichen Leitbil-
  der eines alternativen Journalismus dar (vgl. aus theoretischer Perspektive Wimmer
  2007: 152ff., Oy 2001).

*(2) Alternative Medienproduktion:* Weitere Unterscheidungskriterien entstehen bei der
*Form* bzw. der *Medienpraxis* alternativer Medien wie Produktionsbedingungen und
-formen, Arbeitsablauf, journalistisches Selbstverständnis, Periodizität, Finanzierung,
Gestaltung der Inhalte u.ä. Das Konzept der Gegenöffentlichkeit sollte sich in verschiedenen Merkmalen der  konkreten Medienarbeit widerspiegeln, von denen hier nur die
wichtigsten aufgeführt werden (vgl. ausführlich z.B. Atton 2002: 25, Beywl/Brombach
1982: 554ff.):

- Ablösung hierarchischer Arbeitsstrukturen durch kollektive und dezentrale Produk-
  tionsformen wie z.B. ressortübergreifendes Arbeiten
- unkonventionelles Layout und Gestaltung
- Unabhängigkeit von etablierten Verbänden, Parteien, Institutionen etc. bei gleich-
  zeitiger Unterstützung nicht-etablierter politischer Organisationen
- Einschränkung von Organisationsaufwand und Einsatz einfacher, billiger und leicht
  zugänglicher Medien
- Selbstverwaltung und Selbstorganisation der Medienprojekte
- Ermöglichung ausführlicher Berichterstattung ohne strenge Zeit- und Platzvorgaben

- Diskussionen über die Medienproduktion als gewünschter Bestandteil der Kommunikationspraxis oder
- Schaffung sozialer Beziehungen usw.

Diese Ansprüche verdeutlichen, inwiefern viele alternativen Medien eine (utopische) doppelte Ausrichtung der Kommunikationspraxis anstrebten. Für diese Position ideal-typisch schreiben Beywl und Brombach (1982: 565): „Die Medien der Gegenöffentlich-keit transportieren nicht nur die Abbilder der politischen Veränderung, sie setzen sie auch in ihrer inneren Struktur, in den eigenen Arbeitsbeziehungen und Verkehrsformen durch."[3]

Die Rundfunkliberalisierung und das rasante Wachstum des Internets verschafften den alternativen Medien noch in den 1980er Jahren eine konstante Dynamik. War zu Beginn – wie oben skizziert – alternative Öffentlichkeit auf den Bereich der Printmedien beschränkt, entstanden nun durch die Freien Radios, den nichtkommerziellen Rund-funk oder durch Videoaktivismus neue alternative (Medien-)Öffentlichkeiten mit un-terschiedlicher Reichweite. Die alternativen Medien sahen sich allerdings im Zuge der gesellschaftlichen und technischen Veränderungen zunehmend mit einer Reihe von ökonomischen Problemen konfrontiert. So kann Dorer (1995) für die 1990er Jahre fest-stellen, dass Kommerzialisierung, Institutionalisierung und das medienpolitische Agie-ren staatlicher Akteure ihre Auswirkungen auf idealistische Konzepte alternativer Medi-en zeigen. Nicht nur die etablierten Medien griffen und greifen bspw. die Themen und die Stilelemente der ‚subjektivistischen' Berichterstattung der alternativen Presse auf – wie z.B. in der Umweltberichterstattung und professionalisieren sie publikumswirksam. Blöbaum (2006) spricht diesbezüglich überspitzt von Kannibalisierungseffekten. Mit dem Niedergang einiger NSB bricht auch das dialogorientierte Kommunikationsideal der alternativen Medien auseinander (vgl. Stamm 1988: 249). So müssen die alterna-tiven Medien im Verlauf ihrer Institutionalisierung zunehmend zahlreiche Hindernisse meistern, an denen viele Projekte scheitern. Diese sind z.B. hohe physische und psychi-sche Beanspruchung der alternativen MedienmacherInnen durch Mehrfachbelastun-gen, ungesicherte finanzielle Basis, hohe Fluktuation der Akteure, geringe Qualität der Medienprodukte, fehlende Bereitschaft zur Fortentwicklung und Anpassung der Medi-enprojekte oder auch manchmal zu beobachtender Prozesse medieninterner Zensur (für einzelne empirische Befunde vgl. z.B. Dorer 1992, Harcup 1998, Makagon 2000).

Auch die gesellschaftliche Bedeutung von ‚alternativ' hat sich verändert, da sich ak-tuell im Zuge der Medienentwicklung eine Vielzahl von massenmedialen Optionen er-geben, und die alternativen Medien nicht wie noch in den 1970er und 1980er Jahren als alleiniges Korrektiv eines monolithisches Mediensystem angesehen werden können. Die Alternativpresse erlitt gerade im Verlauf der 1980er Jahre einen fundamentalen Funktionsverlust, da die bisherige Korrektivfunktion im Themen- und Meinungsspek-trum verloren ging.[4] Demgemäß äußern einige kritische Stimmen, dass sich das Kon-zept der alternativen Medien quasi „überlebt" habe (z.B. Holtz-Bacha 1999, Sösemann

1999). Dem entgegen schlägt beispielsweise Rodriguez (2001: 33f) den Begriff „citizen media" vor – also Medien, die hauptsächlich partizipatorische Funktionen in der Zivilgesellschaft übernehmen. Damit verlieren alternative Medien aber ihren Anspruch auf massenmedialen Status, denn es wird ihnen implizit allein die Konstruktion einer partizipatorische Öffentlichkeit zugestanden, die kein disperses Publikum mehr erreicht (vgl. ausführlich Wimmer 2007: 234ff.).

Seit Ende der 1990er Jahre haben sich neue Formen alternativer Medien entwickelt, die vor allem auf den Potentialen digitaler Medientechnologien zur Konnektivität, Interaktivität und freien Zugangs- und Nutzungsrechten (Prinzipien des *open source* und *open publishing*) beruhen:

- *Alternative Informationsquellen:* Medien, die unabhängige Informationen kooperativ erstellen, zur freien Nutzung bereitstellen und dauerhaft speichern wie z.B. die freie Online-Enzyklopädie *Wikipedia*
- *Alternative Nachrichtendienste:* Medien, die unabhängige Informationen mit unmittelbarem Zeitbezug kooperativ erstellen und zur freien Nutzung bereitstellen wie z.B. die Nachrichten- und Presseagentur *Wikinews* oder *Wikileaks*
- *Publikations- und Diskursplattformen:* Medien, die der Veröffentlichung von kontroversen Informationen dienen und so als Grundlagen zum Führen von Diskursen aber auch zum Netzaktivismus dienen wie z.B. *Indymedia* oder Mailinglisten wie z.B. *Nettime*

Allerdings ist auch hier festzustellen, dass die neuen Technologien bisher nichts an den grundlegenden ökonomischen Faktoren geändert haben, die den etablierten Medienkonzernen ihre marktbeherrschende Stellung ermöglichen (vgl. z.B. Curran/Seaton 2003). Die ‚elektronischen' alternativen Medien führen bisher aus der Perspektive der Publikumsaufmerksamkeit oftmals nicht mehr als ein Nischendasein.

## Vier Idealtypen alternativer Medien im Umgang mit ihren ökonomischen Grundlagen

Die medienökonomischen Faktoren lassen sich innerhalb zweier Dimensionen aufzeigen: Der inhaltliche Fokus gibt an, ob die einzelnen Idealtypen auf einen pragmatischen Umgang oder auf einen idealistischen Umgang mit ihren alternativen Ansprüchen fokussieren wie z.B. emanzipative und authentische Kommunikationsprozesse. Die zweite Dimension des Medienmanagements differenziert zwischen rationalem Einsatz von Betriebsmitteln (d.h. Medienökonomie in einem engerem Sinne) und emergenten, d.h. auf Intuition, Erfahrung oder Emotionen beruhendes und/oder laienhaftes Experimentierens alternativer Medien andererseits. Berücksichtigt sind hier alle spezifischen Ausprägungen des klassischen Wertschöpfungsprozesses in der Medienökonomie: also Aspekte der Finanzierung, Beschaffung, Produktion und Distribution. Die Bildung der Idealtypen ist an dem klassischen Vorgehen des Soziologen Max Weber orientiert. Die Typen stellen daher keine Durchschnittstypen dar, sondern repräsentieren bestimmte *idealtypische* Merkmale, die nicht unbedingt eins zu eins in der Realität anzutreffen sind und sich z.T. auch überschneiden. Es können insgesamt vier Idealtypen alternativer Medien identifiziert werden (vgl. Tabelle), die an Praxisbeispielen veranschaulicht werden sollen.

| | | Inhaltsbezogen | |
| --- | --- | --- | --- |
| | | Pragmatisch | Idealistisch |
| Medienmanagement | Strategisch | Advokat | Alternativ-Leitmedium |
| | Emergent | Aktionist | Adept |

*Tabelle: Idealtypen des medienökonomischen Umgangs alternativer Medien (© Wimmer)*

(1) *Advokat*: Hierunter fallen alternative Medien wie z.B. Obdachlosenzeitungen, deren Verfahrens- und Ressourcenmanagement komplett auf den Markt bzw. Straßenverkauf gerichtet sind – wie z.B. *The Big Issue* in Großbritannien. Dieser Typus alternativer Medien nützt in einem professionellen Sinne seine Betriebsmittel – im Falle der Obdachlosenzeitungen z.B. mit einer ausgeklügelten Distribution. Im günstigsten Fall kann das Advokat-Alternativmedium – wie auch beim Idealtyp (Pseudo-) Avantgarde – sog. Skaleneffekte (economies of scale) bei seiner Medienproduktion berücksichtigen. Allerdings geht diese medienökonomische Ausrichtung oft damit einher, dass publikumsträchtigen Allgemeinthemen mehr Umfang als den eigentlichen politisch-publizistischen Zielen eingeräumt wird.

(2) *Alternativ-Leitmedium*: Auch für diesen Typ gilt, dass das Verfahrens- und Ressourcenmanagement sehr auf den Markt gerichtet ist. Zu nennen sind hier u.a. Pressemedien wie die deutsche *taz* oder die französische *Liberation*, die für sich (gerne) in Anspruch nehmen, nicht nur Leitmedien alternativer sondern auch massenmedialer Öffentlichkeit zu sein. Ein – aus medienökonomischer Perspektive – Erfolgsmodell stellen im Printbereich v.a. alternative Wochenzeitungen in den USA dar, die sich durch Publikumskauf oder Werbeanzeigen (interessanterweise auch durch Sexanzeigen) finanzieren (vgl. Lewes 2000).[5]

Für alle Medien dieses Typs gilt zwar, dass sie stets einen Ausgleich publizistischer (im Sinne gegenöffentlicher Forderungen) und wirtschaftlicher Ziele anstreben. Allerdings können bei ihnen wiederholt gewichtige organisationale Defizite festgestellt werden – wie z.B. hierarchische Arbeitsstrukturen, schlechtere Arbeitsbedingungen als bei etablierten bzw. kommerziellen Medien oder der Verzicht auf tarifliche Bezahlung, die den Anspruch eines alternativen Mediums konterkarieren. So kann Gibbs in ihrer Analyse der alternativen US-amerikanischen Wochenzeitschrift *Honolulu Weekly* eindrucksvoll aufzeigen, dass die AktivistInnen trotz ihres Engagements aufgrund finanzieller Nöte oftmals gezwungen sind, sich vom Medienaktivismus zu verabschieden – so idealtypisch die Aussage einer Medienmacherin: „Even with working full-time with benefits for the *Weekly and* doing freelance work for them, I still couldn't make ends meet, I couldn't survive. (...) I got fed up with that and now I work for a local bookstore. Even without freelancing, which I still do for them, I still make more money here at the bookstore" (zit. n. Gibbs 2003: 600).

Für den Großteil dieses Typs alternativer Medien gilt allerdings, dass sie vom breiten Publikum weitestgehend unbeachtet sind und deren publizistische Reichweite somit gering ausfällt, was v.a. auf eine problematische Distribution zurückzuführen ist. Dieser Umstand verschlechtert wiederum die finanzielle Situation, da vergleichsweise wenig Anzeigen geschaltet werden. Eine recht erfolgreiche Strategie zur Verbesserung dieser ökonomischen und damit auch schwierigen publizistischen Situation liegt einerseits im Versuch der Vernetzung. So haben sich bspw. mehr als 130 alternative Wochenzeitungen in den USA im Rahmen der *Association of Alternative Newsweeklies* (AAN) zusammengeschlossen. Trotz ihrer Verortung in der Gegenkultur bemüht sich die AAN dabei um eine stete medienökonomische Professionalisierung ihrer Mitgliedspublikationen – wie idealtypisch folgendes Zitat verdeutlicht: „Zeitungen stehen, wie jegliche andere Unternehmen, im Dollar-Wettbewerb. Das Geschäft im Verlagswesen zeichnet sich vor allem durch die Anziehung von Anzeigenkunden aus, die bereit sind Geld auszugeben, um die Publikation zur Kundenwerbung zu nutzen. Doch Teil des Geschäfts ist es auch, Leser zu gewinnen, die wiederum zu Kunden der Werbenden werden können. In dieser Hinsicht kann das Geschäft mit Alternativ-Publikationen kniffliger sein als das Geschäft mit Mainstream-Publikationen. Früher musste die alternative Presse lediglich von dem Bericht erstatten, was die Tageszeitungen nicht berücksichtigten. Während Menschen eine Tageszeitung lesen, um sich bspw. über die aktuellen Geschehnisse auf Haiti oder die Fußballergebnisse zu informieren und eine Lokalzeitung lesen, um Informationen zur Sitzung der lokalen Schulbehörde zu bekommen, sind die an alternative Publikationen gestellten Erwartungen anders, und es gibt wiederum unterschiedliche Erwartungen an unterschiedliche alternative Publikationen" (*AAN News* vom 4.10.1994, zit. n. Gibbs 2003: 590, Übersetzung J.W.).

Zusätzlich bietet das Onlineangebot *Alternet* des *Independent Media Institute* seinen Mitgliedern die Möglichkeit, interessante Artikel anderen regionalen Wochenzeitschriften zur Verfügung zu stellen. Eine ähnliche Strategie findet sich aktuell im deutschsprachigen Raum im Falle der deutschsprachigen Freien Radios, die über ein Onlineportal ihre Beiträge austauschen können. Im Printbereich wird versucht, sich an professionelle Pressevetriebssysteme anzuschließen oder auch wie im Fall der *taz* Kooperationen mit anderen Verlagen einzugehen, damit man mit etablierten Tageszeitungen konkurrenzfähig bleibt.

(3) *Aktionist*: Die Vertreter dieses Typs alternativer Medien verfolgen aufgrund fehlender Finanzierungsquellen neben publizistischen – aus ihrer Sicht notgedrungen – auch ökonomische Ziele und sind inhaltlich auch eher zu Kompromissen bereit. Kommerzialisierungs- und Institutionalisierungsprozesse werden somit verstärkt – wie es z.B. in Deutschland in den 1980er Jahren bei Stadtzeitungen zu beobachten war oder auch aktuell bei Freien Radios. Andererseits besteht auch das Risiko, dass der Marktwettbewerb die gegenöffentlichen AkteurInnen quasi „mundtot" macht, wenn sie sich nicht behaupten können. Eine andere Alternative besteht im Status des Untergrundmediums – wie z.B. im Bereich des Rundfunks als Piratenradio ohne Lizenz zu senden. Einen besonderen innovativen Charakter erhält dieser Idealtyp (ebenso wie der Idealtyp der Adept-Alternativmedium) durch den Prozess der Digitalisierung. Waren Informationen im vordigitalen Zeitalter in ihrer Produktion immer an Gegenständlichkeit gebunden – so sind z.B. die Druckkosten ein nicht unerheblicher Kostenfaktor in der Buchproduktion – entfällt diese Gegenständlichkeit im Bereich der computervermittelten Kommunikation nunmehr tendenziell völlig. *Partizipative News-Sites* im Internet stellen ein darauf aufbauendes „Geschäftsmodell" dar. Deren organisationale wie ökonomische Innovation des *open publishing*-Prinzips haben Vorbildcharakter sowohl für etablierte Medien als auch für alternative Medien (vgl. ausführlich Engesser/Wimmer 2009).[6]

Ein gutes Beispiel dafür stellt das südkoreanische Pionierformat *OhmyNews* (vgl. Kim/Hamilton 2006) dar. Dieses Onlineangebot wurde bewusst initiiert, um ein ernstzunehmendes alternatives Medium zu schaffen und die Vormachtstellung der konservativen Tageszeitungen in der koreanischen Medienlandschaft herauszufordern (Slogan: „every citizen is a reporter"). Eine professionelle Redaktion selektiert, kontrolliert und redigiert die Beiträge der NutzerInnen. In der koreanischen Ausgabe umfasst sie rund 60 Mitglieder. Dort treffen täglich 200 Beiträge ein. Rund ein Drittel davon wird abgelehnt, weil sie den stilistischen oder ethischen Anforderungen nicht genügen. Akzeptierte Beiträge werden ggf. gründlich überarbeitet. Der Anteil der Nutzerbeiträge am Gesamtinhalt liegt in der koreanischen Ausgabe bei rund 70 Prozent. Der Rest wird von der professionellen Redaktion verfasst. Startete das Projekt im Jahr 2000 mit einem Startkapital von ca. 85.000 US-Dollar, besuchen heutzutage laut Selbstauskunft täglich mehr als zwei Millionen NutzerInnen die südkoreanische wie auch internationale Ausgabe der Internetseite. *OhmyNews* hat sich mittlerweile zu einer Art Medienkonzern mit Fernsehstation und Medienakademie entwickelt. Kim und Hamilton (2006: 555) bezeichnen in ihrer Analyse diese publizistische und ökonomische Erfolgsgeschichte als eine „hybrid progressive-commercial practice", die eine notwendige Reaktion auf die gewandelten Kontexte alternativer Medien in der heutigen, globalisierten Zeit darstellt:

„Ebenso wenig wie man Kommerzialisierung als universelles Zeichen des Ausverkaufs sehen darf, können auch Zeichen wie eine größere demografische Breite der Mitwirkenden nicht als automatischer Beleg für die Verwirklichung demokratischer Kommunikation gesehen werden. (…) Schließlich hilft eine Analyse der *OhmyNews* die kritische Auseinandersetzung mit demokratischer Kommunikation weiterzuentwickeln, indem sie die Bedeutung der sozialen und historischen Kontextualisierung aufzeigt. Sie unterstreicht außerdem, wie wichtig es ist, die Hybridität der Medienpraxis zu erkennen und explizit die unterstellten eurozentrischen Annahmen zu berücksichtigen. Letztlich kann eine solche Analyse den kritischen Blick auf die Komplexität der Mediennutzung und -praxis, die Auffassung von Professionalität und deren Beziehung zur demokratischen Kommunikation sowie den Grad der Übertragbarkeit von sozialer und kultureller Dynamik der vorherrschenden Gesellschaftsformen in Regionen außerhalb des Westens lenken" (Kim & Hamilton 2006: 556, Übersetzung J.W.).

(4) *Adept*: Diese Form alternativer Medien zeigt ein großes Bekenntnis zu Empowerment- und Dezentralisierungskonzepten. Beispiele hierfür sind die verschiedenen Graswurzel-Medien oder die unüberschaubare Vielzahl an Fanzines (vgl. den Beitrag von Zobl in diesem Band). Aber auch die offenen Kanäle/nichtkommerziellen Radios im Rundfunkbereich und die verschiedenen Kommunikationsmedien der Informations- und Kommunikationszentren im lokalen Bereich können dazu gerechnet werden. Dieser Idealtyp verfolgt keine wirtschaftlichen Ziele, sondern richtet seine Medienproduktion allein an publizistischen Zielen aus. Der starke Idealismus kann letztlich allerdings allein durch Selbstausbeutung oder durch Fördermittel am Leben erhalten werden. Überspitzt stellt Knoche (2003: 17f.) diesbezüglich fest, dass alternativen Medien im Allgemeinen und Freien Radios im Spezifischen, wenn sie sich nicht vollständig subventionieren lassen möchten, nur drei „Überlebensstrategien" offenstehen, wobei er letztere als am wahrscheinlichsten ansieht:

- „entweder eine weitgehende *Anpassung* (unter weitgehendem Verzicht auf ‚Alternativität') an die bestehenden und sich weiter entwickelnden stark kommerziell geprägten Marktverhältnisse (‚Selbstkommerzialisierung'); einem Erfolg steht hier allerdings die Marktmacht kommerzieller Medien im Weg;
- oder eine Veränderung der Marktverhältnisse durch Vergrößerung der Märkte für ‚Alternativen'; diese ‚Eroberung' der Märkte ist bei nüchterner Betrachtungsweise in absehbarer Zeit nicht als erfolgversprechend anzusehen;
- oder eine partielle Marktanpassung an Minderheiten-Märkte (unter weitest möglicher Beibehaltung von ‚Alternativität') mit Nischen-Dasein und Nischen-Produktion, dann stellt sich doch verstärkt die Finanzierungs- und damit die Existenzfrage."

## Fazit: Alternative Medien als Dauerbaustelle

Abschließend kann ein zweifaches Fazit gezogen werden: (1) Es zeigt sich empirisch nur in Ausnahmefällen, dass ökonomische Faktoren im Rahmen der Gegenöffentlichkeit(en) alternativer Medien intern z.B. in Form von egalitären Tauschprozessen längerfristig neu ausgehandelt werden können. Nichtsdestotrotz haben diese Innovationen extern oftmals einen Vorbildcharakter für die als hegemonial empfundene Öffentlichkeit etablierter Medien. So haben etablierte Medien oft von der Übernahme des z.T. sehr erfolgreichem Entwicklungs- und Innovationsmanagements alternativer Medien profitiert. Was schon in den 1980er Jahren im Zeitschriftenbereich beobachtet wurde, findet bspw. nun aktuell (modifizierte) Wiederholung im Bereich der computervermittelten Kommunikation, wenn z.B. Webseiten etablierter Medien inhaltliche wie formale Elemente von Webseiten aus dem Bereich der Gegenöffentlichkeit übernehmen.

(2) Das Verhältnis von Ökonomie und Zielsetzung alternativer Medien bleibt bis heute widersprüchlich und mitunter konfliktreich. So können alternative Medien oftmals aus ökonomischer Perspektive keine besseren Arbeitsbedingungen als ihre kommerziellen Pendants bieten, was zur Folge hat, dass deren Beteiligte u.a. ihre Ansprüche an Honorare und Stellenausstattung stark zurücknehmen müssen.

Aus medienpolitischer Perspektive verdeutlicht die große Vielfalt an alternativen Medien, dass das Publikum nicht unbedingt mit den etablierten Medien zufrieden ist. Diese Vielfalt geht allerdings – aufgrund deren Struktur – mit einer großen Fluktuation an Projekten, Medien und/oder MedienmacherInnen einher. Die oftmals kurze Existenz alternativer Medien im Vergleich zu etablierten Medien ist besonders darauf zurückzuführen, dass der aus medienökonomischer Sicht klassische Wertschöpfungsprozess nicht stringent vollzogen wird und/oder werden kann.

(3) Dass alternative Medien nichtsdestotrotz noch immer demokratierelevant sind, wird dadurch illustriert, dass offenen Kanälen und nichtkommerziellem Rundfunk – verstanden als Bürgermedien – von Seiten der Landesmedienanstalten und politischer EntscheidungsträgerInnen aktuell eine wichtige gesellschaftliche Funktion im Sinne gesellschaftspolitischer Partizipationsräume auf lokaler Ebene zugestanden wird.[7] Allerdings stellt diese Anerkennung – gerade vor dem Hintergrund der Subventionierung – aber nicht nur eine Chance sondern auch ein Risiko dar, da KritikerInnen eine politökonomische Vereinnahmung, d.h. eine zu enge Anbindung an die Aufsicht und Kontrolle der Landesmedienanstalten und eine Abhängigkeit von politischen und wirtschaftlichen Interessen befürchten.

Zum Schluss kann daher auf die Ausgangsthese von Beywl und Brombach zurückgekommen werden: Es ist keine Illusion, sich außerhalb des kapitalistischen Marktes zu bewegen, allerdings ist dieser Zustand für alternative Medien nur meist von kurzer Dauer.

## Literatur

Abel, Richard (1997): An alternative press. Why? In: Publishing Research Quarterly 12 (4), S. 78-84.

Atton, Chris (2002): Alternative media. London.

autonome a.f.r.i.k.a. gruppe/Blissett, Luther/Brünzels, Sonja (2001 [1994]): Handbuch der Kommunikationsguerilla. Berlin.

Beywl, Wolfgang/Brombach, Hartmut (1982): Kritische Anmerkungen zur Theorie der Alternativpresse. In: Publizistik 27 (4), S. 551-569.

Blöbaum, Bernd (2006): Wandel alternativer Öffentlichkeit. Eine Fallstudie zur tageszeitung (taz). In: Imhof, Kurt/Blum Roger/Bonfadelli, Heinz/Jarren, Otfried (Hrsg.): Demokratie in der Mediengesellschaft. Wiesbaden, S. 182-192.

Brüseke, Franz/Große-Oetringhaus, Hans-Martin (1981): Blätter von unten: Alternativzeitungen in der Bundesrepublik. Offenbach.

Comedia (1984): The alternative press. The development of underdevelopment. In: Media, Culture & Society 6, S. 95-102.

Curran, James/Seaton, Jean (2003): Power without responsibility. London.

Dorer, Johanna (1992): Selbstausbeutung. Zur Finanzierung der Alternativpresse in Österreich. In: Medium 22 (4), S. 71-73.

Dorer, Johanna (1995): Struktur und Ökonomie der ,Alternativpresse'. Eine Bestandaufnahme des nichtkommerziellen Zeitschriftenmarktes am Beispiel Österreich. In: Publizistik 40 (3), S. 327-344.

Engesser, Sven/Wimmer, Jeffrey (2009): Gegenöffentlichkeit(en) und partizipativer Journalismus im Internet. In: Publizistik 54 (1), S. 43-63.

Gibbs, Patricia L. (2003): Alternative things considered. A political economic analysis of labour processes and relations at a Honolulu alternative newspaper. In: Media, Culture & Society 25, S. 587-605.

Hamilton, James W. (2000): Alternative media. Conceptual difficulties, critical possibilities. In: Journal of Communication Inquiry 24 (4), S. 357-378.

Harcup, Tony (1998): There is no alternative. The demise of the alternative local newspaper. In: Franklin, Bob/Murphy, David (Hrsg.): Making the local news. Local journalism in context. London, S. 105-116.

Holtz-Bacha, Christina (1999): Alternative Presse. In: Wilke, Jürgen (Hrsg.): Mediengeschichte der Bundesrepublik Deutschland. Bonn, S. 330-349.

Jarren, Otfried (1981): Statt weniger Großer – viele Kleine? Funktionswandel der Presse. In: Thomas, Michael W. (Hrsg.): Die lokale Betäubung oder der Bürger und seine Medien. Berlin, Bonn, S. 63-78.

Kim, Eun-Gyoo /Hamilton, James W. (2006): Capitulation to capital? OhmyNews as alternative media. In: Media, Culture & Society 4, S. 541-560.

Knoche, Manfred (2003): Freie Radios – frei von Staat, Markt und Kapital(ismus)? Zur Widersprüchlichkeit Alternativer Medien und Ökonomie. In: Medien Journal 27 (4), S. 4-19.

Lewes, James (2000): The underground press in America (1964-1968). Outlining an alternative, the envisioning of an underground. In: Journal of Communication Inquiry 24 (4), S. 379-400.

Makagon, Daniel (2000): Accidents should happen. Cultural disruption through alternative media. In: Journal of Communication Inquiry 24 (4), S. 430-447.

Oy, Gottfried (2001): Die Gemeinschaft der Lüge. Medien- und Öffentlichkeitskritik sozialer Bewegungen in der Bundesrepublik. Münster.

Rodriguez, Clemencia (2001): Fissures in the mediascape. An international study of citizens' media. Cresskill.

Sösemann, Bernd (1999): Die 68er Bewegung und die Massenmedien. In: Wilke, Jürgen (Hrsg.): Mediengeschichte der Bundesrepublik Deutschland. Bonn. S. 330-349.

Stamm, Karl-Heinz (1988): Alternative Öffentlichkeit. Die Erfahrungsproduktion neuer sozialer Bewegungen. Frankfurt am Main, New York.

Weichler, Kurt (1987): Die anderen Medien. Theorie und Praxis alternativer Kommunikation. Berlin.

Wimmer, Jeffrey (2007): (Gegen-)Öffentlichkeit in der Mediengesellschaft. Analyse eines medialen Spannungsfelds. Wiesbaden.

Wimmer, Jeffrey (2009): Revitalization of the European public sphere? A meta-analysis of the empirical research about counterpublic-spheres and media activism. In: Van Bauwel, Sofie/ Garcia-Blanco, Iñaki/Cammaerts, Bart (Hrsg.): Media agoras: Democracy, diversity and communication. Cambridge, S. 45-72.

## Anmerkungen

1   Basis der Analyse sind rund 80 deutschsprachige und internationale Studien, die sich sowohl theoretisch als auch empirisch explizit mit den Phänomenbereichen Alternativmedium und/oder Gegenöffentlichkeit beschäftigt haben (vgl. Wimmer 2009).

2   Jarren (1981: 69) plädiert gar mangels fehlender Klassifikations- und Definitionsschemata für einen Verzicht auf die Begriffsverwendung (vgl. auch Abel 1997: 78ff.).

3   Vgl. kritisch zu diesem Anspruch Comedia 1984: 95 bzw. Hamilton 2000: 359.

4   Die autonome a.f.r.i.k.a.-gruppe et al. (2001: 190f.) führen diesen Funktionsverlust v.a. zurück auf die fehlende öffentliche Resonanz bestimmter politischer Issues wie z.B. Atomenergie, über die alternative Medien hauptsächlich berichteten. Anders formuliert: Alternative Medien hätten anfangs Anklang gefunden, weil ihre Themen in der öffentlichen Debatte standen, nicht umgekehrt: „Wo man [in den 1980er Jahren] glaubte, durch Aufklärung weiterzukommen zu sein, war es vielleicht in Wirklichkeit gar nicht die schlagende Brillanz der Argumente aus der Gegenöffentlichkeit, die bei vielen Leuten ein Interesse für bestimmte Themen und Sichtweisen und ein Bedürfnis nach entsprechenden Informationen hervorrief. Vielmehr war dieses Interesse Ausdruck von Veränderungen der eigenen Lebenszusammenhänge vor dem Hintergrund jener gesellschaftlichen Entwicklung, in deren Zuge auch die ‚neuen sozialen Bewegungen' ihre Bedeutung gewannen."

5   Ganz im Gegensatz zu Großbritannien, wo Ende der 1980er Jahre ein regelrechtes Zeitungssterben in der Gegenkultur einsetzte und sich heutzutage fast alles auf den Onlinebereich konzentriert.

6   2006 zog bspw. recht publikumswirksam – und damit unter medienökonomischen Gesichtspunkten erfolgreich – die Bild-Zeitung mit der Einführung der Leserreporter-Rubriken nach. Anfangs stellten Prominente und Kuriositäten den überwiegenden Teil der Motive dar. Inzwischen ist eine Verschiebung hin zu quasi-privaten Aufnahmen feststellbar, bei denen sich Bild-LeserInnen überwiegend gegenseitig fotografieren.

7   Ein Beispiel dafür liefern die Statements auf der Tagung „Zukunft des Lokaljournalismus und die Funktion der Bürgermedien" am 9. November 2010 in Berlin (www.bvbam.de/?p=510).

*Georg Seeßlen*

# In den Wäldern der Mitte

**Gegenöffentlichkeit. Überlegungen zur Geschichte einer Chance,
die man nicht hat, aber nutzen muss**

**1.**

Warum nicht mit einem einfachen Bild beginnen? Da stehen ein paar Häuser, in denen, „ganz privat", ein paar Familien wohnen. In der Mitte ein Platz, auf dem sich die Menschen gelegentlich treffen, um Meinungen auszutauschen, Beschlüsse zu fassen, Urteile zu fällen: ein öffentlicher Raum.

Diesen öffentlichen Raum betritt man, wenn man eine Aussage machen will, die alle erreichen soll beziehungsweise man betritt ihn, um solche Aussagen zu erhalten. Ursprünglich müsste dieser öffentliche Raum also Ausdruck einer Art von natürlicher Demokratie gewesen sein. Wahrscheinlich war der öffentliche Raum als demokratische Gemeinschaft und daher ohne entfremdende Macht eine jener historischen Erinnerungen, die im Nebel des Mythos verschwinden.

Jedenfalls wurde er sehr rasch zum Macht-Raum. Einerseits, indem er zum Instrument des Ein- und Ausschlusses wurde. Nur ältere Männer in angemessener Kleidung durften ihn betreten. Oder nur Angehörige der wohlhabenden Schicht. Andererseits weckte der öffentliche Raum das Interesse des Fürsten. Hier war der Ort, seinen Willen in Form von Bekanntmachungen kund zu tun, hier konnten die öffentlichen Hinrichtungen seine Macht unter Beweis stellen, und hier konnten, je nachdem, die Schergen den Platz räumen oder abriegeln, oder die Agenten des Fürsten sich unter das Volk mischen und die Öffentlichkeit nach Belieben des Fürsten vergiften.

Nach und nach entstanden neben dem öffentlichen Raum auch öffentliche Einrichtungen: der Tempel, das Gefängnis, die Vergnügungsstätte, das Gericht, die Schule, die Bibliothek, das Amt. Im Gegensatz zu dem offenen, wenngleich nicht demokratischen System des öffentlichen Raumes waren die öffentlichen Einrichtungen geschlossene Systeme. Was dort stattfand, bildete sich nicht, sondern vollzog sich nach streng vorgegebenen Vorschriften und Ritualen. Grob gesagt teilten sich die öffentlichen Einrichtungen in fünf Hauptkategorien: Arbeit, Vergnügen, Gericht und Strafe, Bildung und Wissenschaft sowie Verwaltung und Polizei.

Daneben aber blieben durchaus öffentliche Räume bestehen, wenn auch nicht allein um die Interessen der Familien in den einzelnen Häusern miteinander abzugleichen und auszutauschen, sondern paradoxerweise auch gerade, um das Innenleben in den Häusern zu regeln. Denn die Gemeinschaft wollte zwar den Häusern eine strukturierte Privatheit lassen – von der Halböffentlichkeit des Gartens über das Wohnzimmer und die Küche bis zu den intimen Dingen in den Schlaf- und Badezimmern –, doch zugleich wollte man sich versichern, dass in etwa überall das Gleiche vor sich ging. Und so wurde im öffentlichen Raum bald weniger verhandelt, welche Rechte und Pflichten die einzelnen, die Gemeinschaft und der Fürst haben, als vielmehr das Heiratsalter der Töchter, die Frage, ob ein Fisch mit oder ohne Kopf gekocht wird oder ob eine Haarschleife als erotisches Zeichen zugelassen wird. Kurzum: Im öffentlichen Raum wurden schon sehr bald weniger Politik und Wissenschaft verhandelt als Mode, Sitte und Geschmack. Es kam nur auf die Art an, wie das Private in der Öffentlichkeit verhandelt wurde. Aber die Gesellschaft verstand sehr genau, dass das Private und das Öffentliche sich weniger linear auseinander entwickelte, als vielmehr zwei Sprechweisen ein und der selben Sache zu sein: der Macht.

Während also der öffentliche Raum immer ungenierter auch die Privatsphäre behandelte (das Theater etwa diente dem Bürgertum als Moden- und Gestenkatalog), wurde umgekehrt stets etwas vom öffentlichen Raum privatisiert. Der Fabrikherr etwa begann damit, seine Fabrik zu ummauern, um seine Arbeiter, seine Maschinen und was er mit ihnen anstellte, dem öffentlichen Blick zu entziehen. Dazu wuchs die Anzahl derer, die von weiten Teilen des öffentlichen Lebens ausgeschlossen waren (und manche von ihnen konnten nichts tun, als ihre Intimität zu verkaufen – die des Körpers, des Raumes oder der Imagination).

Der einzige öffentliche Raum, der nichts und niemanden ausschließt (und zugleich jeden Unterschied bedingt), ist der Markt. Und je mehr sich unsere kleine Gesellschaft entwickelte, desto mehr wurde dies das einzige, was sie jenseits von Fürst und Tempel, jenseits der geschlossenen Systeme der öffentlichen Einrichtungen, jenseits von Gesetz und Ordnung im Innersten zusammen hält: der Markt.

## 2.

Mit diesen drei Obstruktionen hat Öffentlichkeit zu kämpfen, wo sie Dialektik der Privatheiten und „Wille des Volkes" sein will: mit dem Fürsten, der sie zugleich benutzen und unterdrücken will, mit den Mechanismen der Ausschließung und Einschließung und der Kreation der mehr oder weniger „kleinen Unterschiede", und schließlich mit der Marktförmigkeit der Öffentlichkeit (wo die Aussage die Form von Ware und Preis angenommen hat). Natürlich sind alles drei dynamische Größen – der Fürst einmal ein Tyrann, dann ein weiser Herrscher und wieder einmal eine lose Gruppierung der Interessen –, und entsprechend unterschiedlich sind die Arten, in denen der Fürst in die Öffentlichkeit eingreift. Auch ändern sich die Verhältnisse der Ein- und Ausschließung; Geschlecht, Generation, Rasse und Klasse sollen bei einer „demokratischen Öffentlichkeit" etwa keine Rolle spielen. Doch scheint es, als habe mit der Öffnung des öffentlichen Raumes ein Bedeutungswandel stattgefunden: Je weniger er ausschließt, desto weniger „bedeutet" der öffentliche Raum, was uns den Verdacht einbringt, Ein- und Ausschließung im öffentlichen Raum sei nicht so sehr eine Perversion des mythischen demokratischen Urzustandes, als vielmehr Wesen des öffentlichen Raumes selber. Und schließlich hat sich auch die Marktförmigkeit gewandelt. Während man früher die „Wahrheit" nur auf dem Basar erfahren konnte (weshalb der kluge Fürst sich gelegentlich in Verkleidung dorthin begab), ist in der so genannten Medien-Gesellschaft jede Teilhabe an der Öffentlichkeit selbst waren-förmig.

Den drei Haupt-Kräften zur Formung von Öffentlichkeit – dem Fürsten, der Politik des Ein/Ausschlusses, dem Markt – stehen einige Nebenkräfte zur Seite. So hat der Tempel, einige Ansätze zur Säkularisation später, nach wie vor sich im Spiel gehalten, die Wissenschaft beunruhigt gelegentlich die Beziehungen der Sphären untereinander, und schließlich sind Mode und Geschmack unzuverlässige Sprachen, denen sowohl der Fürst als auch das Volk gelegentlich subversive Qualitäten unterstellt.

Dennoch: Wer unzufrieden mit der sich je aktualisierenden Form der Öffentlichkeit ist und die Kraft und das Interesse besitzt, dazu ein Gegengewicht herzustellen, bewegt sich in dieser Dreifaltigkeit der Macht im öffentlichen Raum. Unnütz zu sagen: Der wahrscheinlichste Fall bei der Herstellung eines Diskurses, den man (vorläufig) „Gegenöffentlichkeit" nennen mag, ist, dass die Bekämpfung von einer der Wirkkräfte die Protagonisten nur um so mehr den jeweils anderen ausliefern. Wer den Fürsten austrickst, indem er etwa in den undurchdringlichen Wäldern einen Platz der Gegenöffentlichkeit erzeugt, muss auf das Extremste die Kraft von Ein- und Ausschließung anwenden. Wer sich dem Markt entziehen will, ist entweder auf das Wohlwollen des Fürsten (auch in seiner furchtbaren, der sozialdemokratischen Form) angewiesen, oder er muss sich noch extremerer Exkludierung bedienen. Und wer sich umgekehrt jeder Ein- und Ausschließung enthalten will, kann Gegenöffentlichkeit nur auf dem Marktplatz herstellen.

Je differenzierter und formierter eine Gesellschaft, desto absurder werden diese Interdependenzen. Denn nun kann sich längst keine Gegenöffentlichkeit (welchem Gegen- sie sich auch verpflichtet fühlen mag) mehr Chancen ausrechnen, sowohl „Avantgarde" als auch „mehrheitsfähig" zu werden. Sie stärkt vielmehr, mag sie auch ein einzelnes Element schwächen (etwa durch die Verbreitung unliebsamer Wahrheiten über die Herrschaft des Fürsten), das System: Gegenöffentlichkeiten in der traditionellen Art pflegen an der Kraft zu scheitern, der sie am wenigsten kritische Aufmerksamkeit geschenkt haben (so wie derzeit die Internet-Gegenöffentlichkeit am Rollback ihrer Marktförmigkeit zerbricht).

## 3.

Gegenöffentlichkeit als Organisation von Aussagen, die über ein lockeres Bündnis von Privatheiten aber auch über eine „Verschwörung" hinaus gehen, können wiederum drei unterschiedliche Formen annehmen. Erstens: Die temporäre Formung einer internen Öffentlichkeit für eine Gegenkultur, und sei es eine Gegenkultur der Hamsterzüchter oder der kritischen Schopenhauer-Exegeten – in der Regel natürlich geht es um ernstere Einsprüche gegen das Leben im Mainstream. Zweitens: Die semantische und dis-

kursive Dissidenz, die sich gleichwohl der Foren und Medien der allgemeinen Öffentlichkeit bedient beziehungsweise „verwandte" Alternativen bildet: Gegen-Zeitungen,
Gegen-Radio, Gegen-Demonstrationen und so weiter. Während man im ersten Fall
versucht, einen eigenen öffentlichen Raum als Alternative anzubieten, bietet man in
diesem alternative Aussagen in möglicherweise sogar alternativen Aussageweisen an.
Drittens: Die „subversive" und „avantgardistische" Eroberung von Freiräumen innerhalb
bestehender – oder besser: entstehender – Medien und Foren der allgemeinen Öffentlichkeit. Alle drei Möglichkeiten von Gegenöffentlichkeit haben ihre Chancen – und ihre
Begrenzungen.

Vor allem aber hat das Projekt Gegenöffentlichkeit am Ende der bürgerlichen Gesellschaft eine ernüchternde Geschichte. Niemand – jenseits der progressistischen Eupho-
riker, die immer wieder glauben, das jeweils neue Medium bringe die verlorene mythi-
sche Demokratie des öffentlichen Raumes zurück – wagt sich an einem pathetischen
Entwurf; Gegenöffentlichkeit wird eher zum mehr oder minder notwendigen Forum
für Skepsis; man mag von Inseln der Vernunft in einem Meer der Verblödung träumen.
Eine Kraft, die sich kleine Korrekturmaßnahmen oder kleine Veränderung in der Öffentlichkeit des Mainstream zugute halten kann – und wir sind weit davon entfernt, diese
kleinen Korrekturen zu unterschätzen. Jede Art von Gegenöffentlichkeit erweist ihre Vi-
talität daran, wie lästig sie den drei Kräften der Mainstream-Öffentlichkeit werden kann
(und sie erweist ihre Intelligenz darin, wie sehr sie sich durch Veränderung und Recht-
schaffenheit deren Zugriff zu entziehen versteht).

In der allgemeinen Vorstellung ist der heiße Kern jeder Gegenöffentlichkeit eine
Wahrheit, die in der Öffentlichkeit verborgen oder unterdrückt wird. Schließlich lernten
wir in unserem Dörflein durch das Betreten des öffentlichen Raumes nicht nur schicklich
zu sprechen von dem, was zu besprechen ist, sondern auch zu schweigen von dem, was
schicklich zu beschweigen ist, und jede Zeitung, jedes Fernsehprogramm, jeder Bestsel-
ler ist ein Lehrstück in kommunikativem Beschweigen. Diese Idee scheint einem in den
neuesten Formen der Gegenöffentlichkeit wie etwa Wikileaks förmlich um die Ohren zu
fliegen: Die verbrecherischen Machenschaften des Fürsten sind nicht mehr zu verber-
gen. Doch was geschieht? Der Fürst, so scheint es, wird gegen solche gegen-öffentlich
gemachten Wahrheiten immun. Er kann dem Markt vertrauen, der sie absorbiert.

Gegenöffentlichkeit ist im Großen und Ganzen also nichts anderes als ein schöner
Widerspruch in sich. Eine von jenen Chancen, die man nicht hat, aber nutzen muss.
Letztlich auch ein beständiger Rettungsversuch am Menschen als Subjekt seiner Ge-
schichte. (Und doch immer Sammelbecken für irgendjemandes nützliche Idioten.)

Ohne Gegenöffentlichkeiten müssten wir längst das Scheitern von Aufklärung und
Demokratie eingestehen. Doch am Ende kann es nicht allein um die Konstruktion einer oder vieler Gegenöffentlichkeiten gehen als vielmehr um die fundamentalere Frage
nach der Konstruktion von Öffentlichkeit überhaupt. Wenn es einen öffentlichen Raum
jenseits von Fürst, Klasse und Markt nicht geben kann, dann ist die Hoffnung auf Gegen-

öffentlichkeit absurd. Dann hilft nur die Suche nach jener Aussage, die gleich unabhängig vom Fürsten, von der Klasse und vom Markt ist. Beziehungsweise allen dreien gleich unversöhnt gegenübersteht.

*Der Text ist ein Reprint aus der Beilage „Zwanzig Jahre Freitag", der Freitag Nr. 45, 11.11.2010 (S. 31). Wir danken dem Autor Georg Seeßlen und dem Freitag für die Abdruckerlaubnis.*

# Alternative Medien – konkret betrachtet

*Gabriele Hooffacker / Peter Lokk*

# Der Alternative Medienpreis

## Von Pionieren, Trüffelschweinen und Mediennischen

„Alternative Medien – gibt es die überhaupt noch?" So hieß es 1999, als der Alternative Medienpreis erstmals ausgelobt wurde. Bis heute wurden mehr als 90 Beiträge und Redaktionen prämiert, mehr als 30.000 Euro verteilt. Und jedes Jahr steigt die Zahl der Teilnehmenden.

Warum startete der Aufruf, sich mit einem „alternativen" medialen Beitrag um Preisgeld und Auszeichnung zu bewerben, zu einem Zeitpunkt, zu dem die Szene der Stadtzeitungen und anderer Alternativzeitschriften auf einen marginalen Anteil innerhalb der Printmedien geschrumpft war? Am Alternativen Medienpreis, seinen Initiatorinnen und Initiatoren sowie an den jeweils ausgezeichneten Einsendungen lässt sich die Entwicklung der Alternativmedien wie in einem Brennglas betrachten. Dazu gehört unseres Erachtens auch der Blick auf rechtsextreme Medien, die Aspekte Alternativer Medien kopieren, um erfolgreicher zu werden.

Zunächst hatten die Macherinnen und Macher des Alternativen Medienpreises mit Printmedien wenig im Sinn. Der erste Preis war einer für das Radio. Er war entstanden aus Treffen der Alternativ- und Bürgerradios seit Mitte der 1980er Jahre in Nürnberg. Getragen wurde er von Radio Z, einem der ältesten Freien Radios in Deutschland.

### Alternativradios als Vorreiterinnen

Aber hatte nicht auch das Alternativradio seinen Höhepunkt längst überschritten? „Mit dem Wegfall des staatlichen Rundfunkmonopols unter der Regierung Kohl wurde ab 1984 zumindest die theoretische Möglichkeit geschaffen, einen privaten Radiosender betreiben zu können", blickt Manuela Machill (2009: 51ff.) von Radio Z zurück. Damit gelang es zumindest einigen der bislang illegalen Piratensender wie beispielsweise Radio Dreyecksland, ihren Status zu legalisieren. 1999 war die Lage der Radiolandschaft in den deutschen Bundesländern höchst unterschiedlich. Einige Länder förderten „Offene Kanäle" und unterstützten ihre nicht-kommerziell ausgerichteten Sender finanziell, andere gründeten ihren eigenen „Bürgerfunk", andere wie Bayern überließen das alles am liebsten dem freien Markt. Not macht erfinderisch: So begann Radio Z frühzeitig, mit digitaler Aufzeichnungs- und Sendetechnik zu arbeiten – einfach, weil das preiswerter war als die herkömmliche Technik. So kam es, dass der kleine Nürnberger Alternativsender früher im Alltagsbetrieb Digitaltechnik einsetzte als etwa der Bayerische Rundfunk. Die Alternativmedien waren wie so oft wieder einmal die Vorreiterinnen.

## Regeln gegen rechtsextreme Trittbrettfahrer

Das Erfolgsmodell „Offener Kanal" zog bald unerwünschte Trittbrettfahrer an. Eine rechtsextreme Gruppierung sorgte um 2000 herum für allerhand Wirbel beim Offenen Kanal in Berlin. Sie beanspruchte für sich das Recht auf Meinungsfreiheit und sah sich als Verbreiter unterdrückter Nachrichten – eine Methode der Öffentlichkeitsarbeit, die von rechtsextremen StrategInnen in vielen Medienzusammenhängen anzuwenden versucht worden ist. Um es vorweg zu nehmen: Der Berliner Offene Kanal wehrte sich erfolgreich gegen die versuchte Übernahme und setzte die Rechtsextremen wegen diverser Regelverstöße vor die Tür. Auch beim Alternativen Medienpreis reichten vereinzelt rechtsextreme Medienmacher ihre Beiträge ein. Doch die Kriterien für die Teilnahme geben klare Richtlinien vor. Alternativmedien, wie sie der Alternative Medienpreis im Blick hat, definieren sich eben nicht allein dadurch, dass sie unterbliebene Nachrichten verbreiten. Der Alternative Medienpreis fordert nicht nur selbstverständlich journalistische und technische Qualität (wobei die unterschiedlichen Produktionsbedingungen Berücksichtigung finden), sondern auch inhaltliche Fokussierung auf emanzipatorische Aufklärung, Partizipation und kritische Auseinandersetzung mit der deutschen Geschichte (Teilnahmebedingungen siehe www.alternativer-medienpreis.de).

## Partizipatives Internet

Bereits im Jahr 2000 wurden neben Radiosendungen Internetbeiträge und Websites ausgezeichnet, die den formalen wie inhaltlichen Kriterien des Alternativen Medienpreises entsprachen. Treibende Kraft war die zweite Initiatorin des Alternativen Medienpreises, die Nürnberger Medienakademie. Dass die Nürnberger Medienakademie sich bis heute der Alternativmedien annimmt, ist kein Zufall. 1977 wurde sie von Peter Lokk als Trägerverein der Nürnberger Stadtzeitung gegründet. 1994, als für das Modell Stadtzeitung keine Zukunft mehr abzusehen war, wandelten die Mitglieder den Verein in einen Bildungsverein mit medienpädagogischen Zielen um. Anfang der 1990er Jahre gab es die ersten Seminare für RadiomacherInnen und Computerinteressierte. Seit 1997 bietet die Nürnberger Medienakademie Medienfachtagungen zu Themen rund um Internet, Recht, Journalismus, Politik und Technik an. Heute stehen neben Seminaren zu Videojournalismus sowie Medienarbeit für Politik und Ehrenamt Schulungen zum Thema Podcast und Weblogs im Focus. So kann das jeweils aktuelle Medienwissen an neue Generationen von MedienmacherInnen vermittelt werden.

## Die Anfänge: Schüler- und Stadtzeitungen

2005 begann der Alternative Medienpreis damit, Presseprodukte – einzelne Beiträge ebenso wie Zeitungs- und Zeitschriftenprojekte – zu prämieren. Damit zeichnet der Medienpreis die Entwicklung der Alternativpresse nach, die ihrerseits die Pressekrise des ersten Jahrzehnts im 21. Jahrhundert vorausnahm. Heute profitieren die gedruckten Alternativmedien davon, dass das Herstellen einer Zeitung oder Zeitschrift ungleich preisgünstiger geworden ist als es noch vor zwanzig Jahren war. Zunächst sah es jedoch so aus, als wäre die Alternativpresse im 21. Jahrhundert ein Auslaufmodell.

In der Stadtzeitungsära der 1970er Jahre ging es darum, unterbliebene Nachrichten, Verschwiegenes und Tabuisiertes zu veröffentlichen. Die Gegenöffentlichkeit begann jedoch bereits vor der Revolte von 1968, als sich junge Leute das Medium Schüler- und Jugendzeitung eroberten. Eine unmittelbare Folge der alliierten, insbesondere US-amerikanischen Erziehungsarbeit in Westdeutschland nach dem Zweiten Weltkrieg waren die Schülerzeitungen, die es in dieser Form in Deutschland vorher nur vereinzelt gegeben hatte. In den 1950er Jahren waren die Themen und ihre Behandlung in den Schülerzeitungen ein getreues und manchmal erschreckendes Abbild des politischen Klimas. Die unmittelbare politische Vergangenheit war tabu; sie kam bestenfalls in der Form des Wiederaufbaus (Kriegsschäden) und der „Kriegsgräber" vor. Auch Beiträge zum Holocaust und zu den KZs gab es; sie bildeten freilich die Ausnahme.

Zum politischen Medium wurden diese Zeitungen und Zeitschriften seit den frühen 1960er Jahren, wie die Münchner Studentenzeitschrift *Profil*, die 1961 über den Eichmann-Prozess in Jerusalem berichtete. Wegen eines Fragebogens zur Sexualaufklärung geriet 1967 die Frankfurter *Bienenkorb-Gazette*, gemeinsame Schülerzeitung der Liebig- und der Bettinaschule, vor allem in der Springer-Presse in die Schlagzeilen. Begleitend zu SchülerInnen- und StudentInnenrevolte erschienen im deutschsprachigen Raum eine Fülle von Kleinst- und Alternativzeitungen. Peter Engel und W. Christian Schmitt konnten 1974 für die Zeit ab 1965 ca. 250 Alternativzeitungen nachweisen. 1986 nannte das Verzeichnis der Alternativpresse, das vom *Informationsdienst für unterbliebene Nachrichten* (ID) herausgegeben wurde, ca. 600 mehr oder weniger regelmäßig erscheinende Zeitungen und Zeitschriften. Der ID postulierte 1976: „Die Medien der Gegenöffentlichkeit transportieren nicht nur die Abbilder der politischen Veränderung, sie setzen sie auch in ihrer inneren Struktur, in den eigenen Arbeitsbeziehungen und Verkehrsformen durch. Es gibt keine Trennung zwischen Machern und Konsumenten." In dieser Zeit entstand der Graswurzeljournalismus, für den das Buch „Blätter von unten" steht, aus dem das voranstehende Zitat stammt. Peter Engel und W. Christian Schmitt schrieben 1974 im Vorwort von „Klitzekleine Bertelsmänner" über die journalistisch-alternative Szene: „Sie träumen vom Durchbruch des Alternativen, vom Zeitpunkt, da das Anti-Etabliertsein Teil des Establishments wird. Freilich müsste diese Art des Etabliertseins, des Erfolghabens, anders etikettiert sein. Denn: Sie sind ja dagegen." Die 1980er und 1990er Jahre bringen eine Blüte der Alternativbewegung. Thomas Daum wertete das 1981 im Katalog zur 6. Mainzer Minipressen Messe so: „Die Alternativbewegung zeichnet sich aus durch Offenheit und Vielfalt". Von nun an wird aus der Gegenöffentlichkeit die neue Öffentlichkeit: Es reicht nicht, dagegen zu sein, man will von den eigenen Utopien überzeugen.

Seit den 1970er Jahren entstanden, bewusst als Gegenöffentlichkeit geplant, zunächst in den Universitätszentren, bald in jeder größeren Stadt, sogenannte „Stadtzeitungen", wie das *Blatt* in München, *Klenkes* in Köln oder *De Schnüss* in Bonn. Sie erreichten Auflagen von bis zu 20.000 Exemplaren, nur selten mehr. Sie boten den verschiedenen Gruppen, die in der Lokalpresse nicht zu Wort kamen, ein Forum. Themen, die sie aufgriffen, wurden damit auch für die etablierte Presse salonfähig – von der missglückten „Vergangenheitsbewältigung" über den Umweltschutz bis hin zur Anti-Atom-Bewegung. Die einsetzende Ausdifferenzierung ließ eigene Zeitschriften der Frauenbewegung, von Mietervereinen, Umweltgruppen etc. entstehen.

## Von der Industriegesellschaft zu den neuen sozialen Bewegungen oder: Von Print zu Online

Parallel zum gesellschaftlichen Wandel von der Industriekultur mit ihren großen Volksparteien zur postindustriellen Individualisierung, in der politisches Engagement nunmehr in losen, projektbezogenen Gruppen stattfand, vollzog sich die Selbstauflösung der großen linken politischen Gruppen. In den Alternativmedien spiegelte sie sich im großen „Stadtzeitungssterben" Ende der 1970er Jahre. Im Gegenzug dazu fand ein Aufschwung der gefälligeren, kommerzialisierten „Stadtmagazine" wie *Ketchup* aus Heidelberg, *Tip* und *Zitty* aus Berlin und vieler anderer statt. Deren Inhalt beschränkt sich bei meist professioneller Aufmachung – Umschlag im Vierfarbdruck, viele Fotos, perfekter Satz, Hochglanzpapier – auf Reportagen aus dem Jugend-, Schickeria- oder Popmusik-Milieu sowie einen umfangreichen Service-, Veranstaltungs- und Kontaktanzeigenteil.

Das Unbehagen an den etablierten Parteien führte in der Bundesrepublik in den frühen 1980er Jahren zum Entstehen weiterer Neuer Sozialer Bewegungen. Den meist jungen BürgerInnen erschien die ehrenamtliche Mitarbeit in Parteien und Institutionen nicht geeignet, politische Partizipation zu erreichen. Sie gründeten lose formierte Gruppen, Bürgerinitiativen und mehr oder weniger formal verfasste Vereine. Diese „Neuen Sozialen Bewegungen" pflegten losen Kontakt zu den etablierten Parteien, zeichneten sich jedoch durch ihren deutlichen Abstand zur Parteipolitik aus.

Mitte der 1980er Jahre verbreitete sich auch die Idee einer „Vernetzung von unten". Ihre Protagonisten hatten weder mit der damaligen Bundespost, dem Vorläufer der heutigen Deutschen Telekom AG, noch mit den etablierten Parteien etwas im Sinn, obwohl einige vorher bei den Grünen oder der SPD aktiv gewesen waren. Stattdessen war das Ziel, ein parteiunabhängiges, themen- und perspektivenorientiertes Netzwerk der Neuen sozialen Bewegungen zu schaffen: Frauen-, Friedens- und Umweltgruppen sollten ebenso ein Forum finden wie antifaschistische Gruppen, Ökobauern oder alternative Wirtschaftsformen. Technisch verwendeten sie eine Vorform der Internet-Technologie, sogenannte „Bulletin Board Systems" (BBS), deutsch schlicht „Mailbox-Systeme" genannt. Zunächst übers Telefonnetz verbreiteten die BBS per Store-and-foreward in wenigen Stunden Nachrichten an alle angeschlossenen Computer. Erst später wurde „echte" Internettechnologie eingesetzt.

Der Name „Computernetzwerk Linksysteme", kurz CL-Netz, stand seit 1991 für das erste deutschsprachige Computernetz, in dem von Anfang an nur wenig über Computer zu lesen war, dafür um so mehr über den Regenwald und von geschützten Tierarten, über Menschenrechtsverletzungen in der (damals noch) Sowjetunion und den sozialistischen Staaten, beispielsweise über die Inhaftierung von Vaclav Havel 1988. International war das CL-Netz um 1995 mit seinen rund 400 Mailbox-Systemen in der Türkei, in Italien, verschiedenen Republiken des ehemaligen Jugoslawiens, Österreich, in der Schweiz, in der Tschechischen Republik, den Niederlanden und den alten und neuen Bundesländern der Bundesrepublik vertreten.

Als 1987 die Ur-Mailbox in München ans Netz ging, war der Name eine fromme Utopie. „Links" hieß sie, und das war durchaus doppelsinnig gemeint: Englisch „links" heißt „Verbindungen", und die sollten Bürgerinnen und Bürger darüber herstellen. Spektakulär gelang das der Mailbox GlasNet in Moskau, die über das weltweite Partnernetz der Association for Progressive Communications (APC) mit CL verbunden war: Während des Putsches gegen Michail Gorbatschov schmuggelte sie Lageberichte über die Panzer vor dem Moskauer Weißen Haus übers Datennetz in alle Welt, nachzulesen zunächst im CL-Netz selbst, dann auch in der *Süddeutschen Zeitung*.

Die Initiatoren beriefen sich auf Bert Brechts Radiotheorie ebenso wie auf Hans Magnus Enzensbergers Bausteine zu einer Medientheorie. Brecht sah die Möglichkeit einer demokratischen Radio-Anwendung, das Medium aber als ein in den Händen der Bourgeoisie befindliches. Enzensberger beobachtete, dass neuere Medien aus einer Kombination älterer entstehen und meinte, sie seien nicht staatlich beherrschbar, sondern tendenziell egalitär.

Die Spezialisierung der Online-Welt war im CL-Netz bereits 1997 an den verschiedenen Teilnetzen für Gruppen- und Parteien abzulesen, die rund um das Netz entstanden waren. Dazu zählten Frauennetze wie FEMNET („Frauen erobern Mailbox-Netze") und WOMAN („Woman only Mail and News"), aber auch eigene Netze der Jusos, der SPD, von Bündnis90/Grüne oder der PDS (heute: Die Linke). Darüber hinaus gab es Zusatzdienste wie „Pool", eine Gruppe international arbeitender Journalist/inn/en, die sich auf die Dritte Welt spezialisiert haben und Nachrichten aus Lateinamerika, Asien und Afrika übersetzen und verbreiten, oder das Gewerkschaftsnetz „Labournet".

Auf internationaler Ebene war gleichzeitig mit dem deutschsprachigen CL-Netz eine Netz-Organisation entstanden, die ähnliche Ziele verfolgte: die internationale Association for progressive communications, kurz APC. Sie vereinte nationale Netzwerke gesellschaftlicher und ökologischer Thematik (Vgl. Hooffacker 2008: 17ff.).

## Das rechtsextreme Thule-Netz

Rechtsextreme Aktivisten versuchten seit Beginn der 1990er Jahre das Erfolgsmodell CL-Netz zu kopieren, nachdem ein Unterwanderungsversuch kläglich gescheitert war. Als Ahnfrau und Namenspatronin hatten sich die rechten Mailboxbetreiber die Thule-

Gesellschaft ausgesucht, eine Vorläufer-Organisation der NSDAP, die vor dem ersten Weltkrieg antisemitisches und deutschnationales Gedankengut in den damaligen Münchner Schickeria-Kreisen verbreitete. Ausgehend von der Erlanger Mailbox „Widerstand" sollte ein flächendeckendes Computernetz unter dem Namen „Thule-Netz"w aufgebaut werden.

„Vernetzung" heißt das Schlagwort, das die Rechtsextremen zu Beginn der 1990er Jahre den Bürgerintiativen der 1980er Jahre abgeschaut und ihren politischen Zielen angepasst hatten. Organisatorischer Hintergrund der im Thule-Netz zusammengeschlossenen Gruppen: Ein Bündnis zwischen der legalistischen NPD und ihren Nachwuchsorganisationen Junge Nationaldemokraten (JN) und Nationaldemokratischer Hochschulbund (NHB) auf der einen und der rechtsextremen „Freiheitlichen deutschen Arbeiterpartei" FAP auf der anderen Seite. In der Erlanger Mailbox „Widerstand" traten Organisationen quer durch die rechten Reihen auf: von den „Stiefelnazis" bis zu REPs und Redakteuren der rechtsintellektuellen Zeitschrift *Junge Freiheit*. Ihre Pseudonyme: Strolchi, Warlord, Hagestolz, Blunck, Loki, Alfred Tetzlaff, Thorin Eichenschild.

Die Neue Rechte forciert im Internet bis heute die Legalismus-Strategie: Sie schrammt in ihren Veröffentlichungen haarscharf an Straftatbeständen vorbei. Zensurmaßnahmen sind deshalb zum Scheitern verurteilt. Auf der anderen Seite machen sich die Neuen Rechten ganz gezielt die Skandalgier der Medien zunutze. Berichte über rechtsextreme Internet-Seiten sind immer noch eine Schlagzeile, einen Aufmacher wert – nicht ohne gleichzeitig mahnend darauf hin zuweisen, wie gefährlich das ganze Internet doch sei. Im Netz bleiben die Verdrehungen, Propagandabehauptungen und Auschwitz-Lügen der Rechtsextremisten nicht unwidersprochen: Die riesige Mehrheit der virtuellen Gemeinschaft lehnt solche Thesen ab. Die Netze setzten sich durchaus erfolgreich dagegen zur Wehr. Mit der Zunahme der Internet-Nutzung setzten daher rechtsextreme Vernetzer mehr und mehr auf eigene Internet-Foren wie etwa das deutschsprachige Thiazi-Netz oder riefen eigene Lexikonangebote wie das neurechte Metapedia als Gegenangebot zur Wikipedia ins Leben.

Zur ideologischen Aufrüstung dienen in den Foren und Webangeboten Musikangebote, Videos, auch Essays über die angebliche kulturelle Überlegenheit der weißen „arischen Rasse", über die „Gefährdung der westlichen Zivilisation" durch den Islam, bei deren Abwehr sich angeblich alle Fraktionen von rechts bis links einig seien. „Deutlich wird hier", beschrieb Peter Lokk diese Strategie bereits 1995, „die Doppelstrategie der neuen Rechtsextremen: Einerseits umwerben die Ideologen der Neuen Rechten Konservative und Liberale, auch Sozialdemokraten, um ihre Ideen einer „ethnokulturellen Identität" hoffähig zu machen. Andererseits wird in den internen Zirkeln ebenso wie in Social-Media-Angeboten wie Facebook oder auf Youtube wildeste rechtsradikale Propaganda gemacht, um weitere Anhänger zu gewinnen."

## Niedergang der alternativen Computervernetzung

Ein beträchtlicher Teil der Aktivisten des alternativen CL-Netzes verweigerte sich in den folgenden Jahren der in ihren Augen neuen, ideologisch verdächtigen Web-Technologie. Ebenso rasch, wie sie expandiert hatte, schrumpfte die Zahl der teilnehmenden Systeme. Erst im Jahr 2000 gelang es der verbliebenen Redaktion, mithilfe eines engagierten Programmierers eine Webplattform zu etablieren. Seit 2007 steht CL auch als RSS-Feed zur Verfügung. Auf der Suche nach Erklärungen für den plötzlichen Rückgang der Attraktivität des CL-Netzes ab 1997 bieten sich folgende fünf Ursachen an: 1. Spätestens ab Mitte der 1990er Jahre war das gesellschaftliche Ziel erreicht, preiswerte Internet-Zugänge für alle anzubieten. 2. 1998 entfiel mit dem Wahlsieg der rot-grünen Regierung der gemeinsame politische Gegner der Neuen Sozialen Bewegungen. 3. Nach und nach wurde die Onlinepräsenz auch für soziale Initiativen erschwinglich und umgesetzt. Als Hauptirrtümer der Akteure lassen sich identifizieren: Sie verwechselten 4. technische Partizipation mit politischer Partizipation. Die Folge: Überschätzung und Ideologisierung der eingesetzten Technik. Sie verwechselten zudem 5. medialen Einfluss mit politischem Einfluss (vgl. Hooffacker/Brett 2008: 57ff.).

## Radioalternativen und Musikszene

2008 wurde die Sparte „Radio" beim Alternativen Medienpreis umbenannt in „Audio/Video". Zum einen zog sich Radio Z aus organisatorischen Gründen aus dem Veranstalterkreis zurück, blieb jedoch als Unterstützer und Medienpartner mit dabei. Zum anderen trägt der Alternative Medienpreis damit den medialen Möglichkeiten Rechnung, die durch die Digitalisierung im Bereich Audio und Video entstanden sind: Erstmals ist die Produktion von Audio- und Videobeiträgen für breite Teile der Bevölkerung leicht zugänglich und sehr kostengünstig möglich. Ihren Siegeszug traten die digitalen Medien zunächst unter dem Namen „Podcast", „Web-Radio" und „Internet-TV" an. Sie griffen damit auf die Tradition des Bürgerrundfunks der 1980er Jahre zurück. Zuerst illegal, später legal, hatten alternative Radiosender wie „Radio Dreyecksland" in Freiburg oder „Radio Z" in Nürnberg begonnen, mit dem Alibigeplapper der Medienkonzerne vom „Rückkanal" ernst zu machen. Erste Versuche gab es damals bereits auch im Video- und Fernsehbereich. In verschiedenen Bundesländern wurden „Bürgerkanäle" mit guter finanzieller Ausstattung gesetzlich verankert.

Bürgerkanäle beruhen auf dem Konzept des Bürgerfunks als dritter Säule in der Medienlandschaft neben dem öffentlich-rechtlichen und privat-kommerziellen Rundfunk. Bürgerrundfunk versteht sich als ein Modell der Bürgerbeteiligung und umfasst auch Fernsehsender (Bürgerfernsehen). Bürgerrundfunk gibt es in den drei Bundesländern Bremen, Niedersachsen und Nordrhein-Westfalen. In Nordrhein-Westfalen wird der Begriff „Bürgermedien" synonym zu „Bürgerrundfunk" verwendet. Auf Europa-Ebene wurde den „Community Radios" 2008 eine solche dritte „Säule" im Europäischen Mediengesetz eröffnet.

Im Umfeld der alternativen Radioszene entwickelte sich eine umfangreiche Subkultur illegaler Musiktauschbörsen. Hier entstanden Konzepte wie dasjenige der „Kulturflatrate", die auf der Forderung nach freiem Zugang zur Musik einerseits, einer pauschalen Entlohnung der Künstlerinnen und Künstler andererseits aufbauen. – Wenig gemein hat damit das „Projekt Schulhof-CD" der NPD, die mit einer kostenlos verteilten Musik-CD auf den Zug der Gothic- und der sogenannten Schwarzen-Szene aufspringen will.

## Videoläden, Videogruppen, Videoaktivismus

Auch das Konzept des Videoaktivismus geht auf die späten 1970er Jahre zurück. Videoaktivismus bietet die Chance, jenseits der etablierten Mainstream-Meinung oder Spin von PR-Agenturen alternative Informationen, Sichtweisen und Nachrichten zu dokumentieren und zu verbreiten. Videogruppen waren in den 1970er und 1980er Jahren Gruppen von Menschen, die gemeinsam nichtkommerzielle Videos produzierten (vgl. auch die Beiträge von de Miguel Wessendorf und Frisius in diesem Band). Um die Portapak-Kameras bildeten sich bald kleine Gruppen und Initiativen, die in ihnen Mittel zu einer alternativen audiovisuellen Kommunikation entdeckten. Die Entstehung dieser Gruppen ist im Zusammenhang mit dem Vietnamkrieg, der Studentenbewegung und dem Wunsch nach einer Kommunikation „von unten" zu sehen: Die Verfechter von „Peoples Video" hofften, zu den bestehenden Kommunikationsstrukturen eine Gegenöffentlichkeit zu schaffen.

In den 1990er Jahren hatte sich der Videoaktivsmus verstärkt in Großbritannien in der „Do-It-Yourself-Bewegung" verbreitet. Der Begriff entstand, als Aktivisten mit Videokameras Demonstrationen und politische Aktionen begleiteten und dokumentierten. Da Videokameras immer erschwinglicher wurden und der Zugang zum Internet eine große Verbreitungsmöglichkeit bat, entstanden zahlreiche Videokollektive, die ihre Produktionen unentgeltlich im Netz bereitstellen. So sieht sich die Bewegungsplattform indymedia.uk explizit in der Tradition des Videoaktivismus stehend. Gern verwendet wird die Creative Commons License, womit auch Kritik an den Konzepten von Copyright und geistigem Eigentum ausgedrückt wird. Filme von VideoaktivistInnen sind oft als Copyleft-Filme gekennzeichnet (vgl. den Wikipedia-Eintrag „Videogruppe", abgerufen am 1.9.2010).

Die Videogruppen bestanden zunächst aus KünstlerInnen, SozialarbeiterInnen, Film- und Fernsehschaffenden, Studierenden und LehrerInnen. Sie engagierten sich in den konfliktbelasteten Stadtteilen der Ballungsgebiete, leisteten Verbraucheraufklärung und Öffentlichkeitsarbeit in vernachlässigten Bereichen der Sozial- und Gesundheitsfürsorge und bemühten sich um Kommunikationschancen für Minderheiten, die von den großen Medien vernachlässigt wurden. Ihre Kritik richtete sich gegen „Big TV", das Kommerzfernsehen der großen Medienkonzerne, das ihrer Meinung nach die Alltagsprobleme der Bürger vernachlässigte.

Technisch perfekte Produkte waren nicht das Ziel (und wären mit der aus heutiger Sicht miserablen Aufnahmetechnik auch gar nicht möglich gewesen). Vielmehr sahen sich die Videogruppen als „prozessorientiert" an: Die Diskussionen und Aktionen, die die Videoaufnahmen auflösten, waren ihnen wichtiger als das Endprodukt. Videoarbeit sollte Interessensgruppen zusammenführen, die sich für soziale Veränderungsprozesse einsetzen.

Von den US-amerikanischen und kanadischen Videogruppen sprang Anfang der 1970er Jahre der Funke nach Westdeutschland und andere Länder Europas über. Die Ziele waren ähnlich wie dort: Die MedienkonsumentInnen sollten aus der Passivität befreit werden; Betroffene sollten „JournalistInnen in eigener Sache" sein können. Im lokalen Bereich sollte Kommunikation über Themen angeregt werden, die in den etablierten Medien wenig oder gar nicht vorkommen. Durch Information und Kommunikation über gemeinsame Interessen und Probleme sollten Nachbarschaftlichkeit und lokale Gemeinschaft wiederbelebt werden. Lokale Geschichte sollte dokumentiert werden; Interessengruppen, die sich bisher wenig in den Medien profilieren konnten, sollte ein Raum gegeben werden. Das Medium Fernsehen sollte entmystifiziert werden.

Um eine Basis für ihre Medienarbeit zu schaffen, gründeten Videogruppen in Hamburg und Berlin eigene Medienzentren. Sie stellten Geräte zur Verfügung und gaben Produktionshilfe. Bald nach der Gründung des *Medienpädagogik Zentrum Hamburg e.V.* 1973 entstand in Berlin 1977 als damals größtes Medienzentrum die *medienoperative berlin e.V.* (mob). Sie wurde öffentlich gefördert und engagierte sich in den Bereichen Jugendarbeit, Ausländerintegration, Lehrerfortbildung, Drogenhilfe, Seniorenhilfe und Verkehrsbehinderung (Stadtplanung). 1994 wurde das Zentrum in *Mediopolis e.V.* umbenannt.

## Rechtsextremes Internet-TV

Das Internet schuf die Möglichkeit, vom eigenen PC aus preiswert Radio- und Fernsehsender zu betreiben. Nach den Pionieren der Alternativszene sprangen auch auf diesen Zug die rechtsextremen Trittbrettfahrer auf: Heute betreibt der Kopp-Verlag, Spezialist für Verschwörungstheorien im Schnittpunkt rechtsextremen, antisemitischen, antiislamischen und esoterischen Gedankenguts, einen eigenen Internet-TV-Sender, in dem die frühere ARD-Moderatorin Eva Hermann moderiert und kommentiert. Der Verlag vertreibt auch die Bücher Jan van Helsings und produziert seine Filme. Jan van Helsing, mit Realnamen Jan Udo Holey, nennt das Bundesamt für Verfassungsschutz einen „rechtsextremen Esoteriker". Bereits 1995 eröffnete er eine Buchhandlung im Zentrum Nürnbergs. 2007 startete sein TV-Sender *secret.TV*, den er mit seinem Vater, seinem Bruder und Freunden betreibt. In seinen Büchern und TV-Sendungen verbreitet er esoterische und verschwörungstheoretische Thesen. Dabei bezieht er sich beispielsweise auf die Protokolle der Weisen von Zion, eine Fälschung vom Anfang des 20. Jahrhunderts, die eine jüdische Weltverschwörung belegen soll.

## Lebenszyklus von Alternativmedien

Aufgrund der beschriebenen Beobachtungen lassen sich typologisch folgende sieben Stadien im Lebenszyklus eines Alternativmediums identifizieren (vgl. Hooffacker 2008):

- Innovation: Medien-Innovationen entstehen an den Rändern der Mediengesellschaft. Partizipative Ideen stehen hier, in den Alternativszenen, bei den Neuen Sozialen Bewegungen, hoch im Kurs. Die alternative Community erfindet sich und gibt sich eigene Regeln. Juristisch gesehen bewegt sie sich zu diesem Zeitpunkt meist in der Illegalität.
- Expansion: Die Akzeptanz des Mediums und seiner Technik bei der Zielgruppe steigt. Das soziale Regelsystem wird ausgebaut und erweitert, auch wirtschaftlich beginnen sich die Alternativmedien zu tragen.
- Stagnation: Das Medium ist etabliert. Eine Aufspaltung der Community in Subsysteme wird sichtbar („Spalter").
- Hype: Die Innovationsleistung der Pioniere wird kommerziell verwertet. Teile der Community entwickeln sich weiter und professionalisieren sich. An dieser Stelle wird das Alternativmedium gern von Trittbrettfahrern genutzt, seien sie kommerziell orientiert oder politische Gegner: Rechtsextreme Gruppen nutzen gern die Attraktivität kritischer Medien als Tarnung, um ihre Inhalte zu verbreiten.
- Ideologisierung: In der Community wird das partizipative Potenzial der eigenen Lösung idealisiert und als Gegenwelt gegen die kommerzielle Welt aufgebaut. Die Community verliert rapide an Attraktivität und an Nutzenden.
- Krise: Nach der Implosion überlebt eine Teilgruppe in einer medialen Nische. Sehr langsam wird die Anpassung an die veränderte gesellschaftliche Gesamtsituation vollzogen.
- Professionalisierung: Der Rest der zahlenmäßig stark reduzierte Teilgruppe orientiert sich an sogenannt professionellen Vorbildern und geht im klassischen Mediensystem auf. Währenddessen entstehen im Idealfall an anderer Stelle Innovationen.

## VorreiterInnen auszeichnen und unterstützen

Wie sich am Alternativen Medienpreis zeigen ließ, sind Alternativmedien in allen bekannten Mediensparten die VorreiterInnen. Mit der Akzeptanz der Medien folgt die Professionalisierung und Kommerzialisierung. Nach den Stadtzeitungen entstanden nicht kommerzielle Lokalradios, offene Kanäle, Bürgerfernsehen, Foren, Communitys und Plattformen im Internet. Was heute alternativ ist, kann morgen schon etabliert und kommerziell sein.

Adrian Reinert, Geschäftsführer der Stiftung Mitarbeit, betonte 2002 beim Forum „Die Bürgergesellschaft in der Diskussion" die positiven Aspekte alternativen Engagements: „Zivilgesellschaftliche Netzwerke tragen nicht nur wesentlich zur Bildung von Sozialkapital bei, sondern sind wichtige Lernorte politischen Lernens." Alternativmedien sind damit als neue Medien zum einen Medienalternativen und zum anderen Wegweiser für neue gesellschaftliche Entwicklungen. Der Alternative Medienpreis wird diese spannenden Prozesse begleiten, unterstützen, aber auch kritisch hinterfragen.

## Literatur:

Dornbusch, Christian, Killguss, Hans-Peter (2005): Unheilige Allianzen. Black Metal zwischen Satanismus, Heidentum und Neonazismus. Münster.

Heller, Friedrich Paul, Maegerle, Anton (2001): Die Sprache des Hasses. Rechtsextremismus und völkische Esoterik: Jan van Helsing und Horst Mahler, Stuttgart.

Hooffacker, Gabriele, Hg. (2009): Bürgermedien, Neue Medien, Medienalternativen. 10 Jahre Alternativer Medienpreis, München. Online als PDF verfügbar unter www.verlag-hooffacker.de

Hooffacker, Gabriele, Hg. (2008): Wem gehört das Internet? 20 Jahre Vernetzung, München. Online als PDF verfügbar unter www.wem-gehoert-das-internet.de.

Hooffacker, Gabriele: „Aufstieg und Niedergang einer Non-Profit-Community" in: Stöber, R. (Hg.): Medien und Kommunikation in der Wissengesellschaft. Kongressband der Deutschen Gesellschaft für Publizistik und Kommunikationswissenschaften, Konstanz 2008.l

Hooffacker, Gabriele, Lokk, Peter (1996): Online-Guide Politik und Gesellschaft, Reinbek.

Machill, Manuela: Es ist so schön, frei zu sein, in: Hooffacker, Hg. (2009): Bürgermedien, S. 51-60.

de Miguel Wessendorf, Karin (2006): Videoaktivismus am Beispiel der Videoproduktion der Zapatista-Gemeinschaften in Chiapas. Magisterarbeit an der Universität zu Köln, Institut für Theater- Film- und Fernsehwissenschaften.

Schlötzer, Christiane: Video: Alternativ- oder Konsummedium? Kommunikationsfreiheit oder Kommerz? In: Die lokale Betäubung oder der Bürger und seine Medien (1981), Berlin/Bonn, S. 96-110.

Watermann, Guido (2009): Virales Marketing für Neonazis, Telepolis, online verfügbar auf www.heise.de/tp/r4/artikel/30/30765/1.html.

*Bernd Hüttner / Christoph Nitz*

# Die (Mosaik-) Linke und ihre Medien

## LINKE Medienarbeit im Online-Zeitalter

## I.

Viel ist derzeit von einer Mosaik-Linken, ja von einer Neuerfindung der Linken die Rede (vgl. Urban 2009). Ein gegenhegemonialer Block aus Gewerkschaften, Globalisierungs-kritikerInnen, weiteren NGOs, sozialen Gruppen und Selbsthilfeinitiativen, kritischen Teilen der kulturellen Linken, der Kirchen, und, so wäre hinzuzufügen, Teilen der radikalen Linken sei notwendig. Dieser Block müsse nach dem Prinzip der autonomen Kooperation nach gemeinsamen politischen Projekten und Zielen fahnden, neue Begriffe und neue Ansätze, vor allem innerhalb der Gewerkschaften, seien notwendig. Eine Kultur der gegenseitigen Toleranz und der Akzeptanz der spezifischen Bewegungs- und Organisationskulturen wäre die Schlüsselressource eines solchen „Bündnisses", das dann, so die These einiger DiskutantInnen, kein Bündnis im klassischen Sinne mehr wäre.

Offen muss an dieser Stelle bleiben, wie institutionelle Akteure, wie Parteien und Gewerkschaften mit den nach ganz anderen Mechanismen funktionierenden Bewegungslinken „autonom kooperieren" können, und ob die Parteiform Teil einer Mosaik-Linken sein sollte oder überhaupt sein kann und will, und ob die Mosaik-Linke nicht viel mehr ist, als das bewegungsnahe Diskurs-Beiwerk einer rot-rot-grünen Koalition (vgl. Korah 2010).

Hinzu kommt, dies zeigt sich jeden Tag, zuletzt bei den Herbstprotesten 2010: Es gibt keinen Mechanismus des wachsenden Protestes, unabhängig davon, was auf der realen Ebene an Ereignissen passiert: Normal- und Ausnahmezustand („Krise") sind längst zusammengeschmolzen. Proteste und Alternativen müssen organisiert und ein solcher (gegenhegemonialer) Block geschaffen werden. Neben Begegnungen im realen Leben, in der politischen Arbeit, in Kampagnen oder auf Kongressen, spielen dabei die Medien eine große Rolle. Welche Rolle können die linken Medien bei einem solchen cross-over zwischen Gewerkschaften und Bewegungslinken spielen? Können die Unterschiede im Habitus der Angehörigen der verschiedenen Milieus überwunden und die programmatischen Differenzen und Widersprüche produktiv gewendet werden?

## II.

Linke und alternative Medienmacher/-innen nutzen heute eine immens gewachsene Vielfalt an Medienformaten. Das Repertoire reicht von der klassischen Printpublikation, die kostenlos oder im bezahlten Abonnement vertrieben wird, über die verschiedenen Formate des WorldWideWeb (Website, E-Mail, Social Web, Weblogs) bis zu den verschiedenen Strategien, die eigenen kritischen Inhalten in den herkömmlichen Medien vorkommen zu lassen.

Die linke Medienlandschaft und das linke Handeln in den Medien ist von zwei großen, sich überlagernden Widersprüchen gekennzeichnet: Der eine bezieht sich auf die Zielgruppen – und damit die Funktion und das Selbstverständnis linker Medien. Der andere beinhaltet die Unterschiede in der generationenspezifischen Nutzung von Medien.

Zum ersten Thema: Sollen die von den Linken selbst produzierten Medien nach innen wirken und der Selbstverständigung dienen oder sollen sie nach außen wirken, andere ansprechen und überzeugen? In welchem Format sie sich gerade bewegen, welche AdressatInnen sie erreichen wollen, ist vielen linken AutorInnen nicht recht klar. Hierzu gehört auch das unklare Verhältnis zu den herrschenden und etablierten Medien: Lehnt man diese ab, oder will man in ihnen vorkommen, und wenn ja, wie? Während viele hier Verschwörungstheorien anhängen um das eigene Nichtvorkommen zu erklären, versuchen andere, in der Regel mit wechselndem Erfolg, linke Sichtweisen in den Medien zu platzieren. Geht es also um die bei LINKEN und Linken weit verbreitete Medienkritik oder gar Medienschelte, oder darum Medienkompetenz zu vermitteln und zu erlangen, und zwar als ProduzentIn eigener wie als KonsumentIn aller Medien? Konkret würde das die Aneignung von Differenzierungs- und Selektionskompetenz, sowie von Orientierungs-, Produktions- und Gestaltungskompetenz bedeuten.

Stärken hat die Linke bei ihren nach innen gerichteten „eigenen Medien", dies zeigen allein die entsprechenden Teile der Adressenübersicht in diesem Buch. Ein Kern sind die Titel, die auf dem Portal www.linksnet.de versammelt sind. Ihre Auflagen dürften zwischen 400 und 8.000 liegen. Viele von ihnen beschäftigen sich mit der Partei DIE LINKE oder programmatischen Fragen, die die gesamte Linke betreffen. Hier sind etwa die schon länger erscheinenden Titel wie *SoZ, Sozialismus, ak. analyse und kritik* oder auch die *Blätter für deutsche und internationale Politik* zu nennen. Es sind im Zuge der Fusion von WASG und PDS sogar Neugründungen erfolgt, die teilweise auch Strömungsorgane sind: *lunapark* (gegründet 2008), *prager frühling* (Mai 2008), *marx21* (seit 2007, vorher als *Sozialismus von unten*/Linksruck) und zuletzt die von der *Rosa Luxemburg Stiftung* herausgebene *Luxemburg. Gesellschaftsanalyse und linke Praxis* (Herbst 2009). Hinzu kommen diejenigen linken Tages- und Wochenzeitungen, die dem rot-rot-grünen Milieu zuzuordnen sind: Deren Auflagen sind – angesichts von 4 bis 5 Millionen WählerInnen allein nur der LINKEN – aber gravierend gering: *taz* 60.000, *ND* unter 40.000, *junge Welt* 15.000. Hinzu kommen *jungle world* und *der Freitag* als Wochenzeitungen. Die *jungle* verortet sich eher in einem antiinstitutionellen Milieu, das zwischen Antinationalismus und kulturlinken Themen osziliert. Der neue *Freitag* ist sehr heterogen, und sorgte vor allem mit seiner Verbindung von Online und Print für Aufsehen. Die jetzt als Wochenzeitung erscheinende *Unsere Zeit - UZ* der Deutschen Kommunistischen Partei erscheint in einem alltagskulturellen und politisch-programmatischen Paralleluniversum und ist deshalb für die hier interessierenden Fragen zu vernachlässigen. Summa summarum:

Es dürften unter fünf Prozent der WählerInnen der LINKEN von deren eigenen Medien erreicht werden. Die Mitgliederzeitschrift der LINKEN namens *DISPUT* wird nicht etwa jedem Mitglied zugesendet, sie muss extra abonniert werden und erreicht vermutlich circa zehn Prozent der derzeit knapp 80.000 Mitglieder der Partei. Die Bundestagsfraktion gibt mit *clara* ein Publikumsmagazin heraus, das über die Arbeit der Fraktion informiert und kostenlos abonniert werden kann.

Ein nicht ganz unwichtiger Nebenaspekt ist, dass die WählerInnen der LINKEN nicht als interessante Zielgruppe für Anzeigen in Printmedien wahrgenommen werden, was dann wiederum Folgen für die Finanzierung von Medien hat. Wir können nur vermuten, dass dies daran liegen könnte, dass sie als „arm" gelten. Was nur zur Hälfte stimmt, denn die andere Hälfte der WählerInnen der LINKEN, dies beweisen alle Untersuchungen, gehört dem sich lila-rot-grün definierenden Teil des oberen Drittels der Gesellschaft an.

Über welche Medien verfügen die anderen Parteien? Am bemerkenswertesten ist die Situation bei den Grünen, die derzeit um die 50.000 Mitglieder haben. Sie verfügen neben den direkt von der Partei (*Schrägstrich*) oder den von der Heinrich Böll-Stiftung herausgebenenen Periodika, den Mitgliedermagazinen auf Landesebene (z.B. *stachlige ARGUMENTE*, Berlin) oder der eher langweiligen und grafisch schlichten Fachzeitschrift *Alternative Kommunalpolitik*, kaum über relevante Medien. In diesem Feld hat sich zwar 2006 mit dem Magazin *polar* eine Art Theorie-Magazin etabliert, sonst verfügt dieser Diskursraum nur noch über die schon 1983 gegründete *Kommune*, die aber zunehmend irrelevanter und was die Themensetzung angeht, obskurantistischer zu werden scheint.

Nicht viel besser sieht es bei den Gewerkschaften aus. Sicher, einige Einzelgewerkschaften verfügen über gut gemachte Mitgliederzeitschriften, die alle Mitglieder erreichen (*M. Menschen machen Medien, metallzeitung , ver.di publik*). Dann gibt es mit den *WSI-Mitteilungen* des Wirtschafts- und Sozialwissenschaftlichen Instituts der *Hans Böckler Stiftung* ein wissenschaftliches Magazin und mit *Mitbestimmung* und *böckler impuls* zwei Printorgane der *Hans Böckler Stiftung*, die sich an ein größeres Publikum richten. Die *Gewerkschaftlichen Monatshefte* hingegen wurden 2004 geschlossen, mit *www.gegenblende.de* ist neuerdings ein Debattenblog online, der vom DGB verantwortet wird.

Die SPD verfügt über eine Mitgliederzeitung, die monatlich allen ungefähr 500.000 Mitgliedern zugesendet wird: den *vorwärts*. Mit *Berliner Republik* und der *spw* gibt es zwei parteiunabhängige Richtungs-, wenn nicht Strömungsorgane; zu nennen sind noch regionale Periodika, wie etwa *perspektive21* (aus Brandenburg) und die von der *Friedrich-Ebert-Stiftung* herausgegebene *Neue Gesellschaft/Frankfurter Hefte*.

Nach diesem Exkurs in die realexistierende Medienlandschaft des rot-rot-grünen Milieus kehren wir nun wieder zurück zur zweiten großen Frage, die linkes Medienhandeln bestimmt: Welche Mediennutzung gibt es heute, gerade auch generationenspezifisch?

Die Medienlandschaft der letzten Jahre war von zwei grossen Trends bestimmt: Der vor allem durch die Verluste aus Anzeigeneinnahmen resultierende finanzielle Krise der Qualitätszeitungen und dem Aufkommen des Social Web.

72 Prozent aller über 14-jährigen in der Bundesrepublik sind heute online, in der Gruppe der 14- bis 29-Jährigen ist das Internet mit einer Nutzungsrate von nahezu 100 Prozent praktisch allgegenwärtig geworden. In der Generation 50plus nutzt annähernd die Hälfte das Internet, die größte Zuwachsrate bei der Netznutzung war im Jahr 2008 bei 60- bis 69-Jährigen zu verzeichnen. Jüngere und – unabhängig vom Alter – , besser Ausgebildete sind internetaffiner. Jüngere lesen fast keine Tages- oder Wochenzeitungen mehr, ein Trend der auch in der Bewegungslinken bemerkbar ist und z.B. die Infoläden oder die wenigen noch existierenden linken Buchläden vor Probleme stellt. Ähnlich, wie historisch der Buchdruck, verändert die internetbasierte Informations- und Kommunikationswelt nicht nur die Art und Weise, wie Medien im breiteren Sinne genutzt werden. Wie die Medienlandschaft in zehn Jahren aussieht, ist derzeit wohl schwer zu prognostizieren. Ihr Zentrum wird aber das Internet und alles was sich daraus noch entwickeln wird, sein. Das Netz hat bereits die Ökonomie sowie den Alltag der Gesellschaft tief greifend verändert – und dies wird sich fortsetzen. Was bedeutet dies nun für die LINKE bzw. die Linke?

Eine nichthegemoniale Formation wie die Linken oder eine nichthegemoniale Partei wie DIE LINKE ist stark auf einen eigenen Zugang zur Öffentlichkeit angewiesen, durch eigene Medien, und durch kluges Auftreten in den anderen. Die „herrschenden Medien" sind zwar nicht direkt feindlich, aber – im Vergleich – hatten die Grünen in ihren Anfangsjahren wohl mehr Sympathisant_innen in den etablierten Medien (wie *ZEIT, Stern, Spiegel, Frankfurter Rundschau*) als die LINKE heute. Die LINKE als Partei hat vermutlich zudem wenig SympathisantInnen unter MultiplikatorInnen und kommunikationsstarken AkteurInnen. Gleichzeitig muss eine Präsenz in den etablierten Medien nicht automatisch eine Auflaagensteigerung der eigenen Medien bedeuten. Dies zeigt das Beispiel der *taz:* Sie verfügt über eine lange Geschichte, ist nahezu überall verbreitet und erhältlich, sie hat eine hohe Medienpräsenz, auch im Fernsehen, trotzdem bleibt ihre Auflage seit Jahren gleich. Die Gründe dafür müssen an dieser Stelle offen bleiben.

Bezüglich der etablierten Medien hat die Linke, und noch weniger DIE LINKE, aber keine ausreichend fundierte und integrierte Strategie. *Öffentlichkeitsarbeit ist auch Politik.* Die Linke streitet viel über Inhalte, und die LINKE noch mehr über Personen. Wie Inhalte in einer Mediengesellschaft kommuniziert werden, dafür gibt es wenig Bewusstsein und kein ausreichendes Bemühen. Das berühmte Diktum von Niklas Luhmann „Was wir über die Gesellschaft, ja über die Welt, in der wir leben wisssen, wissen wir durch die Massenmedien" stimmt heute erst recht (Luhmann 1996). Wir plädieren nun *nicht* dafür, dass sich die Linke (und DIE LINKE) der Privatisierung und Personalisierung von Politik unterwirft, aber zumindest dafür, die Tatsache anzuerkennen, dass der herrschende zweistufige Fluss der Kommunikation von der Politik zu „den Medien" und erst von da zu den BürgerInnen geht und dass dies vielerlei Auswirkungen hat, die in Rechnung zu stellen sind.

Die öffentliche Kommunikation, und das nicht als Einbahnstraße verstanden, wird in der LINKEN als nachrangig angesehen, dabei sollten doch heute mindestens ein Fünftel der Ressourcen – wenn nicht mehr – für die kluge Kommunikation einer Botschaft aufgewendet werden (vgl. dazu u.a. Nitz 2008).

Alternative Medienarbeit mit Printmedien hat gegenwärtig nur geringe Bedeutung. Die „Alternativpresse" war ein publizistisches Phänomen einer Zeit, in der gesellschaftliche und politische Rahmenbedingungen eine Gegenöffentlichkeit herausforderten und entsprechende politische Ressourcen vorhanden waren. Unbestreitbar gibt es auch einen Funktionsverschiebung der alternativen Medien: (Ehemals) alternative Themen erhielten Einzug in die etablierten Medien. Zweitens sind heute mit dem Internet ganz andere Formen – von zumindest netz-öffentlichem Auftreten – möglich. Nicht zuletzt haben die Professionalisierung und Kommerzialisierung ehemals alternativer Themen die Gesellschaft stark verändert. Ein Merkmal alternativer Medien, wie z.B. die angestrebte Zweiwege-Kommunikation, wird heute besser durch das Internet umgesetzt als jemals von alternativen Printmedien.

Das Ergebnis einer 2006 durchgeführten Untersuchung zum Zustand alternativer Printmedien (vgl. Hüttner 2006) zeigt, dass die Szene der alternativen Stadtzeitungen, die als die klassischen alternativen Medien galten, tot ist. Die klassische, lokal und regional ausgerichtete Form der Stadt- und Stattzeitung der 1980er und 1990er Jahre gibt es schon länger nicht mehr. Diese lokale Form konnte bislang auch nicht von Projekten, egal ob Print oder Online, die der LINKEN nahestehen, ausgefüllt werden. Immerhin wäre DIE LINKE zumindest theoretisch ein Akteur, der *personell* wirklich flächendeckend in der Bundesrepublik agieren könnte.

Lokale Kommunikation setzt sich heute eher durch Online-Angebote um. Hier gibt es, bis hin zu Kleinstädten, interessante lokale und regionale Angebote, die partizipativ organisiert sind und zeitnah agieren können. Die Tatsache, dass es immer weniger Menschen gibt, die ehrenamtlich an einem Printmedium mitarbeiten können und wollen, ist gravierend. Der Zwang zur Existenzsicherung führt zunehmend dazu, dass die für ehrenamtliches Engagement notwendigen Freiräume kleiner werden. Viele Medienprojekte scheitern nicht deswegen, weil sie zu wenig Geld haben (zu wenig Geld hat man immer), sondern weil es niemand mehr gibt, der die Arbeit machen will. Zu diskutieren wäre auch, inwiefern der Zustand der wenigen derzeit existierenden alternativen Medien auch etwas mit einem Niedergang sozialer Bewegungen zu tun hat und dem Umstand, dass viele in den Bewegungen Medien und Medienarbeit im Vergleich als nicht so wichtig ansehen.

## III.

Heute wäre es angebracht, dass alternative und linke (Print)Medien ein Umfeld schaffen, in dem und durch das die Leser/ -innen sich selbst belehren, sich aufklären können oder zur Selbstbildung angeregt werden. Damit verbunden ist der Aspekt, dass in den historischen alternativen Medien die Wirkungsmächtigkeit von Information überschätzt wurde – und dies auch heute noch wird. Information führt eben *nicht* automatisch zu

Bewusstsein oder gar Handlungen. Hilfreich wäre ein stärkeres Besinnen auf die eigenen Wurzeln. Eine Stärke der alternativen Medien war die Politisierung des Subjekts, war, dass sie den Alltag diskutieren, wenn nicht gar revolutionieren wollten und sich damit vom klassisch-linken Revolutionsmodell abwandten. Eine weitere, dass sie wirklich vernetzt waren, ohne dies zur Ideologie zu erheben, wie es später dann geschah. Die Forderung, dass Leser/-innen auch Produzent/-innen sein sollten, lässt sich heute im Netz verwirklichen, vor allem über Weblogs, Wikis und die anderen Formen des SocialWeb (vgl. Ebersbach/Glaser/Heigl 2011).

Das Internet ist schnelllebig, und trotz allem technikzentrierten Hype intransparent. Wie wird denn die Bedeutung einer Information im Internet sichtbar, oder gar geschaffen? Wie kann der Nutzer und die Nutzerin die Relevanz einer Internetseite erkennen und bewerten? Schafft die Tatsache, dass potentiell jede/-r Beiträge senden kann, wirklich mehr Qualität? Schafft der höhere Grad an Partizipation wirklich mehr Einsicht, oder führen die alternativen elektronischen Medien nicht eher zu einer Form der relativ bedeutungslosen Vielleser- und -wisserei? Siegt wirklich die vielzitierte „Weisheit der Vielen" über den Wahnsinn des (digitalen) Mobs? Vom ökonomischen Aufwand her betrachtet haben sich die Kosten für die „netz-öffentliche" Darstellung „alternativer" Inhalte im Vergleich zum Druck einer Zeitschrift ungeheuer verringert, sie gehen bei Online-Formen sozusagen gegen Null. Gleichzeitig ist potentiell (aber eben auch nur das) eine unbegrenzte Zahl von Leser/-innen erreichbar.

## IV.

Das Internet verringert die Bedeutung von Printmedien. Politisches Handeln entsteht aber nicht in virtuellen Räumen, sondern an realen Orten. Politisches Handeln erfordert reale Akteur/-innen, erfordert Begegnung und Bildung statt Halbwissen oder Polemik. Die alternativen Medien müssten sich heute angesichts der Informationsflut weiterentwickeln und neu erfinden, z.B. als vertrauenswürdiger *gatekeeper*, als zuverlässiger Informationsselektor und als Initiator von Debatten. Gerade diese letztgenannten Funktion scheuen aber Parteimedien sehr stark, und auch fast alle anderen hier genannten Medien sind auf ihre Linie, ihre Schule festeglegt, was ihre Inhalte dann vorhersehbar und die Lektüre gelegentlich zur Anstrengung werden lässt. Die Medien der Zukunft, auch die der Linken werden von einer Kombination aus Print- und Online-Praktiken gekennzeichnet sein. Bei der LINKEN und in ihren vielen lokalen Publikationen gibt es noch zu wenig Reflektion über die eigene Medienarbeit. Will man nun vor Ort Betroffenenberichterstattung machen, oder – aus Sorge um die Demokratie – eine eher ergänzende Funktion zur sonst ja stark umworbenen Tagespresse einnehmen? Oder soll den eigenen Medien eine emanzipatorische Funktion zukommen, sollen sie den Leser/ -innen ein Instrument zur Selbstermächtigung und zur Reflektion der eigenen Lebenswelten und ihrer Bedingungen sein? Will man die Öffentlichkeit erreichen, oder die eigenen Mitglieder ansprechen?

Die Medien der Partei weiterentwickeln sollen die zumeist ehrenamtlichen Aktiven, die mindestens einmal im Monat eine Zeitung des Kreisverbandes oder ein Blatt für den Ortsteil herausbringen (vgl. die Liste des Archiv Demokratischer Sozialismus 2010). Hier ist zu beobachten, dass zwar in den neuen Bundesländern immer noch relativ mehr Titel erscheinen, es aber auch in den alten mittlerweile viele Titel gibt.

Besonders mit den neuen Möglichkeiten des Internets hat es DIE LINKE nicht leicht. Online-Arbeit wird vor allem als ein weiterer Kanal der Einwegkommunikation verstanden. Mit dem, was sich unter dem Begriff „Web 2.0" subsumiert, tut sich DIE LINKE noch sehr schwer. Neue Angebote wie Wikis, Blogs – meist unzutreffend mit dem deutschen Begriff „Tagebücher" übersetzt –, Foto- und Videoportale sowie die so genannten sozialen Netzwerke wie *XING*, *Facebook*, *twitter* oder *StudiVZ* verändern die bis dahin auch im Internet übliche Form der Medienrezeption. Professionelle AkteurInnen erstellen Medienprodukte, die über verschiedene Kanäle dann beim Endverbraucher landen, der bestenfalls darüber entscheiden kann, was er zur Kenntnis nehmen möchte und was nicht – und verlässt sich dabei zunehmend auf die Empfehlungen seines individuellen Online-Netzwerkes. Das neue Netz verweigert sich der linearen Sender-Empfänger-Perspektive und schafft neben den bekannten Nachrichten-Emittenten neue Akteure, die sich an neue Publika richten. „Die Deutschen verändern ihre Mediengewohnheiten" – meldete der Branchenverband BITKOM im Oktober 2008, nur DIE LINKE ändert ihre Gewohnheiten nicht. Entsprechend nüchtern fallen die Urteile über die Bemühungen der Partei mit der neusten Mediengeneration aus: „Die Partei ist bisher fast nicht im sozialen Netz aktiv, wenn man von den Aktivitäten der Linksfraktion absieht" – so das Resümee von Markus Beckedahl in der 5. Kurzstudie „Politik und Web" (newthinking communications GmbH 2009).

Ob das im Rahmen der Programmdebatte der LINKEN im Herbst 2010 lancierte Papier „It´s the internet, stupid" (Ramelow et al. 2010) hieran grundsätzlich etwas ändern kann, bleibt zu hoffen. Immerhin ist es das erste Dokument, das die Problematik und einige ihrer Facetten aufgreift und Analysen und deren Bedeutung für die LINKE stark macht.

Notwendig ist es auch, gerade im parteiaffinen Milieu Medienproduktions- und Gestaltungskompetenz aufzubauen, schon allein auch als Strategie gegen die Übermacht des eigenen Apparates. Die Bewegungslinken verfügen über diese Kompetenzen bereits und eignen sie sich selbsttätig an, was ein Blick auf verschiedene gut gemachte websites wie *labournet.de* oder *dazwischengehen.org* sofort deutlich macht.

## IV. Neuerfindung der Linken

Kooperation, Kreativität, Gleichheit – die Schlüsselbegriffe für eine neue progressive Ära (vgl. Misik 2010) werden bislang kaum mit der parteipolitischen Linken assoziiert. Zu einer Mosaik-Linken ist es noch ein weiter Weg, wenn man diesen Begriff nicht einfach beschönigend und positivistisch zur Beschreibung der realexistierenden Vielfalt oder des unverbindlichen Nebeneinander benutzen will. Nötig ist immer noch eine Transformation des Alltagsbewusstseins, ein Abschied von Leistungs- und Nützlichkeitsrassismus, von Wachstums- und Mobilitätswahn, und die Ermöglichung neuer Geschlechterverhältnisse. Gerade DIE LINKE sollte sich den internetaffinen Milieus des kreativen Prekariats öffnen, ihr Politikmodell ein Stückweit ändern: Statt immer nur Forderungen zu stellen, und das eigene individuelle Leben so weiterzuleben wie bisher, sollte DIE LINKE die kulturelle Modernisierung der Gesellschaft wahr- und aufnehmen. Zumal die Gesellschaft und die Bewegungen immer schon weiter ist/sind, als das tendeziell strukturkonservative politische System. Dies wäre ein kleiner Beitrag zur Neuerfindung der Linken. Dies wäre auch das – noch zu schaffende und zu organisierende und zu kommunizierende – kulturelle und politische Hinterland, das die alltagsrelevante Basis des neuen hegemonialen Blocks einer Mosaik-Linken bilden würde (vgl. dazu auch Korah 2010). Ohne das ist alles nichts.

## Literatur

Archiv Demokratischer Sozialismus 2010: Archiv Demokratischer Sozialismus der Rosa Luxemburg Stiftung: Kleine Zeitungen der Partei DIE LINKE und ihres Umfeldes, Stand August 2010 (online unter: http://www.rosalux.de/fileadmin/rls_uploads/pdfs/ADS/Kleine_Zeitungen_der_LINKEN.pdf, abgerufen 26.1.2011; die Liste enthält auch nicht mehr erscheinende Titel)

Ebersbach/Glaser/Heigl 2011: Anja Ebersbach, Markus Glaser und Richard Heigl: Social Web, Konstanz (2. verb. Auflage)

Hüttner, Bernd, 2006: Verzeichnis der Alternativmedien, Neu-Ulm

Hüttner, Nitz 2010: Bernd Hüttner/Christoph Nitz: Linke Medien vor und nach der Internetrevolution, in Gabriele Hoofacker: Bürgermedien, Neue Medien, Medienalternativen, München 2009, S. 33-50

Korah 2010: Walter Korah: Leerformel oder politischer Aufbruch?, in Luxemburg H. 1/2010, S. 38-42

Luhmann 1996, Niklas Luhmann: Die Realität der Massenmedien, Wiesbaden, zitiert nach Thymian Bussemer: Politik, Presse, Publikum. Zum Zustand der öffentlichen Kommunikation, in vorgänge, Zeitschrift für Bürgerrechte und Gesellschaftspolitik H. 192 (Wandel der Öffentlichkeit, Dezember 2010), S. 66-74

Misik 2010, Robert Misik: ANLEITUNG ZUR WELTVERBESSERUNG. Das machen wir doch mit links; Berlin

newthinking communications GmbH 2009: newthinking communications GmbH: Politik im Web 2.0. Welche Parteien und Spitzenpolitiker nutzen das Social Web für sich?; Stand 8.7.2009 (online unter http://www.netzpolitik.org/wp-upload/kurzstudie-politik-im-web-2-auflage5.pdf, 8.1.2011)

Nitz 2008: Christoph Nitz: It's the Werte, stupid! Die Chancen und Fehler politischer Kommunikation. rls-Standpunkte 26/2008 http://www.rosalux.de/publication/27727/its-the-werte-stupid.html

Ramelow et al. 2010: Bodo Ramelow, Perta Sitte etc.: „It's the internet, stupid". DIE LINKE sollte mit ihrem Programm nicht im 20. Jahrhundert stehen bleiben Diskussionsbeitrag zum Pro-

grammentwurf (7. November 2010) (online unter: http://www.bodo-ramelow.de/fileadmin/
bodoramelow/Dokumente/lt%27s-the-internet_Programmdiskussion2010.pdf, 26.1.2011)

Urban 2009, Hans-Jürgen Urban: Die Mosaik-Linke. Vom Aufbruch der Gewerkschaften zur Erneu-
erung der Bewegung, in: Blätter für deutsche und internationale Politik, 5, 71-78 (online unter:
http://hans-juergen-urban.de/archiv/literatur/2009_mosaik_linke_bfduip.pdf; 26.1.2011)

Winter 2010: Rainer Winter: Widerstand im Netz. Zur Herausbildung einer transnationalen Öffentlichkeit durch netzbasierte Kommunikation; Bielefeld 2010

*Karin de Miguel Wessendorf*

# Nutzung von Film und Video
# als Medium sozialer Bewegungen

## Von den Anfängen bis zum aktuellen Videoaktivismus
## am Beispiel der Zapatistas

Fast seit den ersten Stunden des Dokumentarfilms haben sich alte und neue soziale Bewegungen die vorhandene Filmtechnik angeeignet, um eigene Dokumentarfilme zu drehen und sie für die Ziele der Bewegung einzusetzen. Politisch motivierte FilmemacherInnen haben sich seit den Anfängen des Genres die Frage gestellt, ob der Dokumentarfilm ein Medium zur Veränderung der sozialen Wirklichkeit sein kann und welche Möglichkeit er hat, in politische Prozesse einzugreifen. Im folgenden Beitrag werden die Tendenzen des eingreifenden Dokumentarfilms seit den 1920er Jahren und deren Zusammenhang mit der Entwicklung neuer Film- und Videotechniken skizziert. Am Beispiel der Videoarbeit der Zapatistas in Mexiko wird der Frage nachgegangen, ob der Dokumentarfilm sich als Medium zur  politischen Arbeit innerhalb von sozialen Bewegungen eignet und welche Bedingungen dafür erfüllt werden müssen.

## Dziga Vertov und der revolutionäre Film in den 1920er Jahren

Schon in den 1920er Jahren hat der sowjetische Filmemacher Dziga Vertov das Potential des Dokumentarfilms als Agitationsmedium und als Medium der Politisierung erkannt und ihm eine zentrale Rolle in der Bildung einer neuen revolutionären Gesellschaft zuerkannt. In den ersten Jahren der Revolution war Dziga Vertov für die Montage der agitatorischen Wochenschau *Kino-Nedelia* (Filmwoche) zuständig. In „Agit-Zügen" und mittels „Agit-Boten" wurden Kameramänner mit der Aufgabe, durch das ganze Territorium der Sowjetunion geschickt, Bilder von der Kriegsfront zurückzubringen; Wochenschau-Material aus dem ganzen Land, das später von Vertov montiert und mit denselben „Agit-Zügen" und „Agit-Boten" bis in die entferntesten Gegenden geschickt und vorgeführt wurde, damit Bauern und Soldaten fortwährend ein Panorama der Kämpfe im Land zu sehen bekamen. Nach dem Ende des Krieges sah Vertov die Rolle von Wochenschauen darin, die Menschen der einander zum Teil sehr fremd wirkenden Regionen des Landes miteinander zu verbinden, dadurch dass sie über die Krisen und Fortschritte im Aufbau der neuen Gesellschaft informiert blieben. Die Dokumentation der revolutionären Realität durch die monatlichen Ausgaben der *Kinopravda* (Kino-Wahrheit) sollte zur aktiven Erziehung der Massen, zur Indoktrinierung und Politisierung führen. Für Dziga Vertov war die Filmkamera das „bewaffnete Auge", mit dem die von der

Revolution hervorgebrachten Veränderungen fixiert und analysiert werden konnten. In der filmischen Sichtbarmachung der gesellschaftlichen Prozesse und in dem dadurch gewonnenen erkenntniskritischem Abstand lag ihm zufolge die agitatorische Kraft des Dokumentarfilms.

Dziga Vertov wollte Filme *für „das Volk"* und nicht nur *über „das Volk"* drehen. Dank des großen Stellenwerts der Distribution im ganzen Land erreichten die Filme tatsächlich die ArbeiterInnen, Bauern, Bäuerinnen und Soldaten. Dennoch hatte Vertovs Vorhaben, die Trennung zwischen Produktion und Konsumption von Filmen aufzuheben, im zentralistischen Produktionsprozess des sowjetischen Films keinen Platz. Die sowjetische Filmindustrie wurde 1919 verstaatlicht und Film wurde offiziell als Mittel zur Propaganda benutzt. In dem institutionalisierten Kontext, in dem Vertovs filmisches Schaffen statt fand, waren die Voraussetzungen für eine Demokratisierung des Produktionsprozesses nicht gegeben. Sein Vorhaben, neue FilmemacherInnen zu schulen und weiterzubilden, die aus der heranwachsenden Arbeiterjugend stammen sollten, um den Produktionsprozess von der „bourgeoisen Kunstkinematographie" (Vertov 1973: 28) zu emanzipieren, ließ sich nicht realisieren.

## Militanter Dokumentarfilm in den 1930er Jahren:
### *The Worker's Film and Photo League*

In den 1930er Jahren ging *The Worker's Film and Photo League* in der Umkehrung des Produzenten-Konsumenten Verhältnisses noch einen Schritt weiter: Die Bewegung von Arbeiter-Filmklubs in den USA markiert den Beginn des dissidenten Dokumentarfilms als Medium von außerparlamentarischen politischen Gruppen. Diese Filmbewegung entwickelte sich als Reaktion auf das Identitätsproblem vieler Menschen, die nirgendwo in den Massenmedien eine Darstellung ihrer Lebenssituation fanden. In den Augen der Arbeiterbewegung vernachlässigten die Massenmedien die Probleme der Arbeitslosigkeit und des Hungers in der amerikanischen Gesellschaft. In Presse und Rundfunk fand keine Auseinandersetzung mit den Auswirkungen der Wirtschaftskrise statt, und schon gar nicht mit den sich daraus entwickelnden sozialen Kämpfen. Das Monopol und die Kontrolle von Hollywood über die Distribution von Filmen ließ dem Unmut über die sozialen Probleme keinen Raum, sich filmisch zu artikulieren. Diese Situation spitzte sich zu, als 1931 die Fox Corporation seinen Kinos die Vorführung von Wochenschauen mit einer „kontroversen Natur" untersagte (Harding 2001: 2). Als Reaktion darauf gründeten militante FotografInnen und FilmemacherInnen die *Worker's Film and Photo League*. Die WFPL war einer Massenorganisation der Arbeiterklasse angeschlossen, der *Worker's International Relief*, deren Hauptzweck es war, Nahrungsmittel, Kleidung und Obdach für die Streikenden bereitzustellen. Da beide Organisationen zusammenarbeiten, konnten die Filmemacher und Fotografen dicht an die sich entwickelnden Kämpfe herankommen und sich sogar an ihnen beteiligen.

Da der Marktpreis der Vorführgeräte für Stummfilm mit dem Beginn des Tonfilms stark sank, war es den Gruppen der Liga möglich, Projektoren zu kaufen, die sie erstmal zur Vorführung ausländischer Filme einsetzten. Durch diesen Zugang zur 35-mm-Stummfilmtechnik wurde die Produktion und der Austausch von eigenem Filmmaterial motiviert. Die FilmemacherInnen und FotografInnen der *Film and Photo League* filmten Hungermärsche, Zwangsräumungen von Slums, Streikaktionen und Proteste, die zu typischen Erscheinungen der Periode zwischen 1930 und 1932 geworden waren. Das Gefilmte wurde von verschiedenen Gruppen benutzt und einfach weitergegeben, weshalb dasselbe Rohmaterial für verschiedene Filme ohne Angabe der Quelle verwendet werden konnte. Das Konzept der Autorschaft verschwand zugunsten einer kollektiven Nutzung des Mediums innerhalb des Netzwerkes. Mit dem Material wurden die mit dem Namen *Workers Newsreel* erscheinenden Arbeiterwochenschauen zusammengestellt, welche die Zensur umgehen konnten und die Arbeiterklasse aufklären und agitieren sollten. Vorgeführt wurde in den Versammlungsräumen von Gewerkschaften, Arbeiterclubs und Studentenverbänden, so dass die ProtagonistInnen der Wochenschauen gleichzeitig die ZuschauerInnen waren. In diesem Zusammenhang bekamen die Filme eine motivierende Funktion und dienten der Stärkung der politischen Gruppen.

Die Arbeiter-Organisationen betrachteten die Arbeit der WFPL als einen unverzichtbaren Teil des politischen Prozesses, da sie die großen Streitfragen der Zeit aus der Perspektive der Arbeiterklasse zeig-

Alle drei Fotos stammen aus dem Film „La tierra es de quien la trabaja" (Das Land denen, die es bearbeiten, 2005). Copyright: Audiovisuales de los caracoles zapatistas.

ten. Auch die Mitglieder der Liga verstanden sich als Teil der Bewegung, aber die Aufgabe des Filmemachens wurde meistens von professionellen FilmemacherInnen oder von Menschen, die einen Zugang zur Technik hatten, übernommen. Es gab keine systematischen Bestrebungen, die Kamera in die Hände der Beteiligten zu geben, um sich selbst artikulieren zu können.

## Die 16mm-Technik und der dissidente Film in den 1960er Jahren

Nach dem zweiten Weltkrieg riefen die sozialen Umwälzungen der 1960er Jahre und die Einführung der 16-mm-Technik eine neue Ära des dissidenten Dokumentarfilms hervor. In den USA gelang es den 16-mm-Dokumentarfilmen zum Vietnam Krieg trotz einer massiven Medienkampagne der Regierung die offizielle Darstellung des Krieges zu durchbrechen. In Lateinamerika führte die 16-mm-Technik und die dadurch begünstigte Entwicklung von alternativen Distributionskanälen zur Nutzung des Dokumentarfilms als Teil der politischen Arbeit von subversiven Gruppen. Große Aufmerksamkeit erlangte der subversive Film Anfang der 1970er Jahre, als in Uruguay die Untergrundorganisation Tupamaros das Medium nutzte, um sich der Welt zu präsentieren (*Tupamaros* 1973). Die 16-mm-Technik brachte einen richtigen Umbruch für die Produktion und Distribution von politisch unabhängigen Dokumentarfilmen mit sich. Der Synchronton und die Beweglichkeit der Kamera eröffneten dem Film eine neue Ebene: Allein durch die Entdeckung der gesprochenen Sprache im Film wurde es möglich, Menschen und Gruppen zur Artikulation zu verhelfen, für die eine Darstellung in den Medien bis zu den 1960er Jahren nur ausnahmsweise möglich gewesen war. Hinzu kam eine wachsende Beteiligung am Produktionsprozess, erst auf inhaltlicher und dann zunehmend auf technischer Ebene. Die neue Technik begünstigte eine kollektive Arbeitsweise und die Auflösung der üblichen Aufteilung in Regie, Kamera, Ton und Schnitt.

Die beschriebenen Entwicklungen der Filmtechnik und ihr Einsatz für die Zwecke von politischen Gruppen stellen einen Demokratisierungsprozess in der Produktion von Filmen dar, für den die Einführung der Videotechnik in den 1970er Jahren einen weiteren gewaltigen Schritt bedeutet.

## Die Entdeckung der Videotechnik für die politische Arbeit in den 1970er Jahren

Die Videotechnik bot gegenüber der Filmtechnik viele Vorteile für die Dokumentarfilmarbeit politischer AktivistInnen. Die tragbaren Videokameras waren viel leichter und einfacher zu bedienen als die 16-mm-Kameras. Meistens bedurfte es für Videoaufnahmen keiner zusätzlichen Beleuchtung, was das Filmen in Innenräumen wesentlich vereinfachte und gleichzeitig die Präsenz eines Filmteams oder einer Kamera unauffälliger machte. Videobänder, die schon erheblich billiger zu kaufen waren als Filmmaterial, mussten nicht mehr in einem professionellen Labor entwickelt werden und konnten zudem zurückgespult, überspielt und beliebig oft verwendet werden. Diese Entwicklungen ermöglichten es, dass mitunter eine einzige Person ein ganzes Filmteam ersetzte und schafften die Voraussetzungen für unabhängige Videoarbeit.

Die ersten unabhängigen Videogruppen und Medienzentren bildeten sich in den USA und Kanada schon Ende der 1960er und Anfang der 1970er Jahre, da dort die ersten erschwinglichen Videokameras auf den Markt kamen. Die Vorzüge der neuen Geräte ermutigten viele Gruppen dazu, Video in der Community-Arbeit einzusetzen, als Medium, mit dem die BürgerInnen ihre Belange ausdrücken konnten. Parallel dazu entwickelten sich gewerkschaftliche oder feministische Initiativen, die den Zugang zur neuen Videotechnik nutzten, um Dokumentarfilme mit einem eindeutigen politischen Standpunkt zu produzieren und zu verbreiten.

Auch in der BRD entwickelte sich in den 1970er Jahren eine Videobewegung, deren einflussreichsten Vertreter das medienpädagogik-zentrum (mpz) in Hamburg und die Medienoperative in Berlin waren. Die Mitglieder der Videoinitiativen verstanden sich als MedienarbeiterInnen im Dienste der politischen Arbeit der Gruppen, für welche sie die Produktionsmittel und die Distributionsnetze zur Verfügung stellten. Sie funktionierten als BeraterInnen und vermittelten technische Kenntnisse in Videokursen. Durch die Videoarbeit sollten Gegeninformationen verbreitet werden, Berichterstattung über Themen stattfinden, die im Fernsehen nicht behandelt wurden, und die BürgerInnen sollten aus ihrer traditionellen Rolle als RezipientInnen in die Rolle von MedienproduzentInnen übergehen, um eigene Interessen zu äußern. Trotz der technischen Vereinfachung blieb jedoch die Videoarbeit von eben diesen SpezialistInnen abhängig, von denen die Impulse für die Aneignung des Mediums stammten, da letztendlich die Produktionsmittel selten außerhalb der Medienzentren vorhanden waren.

Inhaltlich ging es den Medienzentren vorrangig um das Experimentieren mit dem Potential der neuen Videotechnik für die politische Arbeit, was zu vielen theoretischen Auseinandersetzungen führte. Die übergeordneten politischen Ziele waren dabei nicht mehr unbedingt die Ziele der politischen Gruppen, sondern die Demokratisierung der Medien und die Umkehrung des SenderIn-EmpfängerIn-Verhältnisses selbst.

### Die *Camcorder Revolution*

Erst seit den 1990er Jahren und vermehrt am Anfang des neuen Jahrtausends, im Rahmen der weltweiten Vernetzung von politischen Gruppen und sozialen Bewegungen dank der Möglichkeiten der digitalen Technik, erlebt Videoaktivismus einen regelrechten Boom und wird als eigenständige Form der politischen Arbeit gesehen. Die weltweite explosionsartige Verbreitung in der Nutzung von Video als Mittel zur politischen Veränderung, die mit der Digitalisierung einhergeht, ist als „Camcorder Revolution" bekannt. Die Globalisierung löst eine neue Welle von politischem Aktivismus aus: Das verbreitete Gefühl einer globalen Krise bringt ein Wachstum in der Zahl, Vielfalt und Kraft der Bewegungen weltweit hervor. Die Neuen Sozialen Bewegungen vernetzen sich dank der neuen Kommunikationstechnologien und arbeiten zusammen, was an den weltweiten

Mobilisierungen zu Gipfeltreffen, Großdemonstrationen und Weltsozialforen zu sehen ist. Gleichzeitig scheitern die Massenmedien darin, die Erfahrungen und die Belange dieser Gruppen wiederzugeben. Dazu kommt die technologische Entwicklung: Die zunehmende Vereinfachung, Verkleinerung und Kostensenkung der digitalen Videotechnik ermöglicht es gesellschaftlichen Gruppen, die sich von den Mainstream-Medien nicht repräsentiert fühlen, sich die Technik anzueignen und ihre eigenen Medien zu produzieren. Billigere, leicht zu bedienende Videokameras, der verbreitete Zugang zu Computern, die relativ einfach zu erlernende Schnittsoftware ermöglichen es potenziell jedem, der einen Dokumentarfilm realisieren möchte, dies selbständig zu tun, ohne den inhaltlichen Filter oder die finanzielle Abhängigkeit von Redaktionen oder Filmförderungsanstalten. Die Existenz von kostenlosen, unzensierten Distributionskanälen wie dem Internet ermöglicht es politischen Gruppen oder sogar Einzelpersonen, die eigenen Medien selbst zu veröffentlichen.

Für VideoaktivistInnen sind die Filme, die sie realisieren, eine Form der politischen Aktion. Sie verstehen sich selbst als Teil einer sozialen Bewegung oder einer politischen Gruppe, die sie durch ihren Videoaktivismus unterstützen und kritisch begleiten oder der sie nach außen hin mehr Gehör verschaffen wollen, und fühlen sich den Zielen und Prinzipien dieser Gruppe verpflichtet. Aktivistische Videos bieten eine Berichterstattung oder auch eine dokumentarische Darstellung „von Innen", da sich die VideomacherInnen als Teil dessen begreifen, was sie schildern. VideoaktivistInnen möchten nicht nur berichten oder aufklären, sie möchten in die gesellschaftliche Realität eingreifen.

Ob während des G8-Gipfels in Heiligendamm oder während der Anti-Castor-Proteste: Der Einsatz von Videokameras ist mittlerweile ein wichtiger Bestandteil von sozialen Auseinandersetzungen geworden.

## Die Videoproduktion der Zapatistas

Eins der interessantesten aktuellen Videoaktivismus-Projekte ist die Videoproduktion der indigenen Zapatista-Gemeinden in Chiapas, im Südosten Mexikos. Besonders bemerkenswert ist dieses Beispiel, weil Videoaktivismus hier in einer nichttechnisierten Gesellschaftsform stattfindet, in ländlichen Gemeinden, für welche die eigenen Videoproduktionen oft der erste Kontakt mit audiovisuellen Medien überhaupt sind.

Die Zapatistas sorgten weltweit für Aufsehen, als sie 1994 im südmexikanischen Bundesstaat Chiapas einen bewaffneten Aufstand begannen, nachdem sie jahrzehntelang vergeblich versucht hatten, auf ihre Situation aufmerksam zu machen. Hauptziel war die Sichtbarwerdung der indigenen Organisationen und der Lebenssituation der Menschen ‚ohne Gesicht' und ‚ohne Stimme', die sich durch den Aufstand in das öffentliche Bild des Landes drängten und das Wort ergriffen. Im Sinne dieser Sichtbarwerdung gehörte die Nutzung der Medien von Anfang an zur Strategie. Schon in den ersten Tagen nach dem Aufstand verbreitete die EZLN ihre Botschaften über das Internet. Dies brachte den Geschehnissen in Chiapas so große nationale und internationale

Aufmerksamkeit ein, dass der mexikanische Präsident schon zwölf Tage nach Ausbruch der Auseinandersetzungen einen Waffenstillstand verkündete und in Verhandlungen mit der EZLN trat. Seitdem wird der durch den Medieneinsatz ermöglichten internationalen Vernetzung ein sehr hoher Stellenwert beigemessen. Langfristig hat der gezielte Gebrauch der Informationstechnologie bewirkt, dass die Ereignisse rund um den zapatistischen Aufstand, die Auseinandersetzungen, die Kommuniqués, die großen internationalen Treffen im Lakandonen-Urwald von Millionen von Menschen in aller Welt über Jahre verfolgt werden. Nachdem die Abkommen von San Andrés über indigene Selbstverwaltung, die die mexikanische Regierung und die EZLN 1996 unterzeichnet hatten, nicht von der Regierung umgesetzt wurden, betreiben die Zapatistas eine *„de facto*-Autonomie", die dreißig autonome Landkreise und Hunderte von Dorfgemeinden einschließt und sich in einer rechtlichen Grauzone entwickelt (vgl. Gerber 2005:19). Diese Autonomie hat großes Interesse in der internationalen Zivilgesellschaft geweckt. Die Zapatista-Bewegung ist wahrscheinlich die am Besten dokumentierte soziale Bewegung weltweit. Es gibt Hunderte von Videos, Büchern und Webseiten, die von Menschen gemacht wurden, die die Bewegung von außen beobachten. Da die mexikanischen Massenmedien die Desinformations-Strategie der Regierung befolgen, ist die Rolle der sympathisierenden alternativen Medien wesentlich für die Bewegung.

Dennoch legen die Zapatistas großen Wert auf die Produktion von eigenen Medien und auf das Recht auf das eigene Bild. Aus diesem Grund haben die Zapatista-Gemeinden seit 1998 eine in die Strukturen der Organisation eingegliederte Videoproduktion. Diese wird technisch und finanziell von der Nichtregierungsorganisation Promedios unterstützt, welche auch die Ausbildung der ersten VideomacherInnen der Gemeinden übernahm. Angefangen hat die Zusammenarbeit durch den expliziten Wunsch der Gemeinden, den Umgang mit der für sie komplett fremden digitalen Videotechnik zu erlernen. Vorrangig wollten die Zapatistas die Videokameras als Schutz gegen die Angriffe von Militärs und Paramilitärs einsetzen und Menschenrechtsverletzungen damit verhindern oder bezeugen. Bald entdeckten sie aber interessantere, weniger defensive Möglichkeiten der Videoarbeit. Sehr früh hatten die Gemeinden das Bedürfnis, ihre Realität selbst zu dokumentieren und die Geschichte der Bewegung aus der eigenen Perspektive zu erzählen. Über das Klischee des maskierten Guerilla-Kämpfers hinaus wollten die Zapatistas in ihren Filmen zeigen, wie sie sich selbst sahen und was ihr täglicher Kampf um Menschenrechte und Autonomie für sie bedeutete. Also fingen sie an, die alternative Gesellschaftsform, die sie aufbauten, zu filmen. Seitdem ist die Videoarbeit ein fester Bestandteil innerhalb der zapatistischen Autonomie, was zeigt, welche hohe Bedeutung ihr beigemessen wird. Jeder Landkreis wählt eine/n Medienbeauftragte/n („Promotor de Medios"), der/die in Video- und Computertechnik ausgebildet wird, so dass er oder sie die Medienarbeit in der Region übernehmen kann. Der „Promotor" ist zuständig für den Erhalt der Video- und Internetausrüstung des Landkreises und für die anfallenden Filmarbeiten aller angegliederten Gemeinden. Die „Promotores de Medios" sind Amtsträger, und werden als solche von den regionalen Autoritäten gewählt, nachdem sie sich in den Gemeinden durch politische Arbeit oder die Ausführung anderer Ämter bewährt haben.

Die Autorschaft der Videos ist kollektiv. Dies bezieht sich für die Zapatistas nicht nur auf alle an den Dreh- und Schnittarbeiten Beteiligten, sondern es schließt die gefilmten Individuen oder Gruppen und die gesamte Gemeinde mit ein. Aus diesem Grund wird im Abspann der Filme nie ein/e Regisseur/in genannt, sondern alle an Kamera, Schnitt, Ton und Postproduktion Beteiligten erscheinen namentlich ohne jegliche Hierarchisierung. In vielen Fällen werden im Abspann nur die Gemeinde und der zuständige Caracol (dem Kultur-, Wirtschafts- und Verwaltungszentrum der jeweiligen zapatistischen Region) genannt. Die fertigen Filme werden in den Regionen untereinander ausgetauscht und das Rohmaterial steht grundsätzlich jedem „Promotor" zur Verfügung. Die Videoproduktion wird genauso wie alle Kollektivarbeiten als ein gemeinsames Ergebnis der Arbeit der Gemeinden und der Zapatista-Bewegung als Ganzes betrachtet.

Die große Mehrzahl der Videos, die ausschließlich intern vertrieben werden, dient dem Informationsaustausch der Gemeinden untereinander. Versammlungen, Aktionen, Märsche, Demonstrationen, öffentliche Auftritte des EZLN, Treffen mit der Zivilgesellschaft, aber auch regionale Feste werden gefilmt, vervielfältigt und in die Dorfgemeinden geschickt, um der Situation entgegenzuwirken, dass die meisten Menschen nicht die Möglichkeit haben, zu den Veranstaltungen zu reisen. Viele der nur zum internen Gebrauch produzierten Videos erfüllen eine organisatorische Funktion. Videos von Versammlungen, Treffen und Diskussionen ermöglichen es, sich an Diskussionsprozesse zu beteiligen oder sich über den Stand von politischen Entwicklungen in anderen Regionen zu informieren, ohne selbst daran teilgenommen zu haben. Solche Videos dienen auch zur nachträglichen Analyse von politischen Prozessen, die durch den Film begleitet oder sogar angestoßen werden. Dies bezieht sich auch auf die Aufarbeitung von internen Problemen. Der Film *La Vida de la mujer en Resistencia* (*The Life of Women in Resistance* 2005), der die Forderung der zapatistischen Frauen nach Gleichberechtigung formuliert, ist exemplarisch für die Initiierung eines Diskussionsprozesses innerhalb der Gemeinden. Die Meisten zapatistischen Filme haben auch eine starke mobilisierende Komponente im Sinne der Motivation und Stärkung der Bewegung. Als Mobilisierungsvideos kann man vor allem solche Produktionen bezeichnen, die die Erfolge der Zapatistas in Auseinandersetzungen feiern. Dies bezieht sich nicht nur auf Protestaktionen oder Gegenüberstellungen mit Militärs oder Paramilitärs. Der Film *Das Land denen, die es bearbeiten* (*La tierra es de quien la trabaja* 2005) zum Beispiel dokumentiert die Konfrontation einer Gemeinde mit einer Gruppe von Regierungsvertretern, die unangekündigt in die zapatistische Siedlung reisen, um die BewohnerInnen dazu zu überreden, das besetzte Gebiet zu verlassen. Im Film geht es darum zu zeigen, wie die VertreterInnen der Gemeinde sich gegenüber den Regierungsfunktionären behaupten, indem sie ihre Position, das Land nicht verlassen zu wollen, klar machen und darauf hinweisen, dass sie die internationalen Abkommen über indigene Rechte kennen. Der Film hat somit eine motivierende Funktion für andere Gemeinden.

Innerhalb des zapatistischen Gebiets werden die Produktionen gewöhnlich auf VHS vertrieben, da sich die Vorführmöglichkeiten auf Videorekorder und Beamer begrenzen. Es ist ein großes Anliegen der Medienbeauftragten, in möglichst vielen Gemeinden Vorführungen zu organisieren, um den Informationsaustausch bis in die ländlichsten Gebiete zu fördern. Die öffentlichen Vorführungen von Videos sind für viele Gemeinden fast die einzige Möglichkeit (abgesehen vom Radio) sich Informationen zu beschaffen, zumal es in vielen indigenen Gebieten kein Fernsehen gibt.

Seit den Anfängen der Videoarbeit der Zapatistas zeigt sich aber auch das Bedürfnis, das Medium einzusetzen, um durch die Vermittlung der eigenen Lebensform in einen Dialog mit der Außenwelt zu treten. In solchen Produktionen ist der wichtigste Aspekt die Darstellung der Konstruktion der Autonomie und des Aufbaus von politischen Alternativen, als Kontrast zur Schilderung der externen (auch der solidarischen) Medien, welche die Unterdrückung der Gemeinden und deren Opferposition betonen. Viele der Videos beziehen sich auf die landwirtschaftliche Produktion und auf existierende Landkonflikte, da innerhalb des zapatistischen Kampfes um Autonomie der Aspekt der Selbstversorgung im Mittelpunkt steht. Mit den Videos möchte die Zapatista-Basis die Aufmerksamkeit auf die alltägliche Seite des Widerstands richten, unabhängig von der politischen und militärischen Ebene des EZLN. Zu diesem Zweck beschreiben die Filme die Organisation der Selbstverwaltung in den Gemeinden, den Aufbau von autonomen Gesundheits- oder Bildungseinrichtungen, die Bestrebungen zur Selbstversorgung durch Kollektivarbeiten und die Schwierigkeiten, die damit verknüpft sind. Filme, die für den externen Vertrieb bestimmt sind, werden von Promedios auf DVD mit Untertiteln in zwei bis fünf Sprachen herausgebracht und mit Hilfe von Nichtregierungsorganisationen und Solidaritätskollektiven im In- und Ausland verkauft. Die Einnahmen, die durch den Verkauf der DVDs in Mexiko und durch befreundete Organisationen in Europa sowie durch Preise bei Filmfestivals eingehen, werden zur Hälfte in den Ausbau der Medienzentren in den Caracoles investiert. Die FilmemacherInnen entscheiden, zu welchem Zweck die andere Hälfte eingesetzt wird. Dieser Teil kommt meistens den Gemeinden oder Kollektiven zugute, um die es in den Filmen geht.

Das Beispiel der Videoarbeit der Zapatistas zeigt, dass der Dokumentarfilm sein Potential zur Veränderung der sozialen Realität entfalten kann, wenn er den spezifischen Bedürfnissen derjenigen Gruppe angepasst wird, die das Medium produziert und rezipiert. Bedingung dafür ist, dass die Beteiligten den Produktions- und Rezeptionsprozess selbst in die Hand nehmen. Die verschiedenen Tendenzen des eingreifenden Dokumentarfilms zeigen eine geschichtliche Entwicklung auf, in der durch allmähliche Aneignung der Technik zunehmende Beteiligung der politischen AkteurInnen möglich wird. Die Vereinfachung, Verkleinerung und Kostensenkung der Produktions- und Distributionsmittel, die mit der digitalen Videotechnik ihren Höhepunkt erreicht, macht die Demokratisierung des dokumentarischen Filmschaffens möglich.

## Literatur

Boron, Atilio A.: Der Urwald und die Polis. Fragen an die politische Theorie des Zapatismus. In: Das Argument. Zeitschrift für Philosophie und Sozialwissenschaften. Hrsg. von Frigga Haug und Wolfgang Fritz Haug. 253/2003,  S. 796-810.

Ceceña, Ana Esther: Das zapatistische Subversive. In: Das Argument. Zeitschrift für Philosophie und Sozialwissenschaften. Hrsg. von Frigga Haug und Wolfgang Fritz Haug. 253/2003 , S. 789-795.

Critical Art Ensemble: Video und Widerstand: gegen Dokumentarvideos. In: www.hybridvideo-tracks.org/2001/archiv.html, Zugriff am 22.12.2010.

de Miguel Wessendorf, Karin (2006): Videoaktivismus am Beispiel der Videoproduktion der Zapatista-Gemeinschaften in Chiapas (Mexisko), Magisterarbeit, http://www.grin.com/e-book/11557/videoaktivismus-am-beispiel-der-videoproduktion-der-zapatista-gemeinschaften

Does, Carsten: Videoaktivismus, qu'est-ce que c'est? – Thesen, Fragen, Perspektiven. In: www.hybridvideotracks.org/2001/archiv.html, Zugriff am 22.12.2010. Erschienen unter dem Titel: Haste mal ,nen Film?. In: jungle world vom 12.9.01.

Does, Carsten: fünfundvierzig minuten straßenschlacht, ungeschnitten. Stichworte zur geschichte einer linken videoarbeit in der brd. In: www.hybridvideotracks.org/2001/archiv.html, Zugriff am 22.12.2010. Zuerst veröffentlicht in: Becker, Jochen (Hg.): Kritik der unternehmerischen Stadt. Image/Politik. Städtisches Handeln. Berlin 2001.

Ellis, Jack C./MacLane, Betsy A.: A new history of documentary film. New York 2005.

Gerber, Philipp: Das Aroma der Rebellion. Zapatistischer Kaffee, indigener Aufstand und autonome Kooperativen in Chiapas, Mexiko. Münster 2005.

Gessner, Robert: Movies About Us. In: The Documentary Tradition. From Nanook to Woodstock. Hrsg. von Lewis Jacobs. New York 1971, S. 94-96.

Grierson, John: Grundsätze des Dokumentarfilms. In: Bilder des Wirklichen. Texte zur Theorie des Dokumentarfilms. Hrsg. von Eva Hohenberger. Berlin 1998, S. 100-113.

Harding, Thomas: The Video Activist Handbook, London 2001.

Hohenberger, Eva: Dokumentarfilmtheorie. Ein historischer Überblick über Ansätze und Probleme. In: Bilder des Wirklichen. Texte zur Theorie des Dokumentarfilms. Hrsg. v. Eva Hohenberger. Berlin 1998, S. 8-34.

Hurwitz, Leo T: The revolutionary Film – Next Step. In: The Documentary Tradition. From Nanook to Woodstock. Hrsg. von Lewis Jacobs. New York 1971, S. 91-93.

Jacobs, Lewis: The Documentary Tradition. From Nanook to Woodstock, New York 1971.

Lichtenstein, Manfred / Meier, Gerd / Lippert, Klaus (Hrsg.): American Social Documentary. Beiträge zur Geschichte des Dokumentarischen Filmschaffens in den USA bis 1945, Berlin 1981.

Minh-ha, Trinh T.: Die verabsolutierende Suche nach Bedeutung. In: Bilder des Wirklichen. Texte zur Theorie des Dokumentarfilms. Hrsg. von Eva Hohenberger, Berlin 1998, S. 304-326.

Seeßlen, Georg: Marsch in die Mitte. Anmerkungen zur Renaissance des politischen Dokumentarfilms. In: epd Film 1/2005, S. 22-25.

Schmidt, Edo: Wortergreifung. Die Revolution der Schneckenmuschel. In: Freitag. Die Ost-West-Wochenzeitung. 8. April 2005.

Schumann, Peter B. (Hrsg.): Kino und Kampf in Lateinamerika. Zur Theorie und Praxis des politischen Kinos, München/ Wien 1976.

Stickel, Wolfgang: Zur Geschichte der Videobewegung. Politisch-orientierte Medienarbeit mit Video in den 70er und 80er Jahren – am Beispiel der Medienwerkstatt Freiburg. Freiburg 1991.

trojan tv: Direct Action CD. Bezogen aus: www.organicchaos.org  am 5.5.06.
trojan tv: Reader Videoaktivismus (CD) Bezogen aus: www.organicchaos.org  am 5.5.06.
Vertov, Dziga: Schriften zum Film. München 1973.

## Weiterführende Links:

http://akkraak.squat.net
http://chiapas.indymedia.org
http://de.indymedia.org
http://freundeskreis-videoclips.de
http://g8-tv.org
http://indymedia.org
www.antenna.nl/organicchaos/trojantv.html
*www.chiapasmediaproject.org*
www.cinerebelde.org
www.globale-filmfestival.org
www.graswurzel.tv
www.kanalb.de
www.normale.at
www.promedios.de (Vertrieb der Videos der Zapatists in der Bundesrepublik)
www.radioinsurgente.org
www.seeingisbelieving.ca
www.umbruch-bildarchiv.de
www.undercurrents.org
www.videoactivism.de
www.videoactivism.org
www.videowerkstatt.de
www.witness.org

*Elke Zobl*

# Grrrl Zines: Fanzines mit feministischem Anspruch

*„Wir alle wollten schon immer Pippi (Langstrumpf) sein, doch alles was wir waren, war Annika (...) In unseren Träumen waren wir Pippi, selbständig, fähig unsere Ideen durchzusetzen und das Leben so zu leben, wie wir wollen (...) (Dieses Zine) soll unser Forum sein, ein Ort, an dem wir Annikas all das sagen können, das normalerweise unausgesprochen bleibt... Annikafish wird vermutlich wie eine Art erweitertes Tagebuch werden, in dem wir unsere Überlegungen und Diskussionen niederschreiben (...). Natürlich haben wir einen feministischen Anspruch(...)"* (Annikafish, 1999)

Alternative Medien bieten Menschen, die normalerweise aus der Medienproduktion ausgeschlossen sind, ein demokratisches Kommunikationsmedium. Fanzines, oder kurz „Zines" genannt, stehen in der langen Tradition alternativer Medien sowie verschiedener künstlerischer, jugendkultureller und sozialer Bewegungen. Zines sind nicht-kommerzielle, nicht-professionelle Magazine in geringer Zirkulation, die in freiwilliger, unbezahlter Arbeit produziert, veröffentlicht und verbreitet werden (vgl. Duncombe 1997). Feministische Zines – oft als „Grrrl Zines" bezeichnet – werden von und für junge Frauen und queer und transgender Menschen zwischen ca. 15 bis 35 Jahren mit Interesse an Feminismus, Alternativkultur und Aktivismus geschrieben, herausgegeben und verteilt. Sie werden meist in kleinen Auflagen kopiert, selbst geheftet und in Buchhandlungen, Plattengeschäften und Mailorder-Katalogen (sogenannten „Distros") vertrieben.

Die meisten Zines beginnen als „Art erweiterte Tagebücher" als persönliche Newsletter, die an FreundInnen verteilt oder gegen andere Zines getauscht werden. Zines können aber auch Sprungbrett zu Größerem sein: Die US-amerikanischen *Bust*, *Bitch* und *Venus Zine* oder das deutschsprachige *Missy Magazine* – das u.a. von einer *Annikafish*-Produzent_in (Sonja Eismann) mit-herausgegeben wird – sind Beispiele, wie aus schwarz-weiß kopierten Fanzines international vertriebene Magazine mit professionellem Erscheinungsbild wachsen können.

Die Bezeichnung „Zine" ist abgeleitet von „Fan Magazine" und stammt aus den 1930er Jahren, als Science-Fiction-Fans begannen, ihre Geschichten auszutauschen (vgl. ebd. 1997). Der Begriff wurde bald zu „Fanzine" und später zu „Zine" verkürzt. Zines erfuhren einen Aufschwung in der Punkbewegung und der damit verbundenen Do-It-Yourself-Ethik (vgl. Spencer 2005) in den 1970er Jahren sowie mit der Verbreitung von Kopiermaschinen in den 1980ern. Seit dem Beginn der Frauenbewegungen haben Feministinnen ihre Anliegen in selbstpublizierten Zeitschriften, Pamphleten und Flyern kundgetan (vgl. Steiner 1992; Krainer 1995; Die Philosophin 2005). Viele dieser Publikationen verbanden feministische und lesbische Anliegen; Grrrl Zines heute stellen oft traditionelle Konzepte von Geschlechtsidentitäten und Sexualitäten in Frage und diskutieren die Überschneidungen von Feminismus mit Queer- und Transgender-Themen.

In Österreich haben sich in den letzten Jahren mehrere feministische Maga/Zines und Comics formiert, wie etwa *Annikafish, cuntstunt, female sequences, fiber, geringfügig beschäftigt, migrazine, spitzmötzplanet, PUCKlzine* und *Politcomix NO*. In Deutschland z.B. *Anti-Muse, Anattitude, Die Krake, CUNTstatic Zine, Else, It's Not Just Boys Fun!, Her-Jazz, Medusa, Qunst mag, Schritte, Toilet Paper, Trouble X, Wolverette*, in der Schweiz u.a. *Elend&Vergeltung* und als zentraleuropäisches Projekt das *Plotki Femzine* (vgl. Chidgey et al. 2009).

Das Schöne an Zines ist, dass es keine Richtlinien in Bezug auf Inhalt und Aussehen gibt (s. Abb.1) und dass sie ohne große finanzielle Mittel abseits vom Mainstream produziert werden können. Eliana, Herausgeberin von Dos Chicas aus Peru, meint im

*Abb1: Die Vielfalt internationaler Grrrl Zines, wie z.B. Women's Self-Defense: Stories and Strategies of Survival (USA), Bendita (Brasilien), Catch That Beat! (Japan), Mama Philes (USA), spitzmötz planet (Österreich), Venus Zine (USA), Media Whore: because the (mainstream) media maybe hazardous to your health (USA).* Foto: Elke Zobl

Interview dazu: „Ich hoffe, den Leuten zu zeigen, wie jede_r Ideen und Gefühle teilen kann, ohne viel Geld zu brauchen oder ohne die traditionellen Kommunikationswege zu nutzen, die in den meisten Fällen von Einflüssen und Macht geregelt werden. Wie es einfachere Wege gibt uns auszudrücken, als wir normalerweise denken und dass diese kreativer und persönlicher sein können als herkömmliche Zeitungen, Magazine, TV oder Radio." Der Einfluss der Zines als sub- und jugendkulturelles Phänomen auf die Mainstream-Medien ist gering. Jedoch wird inzwischen die DIY-Ästhetik (Do it yourself) und das Format der Zines als Marketing Strategie im Mainstream verwendet (wie beispielsweise das „Nike Dunk Zine" [2008] der Firma NIKE). Feministische (alternative) Medien drucken Rezensionen von Zines ab, wollen sich aber großteils durch ein professionelles Erscheinungsbild von Zines abheben.

Anzumerken ist, dass sich nicht alle Grrrl Zinesters selbst als solche bezeichnen, denn der Begriff ist eine Sammelbezeichnung, der eine sehr disparate Gruppe von Medienaktivist_innen zusammenfasst. International gesehen kann es also weit mehr Grrrl Zines geben, die unter unseren Radar fallen – aufgrund der Bezeichnung, der Sprache und der Schwierigkeiten, diese aufzufinden (Zines werden kaum offiziell archiviert). Ein Kritikpunkt der Riot Grrrl Bewegung – und somit auch der Grrrl Zines – war, dass vor allem weiße, studierende junge Frauen aus der Mittelklasse in Nordamerika involviert waren. Dies ist großteils auch heute noch so, obwohl die geografische Streuung dank der virtuellen Vernetzung weit größer geworden ist (wir wissen von Zine Produzent_innen etwa in Brasilien, Peru, Malaysien, Philippinen, Singapur, Israel, Rumänien, und in Europa) und dass viele queer und transgender Menschen als Zine-Produzent_innen tätig sind.

## Von Riot grrrl zu gURL Zines

Grrrl Zines spielten in der Riot-Grrrl-Bewegung eine wichtige Rolle und trugen zur Vernetzung und Verbreitung dieser wesentlich bei. Als 1991 Riot Grrrls in der alternativen Musikszene in Nordamerika ihren Raum forderten, begannen hunderte von jungen Frauen, Zines mit explizit feministischen Themen zu produzieren (vgl. Baldauf/ Weingartner 1998; Green/ Taormino 1997; Vale 1997; 1999). Unter dem Motto „female self-empowerment" wurden Festivals, Konzerte, Ausstellungen und Workshops organisiert sowie Fanzines gegründet, um der permanenten Unterrepräsentation von Musiker_innen und Künstler_innen die eigene Kreativität entgegenzusetzen und dem Ärger über die bestehenden Verhältnisse Luft zu machen. Der politische Anspruch umfasste dabei nicht nur ein feministisches Anliegen, sondern auch eine klare Abgrenzung gegen Rassismus und Diskriminierung in Bezug auf Geschlecht, „race", sexuelle Orientierung und Weltanschauung. Einige der ersten amerikanischen Riot-Grrrl-Fanzines, die immer wieder als Inspiration für junge Frauen genannt werden, sind *Jigsaw, Girl Germs, Bikini Kill* und *Riot Grrrl*. *Riot Grrrl London* (England), *Bloody Mary* (Tschechien), *Fallopian Fallafel* (Israel) und *Emancypunx* (Polen) sind Beispiele dafür, dass auch nach der Jahrtausendwende noch Riot-Grrrl-Zines produziert werden. Die Riot-Grrrl-Bewegung und Grrrl Zines wurden in der Folge als Ausdruck einer „Third Wave"-Feminismusbewegung (vgl. Baumgardner/ Richards 2000; Bell 2002; Garrison 2000; Harris 1998, Piano 2002) oder im deutschsprachigen Raum auch als Ausdrucksformen eines „Popfeminismus" oder „Neuen Feminismus" (vgl. Eismann 2007; Gržinić/ Reitsamer 2008) bezeichnet. In vielen Zines klingt ein feministisches Selbstverständnis mit (s. Abb. 2 und 3). So spiegeln die drei wütenden *rrr* in *grrrl* eine widerständige, feministische Reklamation des englischen Wortes „girl" wider. Dies wiederum zeichnet ein Gegenbild zum herkömmlichen Verständnis, dass sich junge Frauen nicht mit Feminismus identifizieren.

Ab Mitte der 1990er Jahre erfuhren Grrrl Zines eine immer größere Verbreitung. Der Schwerpunkt der Aktivitäten lag und liegt in den USA, es entstanden aber auch international immer mehr Grrrl Zines (vgl. *Grrrl Zine Network*, Zobl 2009). Es bildeten sich internationale Netzwerke von feministisch orientierten und kulturell aktiven jungen Frauen, die sich durchaus in der Genealogie der historischen Frauenbewegungen sehen (vgl. Schilt/Zobl 2008). Die wachsende Verbreitung des Internet führte zur Entstehung von sogenannten e-zines (wie z.B. *The F-Word*, England; *The Feminist eZine*, Kanada; *Geekgirl*, Australien; *Wolfsmutter*, Österreich), die aber nicht, wie oft prognostiziert, die Existenz von Printheften verdrängten. Viele sind sich des „digital divide" bewusst und legen daher Wert auf die barrierefreie Zugänglichkeit der Zines. Deshalb wird mit creative commons bzw. copyleft gearbeitet und die gedruckten Zines kopiert und gratis oder zum Selbstkostenpreis weitergegeben. Die Möglichkeiten des Internet werden zum Zwecke einer besseren internationalen Vernetzung in Form von Ressourcen-Websites, Messageboards, Newsletters, Mailinglists und E-Groups genutzt, was den Austausch weiter vereinfacht und fördert.

## Make your own damn media! Grrrl Zine Inhalte

Grrrl Zines können jedes erdenkliche Thema behandeln – persönliche Anliegen und Interessen; Kritik am herrschenden Gesellschaftssystem, den Massenmedien, der täglichen Diskriminierung und Sexismus – abseits von redaktioneller und institutioneller Kontrolle und Zensur. Während die meisten Grrrl Zines – durchaus im Sinne des Slogans der Zweiten Frauenbewegungen „the personal is political" – sehr persönlich sind, gibt es solche, die größere gesellschaftliche und (kultur-)politische Zusammenhänge diskutieren. Viele Herausgeber_innen benutzen visuelle Mittel wie die Collage, um normative Bilder und popkulturelle Stereotype konventioneller Weiblichkeit und rigider Geschlechterrollen zu verzerren und zu rekontextualisieren. Zines können demnach als ein Werkzeug und ein Ausdrucksmittel vielfältigen feministischen Aktivismus' fungieren, der unter Verwendung der Methode des DIY einen Basis- und Aktivismusnahen, innovativen Feminismus kommuniziert.

Die häufigsten Themen in Grrrl Zines sind Popkultur, Körper(bilder), sexualisierte Gewalt und Selbstverteidigung (*Bendita*, Brasilien; *It's not just boys fun!* und *Schritte*, Deutschland), plurale sexuelle oder ethnische Identität (*Clit Rocket*, Italien; *The fence*,

ich habe es satt, mir immer nur filme anzusehen,
in denen 50-jährige dickbäuchige
glatzköpfe junge, schöne, intelligente
frauen bekommen.

ich habe es satt, sabbernde, alternde popstars
explizite sexuelle anspielungen singen zu
hören.

ich habe es satt, hübsche, leere,
hormonaufgeblähte körper zu sehen, die
durch 08/15 videos springen und dazu den
mund bewegen.

ich habe es satt, moderatorinnen nur als nett
aussehende dekoration in fernsehstudios zu
sehen.

ich habe es satt, nie mitgemeint zu werden,
wenn von bürgern, anrainern oder
studenten die rede ist.

ich habe es satt, frauen nur in aufreizenden
posen von plakatwänden lächeln zu sehen.

ich habe es satt, die roten warnlichter
aufleuchten zu sehen, wenn ich mich als
feministin zu erkennen gebe.

ich habe es satt.

**annikafish**

Abb. 2: Annikafish. Sonja Eismann und Ute Hölzl. Winter 1999, Wien.

Abb. 3: Oya: a feminist rag. Margarat Nee. San Diego, USA. Nr. 16, 1995.

USA; *Queer ramblings*, USA), Musik-, Kunst-, Literatur- und Ego-Zines. Daneben gibt es aber noch viele andere Facetten: u.a. zum Reisen als Band (*Girls Guide To Touring*, USA), zu religiöser Unterdrückung (*I Was A Teenage Mormon*, USA) und zu körperlicher und mentaler Gesundheit (*Doris*, USA; *Driving Blind*, USA). Eine der am rasantesten wachsenden Zine-Kategorien in Nordamerika stellen die „Mama Zines" dar, die dem „perfekten" Mutterbild das realistische Alltagsleben entgegensetzen und Ausdrucksort marginalisierter Stimmen sind (als prominentestes Beispiel *Hip Mama*, USA). In den letzten Jahren ist zudem eine Vielzahl von Zines erschienen, die die Interdependenz von Ethnizität, race, Sexualität und Klasse diskutieren. Indem sie Tabuthemen wie sexualisierte Gewalt und Herrschaftsverhältnisse wie Sexismus, Heterosexismus/Heteronormativität und Rassismus ansprechen, weisen Grrrl-Zine-Herausgeber_innen auf die Herausforderungen und Missstände unserer Gesellschaft(en) hin. Die Herausgeber_innen von *Bendita: A Latin women's initiative against violence towards women* (Brasilien) etwa meinen, dass ihr „Zine ein großes ‚ihr könnt mich mal' an eine patriarchale Gesellschaft ist, die uns sagt, wir sollen unseren Mund halten, wenn es um Vergewaltigung geht".

## Zines als Orte der Selbstbestimmung und der Ermächtigung

Viele junge Frauen, queer und transgender Menschen sehen sich und ihre Interessen in der Gesellschaft und in den Massenmedien nicht oder miss-repräsentiert. Sie wollen ihre Standpunkte darstellen und selbstdefinierte Bilder, Inhalte und Netzwerke nach ihren eigenen Vorstellungen und Visionen entwerfen. Unabhängig von den Massenmedien nehmen sie eine aktive und kreative Rolle in der Gestaltung ihrer Medienumgebung ein. Im Protest gegen das gesellschaftliche, kulturelle und politische Korsett kritisieren viele Herausgeber_innen von Grrrl Zines das verzerrte und idealisierte Bild von Mädchen, Frauen und marginalisierten Menschen in den Medien.

Auf der persönlichen Ebene haben Zines für viele junge Menschen Bedeutung, da sie ihre Gedanken, Meinungen, Ideen und Gefühle frei und unzensiert benennen und sich mit Gleichaltrigen und Gleichgesinnten über Ortsgrenzen hinweg austauschen können. Für Lil von den *Pink Punkies* (Argentinien) ist es „ein Vergnügen, Leute von der ganzen Welt kennenzulernen und aus meinem eigenen Land, es geht um das Teilen von Ideen und Meinungen, es bedeutet Lernen und Lehren, es öffnet meine Denkweisen und hilft anderen, ihre Denkweisen zu öffnen. Es ist ein sehr guter und lustiger Weg, Informationen zu bekommen ohne den ganzen Mist, der uns von TV oder Radio vermittelt wird."

Gemeinsam ist vielen Grrrl Zines ein Streben nach Selbstermächtigung und der Widerstand gegen das heteronormative, patriarchale Gesellschaftssystem, dem sie ihre eigenen Stimmen entgegensetzen. Für Noya, Herausgeberin von *Patrol* (Israel) ist „der ganze Prozess des Zine-Machens sehr ermächtigend (...), sowohl für die Macher_in als auch die Leser_in. Am allermeisten suche ich Genugtuung beim Machen, im Prozess – das Persönliche zu politisieren und das Politische persönlich zu machen." Ein großes Anliegen ist, andere zu inspirieren, selbst aktiv zu werden: Kelly, Herausgeberin von *Pretty Ugly* (Australien) sagt, dass „es zu unserem Hauptziel [wurde], junge Leute, im speziellen Frauen, zu inspirieren, selbst zu schreiben und vielleicht ihr eigenes Zine herauszugeben". In diesem Sinne bietet das Kollektiv Grrrl Zines *A-Go-Go* (USA) Zine-Workshops für Mädchen und junge Frauen an, um deren Selbstbewusstsein zu stärken.

Können Zines also bedeutsamen sozialen und politischen Wandel bewirken? Kelly, Herausgeberin von *Pretty Ugly* (Australien), meint dazu: „Alternative und unabhängige Medien sind AUSSCHLAGGEBEND für jeden sozialen Wandel. Grrrl Zines sind besonders wichtig, da wir in einer Welt leben, in der männliche Stimmen vorherrschen und starke, unabhängige, feministische Frauenstimmen kaum wahrgenommen werden. Diese Stimmen existieren, aber wir bekommen sie oft nicht zu hören, außer wenn wir uns ein Zine zum Lesen schnappen!" Caleb von *Soldier* (USA) wiederum glaubt „nicht unbedingt, dass Zines soziale oder politische Revolutionen auf einer breiten Basis schaffen können, aber sie sind sehr wichtig, um Netzwerke mit anderen Gemeinschaften zu kreieren, um unsere eigene Kultur und positive Repräsentationen zu schaffen, um gegenseitige Unterstützung anzubieten und um über unsere eigenen Erfahrungen und Ideen zu schreiben und zu lesen".

In der Forschung wurde postuliert, dass die Schaffung von selbstbestimmten kulturellen Räumen durch junge Frauen auch politische Implikationen haben kann. Die australische Soziologin Anita Harris (2004, 151ff.) argumentiert, dass junge Frauen, die in „border spaces", also in Grenzräumen wie Zines, involviert sind, versuchen, sich als „neue Art von Bürgerinnen" zu entwerfen, teils durch den Versuch „citizenship" vom Konsum zur Produktion zu verschieben und durch den Ausdruck von neuen Arten von politischem Engagement, die mit dem traditionellen Rahmen und traditionellen Bildern brechen. Obwohl die langfristige politische Wirksamkeit dieser Ansprüche schwer zu beurteilen sei, plädiert Harris dafür, diese neuen Räume des Engagements und des Ausdrucks junger Frauen ernst zu nehmen. Diese würden nicht nur Räume für junge Frauen bieten sich zu treffen, zu debattieren und die Bedeutung von junger Weiblichkeit in der späten Moderne zu kritisieren, sondern hätten auch das Potenzial, neue Formen von Netzwerken und Selbstorganisation zu schaffen. Während wir nicht außer Acht lassen dürfen, dass nicht alle die ökonomischen Ressourcen und Möglichkeiten haben, selbst produktiv zu sein, sollte das Potenzial, das in diesen partizipativen kulturellen Produktionen der Zines steckt, öfter wahrgenommen werden, sei es nun in akademischen, gesellschaftlichen und politischen Umfeldern oder in den Frauenbewegungen selbst. Die Bedeutung der Zines liegt darin, dass die Herausgeber_innen ihre „Art erweiterte[n] Tagebücher" (*Annikafish*) öffentlich machen und diese unter Gleichgesinnten innerhalb eines nicht-kommerziellen Netzwerkes und außerhalb traditioneller Ausbildungsinstitutionen austauschen. Ausgerüstet mit neuen Ideen, Fertigkeiten, Selbstbewußtsein und Mitstreiter_innen, können Zines die Möglichkeit bieten einen erste Schritt zu tun, um persönliche Erfahrungen und kritische Selbstreflexion mit aktivistischer und politischer Arbeit zu verbinden und auch, um Impulse in die gegenwärtige Frauenbewegung zu bringen. Denn, wie Stephen Duncombe (2002, 2) so treffend schrieb: „The first act of politics is simply to act".

## Literatur

Baldauf, Anette / Weingartner, Katharina (Hg.) (1998): Lips. Tits. Hits. Power? Popkultur und Feminismus. Wien/Bozen.

Baumgardner, Jennifer / Richards, Amy (2000): Manifesta: Young Women, Feminism, and the Future. New York.

Bell, Brandi Leigh-Ann (2002): „Riding the third wave: Women-produced zines and feminisms." In: *Resources for Feminist Research/Documentation Sur La Recherche Feministe* 29 (3/4), S.187-198.

Chidgey, Red / Payne, Jenny Gunnarsson / Zobl, Elke (2009): „Rumours from around the bloc. Gossip, Rhizomatic Media, and the *Plotki Femzine.*" *Feminist Media Studies.* Vol. 9, No. 4: S. 477-491.

Duncombe, Stephen (1997): Notes from underground: Zines and the politics of alternative culture. London.

Duncombe, Stephen (2002). „Introduction" In: Ders. (Hg.): Cultural resistance reader. London, S.127-142.

Eismann, Sonja (Hg.) (2007): Hot Topic: Popfeminismus heute. Mainz.

Garrison, Ednie Kaeh (2000): „U.S. feminism – grrrl style! Youth (sub)cultures and the technologies of the third wave." In: *Feminist Studies* 26 (1), S.141-170.

Green, Karen / Taormino, Tristan (Hg.) (1997): A Girl's Guide to Taking Over the World: Writings from the Girl Zine Revolution. New York.

Gržinić, Marina / Reitsamer, Rosa (Hg.) (2008): New Feminism: Worlds of Feminism, Queer and Networking Conditions. Wien.

Harris, Anita (1998): „Is DIY DOA? Zines and the revolution, grrrl-style." In: White, Rob (Hg.): Australian youth subcultures: On the margins and in the mainstream. Hobart, S.84-93.

Harris, Anita (2004): Future girl: Young women in the twenty-first century. London.

Heywood, Leslie (Hg.) (2006): The women's movement today: An encyclopedia of third wave feminism. Westport.

Krainer, Larissa (1995): Österreichische Frauenzeitschriften. Zwischen Kommerz- und Alternativmedien. Klagenfurt.

*Die Philosophin* 32 (2005): Feministische Zeitschriften. Tradierung und Geschichte.

Piano, Doreen (2002): „Congregating women: Reading 3rd wave feminist practices in subcultural production." In: Rhizomes.net 4 (Cyberfeminisms). Siehe: www.rhizomes.net/issue4/piano.html (06.09.2010).

Schilt, Kristen / Zobl, Elke (2008): „Connecting the Dots: Riot Grrrls, Ladyfests, and the International Grrrl Zine Network." In: Harris, Anita (Hg.): Next Wave Cultures: Feminism, Subcultures, Activism. New York, S.171-192.

Spencer, Amy (2005): DIY. The Rise of Lo-Fi Culture. London.

Steiner, Laura (1992): „The history and structure of women's alternative media." In: Rakow, Lana (Hg.): Women making meaning: New feminist directions in communication. London, S.121-143.

Vale, V. (1997): ZINES! Volume One: Incendiary Interviews with Independent Publishers. San Francisco.

Vale, V. (1999): ZINES! Volume Two. San Francisco.

Zobl, Elke (2009): „Cultural Production, Transnational Networking, and Critical Reflection in Feminist Zines." In: *Signs: Journal of Women in Culture and Society*, University of Chicago Press, Vol. 35, Nr. 1, Autumn 2009, 1-12.

## Zines, Ressourcen und Zine Distros

(alle abgerufen am 06.09.2010)

*Annikafish.* Sonja Eismann und Ute Hölzl. ca. 1998. (Österreich).

*Anti-Muse.* Morrigan. ca. 2002. (Deutschland).

*Bamboo Girl. Sabrina Margarita Alcantara-Tan.* Veröff. seit 1995. (USA). www.bamboogirl.com

*Bendita: A Latin women's initiative against violence towards women.* Isabella Gargiulo und andere Autor_innen. Veröff. 2000 - ca. 2005. (Brasilien).

*Bikini kill.* Verschiedene Autor_innen. ca. 1991. (USA).

*Bitch.* Lisa Miya-Jarvis und Andi Zeisler. Veröff. seit 1996. (USA). www.bitchmagazine.org

*Bloody mary. Emca Revoluce.* Veröff. seit 2000. (Tschechische Rep.)

*Bust.* Debbie Stoller und Laurie Henzel. Veröff. seit 1993. (USA). www.bust.com

*Clit rocket.* Veruska Outlaw. Veröff. seit 1999. (Italien) http://clitrocket.altervista.org/blog/

*CUNTastic Zine* zuvor *Punkrock Feminism Zine.* Jana aka. Clarity Punkrock und Gäste. Veröff. seit 2008. (Deutschland). http://punkrockfeminism.de.vu/

*Cuntstunt.* Elke, Eva, und Esther. Veröff. seit 2003. (Österreich). www.cuntstunt.net

*Doris.* Cindy Crabb. Veröff. seit 1992. (USA)

*Dos Chicas.* Eliana. 2004. (Perú)

*Driving Blind*. Erin H. Veröff. ca. 2002-2006. (USA). www.drivingblinddistro.blogspot.com
*Else*. Veröff. seit 2008 (Deutschland). www.myspace.com/else_zine
*Emancypunx*. Yen und emancypunx Kollectiv. Veröff. ca. 1997-2007. (Polen). www.emancypunx.com
*Evolution of a race riot* und *race riot*. Mimi Nguyen. 1997. (USA).
*Fallopian Falafel*. Hadass Ben-Ari (Herausgeberin) und verschiedene Autor_innen. Veröff. seit 2007. (Israel). http://fallopianfalafel.blogspot.com/
*The F-Word*. Jess McCabe und Catherine Redfern. Veröff. seit 2001. (England). www.thefword.org.uk
*fiber*. Verschiedene Autor_innen. Veröff. seit 2002. (Österreich). www.fibrig.net
*female sequences*. Rosemarie Reitsamer. 1999 - ca. 2003. (Österreich). www.female-consequences.org/femseq.html
*The Feministe eZine*. The Lilith Gallery Network (Kanada). www.feministezine.com/feminist
*geringfügig beschäftigt*. Jutta Sommerbauer. 1999-2000. (Österreich).
*geekgirl*. RosieX. Veröff. seit 1995. (Australien). www.geekgirl.com.au
*Girl Germs*. Molly Neuman und Allison Wolfe. Veröff. seit ca. 1991. (USA).
*Girls Guide To Touring*. Erin. Veröff. ca. 2002. (USA).
*Grrrl zine network: A resource site for international grrrl, lady, queer and trans folk zines, distros and DIY projects*. Elke Zobl. Veröff. seit 2001. www.grrrlzines.net
*Grrrl Zines A-Go-Go*. Kollektiv, seit 2001. (USA). www.gzagg.org
*Herjazz*. M. Choi. Veröff. ca. 1996. (Deutschland).
*(her) riot distro*. Stina B. Veröff. 2001. (Schweden).
*Hip Mama*. Bee Lavender. Veröff. seit 1993. (USA). www.hipmama.com
*It's Not Just Boys Fun*. Elena Stoehr. Veröff. ca. 1998-2007. (Deutschland). www.notjustboysfun.de.
*I Was A Teenage Mormon*. Caitlin. Veröff. circa 2000. (USA).
*Jigsaw*. Tobi Vail. Veröff. ca. 1988-1995. (USA).
*Die Krake. Künstliche Beziehungen für unnatürliche Frauen*. Die PolyTanten. Veröff. seit 2006. (Deutschland) www.alice-dsl.net/diepolytanten/
*Medusa (anti-)lookism zine*. Projekt L. Veröff. seit 2006. (Deutschland). www.lookism.info/zines
*migrazine – online magazin von migrantinnen für alle*. Verschiedene Autorinnen, hg.v. maiz – Autonomes Zentrum von & für Migrantinnen Linz. Veröff. seit 2006 (Österreich). http://www.migrazine.at/
*Morgenmuffel*. Isy. Veröff. ca. 2001-2006. (England).
*Patrol*. Noya. Veröff. ca. 2001. (Israel).
*Plotki Femzine I und II. Seit 2006. (Deutschland, Zentraleuropa)* http://www.plotki.net/cms/index.php?option=com_content&task=category&sectionid=8&id=44&Itemid=31
*Politcomix NO. Comix für Erwachsene und Andere*. Linda Bilda. Veröff. seit 1996. (Österreich).
*Pretty ugly*. Kelly Elizabeth und Pretty ugly collective. Veröff. seit 2002. (Australien). www.pretty-ugly.com
*PUCKlzine*. Jutta Sommerbauer.Veröff. ca. 1998. (Österreich).
*Queer ramblings*. Sandra R. Garcia. Veröff. seit 2000. (USA).
*Qunst mag*. Verschiedene Autor_innen / Mitglieder von bildwechsel. Veröff. seit 2008. (Deutschland). http://qunst.net/
*Riot grrrl*. Riot Grrrl D.C. collective. Veröff. ca. 1991. (USA).
*Riot Grrrl London*. Verschiedene Autor_innen. Veröff. in print 2001-2003. facebook-group: http://www.facebook.com/group.php?gid=6687177302#!/group.php?gid=6687177302&v=info

*Rosa: Ein Schweinecomix.* Ilse Kilic. Das fröhliche Wohnzimmer. 1997. (Österreich).

*Schritte.* Verschiedene Autor_innen. Veröff. 2003.(Deutschland).

*Soldier.* Caleb. Veröff. circa 2000. (USA).

*Spitzmötzplanet.* Lisa Spalt. Veröff. 2002. (Österreich).

*Toilet Paper.* Alva Dittrich. Veröff. seit 2002. (Deutschland). www.myspace.com/aliensheconcerts

*TROUBLE X – gender fuck me,* d.i.y. comic zine. Trouble X. Veröff. seit 2007 (Deutschland). http://troublex.blogsport.de/

*Venus Zine.* Amy Schroeder et.al. Veröff. seit 1995. (USA). www.venuszine.com

*Wolfsmutter.* Versch. Autor_innen. Veröff. seit 2002. (Österreich). http://wolfsmutter.com

*Wolverette Zine.* Dodo B. und Gäste. Veröff. seit 2007. (Deutschland). http://wolverette.wordpress.com/

## Zine Distros

Active distribution (Großbritannien). www.activedistributionshop.org/shop

Can I Scream! Distro (Deutschland). www.myspace.com/caniscreamzines

C/S Distro (USA). www.csdistro.com/

Else Joffi Distro (Deutschland). www.else-joffi.de/

Erode Releases – Label and Mailorder (Deutschland). http://eroderereleases.org/mailorder/paper/

Handmedown distribution (Großbritannien). www.handmedowndistro.org.uk

Manifesta Distro! (Großbritannien). http://wemakezines.ning.com/profile/ManifestaDistro

Marching stars distro (Großbritannien). www.marchingstars.co.uk

The Radical Café - d.i.y. label & distro (Deutschland). www.theradicalcafe.com/wordpress/

Synthesis zine & distro (Großbritannien). www.xsynthesisx.org.uk

Wasabi Distro (Japan). www.wasabi-distro.com/

*Dieser Artikel erschien in leicht geänderter Form in: Lea Susemichel, Saskya Rudigier, Gabi Horak (Hg.): Feministische Medien. Öffentlichkeiten jenseits des Malestream. Königstein/Taunus: Ulrike Helmer Verlag 2008. 41-55. Abdruck mit Genehmigung. Danke an die Herausgeberinnen! Herzlichen Dank auch an die Zine-Herausgeber_innen sowie an Stefanie Grünangerl für ihr Feedback. Die Arbeit an diesem Artikel wurde durch ein Hertha-Firnberg-Stipendium (T360-G12) des FWF unterstützt.*
*Alle Zitate stammen von Interviews, die Elke Zobl durchgeführt und übersetzt hat. Die Interviews sind unter http://www.grrrlzines.net/interviews/interviews.htm zugänglich (06.09.2010).*

*Stefan Hebenstreit*

# Reclaim the Game

## Inhalte und Orientierungen kritischer Fußball-Fanzines

„Die Welt ist zwar kein Fußball, aber im Fußball, das ist kein Geheimnis,
findet sich eine ganze Menge Welt." Ror Wolf

Einerseits lässt sich die Entwicklung des Fußballsports und seines sozialen Umfeldes
als ein Prozess der zunehmenden Kommerzialisierung, Disziplinierung, Routinisierung
und sozialen Kontrolle beschreiben. Andererseits ist die Entwicklung des Fußballs hin
zum modernen, durchkapitalisierten Sport aber auch verbunden mit einer „Geschichte
der bewegungskulturellen Suchbewegungen, der Unordnung, des Widerstandes und
des abweichenden Verhaltens" (Schwier/Fritsch 2003: 47). Unter dem Credo *Reclaim
the Game* formierte sich ab den 1980er Jahren in Europa eine solidarische Bewegung
kritischer Fußballfans, deren AkteurInnen darauf abzielen, der Kommerzialisierung des
Fußballs und anderen neoliberalen Vereinnahmungen entgegenzuwirken.[1]

Als Gegenentwurf zum *global media-sport-complex* (vgl. Maguire 1999: 144ff.), der
eine zentrale Klammer zwischen Wirtschaft, Politik, Gesellschaft und Sport bildet und
durch Begleiterscheinungen der Kommerzialisierung (Preissteigerungen bei Eintritts-
karten, Einflussnahme auf Anstoßzeiten, *Pay-TV*, polizeiliche Repression etwa in Folge
von medialer Dramatisierung) die Marginalisierung bzw. Exklusion sozial unterprivile-
gierter Fußballfans lanciert (vgl. Giuliantotti 1999), existiert in Deutschland und vielen
anderen Ländern eine kritische Alternativmedienlandschaft, die sich aus einzelnen Fan-
szenen-gebundenen und überregionalen Fußball-Fanzines zusammensetzt.

## Alternatives Medienformat Fanzine

Der aus den englischen Vokabeln Fan und Magazine zusammengefügte Begriff Fanzine
bezeichnet eine nicht-kommerzielle Publikation, die von Fans für Fans einer bestimmten Sache veröffentlicht wird (vgl. auch den Beitrag von Elke Zobl in diesem Band). Dem
Spektrum alternativer Medien sind Fanzines zwar zuzuordnen, wenn man den Begriff
alternativ im Sinne von unabhängig und unkommerziell verwendet. Allerdings haben
Fanzine-Herausgeber nicht den Anspruch, eine breitere Öffentlichkeit anzusprechen
bzw. vom Mainstream rezipiert zu werden (vgl. Kuttner 2006: 96). Mit der Fanzine-Szene
ist „eine Art von Verständigungsmedium für verschiedene Subkulturen entstanden,
welches das öffentliche Interesse oft gar nicht sucht, sondern bewusst im Untergrund
bleiben will und sich auf die jeweilige Szene beschränkt" (Herth 1997: 144f.). Auch
Fußball-Fanzines im Speziellen wirken nur selten über die gesellschaftliche Gruppe der

Fußballfans hinaus. Sehr wohl versuchen kritische Fanzines aber, auch jene konsumorientierten StadionbesucherInnen zu erreichen, die im Fan-Soziolekt als Erfolgsfans oder Fair-Weather-Fans bezeichnet werden.

Um die Entwicklung und aktuelle Situation von Fußball-Fanzines skizzieren zu können, ist es zunächst notwendig, eine Nahaufnahme der Subkultur der Fußballfans zu liefern, die ihren Blick auf die ‚neue Fanbewegung' bzw. die ‚kritischen Fans' fokussiert.

## Fußball-Fanzines und kritische Fanbewegung

*Reaktionen kritischer Fans auf neoliberale Entwicklungen im Fußball*
Im englischen Profifußball der 1980er Jahre, der parallel zum Thatcherismus als Seismograph einer neoliberalen Wende bezeichnet werden kann (vgl. Hödl 2002: 19), entwickelte sich eine solidarische Bewegung kritischer Fußballfans, deren AkteurInnen seither darauf abzielen, durch „Prozesse der demokratischen Willensbildung von den Rängen aus" (Schwier 2003: 25) Einfluss auf neoliberale Prozesse im Profifußball zu nehmen. Historische Ausgangspunkte gab es zwei: Erstens setzte in dieser Zeit in Großbritannien, speziell in England die Durchkapitalisierung des Fußballs ein, die darauf abzielt(e), den Sport in eine noch profitträchtigere Ware zu verwandeln. Zweitens zeichnete sich eine zunehmende polizeiliche Repression als staatliche Reaktion auf die Katastrophen von Bradford, Brüssel und Hillsborough ab, die den am Prinzip *Law and Order* orientierten Maßnahmenkatalogen der Thatcher-Regierung folgten. Genannt sei exemplarisch die Nutzung von Fußballstadien als Testfeld für den Einsatz von Videoüberwachung im öffentlichen Raum. In Folge dessen lieferten die Massenmedien stereotype Bilder des alkoholisierten und prügelnden Fußballrowdys.

Um die eigenen subkulturellen Interessen in Reaktion auf die veränderten Bedingungen des modernisierten Fußballs vertreten zu können, entwickelte sich aus dem klassischen Fantum heraus eine kritische Teilgruppe der Fans, zu deren Hauptmerkmalen eine nachdenkliche, skeptische und abwägende Haltung zur konkreten Vereinspolitik und zu neoliberalen Entwicklungen (z.B. Privatisierung kommunaler Stadien, Einfluss der Medien auf Anstoßzeiten etc.) gehört. Treibende Kraft dieser „Post-Fans" (Giulianotti 1999: 148ff.) sind solidarische vereinsübergreifende und -gebundene Faninitiativen, die neben den Interessen der ‚Arbeiterklasse' am Fußballsport (vgl. Nash 2000: 474) auch Ansprüche von (ethnischen und religiösen) Minoritäten, behinderten, weiblichen, jugendlichen oder studentischen Anhängern zur Sprache bringen (vgl. Schwier/Fritsch 2003: 40) und sich gesellschaftspolitisch gegen Rassismus, Sexismus, Homophobie oder für Datenschutzrechte engagieren.[2]

*Entwicklung der Fanzines in Großbritannien und Deutschland*
Vor dem Hintergrund dieser Fanbewegung ist die damit verbundene Entstehung der Fußball-Fanzines zu betrachten. Deren Geburtsstunde ist genau genommen schon auf Ende der 1970er Jahre im „Mutterland des Fußballs" zu datieren. Als Geburtshelfer fun-

gierten englische *Punk-Zines*, die mit kleinen Beilagen dem beliebten Gesprächsthema Fußball gerecht werden wollten, das untrennbar mit der musikalischen Subkultur verbunden war. Zu dieser Zeit existierten z.b. in London, York oder Bradford bereits einzelne Fanzines, deren Etablierung jedoch erst 1986 mit dem Heft *When Saturday Comes* aus Birmingham begann, das heute mit 40.000 verbreiteten Exemplaren zur ‚Mutter der Fußball-Fanzines' stilisiert wird. Existierten in England 1987 erst sechs Fanzines, waren es 1990 schon über 200 überwiegend kapitalisierungskritische Publikationen, die mit Titeln wie *An Imperfect Match* (Arsenal London) oder *Flippin' Heck Ref, That Was a Foul Surely* (Waterlooville) eine Saisongesamtauflage von circa einer Million erreichten (vgl. Dembowski 1998: 92).

Im Gegensatz zum kritischen Medienaktivismus der englischen Fans fungierten die ersten Self-Made-Magazine aus den Fanszenen der deutschen Bundesliga eher als Mitteilungsblätter, in denen über Fanclub-Turniere, Weihnachtsfeiern und sonstige Veranstaltungen berichtet wurde (vgl. Friedrich 1991: 9). Auch hier waren erste Publikationen bereits Ende der 1970er Jahre zu verzeichnen. Possenhafte Schilderungen über bierselige Auswärtsfahrten und persönliche Erlebnisse rund um den Fußball brachten einigen Fanzines (z.B. *Rülps*, München; *Wellenbrecher*, Hamburg/Bad Oldesloe) in der Folgezeit die Bezeichnung ‚Fun-Zine' ein.

Als Vorreiter einer kritischen Fanzine-Landschaft in Deutschland gilt das Fanzine *Millerntor Roar* aus der Fanszene des FC St. Pauli, das ab dem Juli 1989 als Informationsblatt einer Bürger- und Faninitiative erschien. Im Schulterschluss engagierten sich Anwohner und Fußballfans gegen den Bau der Multifunktionsarena *Sport Dome*, die damals eine massive Kommerzialisierung des Hamburger Stadtteils und der dort beheimateten Fußballkultur bedeutet hätte. Die erste Ausgabe des *Millerntor Roar* erschien mit einer Auflage von 1.000 Heften, 1992 lag die Auflage bei 3.600 Exemplaren (vgl. Dembowski 1998: 99).

Nach dem Vorbild der Hamburger Fanzines entstanden im Rest der Republik immer mehr kritische Fanhefte, die sich vom *Funzine*-Image der 1980er Jahre abwendeten. Gründe, sich verstärkt für die Interessen der Fanszene einzusetzen, lieferte die in den 1990er Jahren weiter zunehmende Kommerzialisierung des Profifußballs. 1997 verzeichnete Dembowski (1998: 104) eine „lebhafte Fanzine-Szene von nahezu 100 verschiedenen Titeln" mit einer Gesamtauflage von 500.000 Exemplaren.

Wie die Fußballfanszenen im Allgemeinen sind auch die Fanzine-Redaktionen überwiegend männlich dominiert. In vielen Fanzines werden gegenwärtig aber auch Texte von Frauen oder Artikel mit inhaltlichem Bezug zu Sexismus im Fußball publiziert. Die InitiatorInnen der mittlerweile nicht mehr existenten Webinitiative *Sektion Niedlich* konterkarieren stereotype Bilder von weiblichen Fußballfans oder kritisierten den Begriff Frauenfußball (vgl. Töpperwein 2010: 40). In dessen Umfeld existierte mit der *Gazetta della Pesca Fiora* aus der Fanszene des DFC Westsachsen Zwickau bislang nur ein einziges Fanzine, das sich dementsprechend mit dem Untertitel *Deutschlands bestes (da einziges) Frauenfußball-Fanzine* schmückte, jedoch nach drei Ausgaben 2002 wieder eingestellt wurde.

Seit Ende der 1990er Jahre wirken sich zwei Entwicklungen auf die Fanzine-Landschaft aus: Mit der Herausbildung der Ultra-Jugendkultur in den Fankurven entstanden in deren Umfeld eine Vielzahl neuer Fanzine-Projekte.[3] Gleichzeitig wurden zahlreiche Print-Fanzines im Zuge der Etablierung des Internets eingestellt oder durch Web-Zines ersetzt. Doch trotz steigender Zahl an Online-Fanzines, Weblogs und Fankultur-bezogenen sozialen Netzwerken im Internet, konnten sich viele Print-Fanzines behaupten. Und auch im Zeitalter elektronischer Medien entstehen vereinzelt sogar neue Print-Fanzines. Insgesamt ist in der Fanzine-Szene bis heute eine starke Fluktuation festzustellen. Zwar veröffentlichen viele der heute existenten Fanzine-Redaktionen seit mehreren Jahren mehr oder weniger regelmäßig neue Ausgaben. Kontinuitäten über einen längeren Zeitraum wie bei *Fan geht vor* (*1. Frankfurter Allgemeine Fanzeitung*) oder *Schalke Unser* (Fanzeitung der Schalker Faninitiative gegen Rassismus), die seit 1991 bzw. 1994 regelmäßig erscheinen, können aber nur wenige Fanzine-Herausgeber aufweisen. Viele Print-Fanzines, die im skizzierten Zeitraum von drei Jahrzehnten existierten, wurden wieder eingestellt, was auf die Konkurrenz des Internets (vgl. Eberhorn 2008: 68) und allgemein auf die beschwerlichen Produktionsbedingungen zurückzuführen ist.

*Produktions- und Distributionsbedingungen*
Fußball-Fanzines haben mit anderen Fanzines das Produktionsprinzip *Do it yourself* gemeinsam. Ihre Redaktionen zeichnet Selbstverwaltung und Selbstorganisation aus, sie arbeiten mehrheitlich unabhängig von Vereinen und Verbänden und anderen etablierten Institutionen. Die Herausgabe der Fanzines erfolgt ohne Gewinnorientierung, eventuell erwirtschaftete Überschüsse fließen in die Produktion. Zum Teil decken die durch den Verkauf, teilweise auch durch Anzeigen erzielten Einnahmen aber nicht einmal die Druckkosten ab. Neben der oft unsicheren finanziellen Basis stellen der hohe Zeit- und Arbeitsaufwand die Fanzine-HerausgeberInnen vor Herausforderungen. Nachlassender Enthusiasmus und biographische oder private Veränderungen (z.B. Wohnortwechsel, Berufseinstieg, Familienplanung) liefern nicht selten Gründe für die Einstellung eines Fanzine-Projektes (vgl. Goll/Heinisch 2005: 194).

Form und Gestaltung der Fanzines haben sich in Folge medientechnischer Entwicklungen professionalisiert, können aber nach wie vor als unkonventionell und in diesem Sinne als alternativ beschrieben werden. Gleichzeitig sind aus alternativen Fanzines auch kommerzielle, teils popjournalistische Medienprojekte hervorgegangen[4] Bei den alternativen Fanzines erscheint dagegen auch aus Kostengründen noch so manche Publikation in einfachem Schwarz-Weiß-Druck. Zugleich setzen einige Fanzines gerade im Layout kreative Akzente, die vielerorts auch von den Marketingabteilungen der Vereine übernommen werden.

In der Regel sind interessierte Fans außerhalb eines Redaktionskreises gerne eingeladen, Beiträge zu liefern, was ein für Alternativmedien typisches Aufbrechen der Sender-Empfänger-Einbahnstraße impliziert. Kollektives und dezentrales Arbeiten bestimmt neben der Produktion auch die Distribution der Fanzines. Fans, die Artikel schreiben, agieren bei den Heimspielen nicht selten als ehrenamtliche Verkäufer, um die Hefte zu vertreiben. Neben dieser gebräuchlichsten Distributionsform werden Fanzines häufig auch per Abonnement versendet oder in Fan- und Szeneshops verkauft.

Auch wenn die meisten Fanzines vereins- und damit lokalbezogen sind, sind viele Herausgeber untereinander vernetzt. Mit dem Ziel, einen Erfahrungsaustausch zu ermöglichen und bundesweite Aktionen zu organisieren, gründeten mehrere Fanzine-Redaktionen im Januar 1991 den *Deutschen Fanzeitungs-Verbund* (DFZV), der allerdings nicht lange Bestand hatte (vgl. Dembowski 1998: 101). In Deutschland bildet heute das *Bündnis Aktiver Fußballfans* (BAFF) die wichtigste Dachorganisation der Fanzine-Redaktionen. Als solche organisiert BAFF Veranstaltungen und Treffen, bei denen sich Fanzine-RedakteurInnen mit Fragen der alternativen Medienpraxis auseinandersetzen, oder gibt neuen Fanzine-Projekten Hilfestellungen.

*Inhalte und Positionierungen der Fußball-Fanzines*
Fanzines dienen in erster Linie dem Zwecke der Information, Verständigung und Selbstorganisation sowie der Auseinandersetzung mit Strukturen und Prozessen der fankulturspezifischen Lebensumwelt. Diese Umschreibung des alternativen Medienformates Fanzine im Allgemeinen trifft auch für das Subgenre der Fußball-Fanzines zu, die in jedem Fall wissenswerte Informationen zur eigenen Fanszene, z.B. Terminankündigungen zu Auswärtsfahrten, szeneinternen oder überregionalen Treffen und Aktionen, Vereins- und Fanclubveranstaltungen aber auch zu subkulturellen Events (z.B. Konzerte) in der Stadt und der Region bereithalten.

Bezeichnend für diese Funktion ist das in vielen Fanszenen vertriebene Subgenre der *Infozines*, Broschüren im Umfang weniger Seiten, die bei Heimspielen verteilt werden und aktuelle Informationen bieten. Darüber hinaus erscheinen im Rahmen vieler Fanzine-Projekte gelegentlich auch längere, oftmals aufwendig recherchierte Beiträge, die Themen in einen Bezug zur Fanszene stellen. Dies können Spezialthemen mit Fußballbezug (Situation des Vereins in der NS-Zeit, Darstellung von Fanszenen aus anderen Ländern etc.) oder allgemeine, gesellschaftskritische Themen (Videoüberwachung etc.) sein.

*Authentische Kommunikation bzw. Betroffenenberichterstattung*
Die Herstellung von Authentizität durch Thematisierung wichtiger Zusammenhänge für den RezipientInnenkreis bildet einen elementaren Baustein für den Anspruch und die Qualität alternativer Medien, deren Idealtypus der Basis- und Betroffenenbericht entspricht. Zu erkennen ist dieses Element in den Spielberichten aus Fansicht bzw. den Texten über Auswärtsspiele, die wesentlicher Inhalt und zugleich die wohl größte Rubrik in den Heften darstellen. Dabei ist der Stadionbesuch nur Teil des Gesamterlebnisses, das in der Regel chronologisch vom Treffen zum Frühschoppen bzw. zur Abreise, über die Fahrt mit dem Sonderzug oder dem Fanclub-Bus, bis zur Rückkehr vom Spielort ge-

schildert wird. Die inhaltliche Strukturiertheit dieser Fanreportagen ist in deutschsprachigen Fanzines im Laufe der Jahre unverändert geblieben (vgl. Schwier/Fritsch 2003: 55). Diese Schilderungen beinhalten die Funktion der Gegenberichterstattung, die einer massenmedialen Sportberichterstattung die Fan-Sichtweise gegenüberstellt.[5]

Mit der Betroffenenberichterstattung verbunden ist eine Kritik am konkreten Verhalten der Polizei- und Sicherheitskräfte am Spieltag sowie an allgemeinen bzw. strukturellen Formen von Repression durch Behörden und Verbände. Hauptsächlich kritisieren die Fans repressive Maßnahmenprogramme, die sich insbesondere vor Europa- und Weltmeisterschaften (vorübergehende Aussetzung der Reisefreiheit im Schengen-Raum, Diskussion um den Einsatz der Bundeswehr bei der WM 2006 etc.) offenbaren, aber auch im Bundesliga- und Europapokal-Alltag in Form von Stadionverboten, Betretungsverboten für Innenstädte, Meldeauflagen oder Ausreiseverboten zum Einsatz kommen. Solche Repressionen, denen sich Fußballfans zunehmend ausgesetzt sehen, gefährden zunächst Freiräume der Fankultur, haben aber auch gesamtgesellschaftliche Relevanz. Weil sich Fußball als „herausragendes Feld zur Erprobung, Erweiterung und öffentlichen Anpreisung des Sicherheitsstaates" eignet (Brüchert 2007: 236), impliziert das Eintreten gegen die repressiven Maßnahmen auch eine Bedeutung über die Subkultur hinaus.

Beim Jahrestreffen 1991 des *DFZV* in Bonn verliehen die über 50 anwesenden Fanzine-Redakteure in einer aufsehenerregenden Pressekonferenz erstmals den „Goldenen Schlagstock", der seither jedes Jahr an jene Polizeistation verliehen wird, die mit besonders willkürlichen, überzogenen oder gewaltsamen Einsätzen gegen Fußballfans vorgegangen ist. Auch andere Protestaktionen, derzeit vor allem mit Fokus auf die Frage der Stadionverbote und die umstrittene zentrale *Datei Gewalttäter Sport*, in der personenbezogene Daten zu über 10.000 Fußballfans gespeichert sind, werden von den Fanzines durch Hintergrundberichte, Informationen über die Situation in anderen Fanszenen oder Solidaritätsbekundungen unterstützt und forciert.

*Medien- und Kommerzialisierungskritik*
Bereits in den 90er Jahren betonten die Redaktionen der Fußball-Fanzines eine deutliche Abgrenzung zu den etablierten Sportmedien, da sie die Interessen der Fans dort unzureichend oder falsch dargestellt sahen ( vgl. Schwier/Fritsch 2003: 38). „Die Gesellschaft, die Medien und der Mainstream verkaufen immer wieder ein falsches Bild von uns", beschrieb ein Autor des Frankfurter Fanzines *Babbedeggel* (07/1999) die Situation aus Sicht der Fans. Für England konstatierte Haynes (1995: 99) in einer Untersuchung zum Verhältnis der Fanzine-Herausgeber zu Massenmedien ebenfalls eine Abneigung gegen die Fernsehberichterstattung.

„Das Prinzip ‚Gegenöffentlichkeit' formuliert den Anspruch, mit einem Blatt von Fans für Fans Lücken zu schließen, die die übliche Berichterstattung von ‚Sat1-ran', ‚Kicker' oder ‚Sport-Bild' offen lässt bzw. durch ihre Erstarrung in festgelegte Themen erst aufreißt." Mit diesen Worten fasst Dembowski (1998: 99) die Korrektivfunktion der Fußball-

Fanzines gegenüber der massenmedialen Sportberichterstattung zusammen. Diese manifestiert sich nicht zuletzt auch als Reaktion auf den Einfluss der Medien, die sie auf den Profisport ausüben. Eine neue Dynamik erlangte die Medienkritik in Deutschland mit Beginn der Bundesligasaison 2000/2001, in welcher der Pay-TV-Sender Premiere World erstmals alle 306 Bundesligaspiele übertrug. Eine daraus resultierende Zerstückelung des Spieltages mit Einschaltquoten-gerechten Anstoßzeiten von Freitagabend über Samstagnachmittag bis Sonntagabend sorgte für zunehmenden Unmut unter den Fans, der sich in solidarischen Protestaktionen des bundesweiten Bündnisses Pro 15:30 äußerte und von den Fanzines publizistisch flankiert wurde (www.pro1530.de). Die Frage nach spill-over-Effekten, d.h. Thematisierungseinflüssen der Fanzines auf den Sportjournalismus oder die PR-Arbeit der Vereine, ist bisweilen empirisch nahezu ungeklärt. Es ist jedoch anzunehmen, dass Fanzines SportjournalistInnen kaum als Anstoß für neue Themen dienen (vgl. Eberhorn 2008: 126), womöglich aber die fanbezogene Öffentlichkeitsarbeit der Vereine beeinflussen.

*Selbstreflexion und Auseinandersetzung mit der eigenen Fanszene*
In vielen Fanzines finden sich auch selbstkritische Inhalte, die sich auf die Subkultur der Fußballfans im Gesamten oder die eigene Fanszene beziehen. Kritisiert wird vor allem Konsumorientierung und fehlendes Engagement von Fans des eigenen Vereins. Beispielsweise riefen Fanzines aus der Fanszene von Schalke 04 dazu auf, eine Mitgliedschaft beim Bundesligisten zu beantragen, um Mehrheiten für eine Einflussnahme auf die Vereinspolitik zu schaffen (vgl. Schwier/Fritsch 2003: 60).

Aufgeschreckt von Fußballfans, die Ballkontakte schwarzer Spieler mit rassistischen Urwaldgeräuschen kommentier(t)en, sowie rechtsextremen Parteien und Kameradschaften, die versuch(t)en, im Umfeld der Fankurven Mitstreiter zu rekrutieren, engagieren sich viele Fanzine-Redaktionen publizistisch gegen Rassismus, Xenophobie und Rechtsextremismus. So veröffentliche beispielweise die Redaktion des Frankfurter Fanzines *Fan geht vor* ein Themenheft unter dem Motto „Zeig' Rassismus die Rote Karte!" (179/2009). Einzelne Beiträge der Ausgabe diskutierten die Herausforderungen der Anti-Rassismus-Arbeit von Faninitiativen, stellten Eintracht-Fans mit Migrationshintergrund vor und informierten über Nazi-Symbole bei Streetwear-Bekleidung.

Gegenüber der großen Zahl an *Hooligan-Fanzines* der 1980er Jahre, in denen gewaltbereite Gruppierungen ihre Erlebnisse während der ‚dritten Halbzeit' glorifizierten, wird in der Mehrheit der Fanzines heute selbstkritisch mit der Gewaltproblematik unter Fußballfans umgegangen. Allerdings erscheinen insbesondere in der Subkultur der Ultras auch Fanzines, die ihrem Selbstverständnis nach zwar die Kommerzialisierung des Profifußballs verurteilen und gegen Fremdenhass im Stadion eintreten, gewalttätige Auseinandersetzungen mit Fangruppen oder Polizeikräften aber in unreflektierten, teilweise verherrlichenden ‚Erlebnisberichten' schildern.

Erfreulicherweise breitete sich das selbstkritische Engagement vieler Fußballfans in den letzten Jahren zudem auf die Herrschaftsverhältnisse Sexismus und Homophobie im Fußball aus, was sich in zahlreichen Aktionstagen, Informations- und Diskussionsveranstaltungen und damit verknüpften Fanzine-Texten zeigt. Eine Übersicht zu Aktionen und Fanzine-Artikeln, die sexistische und homophobe Diskriminierungen im Umfeld von Fußballspielen thematisieren, findet sich beispielsweise im Pressespiegel des *Netzwerkes Frauen im Fußball* (F_in) (www.f-in.org).

*Potentiale kritischer Fußball-Fanzines*

Fußball-Fanzines weisen mit Selbstorganisation, kollektiver und dezentraler Redaktionsarbeit, Basis- und Betroffenenberichterstattung, Medien- und Systemkritik und dem Aufbrechen der Sender-Empfänger-Einbahnstraße einzelne Charakteristika alternativer Medien auf, bleiben aber in ihren Wirkungen überwiegend auf die Gruppe der Fußballfans und deren subkultureller Teilgruppen beschränkt. Dennoch haben sie das Potential, Gegenöffentlichkeit zu schaffen: „Fanzines stellen für die jeweilige Subkultur ein Stück Gegenöffentlichkeit dar. (...) Für die unterschiedlichen Szenen sind die Fanzines Sprachrohr und Meinungsführer zugleich" (Kleiber 1997: 48). Diese Einschätzung trifft auch auf Fußball-Fanzines zu, die sich als mediale Freiräume, als Experimentierfelder außerhalb starrer Produktionsbedingungen und institutioneller Rahmen bezeichnen lassen. Im kleinen Raum der Subkultur haben diese alternativen Medienprojekte das Potential, ein kritisches Bewusstsein zu bilden, das sich auf breitere Öffentlichkeiten ausdehnen kann.

In der Vergangenheit wurde oft die Entpolitisierung oder das Ende der kritischen Fußball-Fanzines vorausgesagt, manche Redaktionen stellten ihre Arbeit ein, in einigen Fanzines dominiert mittlerweile eine spaß- und erlebnisorientierte Ausrichtung (vgl. Kraus 2006). Gleichzeitig haben in jüngster Vergangenheit viele Fanzines ihre Bedeutung bei der Unterstützung lokaler, bundesweiter oder internationaler Protestaktionen kritischer Fans bewiesen – ebenso die mittlerweile zahlreichen Online-Fanzines, die sich inhaltlich als Fortführung der Print-Fanzines beschreiben lassen, sowie die unzähligen Fanforen im Internet (vgl. Schwier/Fritsch 2004: 165ff.).

Die weitere Entwicklung wird zeigen, ob die dem Fußball innewohnende Identitäts- und Solidaritätsbildung (vgl. Giesenbauer 2000: 138) bzw. sein Beitrag zu politischen Lernprozessen (vgl. Milles 2000: 252) konvergierend zu allgemeinen Annahmen, die Gegenöffentlichkeiten ein Demokratiepotential zusprechen, zu verstehen sind. Die massive Kritik der Fanzines an neoliberalen Entwicklungslinien im modernen Sport und dessen massenmedialer Vermittlung oder ihr Engagement gegen Gewalt, Fremdenfeindlichkeit, Rassismus, Sexismus und Homophobie implizieren auch ein gesellschaftspolitisch-emanzipatorisches Potential. Die Positionierungen der Fanzines umschreibt Dembowski (1998: 105) mit Blick auf eine Partizipation der Fans als subkulturelles Sendungsbewusstsein, als „immanente Kritik, die noch gezielter vorgebracht werden muss, damit die Forderungen nach mehr Demokratie im Fußballfanbereich Gehör finden können".

Unzählige Ausgaben von über 600 Fanzines sind im *Archiv der Arbeiterjugendbewegung* in Oer-Erkenschwick (www.arbeiterjugend.de) einsehbar und es werden noch viele dazukommen. Die Entwicklungen im Profifußball und seiner massenmedialen Vermittlung, die in den 1980er Jahren zu einem Fanzine-Boom führten, wirken unaufhörlich fort und bieten kritischen Fußballfans genügend Beweggründe, ihre Gegenpositionierung mit dem alternativen Medienformat Fanzine zu stärken.

## Literatur

Brüchert, Oliver (2007): Werbung für den strafenden Staat: Beobachtungen anlässlich der WM 2006, in: Eick, Volker u.a. (Hrsg): Kontrollierte Urbanität. Zur Neoliberalisierung städtischer Sicherheitspolitik, Bielefeld, S. 227-244.

Eberhorn, Johannes (2008): Das Web ist rund. Online-Fanzines von Fußballvereinen im Ruhrgebiet, Saarbrücken, zgl. Dortmund, Univ., Diplomarbeit.

Friedrich, Jürgen (1991): Einführung, in: Raap, Rainer (Hrsg.): Das Fanzinebuch, Frankfurt/M.

Giesenbauer, Björn (2000): Fan-Tradition und sozial-integrative Wirkung des Fußballspiels heute, in: Milles, Dietrich / Tegelbeckers, W. Ludwig (Hrsg.): Quo vadis, Fußball? Vom Spielprozess zum Marktprodukt, Göttingen, S. 116-140.

Giulianotti, Richard (1999): Football. A Sociology of the Global Game, Cambrigde: Polity Press.

Goll, Volker, / Heinisch, Jörg (2005): Sitzschale Nr. 15 lebt. Ein „Best of" deutschsprachiger Fußball-Fanzeitungen, Kassel.

Herth, Alexandra (1997): Sprachliche Analyse von Fanzines, in: Neumann, Jens (Hrsg.): Fanzines. Wissenschaftliche Betrachtungen zum Thema, Mainz.

Hödl, Gerhard (2002): Zur politischen Ökonomie des Fußballsports. URL: http://vgs.univie.ac.at/_TCgi_Images/vgs/20050630081620_HSK20Hoedpoll_konomie.pdf.

Kleiber, Stefan (1997): Fanzines. Eine der letzten Alternativen, in: Neumann, Jens (Hrsg.): Fanzines. Wissenschaftliche Betrachtungen zum Thema, Mainz, S. 45-88.

Kraus, Martin (2006): Aus der Kurve getragen, in: Die Zeit, 14.12.2006.

Maguire, Joseph (1999): Global Sport. Identities. Societies. Civilizations, Blackwell.

Milles, Dietrich (2000): Technologisch begründete Leistungsbereitschaft als kulturelles Ziel des modernen Fußballsports, in: Ders. u.a. (Hrsg.): Quo vadis, Fußball? Vom Spielprozess zum Marktprodukt, Göttingen, S. 251-266.

Nash, Rex (2000): Contestation in modern english professional football. The Indipendent supporters Association Movement, in: International Reviesw for the Sociology of Sport 35, S. 465-486.

Schwier, Jürgen (2003): Fußball, Fankultur und Medienpraxis. In: Spectrum der Sportwissenschaften 15 (2003), S. 20-33.

Schwier, Jürgen / Fritsch, Oliver (2003): Fußball, Fans und das Internet, Hohengehren.

Töpperwein, Jennifer (2010): Weibliche Fans im Fußball. Emanzipationsgeschichte, Erfahrungen, Perspektiven, in: Lederer, Bernd (Hrsg.): Teil-Nehmen und Teil-Haben. Fußball aus Sicht kritischer Fans und Gesellschaftswissenschaftler, Göttingen 2010, S. 25-53.

## Anmerkungen

1   Auf wirtschaftlicher Ebene zeigen sich im globalen soziokulturellen Phänomen Fußball neoliberale Ent-wicklungslinien wie allgemeine Ökonomisierung, Privatisierungsprozesse, Deregulierungen und Libe-ralisierungen des Arbeitsmarkts und an (neo)-koloniale Muster erinnernde global sourcing-Praxen. In *Public-Private-Partnership* durchgeführte *nation-branding-* bzw. Standortmarketing-Kampagnen (z.B. im Rahmen der WM 2006) nutzen die identitätsstiftende und Patriotismus-orientierte Kollektivsymbolik des „Volkssports Nummer Eins". Insgesamt reproduziert der moderne Sport die Prinzipien einer Leistungs- und Wettbewerbsgesellschaft.

2   Vorreiter war hier die auf Fanzine-Strukturen gründende *Football Supporters Association* (FSA) in Groß-britannien, die 1988 mit einer gemeinsamen Flugblatt-Aktion von Chelsea-Fans und der Faninitiative Leeds *United against Racism and Facism* gegen die rechtsextreme National Front den Grundstein für wei-tere Aktionen legte. In Deutschland bildet in erster Linie das 1993 gegründete *Bündnis aktiver* (ehemals antifaschistischer) *Fußball-Fans* (BAFF) ein überregionales Rückgrat der kritischen Fanbewegung (www. aktive-fans.de). Auf internationaler Ebene seien die Netzwerke *Football Supporters Europe* (FSE) (www. footballsupporterseurope.org) und *Football Against Racism in Europe* (FARE) (www.farenet.org) oder das Organisatorennetzwerk um das jährlich in der Nähe von Bologna stattfindende internationale Fanturnier *Mondiali Antirazzisti* (www.mondialiantirazzisti.org) genannt.

3   Als aktivste und zugleich kritischste Teilgruppe der Fußballfans zeichnen sich Ultras in den Fankurven ins-besondere durch die Sichtbarkeit ihrer Aktivitäten (Choreografien, übergroße Fahnen und Transparente, bengalische Feuer etc.) aus. Ihrem Selbstverständnis nach tritt diese jugendlich geprägte Subkultur mit Wurzeln in Südeuropa entschieden gegen die Kommerzialisierung des Fußballs ein. Bezeichnend sind auch Kontakte und Wechselwirkungen mit anderen Sub- oder Jugendkulturen (Hip-Hop etc.).

4   So ist z.B. die Fußballzeitschrift *11 Freunde – Magazin für Fußball-Kultur* aus einem Fanzine der Fanszene von Arminia Bielefeld entstanden.

5   Ein Beispiel: Journalisten, die über Geschehnisse im Umfeld des Stadions berichten, ohne selbst vor Ort gewesen zu sein, und deshalb unbedarft Begriffe wie „Fantrennung" oder „Shuttle-Service unter polizei-licher Begleitung" aus dem Polizeibericht zitieren, können nicht wissen, dass solche Sicherheitsmaßnah-men möglicherweise zur Folge haben, dass es an- oder abreisenden Gästefans per polizeilicher Absper-rung verwehrt bleibt, den Bahnhofskiosk oder die Toilette aufzusuchen. Ein Fan, der bei der An- oder Abreise selbst im Polizeikessel war und anschließend im Fanzine-Bericht schreibt, er habe sich gefühlt, wie bei einem „Schlachtviehtransport", kann durch diese Form der Betroffenenberichterstattung Authen-tizität herstellen. Gerade diese Funktion der authentischen Kommunikation als Kritik am Verhalten von Bereitschaftspolizei und privaten Sicherheitsdiensten hat durch Online-Medien zugenommen. Zu nen-nen ist hier insbesondere das Projekt Fansmedia, getragen von „Fußballfans verschiedener Vereine, die der Meinung sind, dass die Öffentlichkeit viel zu wenig über die ganz alltäglichen Gängelungen und Erniedrigungen, welche Fans Spieltag für Spieltag erleiden, aufgeklärt ist". Alle Mitwirkenden beteiligen sich, weil sie „die gängige Darstellung von Fans und speziell von Konfliktsituationen zwischen Fans und Polizei/Ordnungsdiensten in den Medien enorm einseitig und vorurteilsbehaftet finden" (www.fansme-dia.org). Insgesamt gestaltet sich die massenmediale Darstellung der Fans ambivalent: Einerseits zeigen sich wiederkehrende Muster der Dramatisierung, andererseits ist der Medien-Sport-Komplex auf kreative, d.h. sangesfreudige und farbenfrohe Fangruppen als folkloristisches Vermarktungselement angewiesen.

# Alternative Medien – praktisch gemacht

*Redaktion Ohrenkuss*
*Angela Baltzer, Julia Bertmann, Angela Fritzen, Svenja Giesler, Julian Göpel, Verena Günnel,*
*Michael Häger, Moritz Höhne, Christian Janke, Mandy Kammeier, Michaela Koenig, Carina*
*Kühne, Björn Langenfeld, Marcus Langens, Marc Lohmann, Annja Nitsche, Romy Reißenwe-*
*ber, Anna-Maria Schomburg, Karoline Spielberg, Paul Spitzeck, Charlotte Tomberger, Vere-*
*na Turin, Andrea Wicke und Tobias Wolf.*
*Zusammengestellt von Katja de Bragança*

## „Weil ich ohne das Schreiben nicht exestiere"
## – das Magazin „Ohrenkuss"[1]

*Was bedeutet es für die Autorinnen und Autoren des Magazins Ohrenkuss zu schreiben, an einem alternativen Medium mitzuarbeiten? „Wie wichtig ist das Schreiben?"*

**Carina Kühne** *sendet der Redaktion ihren Text per E-Mail*[2]: 1992 wurde ich in eine Regelschule eingeschult und habe ganz normal mit meinen Klassenkameraden „Schreiben" gelernt. Für mich ist es schon wichtig, dass ich „Schreiben" kann. Viele denken, dass Menschen mit Down-Syndrom wegen ihrer Behinderung nicht lesen schreiben können. Ich kann meine Erlebnisse, Erinnerungen und Gedanken in das Tagebuch oder in meinen Computer schreiben. Ich schreibe gerne Artikel und freue mich wenn sie veröffentlicht werden.

**Michaela Koenig** *schreibt ihre Texte auch auf dem Computer*: Für die Bildung ist es für das ganze leben wichtig das man schreiben kann, ja das ist sehr wichtig das man schreiben kann. Weil dann hast du das Gefühl, das du wirklich eine Persönlichkeit bist.

**Paul Spitzeck** *meint, dass Schreiben, Lesen und Verstehen zusammenhängen, er diktiert*[3]: Schreiben ist wichtig: Ja. Lesen, selber. Wenn schreiben nicht geht – keine Bücher lesen, kein Bauplan machen. Das ist auch wichtig. Petterson und Findus brauchen ein Aufbauplan für das Zelt. Wenn nicht schreiben, weiß nicht welche Marmelade im Glas und ob noch gut.

**Romy Reißenweber**: Es ist sehr Wichtig weil mann Anderen etwas mitteilen kann. Buchstaben von A-Z. Ein Buchschreiber. Viele Menschen wissen dann was ich denke. Wenn Jesus noch da wäre hätte ich Ihn gerne kennen gelernt und Ihm Briefe geschrieben.

**Christian Janke**: Im Urlaub kann man Postkarten schreiben! Beim Freundschaftsbuch kann man Rein schreiben. Schreiben und lesen ist wichtig weil es gibt Viele Verschiedene Bücher, wenn man sich interessiert, man kann texte schreiben. Texte finde ich schön.

*Schreiben ist nicht nur wichtig, weil man sich mitteilen kann.*

**Marc Lohmann** *diktiert seine Erklärung:* Schreiben wenn ich mein Kopf im Computer aufgebaut wird, Konzentration ich innen drin üben kann, das ist ganz wichtig im Kopf auch mit dem Gehirn weiter zu arbeiten. Zu arbeiten ganzen Kopf ist auch mit dem Stirn / beides zusammen auch arbeiten kann.

**Michaela Koenig**, *die ihre Texte am Computer schreibt, sendet folgende E-Mail:* Das schreiben ist mein ganzes Leben, das schreiben fühlt meinen ganzen Lebensinhalt aus. Das schreiben bedeutet mir einfach alles, das schreiben ist für mich zum Hauptberuf geworden. Weil ich ohne das schreiben nicht exestiere.

*Alle AutorInnen sind schon einige Jahre Mitglied der Ohrenkuss[4]-Redaktion, entweder im Bonner Team (zur Zeit fast 20 Personen zwischen 16 und 50 Jahre) oder als eine der 35 KorrespondentInnen. Es ist ihnen wichtig, für das Magazin[5] zu schreiben. Warum?*

**Svenja Giesler**, *diktiert:* Für mich ist das Gefühl, dass ich endlich anerkannt werde mit meinem Namen. Und ich fühle auch mit, dass ich nicht nur anerkannt werde, sondern auch dass ich auch da drin stehe mit einem Foto.

**Angela Fritzen**: Wir schreiben ist Freiheit schreiben ist schriftlich und die Schriften miteinander zu sammen schreiben.

**Björn Langenfeld**, *diktiert:* Meine Gefühle, das ist gedruckt. Text ist wunderschön. Jetzt meine Name. Meine Eltern freut der Heft, meine Name stolz. Meine Mutter die freut mich an Text geschrieben hat, dann kommt stolz und sie Fernsehen geguckt, meine Eltern, Ohrenkuss gesehen, die Leute hat am Telefon gesagt, für mich schreiben, schön schreiben, viel schreiben, Spaß macht. Keine Pause, weiter schreiben, freu mich drauf, mich, ich schreibe. Möchte ich gerne arbeiten.

**Verena Günnel**, *diktiert:* Wenn ich so gerne schreiben kann über meine Texte mit meinem Namen. Mein Vater fühlt sich sehr gut über meinem Texten und meinem Namen zu lesen kann.

**Karoline Spielberg**, *diktiert:* Meine Gefühl meine Texte ist schön ausgedruckt. Meine Eltern sind auch stolz auf mich, ich arbeiten gerne mit und ich schreibe – macht Spaß – ich freue meine Lesung, dass mein Text meine Gefühle sind gut.

**Angela Baltzer**, *diktiert:* Meine Text bedeutet für mich sehr gut und sehr cool. Meine Eltern sind stolz über mich. Ich bin sehr viel schreiben für Ohrenkuss. Meine Eltern sind glücklich über mich. Meine Eltern guckt in die Zeitung, ich bin drinnen in die Zeitung. Da fühle ich sehr stolz auf mich.

**Marc Lohmann**, *diktiert:* Ich find's gut auf meinen Namen zu schreiben in dem Text bei mir aufgeschrieben und das zu lesen im Heft steht. Ich finde sehr schön bei Ohrenkuss zu schreiben Thema über Schreiben, was wir wollen über die Texte zu schreiben und diktieren, weil wir Menschen mit Down-Syndrom Arbeitskollegen zusammenhalten ohne Ende, keine Pause. Und Ohrenkuss weiterhin viel Erfolg und gebt nicht auf und schreibt weiter bis das ganze Ohrenkuss Heft voll geschrieben ist mit den Texten,

*Die Ohrenkuss-Redakteurin Angela Fritzen und der Redakteur Marc Lohmann bei der Arbeit*
*Foto: Maya Hässig, www.ohrenkuss.de*

mit den Heften Fotos und die Bildern, die wir gesehen haben, diktiert von www.ohren-kuss.de.

**Julian Göpel**, *diktiert*: Als erstes tue ich meine Zeitung raus für Ohrenkuss, ich such erst meinen Namen, wo auch meine eigene Text stehen und die lese ich als erstes vor. Meine Eltern sind stolz, dass ich auch in der Zeitung stehe oder manchmal auch im Fernsehen. Das ist ein sehr cooles Gefühl, meine Schwestern sind stolz auf mich, dass die mir die Daumen drücken, dass ich alles selbst geschrieben habe und die finden das auch cool. Meine anderen Leute in meiner Firma sind auch stolz auf mich, sie lesen auch die Zeitung, wo ich drin stehe. Manchmal sage ich es auch an in meiner Firma, dass ich beim Ohrenkuss in Bonn hier arbeite in der Redaktionssitzung, wo ich auch arbeite. Das ist ein sehr cooles und tolles Gefühl. Was ich auch toll finde, dass ich meine eigene Texte selbst schreibe, hier beim Ohrenkuss, oder auch zu Hause. Die gebe ich an Rosanna D'Ortona ab, die sammelt die Texte ein, die wir schreiben, oder was wir auch malen. Das Gefühl ist sehr spannend und sehr cool, dass die Leser alles wissen sollen. Ohrenkuss.

**Julia Bertmann**, *diktiert:* Zu Hause schreibe ich meine Texte vor, tippe sie dann in den Computer und schicke sie an den Ohrenkuss oder ich nehme den Bericht, den ich getippt habe und ausgedruckt habe mit zur Redaktionssitzung. Also ich mache den Umschlag auf, nehme mir das Heft raus, ich weiß noch die Überschrift von meinem Bericht. Dann blätter ich schnell das Heft durch und sieh da, da sehe ich meinen Bericht. Ich sag mal, das ist ein tolles Gefühl für Ohrenkuss zu schreiben. Es war ein tolles Gefühl, dass ich zum ersten Mal im Fernsehen auftrete. Es war ein Glücksgefühl in meinem ganzen Körper. Das erste Mal, was ich geschrieben habe, war „In der Nacht", da war der Ohrenkuss in einem ganz alten Raum (die ersten Redaktionsräume). Mein Gefühl war, dass ich zum ersten Mal für eine Zeitung von Menschen mit Down-Syndrom schreiben konnte, das war ein super Gefühl.

**Moritz Höhne**, *ist Schauspieler, er diktiert*: Ich fühle mich gut, Worte helfen verstehen für andere. Gut, stolz, zufrieden. Wichtig, was ich schreibe! Das ist gut, fast so toll wie Theater. Theater schöner, weil Zuschauer zu sehen. Leser nicht zu sehen, trotzdem schön.

**Annja Nitsche**: Ich freue mich, wenn von mir Texte im Ohrenkuss sind. manchmal bin ich enttäuscht das sie von anderen mehr drucken. Ich finde es toll das wir diese Zeitung haben das wir unsere Ideen und Gefühle mitteilen können, weil wir auch liebens wert und jemand sind.

**Carina Kühne**: Ich habe das Ohrenkussteam 2002 beim Down-Syndrom Kongress in Potsdam kennen gelernt und schicke meine Beiträge seither per e-mail. Ich warte schon immer sehr gespannt auf den nächsten Ohrenkuss. Nach jeder Neuerschienung gibt es Lesungen, bei denen ich auch sehr gerne mitmache.

**Christian Janke**: Ich fühle mich wie ein Journalist, das fühlt sich super an. Ich fühle mich stolz und superaffegeil. Die Schwarze Schrift wird gedruckt wird mit Zeitung gedruckt. die Andren Journalisten haben beim Ohrenkuss Schon lange mit gemacht. Ich habe auch schon oft mal mitgemacht, das war Luxus und Schatz. Mir Gefällt es das Schreiben Spaß macht mit Behinderte Menschen, die können lesen. Ich bin beim Ohrenkuss-team mitgemacht und fühle mich dabei sehr gut. Ich bin auch stolz darauf wenn jemanden liest was ich geschrieben habe.

*Alternative Medien[6] – was bedeutet das? Schwer zu beantworten. Nicht leicht anders zu benennen. Fragt man jedoch die Ohrenkuss-AutorInnen, so fallen ihnen durchaus Mittel ein, mit deren Hilfe man anderen Menschen etwas mitteilen kann.*

**Mandy Kammeier**: Früher konnten die Menschen noch nicht schreiben, das Alpabet war noch nicht gefunden. Die Menschen haben auf Steinen in Hölen die Bilder gemalt.

**Carina Kühne**: Man schrieb in der Vergangenheit z.B. mit ägyptischen Hieroglyphen altgermanischen Runen und babylonischer Keilschrift. Das Alphabet besteht aus 26 Buchstaben. Man kann daraus Wörter, Sätze, Briefe, Mitteilungen, Artikel, Bücher und Drehbücher schreiben. Ich finde Buchstaben besser, praktischer und einfacher. Wir können sie besser beherrschen, weil wir es gewohnt sind so zu schreiben. Verbotszeichen, Warnzeichen, Gebotszeichen, Verkehrs- und Hinweisschilder sind aber sehr wichtig, weil sie eindeutig sind und von jedem verstanden werden. Emoticons sind auch Schriftzeichen, die man bei einer SMS oder E-Mail verwenden kann.

Foto: Michael Bause, Bonn www.michael-bause.de, www.ohrenkuss.de

**Verena Turin**: Durch das Schreiben  sehr viel den anderen Leuten sagen mitteilen. Auch durch Briefe, im Handy ein sms schicken. Das lernt man in der Schule.

**Andrea Wicke**: Meine Oma hat in der Schule noch altdeutsch geschrieben. Das war Sütterlinschrift. Meine Mutter und meine Tante haben Latein geschrieben. Kurze Zeit gab es Tafel und Griffel.

*Zwei der Kollegen haben im Rahmen der Recherche zur Flaschenpost gegriffen.*

**Michael Häger**, *diktiert*: Am Wochenende der Flaschen weit weg schmeißen, ganz weit. Der Flaschen, der muss schwimmen, ganz weit. Im Ziel ankommen, Südafrika ankommen. Im Schiff ein Mann rausholen Papier und lesen. Kapitän der muss lesen. Da steht – der muss erst mal nachdenken. Das heißt Flaschenpost, reinschmeißen und weiter schwimmen woanders hin. Der Flaschen muss woanders hin schwimmen, einer muss der Flaschenpost rausholen, dann lesen, was da steht.

**Marc Lohmann**, diktiert: Die Flasche schwimmt am Rhein, wo wir waren mit den Mädels und Männern, zusammen aufgeschrieben auf einem Zettel und die Zettel in die Flasche rein gesteckt, Korken drauf, da sind wir runter zum Steg, und dann haben wir Flasche ins Wasser rein geschmissen und schwimmt in die Richtung, in die Ferne, weit weg. Die Flasche im Wasser schwimmt ans Land bis zum Ziel erreichen, angekommen ist, wird dann merken, was eine Flasche im Wasser schwimmt und holt die Flasche raus, Korken auf und liest den Zettel, das war, was sie gelesen haben, alle Wünsche, das wir alles gemeinsam gearbeitet haben.

**Charlotte Tomberger**:  Ich kann Zeitungen schreiben, Tagebuch schreiben, Geschichten schreiben. Ich kann Bücher schreiben, meinen Eltern und meinem Bruder und Oma Zettel schreiben.  Aus dem Urlaub Briefe und Karten schicken. Eine Liste aufstelen. Ich erfinde Geburtstagskarten, und Weihnachtskarten und Hochzeitskarten.

*Ihr Kollege* **Julian Göpel** *greift die Idee mit dem Tagebuch auf. Das ist ja eigentlich geheim, aber heute macht er eine Ausnahme und diktiert:*
Hawai, 11.6.2006: Ich bin James Bond, ich habe viele Frauen gehabt. Ich hatte eine eigenes Hotel mit einer eigenem Bad und mit ein eigenen Swimmingpool. Ich bin auch ein Geheimagent, ich erschieße nur die Bösewichte, ich bin sehr reich. Ich hab ein eigenes Bett zum Schlafen, ich kann viel essen und trinken gehen.
Was ich erlebt hab, ich war beim Strand gewesen mit meinem Lieblingsboot gefahren. Ich bin auf Cuba gelandet, ich habe mit den Leuten gesprochen, Englisch oder auch auf Deutsch, dass ich einen Tauschhandel mache und dass ich eine abenteuerliche Reise nach England mache. England ist sehr reich, ich hab einen eigenen König und den bediene ich, weil ich bin sein Untertan. Ich bin auch ein Soldat von England. Ich bin mit einem Auto gefahren und die Verfolger hinter mir in ein Stadtviertel, sie wollten mich abdrücken, aber ich bin nach Brasilien geflogen, da bin ich in Sicherheit. Ich hab einen großes Militärgebäude mit Flugzeugen und das sind meine Militärleute und sie passen auf mein eigenes Land auf. Ich habe ein eigenen Blockhütte wo ich wohne, ich habe alles da drinnen, ich habe einen Schrank mit Geheimagentwaffen und mit meiner Kleidung. Ich habe auch ein eigenen Safe mit Geld und Gold und mit viele Waffen.

*Sicherer wäre es gewesen, wenn James Bond sein Tagebuch in Geheimschrift geschrieben hätte. Hier erklärt* **Marc Lohmann** *wie das geht (diktiert):* Geheimschrift: Ein Rätselblatt mit Nummern dran. Das Zeichen geht nach oben, es soll ein „V" sein. Bei der „10" ähnliche Blumenvase – soll ein „U" sein. Oben ein Zeichen, „8" ist ein Zeichen, unten – oben, komische Spitze, das „W" nach oben geht. „43" soll ein „Z" sein bei dem Zeichen. Bei der „60" die Form, in die Mitte x-Zeichen drinsteht da ist irgendwas spitzes, da ist ein Viereck, das „X" ein Buchstabe drin ist. So ein rundes Teil, die Form – viele Formen sind da abgezeichnet in der Mitte. Da sind Bilder drin gezeichnet – viereckig, ein „E" soll das sein – kann auch ein „N" sein.

*Ähnlich muss es Menschen mit unserem Alphabet gehen, die nicht lesen oder schreiben können,*
**Tobias Wolf** *diktiert*: Es gibt alte Menschen, die man Analphabet nennt. Das sind Leute, die nicht lesen und schreiben gelernt haben. Das ist, wenn sie nie in die Schule gegangen sind.

Das Bildmaterial für das nächste Heft wird gemeinsam gesichtet.
Die Ohrenkuss-RedakteurInnen Angela Fritzen, Svenja Giesler und Antonio Nodal bei der Arbeit.
www.ohrenkuss.de                                    Foto: Herby Sachs www.sachs-foto.de

*Möchten die KollegInnen auch (über) andere Dinge schreiben?*

**Angela Fritzen** *äußert sich zu dem Beruf des Schriftstellers*: Du bist ein Schriftsteller / diese Schriftsteller können sehr schnell schreiben / ziemlich sehr gut so gar die sind. Profis die Verdiene. Geld wenn man sehr Schnell Schreiben / Kannst dann sind Wir auch.[7] Schriftsteller in und das macht uns sehr viel. Spaß mitander von Kollegen und Kolleger die sind gemmischt mit. Frauen und. Männer aber wir sind Down-Syndrom haben.

**Michaela Koenig** *möchte Bücher schreiben*: Was ich schon immer mal schreiben möchte, ist nicht nur Kinderbücher sondern auch, Romane, Liebesgeschichten, Fantasiegeschichten und einfach ausgedachte Geschichten. Ich möchte mal über mein Privatleben und auch, über mich als Person schreiben. Ich möchte auch mal, über mein Wohlbefinden und über meine inneren Stärken schreiben. Ja das ist es was ich will, ich möchte auch mal darüber schreiben.

**Marcus Langens** *hat andere Interessen*: Ich bin froh, daß ich schreiben kann. Ich kann Briefe schreiben. Ich würde gerne über die Politik schreiben. Es sollte sich vieles ändern. Es ist alles so teuer geworden. Es gibt so viele Arbeitslose.

**Anna Maria Schomburg** *ist Dichterin*: Ich schreibe und verfasse gerne Gedichte zu denen ich gut was sagen kann und ich fühle mich als Gedichtautor sehr gut und sehr wohl! Viele Autoren schreiben gerne und haben bestimmt ein gutes Gefühl, wenn ihr Buch und ihr Schreiben gerne von Anderen gelesen wird.

**Julian Göpel**: Mein Geheimnis ist das ich in meinen Träumen war sehe das ich ein weltberühmter Geschiterzähler werde. Das bin ich selber Julian Göpel vor den Leser oder Leserin.

**Michaela Koenig**: Das Schreiben! Ohne das schreiben kann ich einfach nicht leben, weil das schreiben füllt einfach mein ganzes Leben aus. Ja das schreiben ist mein aller bester Freund, weil das schreiben mir keine Herzschmerzen bereitet. Nach dem schreiben fühle ich mich wie ein neuer Mensch. Ja das macht mich aus. Weil das schreiben zeigt mir wer ich wirklich bin, das schreiben liegt mir einfach im Blut, nur durch das schreiben fühle ich mich wirklich wie ein freier unabhängiger Mensch.

## Anmerkungen

1 *Ohrenkuss ...da rein, da raus* ist – so die Pressesprecherin des *Ohrenkuss*-Teams Julia Bertmann im Juli 2004 – „eine Magazin, getextet von Menschen mit Down-Syndrom. *Ohrenkuss* entsteht in der downtown-werkstatt für Kultur und Wissenschaft in Bonn". Alle AutorInnen der *Ohrenkuss*-Redaktion haben das Down-Syndrom. Sie haben (meistens) 47 statt 46 Chromosomen, bei ihnen ist das Chromosom 21 dreimal in jeder Körperzelle vorhanden, daher auch die Bezeichnung „Trisomie 21". Das bedeutet, dass sie etwas langsamer sind als andere Menschen und auch Lernschwierigkeiten haben. Es bedeutet aber nicht, dass sie nichts zu sagen haben – deshalb schreiben sie ja auch für *Ohrenkuss*. Wer sind die LeserInnen des Magazins? *Ohrenkuss* wird natürlich für alle Menschen gemacht, egal, ob sie Down-Syndrom haben oder nicht.

2 Viele der AutorInnen schreiben ihre Texte selbst. Einige diktieren, weil sie sich dann besser auf den Inhalt konzentrieren können – oder weil sie nicht schreiben können. Einige benutzen einen Computer und senden E-Mails. Sogar die automatische Rechtschreibkorrektur wurde bereits entdeckt. Es gibt aber auch noch AutorInnen, die ihre Texte mit der Hand verfassen und „richtige" Post senden.
Die Texte werden in der *Ohrenkuss*-Redaktion wort- und buchstabengetreu abgetippt, die „Schreibfehler" und eventuelle außergewöhnliche Wortzusammenstellungen nicht verbessert. Wer nicht weiß, wie ein Wort richtig geschrieben wird, kann in einem Wörterbuch nachsehen – oder es auch bleiben lassen – das ist nicht wichtig. Wichtig ist der Gedanke im eigenen Kopf. Dieses Prinzip, keine Schreibfehler zu korrigieren, haben wir für diesen Beitrag beibehalten (Anm. der HerausgeberInnen).

3 Die Autoren- und Redaktionsarbeit wird von drei bis fünf AssistentInnen begleitet, die dann unterstützen, wenn es gewünscht oder sinnvoll ist. Sie erklären, wenn etwas unklar ist, sie nehmen Diktate auf, wenn sich jemand dafür entscheidet. Sie unterstützen die AutorInnen, wenn sie z.B. üben eine Bahnstrecke selbstständig zu fahren – um die Unabhängigkeit zu vergrößern.

4 Zum Titel des Magazins: „Was ist denn eigentlich ein Ohrenkuss? Man hört und sieht ganz vieles – das meiste davon geht zum einen Ohr hinein und sofort zum anderen Ohr wieder hinaus. Aber manches ist auch wichtig und bleibt im Kopf – das ist dann ein Ohrenkuss. Einen Ohrenkuss gibt es alle sechs Monate." Zitiert nach www.ohrenkuss.de/projekt/.

5 Das *Ohrenkuss*-Magazin erscheint halbjährlich seit 1998. Das Projekt finanziert sich über die 3.000 Abos und ist werbefreie Zone. Für die einzelnen Ausgaben bestimmt die Redaktion einen Schwerpunkt, Themen waren u.a. Afrika, Arbeit, Drogen, Frau und Mann, Lesen, Liebe, Luxus, Musik; alle Themen und Beiträge sind im Heft-Archiv dokumentiert: www.ohrenkuss.de. Die *Ohrenkuss*-Redaktion unternimmt auch Redaktionsreisen (Mongolei) und machte eine politische Aktion anlässlich des Gedenkens an die Bücherverbrennung im Nationalsozialismus, online: http://www.ohrenkuss.de/heft/nr11/ohrenk_brennt/.

6 *Ohrenkuss* hat zahlreiche Preise bekommen, hier eine Auswahl: Designpreis der Bundesrepublik Deutschland 2011 für das *Ohrenkuss*-Wörterbuch, BCP-Award (Best of Corporate Publishing)2006 und 2009, Deutscher PR-Preis 2005, *Ohrenkuss* ist ein "Ausgewählter Ort 2006" im "Land der Ideen", BIENE-Preis für die barriere-arme Internetseite 2004.

7 Die *Ohrenkuss*-AutorInnen erhalten pro Ausgabe, an der sie mitgewirkt haben – unabhängig von der Textlänge –, ein Anerkennungshonorar.

*Anne Frisius*

# Mehr Bewegung in die Köpfe – vom feministischen Video-aktivismus der 90er Jahre in Berlin zu den „Kiezfilmen"[1]

Das Internet als Informationsquelle stand Ende der 1980er, Anfang der 1990er Jahre in der BRD noch nicht zur Verfügung bzw. war noch nicht ‚entdeckt' – und dies nicht nur in der feministischen, linksradikal-autonomen FrauenLesbenszene.[2] Um von sozialen Bewegungen und Widerstand in anderen Ländern etwas mitzubekommen, gab es – neben den spärlichen Zeitungsartikeln – die Möglichkeit zu reisen und davon zu erzählen, Bücher mitzubringen oder sich mitbringen zu lassen. Das bedingte auch, dass die direkte Kommunikation viel wichtiger war. Filme und Informationsveranstaltungen zu politischen und sozialen Themen im Vergleich zu heute waren rar. Politische Arbeit bedeutete oft harte und lange Diskussionen samt Bleiwüsten von Flugblättern und Schriften aller Art. Die inzwischen recht selbstverständliche Verbindung von Kultur und Kunst mit politischen Aktivitäten war damals eher selten zu finden.

Die Frage, die (nicht nur) wir uns stellten, war: Wie kann – nach den vielen Jahren teils zäher und nicht selten lähmender Diskussionen – mehr Bewegung in die Köpfe gebracht werden?

Wir waren begeistert, als eine Frau Anfang der 1990er Videokassetten mit Filmen von Basisinitiativen aus den USA mitbrachte: Die Videos zeigten AktivistInnen von Minderheitsgesellschaften im Umgang mit HIV, Sex und Aids, Sexarbeiterinnen erzählten von ihrer Situation, auch gab es Filme zu politischen Gefangenen in den USA.

Nachdem wir die Filme gesehen hatten, entschlossen sich sechs Frauen, sie einer breiteren Öffentlichkeit durch Übersetzung ins Deutsche zugänglich zu machen. Wir transkribierten die Filme und sprachen unsere deutsche Übersetzung ein. Zu den von uns organisierten Vorführungen luden wir ‚die FrauenLesben-Szene' ein – selbstverständlich arbeiteten wir ohne Bezahlung; lediglich für Flugblätter oder Beamer-Miete beantragten wir Geld von den ASten der Universitäten oder Stiftungen in Berlin.

Mit zwei dieser Filme organisierten wir 1991 im *Ex*, Mehringhof, eine der ersten, sehr spannenden Veranstaltungen in Berlin, die sich mit Lesben, Aids und Safer-Sex für Lesben auseinandersetzte.

Zudem wurde mit einem weiteren Film das Thema ‚Sexarbeit' diskutiert: wir luden die Projekte *hydra und Nutten & Nüttchen* ein. Es entwickelte sich eine erhitzte Diskussion darüber, wie selbstbestimmt Sexarbeit sein kann und wie patriarchal Sexarbeit ist – etwa im Vergleich zu der Arbeit einer Sekretärin.

Der offene mörderische Rassismus in Deutschland, wie zum Beispiel die Mordanschläge auf Flüchtlinge und MigrantInnen in Hoyerswerda 1991, Rostock 1992, Mölln

1992, Solingen 1993 und Lübeck 1996 führte dazu, dass sich immer größere Teile der FrauenLesben-Szene auf antirassistische Arbeit konzentrierten. Unsere Filmgruppe organisierte zwei Filmreihen: eine zur deutschen Kolonialgeschichte, und eine andere zeigte den Blick von migrantischen Filmemacherinnen (Montazami Dabui, Diana Bonnelame, Serap Berakkerasu) auf die deutsche (Einwanderungs-) Gesellschaft.

## Das *FrauenLesbenFilmCollectif* Berlin

1997 gründete sich das *FrauenLesbenFilmcollectif*. Die Gruppe bestand im Kern aus drei Frauen (von Mitte 20 bis 50 Jahre alt) und sehr vielen drumherum, die uns immer wieder vielfältig unterstützten. Das Verhältnis von Lesben und Heteras (oder anderen) variierte, der Name war Programm. Besonders in der gemischten (Männer und Frauen) Antirassismus-Szene brachen sich so einige die Zunge an den ‚Lesben' im Namen. Auch mit unseren Interviewpartnerinnen entwickelten sich darüber spannende Diskussionen. Und genau das wollten wir: Lesben sollten sichtbar sein und mitgedacht werden, weil sie in allen Kontexten zu finden sind.

Es ging uns allerdings nicht darum, nur die Situation/en von Lesben darzustellen oder nur Lesben zu Wort kommen zu lassen, sondern vor allem starke Frauen, Frauen, die sich wehren. Wir drehten unseren ersten Film über den Widerstand von Migrantinnen gegen Ausgrenzung und systematische Diskriminierung. Anlass waren die Kämpfe der *Sans Papiers* in Frankreich, MigrantInnen ‚ohne Papiere', die offensiv gegen ihren rechtlosen Status u.a. mit Besetzungen von Kirchen und anderen öffentlichen Gebäuden an die Öffentlichkeit gingen. So entstand 1997 das Video *Wir sind schon da*, in dem Frauen der *Sans Papiers* über ihren Widerstand, ihre Erfahrungen und Hoffnungen berichteten.

*Filmstill aus „Unsichtbare Hausarbeiterinnen".*
*FrauenLesbenFilmCollectif (1999)*

1999 drehten wir *Unsichtbare Hausarbeiterinnen* zur Situation von illegalisierten Migrantinnen in Deutschland. 2002 folgte der Film *Otras Vias* mit Migrantinnen aus Südamerika, die in Deutschland in der Sexarbeit tätig sind.

Inzwischen filmten nicht nur wir immer häufiger Demonstrationen und politische Aktionen unserer Szene: Abgefilmte Demos wurden sozusagen zum Flugblatt der späten 1990er Jahre.

Bei einem internationalen Treffen von Videoaktivistinnen im Oktober 2001 in Berlin entstand das Projekt *Women's Videoletters – A Second Text on War*, an dem wir als FrauenLesbenFilm-Collectif teilnahmen. Die Idee, die wir dort zusammen mit Videoaktivistinnen aus Indien, Mexico, USA und Frankreich entwickelten, war, mit unseren eigenen Filmen der Bericht-erstattung der Medien nach dem 11. September eine feministische Perspektive entge-genzusetzen. Die zweite Ausgabe der *Women's Videoletters* im Januar 2004 erweiterte in Zusammenarbeit mit FrauenLesben aus Indien, USA und Mexico den Fokus um kritische Blicke auf Globalisierung und queer politics (www.womenvideoletters.com).[3]

Für unsere Filmprojekte haben wir viel Zeit in Diskussionen darauf verwendet, einen bewussten Umgang zu finden, was wir wie in den Filmen zeigen und für wen. In unseren Filmprojekten wollten wir vermeiden, Klischees zu reproduzieren, zum Beispiel Sexarbei-terInnen nicht als Opfer darzustellen. Wir versuchten, Wege zu finden, wie wir mit unse-rer Rolle als Filmemacherinnen verantwortlich umgehen können. Zentrale Widersprüche blieben dabei bestehen: Obwohl wir versuchten, unterschiedliche Positionen zu zeigen, bestimmten schlussendlich wir, was in den Film kommt. Wie ist es möglich, die Gefilmten nicht zu Objekten zu machen und sie dadurch nur für die eigenen Ziele zu benutzen?

Als *FrauenLesbenFilmCollectif* (www.lasotras.de) war es uns wichtig, uns als Teil von politischen Initiativen (sozialen, antirassistischen, feministischen Gruppen und Kampa-gnen) zu verstehen und unsere Filmarbeit als einen Beitrag zur Bewegung.[4]

Wir verstanden uns als Kollektiv, d.h. von der Recherche über Kamera und Schnitt bis zur Verteilung machten alle alles. Wir arbeiteten unbezahlt neben unseren sonstigen existenzsichernden Tätigkeiten – als bewusste Entscheidung. Unsere Filme sollten un-abhängig sein von den Interessen staatlicher oder kommerzieller Geldgeber.

Jetzt gibt es das *FrauenLesbenFilmCollectif* in seiner alten Besetzung nicht mehr, aber es gibt immer noch Frauen, die weitermachen. 2005 habe ich mich als Filmemacherin selbstständig gemacht (www.kiezfilme.de).

*Filmstill aus „Mit einem Lächeln auf den Lippen. Eine Hausarbeiterin ohne Papiere zieht vors Ar-beitsgericht". Anne Frisius in Zusammenarbeit mit Nadja Damm und Mónica Orjeda (2008)*

*Filmstill aus „A Bus Ride to Peace. Frauen unter-wegs in Israel und Palästina". Anne Frisius in Zu-sammenarbeit mit Nadja Damm (2005)*

Zusammen mit Gruppen, Projekten oder Initiativen erarbeite ich Filme zu deren speziellen Themen. Meine Filme werden bei Veranstaltungen gezeigt und für Öffentlichkeitsarbeit oder zur gezielten Vertiefung von Diskussionen verwendet. Das bedeutet auch weiterhin viel unbezahlte Arbeit, da es wenige Geldgeber für diese Art von Filmen gibt. Mit meinen Filmen möchte ich ausgrenzende Strukturen sichtbar und als veränderlich begreifbar machen. Es kommen Personen zu Wort und Bild, die sonst kaum Gelegenheit dazu bekommen, und sie stehen im Mittelpunkt. Auch ihre Widersprüche oder unbequeme Aussagen/Aspekte werden in den Filmen offen.

Am Filme machen begeistert mich, Realitäten sichtbarer zu machen, die im mainstream kaum repräsentiert sind.

## Filme

2011  „Solidarische Ökonomie!? 30 Jahre Regenbogenfabrik"

2011  (in Arbeit): „Das interkulturelle Frauenhaus"

2010  „20 Jahre Café Pink". Die Geschichte eines feministischen Mädchenprojektes (45 min.)

2008  Auf den Spuren der Geschichte nach 1945" (Anne Frisius in Zusammenarbeit mit Aktion Sühnezeichen Friedensdienste, Berlin, 28 min.): Stadtteilmütter aus Neukölln, Berlin setzen sich mit der Geschichte des deutschen Nationalsozialismus auseinander

2008  „Mit einem Lächeln auf den Lippen. Eine Hausarbeiterin ohne Papiere zieht vors Arbeitsgericht." (Anne Frisius in Zusammenarbeit mit Nadja Damm und Mónica Orjeda, dt. u. sp. UT, Berlin/Hamburg, 57 min, Dokumentarfilm) www.kiezfilme.de/laecheln

*Filmstill aus „Wir sind schon da".*
*FrauenLesbenFilmCollectif (1997)*

*Filmstill aus „Wir sind schon da".*
*FrauenLesbenFilmCollectif (1997)*

2006 „Sprache als Problem oder als Chance?" (Anne Frisius in Zusammenarbeit
mit der Eberhard-Klein-OS, der Jugendbildungsstätte Kaubstrasse u.a., 25 min.,
Kiezfilmprojekt)

2006 „Eigentlich lebe ich gern hier..." (Anne Frisius in Zusammenarbeit mit Martina
Pech, 28 min.): Kiezfilm zum Umgang mit Jugendlichen und Drogen

2005 „a bus ride to peace" (Anne Frisius in Zusammenarbeit mit Nadja Damm,
internationalen Friedensaktivistinnen, in Israel und Palästina, 60 min., dt. u. engl.)

1999 „PINK" (Sandrina Andic, Anne Frisius, 37 min.): Dokumentarfilm über die Anti-
Kriegsbewegungen und den Krieg in Jugoslawien

1997 Das ist mein Weg, das will ich" (Wahied Wahdathagh, Anne Frisius, 25 min.):
Dokumentarfilm über arrangierte Ehen und mutige Mädchen

## Anmerkungen

1   Dieser Text ist eine erweiterte, aktualisierte Fassung meines Beitrags in: Dennert, Gabriele/Leidinger,
Christiane/Rauchut, Franziska (Hrsg.): In Bewegung bleiben. 100 Jahre Politik, Kultur und Geschichte von
Lesben. Unter Mitarbeit von Stefanie Soine. Berlin: Querverlag 2007, S. 308f.

2   Das Wortungetüm „FrauenLesben" stammt aus der damaligen Diskussion in linksautonom-feministi-
schen Zusammenhängen. Es wurde für selbstorganisierte Gruppen von Frauen und eben auch Lesben
als Selbstbeschreibung benutzt. Lesben sollten explizit auftauchen, der alltägliche Heterosexismus sollte
infrage gestellt werden und Lesben bei allen Themen sichtbar sein. Ich beschreibe in diesem Text, wie ich
mein Umfeld in Berlin in dieser Zeit erlebt und mitgestaltet habe. Es gab auch ganz andere Ansätze und
Aktivitäten von Lesben in anderen Bereichen und Städten.

3   2004 „women's videoletters: a second text on war and globalization" 2. edition (FrauenLesbenFilmCollectif Berlin in Zusammenarbeit mit Videoaktivistinnen aus Afghanistan, USA, Mexico, Niederlanden, Uruguay, Argentinien, Deutschland, Türkei, Israel, Palästina, 90 min.). 2002 „women's videoletters: a second text
on war" (FrauenLesbenFilmCollectif Berlin in Zusammenarbeit mit Videoaktivistinnen aus Indien, USA,
Mexico, 35 min.).

4   Filme: 2002 „otras vias – andere wege. migrantinnen aus südamerika in der sexarbeit" (FrauenLesben-
FilmCollectif, Berlin in Zusammenarbeit mit Mucolade, 56 min., span. mit dt. Ut.). 1999 „Unsichtbare Hausarbeiterinnen" (FrauenLesbenFilmCollectif Berlin, 1999, 40 min.), Dokumentarfilm zur Situation von Migrantinnen, die ohne Papiere in Deutschland leben und hier in Privathaushalten arbeiten. 1997 „Wir sind
schon da!" (FrauenLesbenFilmCollectif Berlin 1997, 63 min.) Film über die Frauen in der Bewegung der
Sans Papiers in Frankreich.

# Kanak TV[1]

## Kanak TV. Mediale Anleitung für einen neuen Antirassismus

Kanak TV agiert dort, wo rassistische Hierarchien zur Norm erklärt werden. Wir weisen jeden Versuch entschieden zurück, Migranten anzuglotzen, zu vermessen und in Kategorien zu pressen. Stattdessen richten wir den Blick auf Alemannen, die es für selbstverständlich halten, andere zu prüfen, zu fragen, und in ihrem Blick zu verkleinern.

Als wachsamer Begleiter des Alltags verstört Kanak TV gewohnte Sichtweisen und liebgewonnene Rezeptionsmuster. Kanak TV verbreitet Unbehagen unter den Selbstgerechten. Bei Kanak TV gibt es weder ein befreiendes Lachen noch ein solidarisches Mitgefühl. Trotz allem bringt Kanak TV Menschen zum Lachen. Und je deutscher und selbstgefälliger das Publikum, desto tiefer bleibt ihnen das Lachen im Halse stecken.

Wir, Kanaken, produzieren die längst überfälligen Gegenbilder zu den ewig gleichbleibenden Bildern von Migranten. Wir konterkarieren die Bilder von den kriminellen Ghetto-Kanaken, schwitzenden Döner-Kanaken oder stummen Kanakinnen mit Kopftuch, die symbolisch für Rückständigkeit und Unterdrückung stehen.

Kanak TV ist die Umkehrung des rassistischen Blicks. Aber wir wollen nicht nur den rassistischen Blick und die festgelegten Bilder im Kopf zu Tage bringen. Unser Fokus richtet sich auch darauf, wie Bilder gemacht, manipuliert und eingesetzt werden. Kanak TV entlarvt den medialen Blick als Macht, indem es sich dieses Macht-Blickes bedient. So soll das Machtverhältnis in Frage gestellt, zurückgewiesen und ihm entgegengewirkt werden.

Wir zitieren und entblößen den Rassismus als soziales Verhältnis, als ein Konstrukt, das bestimmte gesellschaftliche Hierarchien herstellt und perpetuiert und dabei bestimmte Gruppen von Menschen marginalisiert und sie in dieser Position hält. Hier ist unser Interventionsfeld. Aus der stumm und gesichtslos gemachten Masse tauchen plötzlich handlungsfähige und handelnde Subjekte auf.

Wir lassen den Blick nicht länger auf uns richten – wir richten den Blick. Kanak TV ist migrantische Selbstermächtigung.

### Schritte

*KANAK TV – lean back, go forward*
Kanak TV ist ein Virus. Verbreitet ihn. Als wir mit Kanak TV begonnen haben, in No-Go-areas einzudringen, hatten wir es satt, wie MigrantInnen in den Medien als Objekt inszeniert werden. Im „Guten wie im ‚Bösen'" als das „andere" gestempelt werden. Spätestens beim Thema „Zuwanderungsbegrenzungsgesetz" schwenkten deutsche Journalisten auf diese Weise ihre Kamera wie sie es seit eh und je tun. Wie sie mit der Linse über ein

x-beliebiges Straßenbild schweifen und fast immer beim selben Motiv kleben bleiben: Die kopftuchbedeckte Frau. Sie suggerieren: Die vormodernen Fremden. Die sie sich niemals von vorne zu filmen trauen.

O.k., es reicht! Wir als KanakInnen lassen nicht den Blick auf uns richten. Es war klar: Mit Kanak TV wollen wir nicht nur auf gleiche Augenhöhe, sondern noch höher, schneller und weiter darüber hinausgehen. Wir verdrehen nicht nur die Bilder im Kopf, sondern belästigen, stören und betören. Und dabei macht Kanak TV-Machen Spaß. Es ist nicht an Spezialwissen gebunden. Deshalb sollte es der erste Schritt zu einer neuen Medien-Praxis sein. Nehmt als Kanak-Stars die Kameras in die Hand und verwandelt sie in Waffen. Kanak Media Attak.

Kanak TV lässt sich nämlich überall einsetzen. Und das Filmen selbst ist eine Aktionsform. Unser erster Streich gelang im Herbst 2001 auf einem so genannte Multi-Kulti-Fest. Als wir die anwesenden Biodeutschen zum Objekt unserer voyeuristischen Blicke und unserer reduzierenden Fragen machten. Kanak TV ist daher keine Comedy. Kanak TV ist ständiges Augenzwinkern.

Also lassen wir uns mit Kanak TV nicht darauf ein, Themen zu behandeln und in die Falle einer nie einzulösenden Objektivität zu tappen. Wir benutzen sie genauso wie die Autorität des Mikrofons. Unsere Kanak TV-Clips peitschen mit geklauten defizitären Beschreibungen jenen Teil der Gesellschaft aus, der eine Mehrheit formieren will. Dabei stellen wir den Almans gerne die selben Fragen, die Dir schon längst zum Hals heraus hängen. „Wo kommt ihr her? Wann geht ihr wieder zurück. Warum schottet ihr euch hier so ab?"

Mit Kanak TV besiegen wir den Rassismus in jenem Moment, wo wir auf die Record-Taste drücken, das rote Lämpchen leuchtet und Volldeutsche in Erklärungsnot bringen. Wir lassen sie erst los, wenn sie argumentativ zusammenbrechen und „war's das?" stammeln. Die Reportage ist dabei nur eine Form. Der Film mit Handlung eine andere. Unsere Art Geschichten zu erzählen, die die vorgefertigten Rollen (zum Beispiel „Integration") vom Sockel stürzen.

Kanak TV diskutiert nicht. Mit Kanak TV besetzt Du das Feld des kulturellen Diskurses subversiv. Mit Kanak TV zerrst Du die Machtwirkungen, die ihm innewohnen, ans Tageslicht und wirbelst sie durcheinander. Mit Kanak TV behalten wir die Fragen in der Hand und lassen uns nicht auf Antworten ein, solange nicht die rassistischen Hierarchien in Kommunikation und Medien zerstört sind.

Kanak Attak Köln
## Kanak TV Vol. 1

*Clips*[2]
*„Philharmonie Köln – 40 Jahre Einwanderung": Köln, ca. 9 Min. 06.11. 2001.*
An diesem Tag feierte die Stadt Köln den 40. Jahrestag der Unterzeichnung des ersten Anwerbeabkommens mit der Türkei. Entsprechend tauchte auch viel Prominenz zum Festakt in der Philarmonie auf. Sogar der Bürgermeister war da. („In my office the rate of

women is fifty-fifty.") Wir haben natürlich zu diesem Anlass nur die weißen Exoten mit der Kamera verfolgt.

Um die reduzierte und reduzierende Anwendung des Kulturbegriffs, die für Migranten reserviert ist, deutlich zu machen, haben wir Fragen, die normalerweise nur an Migranten gestellt werden, an die Deutschen zurückgegeben. Dadurch sollte das scheinbar selbstverständliche Monopol der Deutschen auf den pauschalisierenden Blick auf die „Anderen" nicht nur aufgezeigt, sondern auch ad absurdum geführt werden. Das Interessante dabei ist, daß sich die meisten Deutschen exakt der Argumente bedienten, die viele Migranten über Jahre wiederholt haben, um sich gegen Identitätszuweisung und Vereinheitlichung zur Wehr zu setzen.

*„Weißes Ghetto": ca. 8 Min. Köln-Lindenthal.*
Das ist ein wohlhabendes und homogenes Viertel: Migranten sucht man dort vergeblich. Da stellt sich die Frage, womit das zusammenhängt. Schotten sich die Deutschen ab? Ist Köln-Lindenthal ein weißes Ghetto? Kanak TV ist diesen Fragen nachgegangen.

*„Das Märchen von der Integration": ca. 15 Min.*
Ein Straßenverkäufer der lokalen Boulevardzeitung hat es letztens auf den Punkt gebracht." „Integration: Kannste vergesse. Wo willst Du denn integrieren?" Der Begriff Integration täuscht etwas vor: Inklusion und Gleichberechtigung werden verkündet, wobei vorausgesetzt wird, dass es für Kanaken Extra-Hürden gibt. Für die Hürden sollen sie angeblich selbst oder ihre Kulturen verantwortlich sein.

Tatsächlich schweigt der Befehl zur Integration über die kollektiven Forderungen der MigrantInnen. Er verschiebt die Kämpfe hin zu einer individuellen Anpassungsleistung. Im Gewand der Integration werden unüberwindbare Asymmetrien eingeführt und politische Rechte verwehrt. Integration erklärt MigrantInnen erst zum Problem. Dieser Film ist die Antwort von Kanak Attak auf die omnipräsenten Integrationsforderungen.

## Kanak TV Vol. 2

*Film*
*„RECOLONIZE COLOGNE": ca. 45 Min.*
Was macht der Kaiser von Kamerun in Köln? Und warum verteilt er globale Pässe? Der neue Film von KANAK TV verlinkt die deutsche Kolonialgeschichte in Kamerun mit dem Kampf um globale Bewegungsfreiheit von Kanak Attak Köln.

## Anmerkungen

1  Die abgedruckten Texte sind der Website von Kanak TV entnommen: http://www.kanak-tv.de.
2  Clips online ansehbar, auch als streaming: http://www.kanak-tv.de/volume_1.shtml. http://www.kanak-tv.de/online_streaming.shtml.

*Manuela Kay*

# Die Nische in der Nische aller Nischen

## Warum ein Magazin immer nur so alternativ sein kann wie seine Leserinnen am Beispiel von L-MAG

„Magazin für Lesben" steht auf dem Cover von L-MAG[1], Deutschlands derzeit einziger Zeitschrift, die sich explizit an lesbische Frauen wendet. Eigentlich eine klare Aussage sollte man meinen. Doch mit dem Anspruch, draufzuschreiben was auch drin ist, geriet das Heft in ein unvermutetes Dilemma.

Zunächst landet L-MAG im Zeitschriftenhandel meist in der Pornoecke. Denn der oder die durchschnittliche heterosexuelle Zeitschriftenladenmitarbeiter/in verbindet mit dem Wort „lesbisch" offenbar lüsterne, langfingernagelige Pornopüppchen, die sich für die Lust heterosexueller Männer – meist unmotiviert und kenntnisfrei in Sachen lesbischer Sexualität – befummeln. Also so ziemlich das Gegenteil von dem, was die Zeitschrift eigentlich beabsichtigt darzustellen und weit weg von der anvisierten Zielgruppe.

L-MAG ist ein kritisches und journalistisch gemachtes Lifestyle-Magazin mit internationalen und politischen Themen, mit harten wie weichen Geschichten, mit Porträts von interessanten und offen lebenden lesbischen Frauen, mit Reisereportagen aus lesbischer Sicht, mit Buch-, Film- und Musikrezensionen (nicht nur) lesbischer Künstlerinnen, Autorinnen oder Inhalte. L-MAG berichtet über das Leben von Lesben in aller Welt – und über ein neues schwullesbisches Jugendzentrum in einer Kleinstadt. Es gibt eine Klatschseite, ein Horoskop oder Kochtipps, aber auch Themen wie „lesbisch in der Psychiatrie" oder wie man als behinderte Lesbe in der Szene diskriminiert wird. L-MAG interviewt Politiker/innen, Popstars und unbekannte Aktivistinnen. Hinzu kommt der Anspruch eine eigene lesbische Ästhetik zu zeigen, wie sie sonst nirgends, schon gar nicht so konzentriert, zu sehen ist. Das Lebensgefühl, der Humor, die Erotik und der Stil lesbischer Frauen im deutschsprachigen Raum soll in all seiner Diversität dargestellt, aber auch kritisch oder (selbst-)ironisch betrachtet werden.

Trotz dieser klaren und weithin sichtbaren inhaltlichen und optischen Ausrichtung des Hefts kommt es bei heterosexuellen Männern durchaus zu Fehlkäufen – was ja zu verkraften wäre. Für die Verbreitung problematischer ist dagegen die Tatsache, dass die eigentliche Zielgruppe – lesbische Frauen – nicht im Traum darauf kommen würde, L-MAG bei den heterosexuellen Pornos zu suchen. Aber eine eigene Ecke schwullesbischer Magazine gibt es im Zeitschriftenhandel mangels Masse leider nicht (außer der berühmten „Schmuddel-Ecke", links oben im Regal, in der auch schwule Zeitschriften ihr Dasein fristen müssen), genau so wenig eine Ecke für alternative Medien. Und für das Regal der Frauenzeitschriften scheint das Wort „lesbisch" anscheinend noch immer unpassend.

## Lesbenheft – ein Scherz?

Vor dem Hintergrund der gesellschaftlichen Unterrepräsentation von Lesben nehmen unserer Erfahrung nach viele an, eine eigene Zeitschrift für lesbische Frauen könne ohnehin nur ein Scherz sein. Und wenn es tatsächlich kein Pornoheftchen ist, dann allerhöchstens ein Vereinsmitteilungsblättchen oder ein Szenepostille, die selbstbezogen und im Stile konkreter Betroffenheit „szeneüblich" jammert oder für eigene Dinge wirbt, statt eigene Themen zu setzen. Dass professioneller Journalismus auch in einem Magazin für homosexuelle Leserinnen stattfinden kann ist für viele undenkbar – mithin für die Leserinnen selbst. So herrscht häufig der Irrglaube, die Redaktion würde sicherlich nur ehrenamtlich arbeiten können und im Grunde Pressemeldungen abdrucken. Durch eine tatsächlich gegebene Tendenz zu „Gefälligkeitsjournalismus" in den Medien wird die Glaubwürdigkeit von Zeitschriften allgemein gesenkt. Deshalb wird vielfach davon ausgegangen, dass vor allem bei Nischenthemen oder Nischenmedien Professionalität und kritischer Journalismus unmöglich stattfinden können.

Erschwerend kommt hinzu, dass in einigen der kostenlosen (mehr oder weniger ausschließlich schwulen) Stadtmagazine, die ausschließlich von Anzeigenfinanzierung leben und oft eine schlechte redaktionelle Ausstattung haben, leider sehr viel PR und tatsächlicher „Gefälligkeitsjournalismus" stattfindet. Das verdirbt gewissermaßen die Preise für alle und macht ernsthaften Journalismus von Medien „derselben Nische" noch

schwieriger. Sowohl Anzeigenkund/innen als auch Redakteur/innen scheinen mitunter im Glauben zu sein, man könne sich in seiner unterprivilegierten Position (sprich in der homosexuellen) eine kritische Haltung oder eine Distanz zu Anzeigenschaltenden gar nicht erst erlauben. Somit ist die bei L-MAG herrschende strikte Trennung von Redaktion und Anzeigen auch für manche Werbekundschaft überraschend. Diese glauben mitunter, sie könnten redaktionelle Inhalte bzw. also als redaktioneller Inhalt getarnte PR kaufen. Im Gegensatz zu den meisten Zeitschriften finanziert sich L-MAG überwiegend aus Verkäufen, während dies im „nicht alternativen" Markt genau andersherum ist. Dennoch ist der Anzeigen-Erlös unverzichtbar für das Überleben des Magazins. Und selbst das Anzeigengeschäft hat eine politische Komponente wenn man so will, denn für manchen Firmen gleicht es einem „Bekenntnis", wenn sie in einem Homo-Magazin werben und für viele größere Firmen und Konzerne ist dies aus Angst vor Imageschäden noch immer undenkbar. Die wenigen, die in homosexuellen Medien werben, sind so also praktisch Vorreiter und haben einen außergewöhnlichen Werbeeffekt zu verzeichnen, werden sie doch von der Zielgruppe als besonders tolerant und aufgeschlossen wahrgenommen. Zum Beispiel Banken oder Reiseunternehmen, die konkret mit Motiven mit zwei Frauen werben überraschen die Leserinnen. Allerdings hat anders als im englischsprachigen Raum hier noch kein Nachahmungseffekt eingesetzt, die großen Firmen, die in L-MAG werben, bleiben eine Ausnahme. Der überwiegende Anteil von Werbekunden sind szenenahe Veranstaltungen, Partys, Großveranstaltungen etc. und in den letzten Jahren zunehmend Partnerinnenvermittlungen, die auf dem lesbischen Markt große Umsätze zu verzeichnen haben.

## Lesben essen und trinken nicht

Auch die Wahrnehmung und Wertschätzung der eigentlich interessanten, weil total unterrepräsentierten Zielgruppe Lesben stellt ein Problem dar. Egal wie gut das Magazin ist, das Wort „lesbisch" verschreckt noch immer. Die Lesbe an sich ist ein unbekanntes Wesen. Sie gilt als uncool, nicht trendy und so exotisch, dass man sich in Firmen und Werbeagenturen beim besten Willen nicht vorstellen kann, dass lesbische Frauen ebenso essen, trinken, arbeiten, einkaufen, konsumieren, verreisen oder generell, a: Geld verdienen und b:

dieses irgendwo ausgeben. So absurd dies klingen mag, so real ist dies in der Welt der lesbischen Frau auch noch im Jahr 2010. Wo alternative Lebensstile längst anerkannt wurden und so genannte „Lohas" („Lifestyle of Health and Sustainability" – Lebensstil für Gesundheit und Nachhaltigkeit) umworben werden; wo von allein erziehenden Müttern, über Schwule bis hin zu passionierten Fahrradfahrern eine Interessenten- und Konsumentengruppe erkannt wird, tappt man bei Lesben im Dunkeln.

Die klare Abgrenzung der L-MAG von „normalen" Frauenmagazinen und gleichzeitige Zugehörigkeit zu ihnen macht die Zielgruppe – lesbische Frauen nämlich – zwar eigentlich klar, ist für Außenstehende und vor allem für Anzeigenkunden jedoch überhaupt nicht begreifbar. Und mitunter nicht mal für die lesbische Leserin selbst. Ist doch so manche Lesbe skeptisch, wenn ein Blatt sich explizit an sie wendet. Angst vor Gettoisierung oder Ausgrenzung führt zur Ablehnung eines Magazins für Lesben in der lesbischen Welt. So absurd das auch ist! Ein Effekt den Angler-, Pferdefreunde oder andere Special-Interest-Magazine wohl kaum bei ihrer Zielgruppe auslösen dürften.

Dennoch hat L-MAG eine extrem starke Leserinnen-Blatt-Bindung mit jenen, die das Magazin für sich annehmen und kaufen. Eine solide Abonnentinnenzahl erlaubt es – ganz anders als bei den meisten Verkaufszeitschriften – den überwiegenden Teil des Hefts mit dem Verkaufserlös und nicht über Anzeigen zu finanzieren. Dennoch ist es natürlich ärgerlich, wenn selbst in den alternativsten Kreisen, ja selbst bei Lesben selbst, ein völliges Unverständnis für die lesbische Zielgruppe herrscht.

## „Wir sprechen nicht über uns!"

Eine weitere Absurdität, die anderen Zeitschriften nur selten begegnen dürfte, ist die Weigerung Interviews oder Statements gegenüber einem Medium für Homosexuelle abzugeben. Die Angst ist so groß, weil viele Lesben und Schwule versteckt leben, aber interessanterweise durchaus öffentliche Ämter bekleiden oder in anderer Form in der Öffentlichkeit wirken. So entsteht ein massives Problem Gesprächspartner/innen zu finden, denn ein Interview in einem Homo-Medium ist – zumindest für Lesben und Schwule – immer auch ein Coming-out. Viele Promis, Politikerinnen, Schauspielerinnen und Sportlerinnen weigern sich deshalb nicht nur aus Geringschätzung der journalistischen Leistung, sondern vor allem schlicht aus Angst vor einem Coming-out mit einer Zeitschrift wie L-MAG zu sprechen.

Kurioserweise sind ausgerechnet heterosexuelle Funktionsträger/innen oder Promis oft gelassener und kooperativer im Umgang mit L-MAG. Natürlich gibt es aber noch immer, gerade in politisch konservativen Kreisen, weit verbreitete Homophobie, so dass die Türen für ein ausgewiesen lesbisches Medium verschlossen sind. Wo also „Schranklesben" (nicht offen lesbisch lebende Frauen) und homophobe Heteros (oftmals sind sie beides) als Interviewte ausscheiden, bleiben somit als Ansprechpartner/innen für bestimmte Themen nur die wenigen aufgeschlossenen und eindeutig Heterosexuellen – intern „coole Heten" genannt und als solche geschätzt!

## Wir sind das nicht wert...

Das – auf den ersten Blick – Unverständlichste, letztlich ebenfalls gesellschaftlich erklärbare ist jedoch die besagte eigene Geringschätzung der lesbischen L-MAG-Leserinnen. Selbst in einer Nische, in der Frauen beziehungsweise Leserinnen sich selbst mit dem Begriff lesbisch immerhin soweit identifizieren, dass sie eine Zeitschrift kaufen, auf der „Magazin für Lesben" steht, hapert es enorm mit dem Selbstwertgefühl. L-MAG berichtet des Öfteren darüber, welche Prominente nicht mit dem Blatt sprechen wollte oder bereits einen Kontakt verweigerten. Schon öfter gab es – gerade bei sehr beliebten, vermeintlich vorbildhaften lesbischen Frauen wie der Journalistin Anne Will oder der Schauspielerin Kate Moennig („The L Word") – Aufschreie der L-MAG-Leserinnenschaft. Was bildet sich die Redaktion denn ein, dass so eine Frau mit einem Lesbenmagazin sprechen würde? Ein Promi dieses Formats hätte es ja wohl nicht nötig, mit einer Lesbenzeitschrift zu sprechen. Aus internalisierter Homophobie halten es viele für eine extreme Anmaßung, in der „Welt der Reichen und Schönen" auch als Lesbe, beziehungsweise lesbisches Magazin, existieren zu wollen. Das ist nicht nur schockierend, sondern zeigt auch deutlich wie weit lesbische Frauen in Deutschland noch immer von einem souveränen Auftreten und Leben ihrer sexuellen Orientierung entfernt sind. Es offenbart zudem wie die gesellschaftlichen Bedingungen dafür gestaltet sind – jenseits aller Toleranz- und Liberalitätsbeteuerungen! Hieran wird auch klar, warum ein Magazin immer nur so alternativ sein kein wie seine Leserinnen.

Inhaltlich und formal versucht L-MAG recht konventionelle Lesegewohnheiten zu bedienen. Die Titel-Themen können so allgemein sein wie „Sport", „Öko", „Liebeskummer" oder „Klischees", werden aber immer „durch die lesbische Brille" betrachtet, aus lesbischer Sicht erzählt oder mittels lesbischer Protagonistinnen aufgerollt. Das allein ist einmalig in der Medienlandschaft und somit für viele Leserinnen schon sehr exotisch. Um das Ganze „leichter verdaulich" zu machen setzt L-MAG bewusst auf Rubriken wie „Horoskop", „Heim&Herd" (eine augenzwinkernde Koch-Rubrik), eine Ratgeber-Tante usw. Das heißt Aufbau und Form der Zeitschrift sind alles andere als alternativ. Wie die Themen angegangen werden und welches Selbstverständnis von Homosexualität zu Grunde gelegt wird, ist hingegen extrem alternativ beziehungsweise sehr außergewöhnlich für ein Medium und als „special interest" zu sehen.

So sehen sich die Macher/innen von L-MAG vielleicht im selben Spagat wie die Leserinnen. Denn die Tatsache homosexuell zu sein, macht eine ja noch nicht zwingend alternativ – oder ist die zufällige Zugehörigkeit zu einer Minderheit bereits alternativ? Jedenfalls hat L-MAG durch die klar umrissene, ansonsten gesellschaftlich nicht repräsentierte Zielgruppe und ihre thematische Zentrierung im Heft klar einen alternativen Charakter.

## Zu speziell für Special-Interest?

Man kann in gewisser Weise sogar von einem special-special interest Magazin sprechen. Denn die L-MAG-Zielgruppe definiert sich weder über einen bestimmten Geschmack –

wie alternative Musikmagazine oder Film- und andere Kulturmagazine – noch über eine bestimmte politische Ausrichtung, noch über ein gemeinsames Hobby, das vielen anderen Special-Interest-Magazinen zu Grunde liegt, von Sport über Tätowierungen bis zu Computern oder Gartenarbeit. Die Begriffe „alternativ" als auch „special interest" gelten also nur teilweise für L-MAG.

Immerhin hat es L-MAG in sieben Jahren geschafft, sich am Markt zu etablieren und sich durch eine treue Leserinnenschaft und eine kleine, feste Basis von Anzeigenkunden zu finanzieren. Inmitten einer Medienlandschaft, die sich immer weiter diversifiziert und immer speziellere Special-Interest-Magazine hervorbringt, bleibt ein Magazin für Lesben trotzdem die absolute Exotin. In der Bundesrepublik gibt es etwa genau so viele Lesben (geschätzte zwei Millionen) wie Angelfans, aber sechs Mal so viel Zeitschriften für letztere. Das Angebot der Frauenzeitschriften ist traditionell der größte und umsatzstärkste in Deutschland. Dennoch gibt es nur eine einzige bundesweite Zeitschrift für lesbische Frauen. Da kann man nur staunen.

## Anmerkungen

1    Fakten über L-MAG: L-MAG ist derzeit das einzige überregionale bundesweite Kauf-Magazin für Lesben in Deutschland. Es erscheint zweimonatlich in einem Umfang zwischen 84 und 100 Seiten zum Preis von 3,90 Euro, und ist auch in Österreich und der Schweiz erhältlich. Verbreitete Auflage pro Jahr im Schnitt: 15.000, (15.753 IVW-geprüft, 2. Quartal 2010). Fakten über die Leserinnenschaft anhand der Ergebnisse der Leserinnenstrukturanalyse von 2006 (durchgeführt von der Firma tele-research, Beteiligung: 2.123 online Fragebögen): Durchschnittsalter der Leserinnen: 29,6 Jahre, formaler Bildungsstand: 52% der Leserinnen haben Abitur (Bundesdurchschnitt 43%), 26% der Leserinnen haben ein abgeschlossenes Studium. Einkommen: Ein Drittel der Leserinnen weisen ein Haushalts-Nettoeinkommen von über 2.000 Euro aus. Leseverhalten: Durchschnittliche Lesedauer in einem Heft: ca. 60 Min. Andere Frauenzeitschriften haben für L-MAG-Leserinnen kaum Relevanz, Bildungs- und Nachrichtenmagazine umso mehr. 95% der Leserinnen leben im Freundeskreis offen lesbisch, 82% auch in der Familie, aber nur 54% sind offen lesbisch am Arbeitsplatz.
    L-MAG erscheint im Jackwerth Verlag in Berlin in dem auch Deutschlands größtes schwullesbisches Stadtmagazin, die Siegessäule, sowie Deutschland ältestes Magazin für Schwule, die DU&ICH erscheinen. L-MAG wurde 2003 aus der Redaktion der Siegessäule heraus entwickelt und zunächst parallel von der gleichen Redaktion gemacht. Heute hat L-MAG eine eigene, dreiköpfige Redaktion unter der Leitung von Chefredakteurin Manuela Kay.

*Krystian Woznicki*

# Hybride Formate
## *Berliner Gazette*, eine Zeitung mit Zukunft

### Geschichte: Am Anfang stand der elektronische Brief

Ende der 1990er hatte die Berliner Kulturszene kein Internet-Forum. Erste Projekte waren gescheitert, die Kommerzialisierung des Internet schritt foran. Vor diesem Hintergrund unternahm ich den Versuch, ein publizistisches Projekt ins Leben zu rufen. Es sollte der sozialen Dynamik des Internet gerecht werden, gleichzeitig die Belange des klassischen Feuilletons ernst nehmen. Als Konsequenz gründete ich im Rahmen der Online-Community Kulturserver.de im Juli 1999 die *Berliner Gazette*.

Zunächst war sie als wöchentlich erscheinender Kulturbrief angelegt: Kein Newsletter, sondern eine Wochenzeitung im elektronischen Briefformat, die jeden Mittwoch kostenlos in der Mailbox ihrer LeserInnen erschien. Bei der Auswahl der Inhalte verfolgt die Redaktion ein bis heute wirksames Prinzip: LeserInnen zu AutorInnen zu machen, gleichzeitig aber auch Außenstehende als AutorInnen zu gewinnen. Bei der Vermittlung der Inhalte sucht die Redaktion Synergien mit diversen Offline-Formaten: Symposium, Anthologie etc. Das Netzwerk ist auf diese Weise kontinuierlich gewachsen – weit über die Grenzen Berlins hinaus.

Als im Jahr 2002 das Internet nach dem Crash der New Economy von vielen für tot erklärt wurde, präsentierte sich die *Berliner Gazette* mit einer umfassend erweiterten Webseite. Die Redaktion lancierte auf berlinergazette.de das erste kollektiv betreute Blog Deutschlands (Logbuch) und systematisiert ihre thematische Arbeit: ein mehrköpfiges Team befragt VertreterInnen aus diversen Sektoren kultureller Innovation ([Sub-]Politik, Ökonomie, Technologie, Kunst, Wissenschaft) zu ausgesuchten Jahresthemen und publiziert Protokolle der Interviews im Wochentakt. Ob Arbeit, Sprache, Zeit oder Wasser – die Themen eines Jahres hinterfragen immer wieder wichtige gesellschaftliche Bereiche unserer Zeit als Gemeingüter des 21. Jahrhunderts.

### Zeitung? Kein Ende, sondern eine Neubestimmung in Sicht

Als die *Berliner Gazette* Ende 2009 einige Workshops in Japan gab, kam es auch zu einer Zusammenarbeit mit StudentInnen einer Kunsthochschule in Hokkaido, die uns verwundert fragten: „Aber warum sprecht ihr denn über die Zeitung? Damit haben wir gar nichts am Hut. Wer liest schon noch Zeitung?"

Wir gaben darauf eine kategorische Antwort: Die klassische Zeitung steckt in einer Krise. Kein Grund, sie für tot zu erklären. Grund genug vielmehr, an ihrer Neuerfindung zu arbeiten. Dies ist seit 1999 das hochgesteckte Ziel der *Berliner Gazette*.

Zu Beginn des 21. Jahrhunderts löst sich die klassische Zeitung vom Papier, erscheint bisweilen ausschließlich im Internet – und wird im Zuge dessen neu erfunden. In diesem historischen Moment macht es sich die *Berliner Gazette* zur Aufgabe neue Produktionszusammenhänge zu erschließen.

Sie konzentriert sich auf ein klassisches Zeitungsressort: Feuilleton. Wirtschaft, Politik, Sport fallen nicht unter den Tisch, sondern fließen in den offenen Kulturbegriff des Feuilletons. Gleichzeitig erweitert die *Berliner Gazette* die klassische Zeitung um neue Ressorts: Anthologie, Initiative, Symposium und Seminar. Im Zuge dessen öffnet sich die Redaktionszentrale für (semi-)öffentliche Veranstaltungsräume. Hier entstehen die Inhalte kollaborativ – jenseits der üblichen Grenzziehungen zwischen LeserInnen, AutorInnen und RedakteurInnen.

## Hybrides Medium: Die Formate der Berliner Gazette

Die *Berliner Gazette* verknüpft unterschiedliche mediale Formate miteinander. Der gemeinnützige Verein gibt mit berlinergazette.de ein unabhängiges und unkommerzielles Medium heraus, organisiert Symposien, lanciert Initiativen, editiert Anthologien und bietet Seminare an.

All diese Formate sind hochgradig dialogreich und durchlässig, sprich: Sie sind hinsichtlich ihrer kommunikativen Architektur offen für Interaktionen und Austauschprozesse. Unsere Zeitung bezieht dabei die Position eines Moderators, welcher Rahmenbedingungen zur Partizipation, Kommunikation und der Bildung von Öffentlichkeit schafft. Die Formate werden im Zuge dessen zu sowohl technischen als auch diskursiven Werkzeugen.

Die Formate als Werkzeuge verstanden, ermöglichen es einer heterogenen Gruppe von Menschen, eigene Erfahrungen, Ansichten und Probleme zu verarbeiten und in einen größeren Zusammenhang zu stellen. Wer möchte, kann auf diese Weise aktiv an den großen Debatten unserer Zeit teilnehmen und in sie eingreifen. Das bedeutet: Die Formate der *Berliner Gazette* werden nicht nur für Medien-NutzerInnen, sondern auch in einem hohen Maß von ihnen selbst gemacht.

## Offline: Symposien und Seminare

Die *Berliner Gazette* verfolgt eine Reihe von (im klassischen Sinne) Offline-Aktivitäten. Neben Büchern und Initiativen zählen vor allem Seminare und Symposien zum „Kerngeschäft". Das überwiegend dezentral arbeitende Medium hat im Zuge dessen die Möglichkeit, ihre Arbeit, auch wenn nur für einen kurzen Moment, zu „zentrieren": Austausch, Auseinandersetzung, Debatte, die Entwicklung von Themen und Inhalten an einem bestimmten Ort, zu einer konkreten Zeit – als offener, öffentlicher Prozess.

Bei den Symposien treten AutorInnen und MacherInnen der *Berliner Gazette* in Erscheinung. Menschen, die sich sonst virtuell begegnen, versammeln sich in einem materiellen Raum und kommen miteinander ins Gespräch. Thematisch sind die Veranstaltungen am Jahresthema der *Berliner Gazette* angelehnt. Die zwei wichtigsten Formate sind Gala und Podiumsdiskussion.

Von den über 50 Symposien, die die *Berliner Gazette* in den vergangenen Jahren serienweise an Orten der Freien Szene durchgeführt hat,[1] standen für 80 Prozent der Veranstaltungen keine finanziellen Mittel zur Verfügung. 30 bis 300 BesucherInnen kamen, ohne Eintritt zahlen zu müssen. 20 Prozent der bisherigen Symposien konnten dagegen mit Unterstützung von Stiftungen finanziert worden.[2]

Darüber hinaus entwickelt die *Berliner Gazette* regelmäßig Seminar-Angebote, um ihre langjährigen Erfahrungen systematisch weiterzugeben. Die Vermittlung von Medienkompetenz rückt hier in den Mittelpunkt. Es geht sowohl um die Funktionsweise von Medien als auch um ihre Inhalte und soziale Dynamik. Zielgruppe der *Berliner Gazette* Seminare sind so genannte MedienwechslerInnen sowie angehende beziehungsweise junge PublizistInnen, PressesprecherInnen und WerbetexterInnen, aber auch andere Kreative, die sich für das wortbasierte Medienmachen unter digital-vernetzten Bedingungen interessieren.

Die Seminare der *Berliner Gazette* bieten TeilnehmerInnen Theorie- sowie Praxismodule und nebenbei die Möglichkeit an der Arbeit unserer Zeitung teilzuhaben. Auf dem Programm stehen somit Praxisnähe an einem Beispiel aktueller Medienkultur, Learning by Doing und Aneignung von Wissen auf Augenhöhe mit den DozentInnen. Die Teilnahme am Seminar eröffnet ferner den Zugang zu einem internationalen Netzwerk von Kulturschaffenden, was wiederum soziale Nachhaltigkeit gewährleistet. Diese Veranstaltungen werden in Zusammenarbeit mit Kulturinstitutionen, politischen Stiftungen, Sozialunternehmen sowie Hochschulen entwickelt und durchgeführt.[3]

## Lasst uns zusammenarbeiten

Die Arbeitsweise der *Berliner Gazette* steht im Zeichen der Kooperation. Um seine ambitionierten Projekte verwirklichen zu können, geht der gemeinnützige Verein sowohl temporäre als auch langfristige Partnerschaften ein. Partner können Initiativen, Orte der Freien Szene, Verlage, politische und kulturelle Stiftungen, Bildungs- und Forschungseinrichtungen, sowie staatliche Behörden, Kulturinstitute und Unternehmen sein. Der Vorstand entwickelt inhaltliche Konzepte und koordiniert die Zusammenarbeit.[4] Darüber hinaus werden die Aktivitäten der *Berliner Gazette* von Förderern (u.a. Kulturstiftung des Bundes, Projektfonds kulturelle Bildung) und Sponsoren unterstützt.

Auf der Basis seiner zehnjährigen Erfahrung erweitert die *Berliner Gazette* künftig ihre Arbeitsweise um eine neue Facette: Sie bietet ihre Kompetenzen, die sie an den Schnittstellen von Medien, Kultur und Bildung erworben hat, neuerdings auch als Beratungs- und Dienstleistung an. Letzteres speziell im Rahmen seines Seminarprogramms. Anfragen dazu bearbeitet der Vereinsvorstand.

## Anmerkungen

1    Zu dieser freien Szene zählten: Dr. Pong, filesharing, General Public, German Theater Abroad, Kim, NBI.

2    KooperationspartnerInnen waren u.a.: Bundeszentrale für politische Bildung, Heinrich Böll-Stiftung, Kulturstiftung des Bundes, Media Arts Lab/Künstlerhaus. Erprobungsorte waren u.a. Haus der Kulturen der Welt, Museum für Kommunikation und das Amerika Haus.

3    Bisherige Partner: c-base, General Public , Goethe-Universität Frankfurt am Main, Grips Theater, Haus der Kulturen der Welt, Heinrich Böll Stiftung, Humboldt-Universität zu Berlin, Institut für Deutsche Literatur, iq consult, ICI Berlin, Junger Rat, Linke Medienakademie , Schlesische27, Sophiensaele, The Knot, Transient Spaces , University of Hokkaido uvm.

4    Bisherige Partner der *Berliner Gazette* waren u.a.: Berliner Gesellschaft für Neue Musik e. V., Bundeszentrale für politische Bildung, Diaphanes Verlag, filesharing, Freie Universität Berlin, General Public, German Theater Abroad, Haus Schwarzenberg e.V., Heinrich-Böll-Stiftung, Humboldt Universität Berlin, Italienisches Kulturinstitut Berlin, iq consult, Media Arts Lab/Künstlerhaus Bethanien, Mediamatic Stiftung, neue berliner initiative (nbi), Sophiensaele, Stiftung kulturserver.de gGmbH, Suhrkamp Verlag, transmediale, transversale, transcript Verlag, University of Hokkaido, uqbar, urban drift.

*Bernd Hüttner / Christoph Nitz*

# Linke Medienakademie: Medien kompetent nutzen, gestalten und diskutieren

## Linksalternative Gegenöffentlichkeit braucht maßgeschneiderte Weiterbildungsangebote

Mit größerer Verbreitung neuer Medien – besonders seit Anfang der 1990er Jahre mit Etablierung der damaligen Desktop-Publishing genannten Computer-Layoutprogrammen – steigt kontinuierlich die Fähigkeit, Medieninhalte (neudeutsch: content) selbst zu produzieren. Entsprechend wächst die Zahl ehrenamtlich aktiver MedienmacherInnen und deren Weiterbildungsbedarf. Von klassischen Printmedien wie einer Stadtteilzeitung über das mehr oder minder regelmäßig gepflegte Internetangebot bis hin zum Videoaktivismus gibt es für GegenöffentlichkeitsarbeiterInnen vielfältige Betätigungsfelder. Alternative Botschaften können auf nahezu allen Kanälen ausgestrahlt werden, doch die technischen Möglichkeiten lassen sich nur ausschöpfen, wenn die handwerklichen Grundlagen erlernt und regelmäßig erweitert werden. Weiterbildungsangebote für linksalternative MedienmacherInnen müssen maßgeschneidert nach den Bedürfnissen der TeilnehmerInnen organisiert werden, da die ehrenamtlich Aktiven kein Grundlagenstudium der Kommunikationswissenschaft absolvieren wollen, sondern Antworten auf die Frage möchten, wie sie schnell und möglichst effizient ihre Botschaften und Informationen veröffentlichen können. Mit der Linken Medienakademie (LiMA) hat sich ein gemeinnütziger Träger linksalternativer Weiterbildungsangebote in rund einem Jahrzehnt kontinuierlich weiter entwickelt und erreicht jährlich mehrere tausend AktivistInnen, die ihr Wissen auffrischen oder erweitern wollen. Entsprechend dem Konzept der LiMA wird anhand der praktischen Beispiele und Erfordernisse der TeilnehmerInnen gearbeitet.

2002 startete in Berlin die spätere Medienakademie als zweitägiger Kurs für ZeitungsmacherInnen im Umfeld der damaligen PDS – mit zwölf TeilnehmerInnen und zwei TeamerInnen ein überschaubarer Beginn. Im Lauf der Jahre entwickelte sich das Angebot partizipativ weiter und die Zahl der TeilnehmerInnen wuchs von 50 im Jahr 2006 auf rund 950 im Jahr 2010. Zuletzt umfasste das Programm mehr als 672 Stunden an vier Tagen mit insgesamt 235 Angeboten wie einer Theateraufführung, Präsentationen, Lesungen, Filmvorführungen, Podiumsdiskussionen, Vorträge und vor allem Workshops. Erfolgsgeheimnis sind tatsächlich die praktischen Weiterbildungsangebote, learning by doing steht im Vordergrund der Akademien. Regelmäßig entstehen Radiosendungen, TV-Beiträge, Blogs oder Zeitungsprojekte wie politik orange „live" während der Kongresstage. Das Programm wird vom Berliner Senat als Angebot der Politischen Bildung sowie als berufliche Weiterbildung im Sinne des Bildungsurlaubsgesetzes anerkannt.

## Linksalternative Gegenöffentlichkeit kann mensch nicht an der VHS lernen

Es lernt sich leichter, wenn man den Umgang etwa mit einem Layoutprogramm nicht im Kurs der örtlichen Volkshochschule erlernt, sondern in Kursen gemeinsam mit anderen linksalternativen MedienmacherInnen. Doch bevor die LiMA ihr Angebot mit dem Slogan „Debatte, Networking und Weiterbildung" definieren konnte, galt es viele Bedenken zu überwinden. Bei Medienkongressen wird üblicherweise über Inhalte debattiert und den Stars der Szene gelauscht, wie mensch anschließend weißes Papier in Flugblätter, Zeitungen oder Newsletter verwandelt, scheint dagegen kein Thema zu sein. Auch die Mischung professioneller und ehrenamtlicher Medienmenschen ist bundesweites Novum – zuletzt war ein Drittel der KongressteilnehmerInnen hauptberuflich im Medienbereich tätig. Mit dem Leitbild „Medien kompetent nutzen, gestalten & diskutieren" wurden die Themenfelder definiert, denn Medienkompetenz hat vielfältige Aspekte. Die TeilnehmerInnen wollen sich in Workshops und teilweise mehrere Tage dauernden Seminaren handwerkliches Können aneignen, damit sie an ihren Wohnorten Zeitungen, Radio oder Internetprojekte noch besser gestalten können. Das Angebot auf dem Niveau von Journalistenschulen wird mit sozial gestaffelten Preisen für alle Interessierte bezahlbar organisiert. Wer beruflich finanziell erfolgreich ist, kann mit einem Förderticket Studierende und Geringverdienende unterstützen – auch hier gilt das Solidaritätsprinzip.

## Campus, unioncamp und digital: Facetten der LiMA für unterschiedliche Zielgruppen

Die jährlichen Akademien wurden seit 2009 behutsam erweitert: Angebote für junge Medienmenschen finden sich beim LiMAcampus, gewerkschaftliche Themen und Kampagnen setzt LiMAunion camp auf die Agenda und die neuen Möglichkeiten des Web 2.0 erkundet LiMAdigital. Die konkrete Ausgestaltung der Kongresse wird in einem Beteiligungsprozess der Teilnehmenden organisiert – so wird eine an den Bedürfnissen der MedienmacherInnen orientiertes Angebot entwickelt.

## Selbstverständnis der LiMA

Die Linke Medienakademie befähigt Teilnehmerinnen und Teilnehmer, selbst zu handeln und bestärkt sie in ihren alltäglichen politischen Auseinandersetzungen. Sie vermittelt Medienkompetenz gemäß dem ganzheitlichen Ansatz: Medien kompetent nutzen, gestalten und diskutieren.

Im Bereich der Medien treffen wir heute eine Vielzahl von verschiedenen Formaten an: Druckerzeugnisse, Onlineangebote, Fernsehen, Radio und Video. All diese Formate gibt es sowohl bei den eigenen, das heißt von Linken selbst produzierten Medien als auch bei den herrschenden Medien. Wer emanzipatorische Veränderung anstrebt, braucht Kompetenz für den kritischen Umgang mit den „herrschenden Medien" wie auch Kompetenz für den kritischen Umgang mit und die Produktion von „eigenen Medien".

Wenn in der Gesellschaft kritische Positionen gestärkt werden sollen und um Hegemonie gerungen werden soll, sind Medien ein Feld *dieses* Ringens und ein wichtiges, wenn nicht das wichtigste Instrument in diesem Kampf.

Auch wenn Parteien per Definition einen besseren Zugang zu den Medien haben, sind sie, wie auch Gewerkschaften oder soziale Bewegungen, darauf angewiesen, eigene Medien zu produzieren und die „anderen" Medien als Instrument zu nutzen.

Gesellschaftlicher Wandel braucht – das ist unsere Überzeugung – Druck durch Wissen und durch Prozesse von unten. Dieser entsteht aus Diskussion und Organisierung an den realen Orten, an denen Menschen zusammenkommen. Das ist in sozialen Bewegungen, in Initiativen und Parteien, in Verbänden, Gewerkschaften und Kirchen, im Stadtteil der Fall. Wer sich hier engagiert, braucht auch ein mediales Sprachrohr und eigene Kompetenzen.

## LiMA-Akademien sind ...
### ... modular
... als Gegenentwurf zu geschlossenen Podien und Veranstaltungen konzipiert. Sie sind ein offener Organismus, ein aus vielen Bestandteilen zusammengesetztes Mosaik, das jedes Jahr neue Gestalt annimmt.

### ... partizipativ
... in direkter Kommunikation mit den Teilnehmenden entworfen. Sie greifen deren Anregungen und Ideen auf und entwickeln diese zum Konzept für die jeweils nächste Akademie fort.

### ... verbindend
... das jährliche Treffen von Multiplikatoren, MedienmacherInnen, KünstlerInnen und MedienkonsumentInnen. Sie sind Plattform für Junge und Alte, Neugierige und Erfahrene, Organisierte und Unabhängige, die aus Vereinen und Verbänden, Gewerkschaften, Initiativen und Medienprojekten kommen. Der Austausch zwischen Multiplikatoren, ehrenamtlichen und hauptberuflichen MedienmacherInnen und Akteuren aus Verbänden und der politischen Arena kann dazu führen, dass das gegenseitige Verständnis verbessert wird. LiMA-Akademien fordern den Dialog zwischen unterschiedlichen Akteuren ein und fördern die Kommunikation im Sinne eines Studiums Generale.

### ... einzigartig
... die Umsetzung des Leitgedankens von Debatte, Bildung und Networking.
Viele Veranstaltungen und Kongresse widmen sich jeweils einzelnen Feldern, konse-

quent wird die Verknüpfung bei der LiMA durchgeführt. LiMA-Akademien wollen AkteurInnen der Bewegungen und Zivilgesellschaft helfen, durch die Vermittlung von
Expertenwissen und Teilhabe an politischen Debatten ihr Engagement für soziale und
alternative Ziele in der Mediengesellschaft des 21. Jahrhunderts zu verbessern.

## Von Berlin in die Regionen: LiMAregional erweitert das Weiterbildungsangebot

Ein Anruf aus Frankfurt am Main setzte im Frühjahr 2010 den Startpunkt für die Weiterent-
wicklung der Linken Medienakademie: Ob es nicht machbar wäre, im Herbst einen LiMA-
Tag in Hessen zu organisieren? Ähnliche Wünsche aus Stuttgart und Erfurt wurden unter
der neuen Marke LiMAregional gebündelt. Nach dem Probelauf im Herbst 2010 werden
2011 insgesamt neun Tageskonferenzen organisiert neben Stuttgart, Frankfurt und Erfurt erstmals auch in Hannover, Leipzig, München, Magdeburg, Bonn, Ludwigshafen.
Der LiMA-Mix aus Fachvorträgen, Workshops und Podiumsgesprächen gelingt auch an
einem Tag und viele TeilnehmerInnen gehen mit frischem Elan zurück an den heimischen
Schreibtisch um weiter Nachrichten abseits des Medienmainstreams zu produzieren.

Übung macht auch in der Gegenöffentlichkeit MeisterInnen: Mit kontinuierlichen
Seminarangeboten in vielen Bundesländern ermöglicht die Linke Medienakademie zusammen mit der Rosa-Luxemburg-Stiftung und deren Landesstiftungen das kontinuier-
liche Weiterlernen. JedeR kann sich maßgeschneidert sein Programm zusammenstellen
und nach der Pflicht kommt die Kür: Neben Weiterbildung für alle Sparten der Medienproduktion bietet die LiMA Raum für politische Diskussionen und Networking.

## Schnittstelle 2012 – neues und altes muss zusammenpassen

Im März 2011 konnten auf der 8. Linken Medienakademie an der Hochschule für Technik und Wirtschaft in Berlin über 200 Dozentinnen und Referenten ihr Wissen mit den
BesucherInnen teilen. Unter dem Motto „Grenzenlos" kamen NeueinsteigerInnen mit
erfahrenen MedienmacherInnen in Textwerkstätten, Layoutkursen, PR-Workshops,
Rhetoriktrainings und politischen Diskussionen zusammen.

Nicht nur die Grenzen zwischen Neueinsteigern und renommierten Medienmacherinnen sollen überwunden werden. Auch die Grenzen und Vernetzungen zwischen
„klassischen" und „neuen" Medien sind Thema der Akademie. Doch hinter dem Konzept
der Linken Medienakademie steckt auch die Idee, die Herstellung von Gegenöffentlichkeit und einen kritischen Journalismus zu fördern, der die gesellschaftlichen Probleme
nicht ausblendet und tiefer gehende Fragen stellt als der Medienmainstream.

Heutzutage arbeiten viele MedienmacherInnen unter enormem Arbeitsdruck und
in ständiger Konkurrenz zueinander, sodass nur selten Zeit bleibt für hintergründige
Recherche und Austausch untereinander.

2012 soll die Konferenz mit dem Titel „Schnittstelle" sich erneut dem Vernetzungs-
gedanken widmen.

## Es ist Zeitverschwendung, etwas zu tun, was alle Welt kann

LiMA ist das Kürzel des gemeinnützigen Vereins „Linke Medienakademie", der parteienunabhängig das Ziel verfolgt, politische Bildung und bürgerschaftliches Engagement zu fördern. Menschen, die sich im Sinne von Willy Brandt der „Mehrheit links von der Mitte" zugehörig fühlen, soll journalistisches und auch redaktionelles Rüstzeug an die Hand gegeben werden, um gegen den medialen Einheitsbrei privatwirtschaftlicher Unternehmen eine Öffentlichkeit zu schaffen, die das selbstständige Denken fördert und Veränderung fordert. LiMA macht keinen Alleinvertretungsanspruch geltend, wenn es darum geht, wer wann linke, alternative oder systemkritische Journalistinnen und Journalisten um sich gesammelt hat, um linken, alternativen oder systemkritischen Stimmen mehr Gehör und damit mehr Gewicht zu verschaffen.

So bunt und vielfältig kann die Linke sein, wenn sie nur will. LiMA stiftet zu einer solchen Buntheit und Vielfalt an – unterstützen Sie die Linke Medienakademie e.V.
LiMA ist (Zusammen-)Treffen, Kongress und Netzwerk,
LiMA bietet als bunte Plattform Bildung und Diskussionen,
LiMA ist ein „quirliger Medienkongress" mit Campus-Charakter: Eine Akademie für linke und alternative Gedanken.

Informationen im Netz:
http://www.facebook.com/linkemedienakademie
www.linke-medienakademie.de

# ADRESSEN VON ALTERNATIVEN MEDIEN UND LITERATUR

## ADRESSEN von Printmedien

### BRD
*Zusammengestellt von Christiane Leidinger*

### Österreich
*Zusammengestellt vom Archiv der sozialen Bewegungen, Wien*

### Schweiz
*Zusammengestellt vom Widerstands-Archiv im Kasama, Zürich*

**Antifa Sachsen**
VVN-BdA Sachsen
Wettiner Platz 10
01067 Dresden
Tel.: (0351) 4 90 19 03
Fax: (0351) 4 90 01 20
vvn-bda-sachsen@t-online.de
www.vvnbda-sachsen.de/zeit-
schrift.html
Verbreitung: regional
Erscheint: vierteljährl., seit 1991

**Fairquer**
Sächsischer entwicklungspoliti-
scher Rundbrief INKOTA und ENS
Sachsen
Kreuzstraße 7
01067 Dresden
Tel.: (0351) 4 92 33 65 (bis 69)
Fax: (0351) 492 33 60
kontakt@einewelt-sachsen.de
www.infozentrum-dresden.de
Verbreitung: regional
Erscheint: halbjährlich

**SAX**
Dresdner Journal
Bautznerstraße 22
01099 Dresden
Tel.: (0351) 82 93 90
Fax: (0351) 82 93 949
redaktion@cybersax.de
www.cybersax.de
Verbreitung: regional
Erscheint: monatlich, seit 1990

**terminal**
blatt für unterbliebene
nachrichten
c/o Claudia Finsterbusch
Böhmische Str. 12
01099 Dresden
Tel.: (0351) 260 69 70
Fax: (0351) 260 69 70
terminal@free.de
https://zope6.free.de/terminal
Verbreitung: regional
Erscheint: monatlich, seit 1998

**Der Riegel**
Zeitschrift der Gefangenen
der JVA Dresden

Hammerweg 30
01127 Dresden
Verbreitung: regional

**Neuroticker**
Linksjugend [solid] Sachsen
Großenhainer Straße 101
01127 Dresden
Tel.: (0351) 85 32 739
Fax: (0351) 85 32 720
jugend@dielinke-in-sachsen.de
Verbreitung: regional
Erscheint: unregelmäßig, seit
2005

**Zensierte Zeithainer Zeitung
(ZZZ)**
Zeitung der Gefangenen
der JVA Zeithain
Industriestr. E2
01612 Glaubitz
Tel.: (03525) 51 6-0
www.zzz-online.de
Verbreitung: regional

**LESBENRING-INFO**
Lesbenring e.V.
Postfach 10 16 42
04016 Leipzig
redaktion@lesbenring.de
www.lesbenring.de
Verbreitung: überregional
Erscheint: monatlich

**Feierabend!**
Libertäres Monatsheft aus Leipzig
c/o Libelle
Kolonnadenstr. 19
04109 Leipzig
Tel.: (0341) 22 46 650
Fax: (0341) 22 46 650
kontakt@libelle-leipzig.de
http://www.libelle-leipzig.de
Verbreitung: regional
Erscheint: zweimonatlich, seit
2002

**Poet**
literaturmagazin
poetenladen verlag
Blumenstrasse 25
04155 Leipzig
Tel.: (0341) 99 39 647

Fax: (0341) 64 07 314
shop@poetenladen.de
www.poet-magazin.de
Verbreitung: überregional
Erscheint: halbjährlich

**Kippe**
Die Leipziger Straßenzeitung
c/o SZL Suchtzentrum
Plaustr. 18
04179 Leipzig
Tel.: (0341) 24 67 66 43
Fax: (0341) 24 67 66 44
info@suchtzentrum.de
www.kippe-leipzig.de
Verbreitung: regioanl
Erscheint: monatlich

**CEE IEH**
Conne Island Newsflyer
Koburger Str. 3
04277 Leipzig
Tel.: (0341) 3 01 30 38
Fax: 3 02 65 03
info@conne-island.de
www.conne-island.de/nf
Verbreitung: regional
Erscheint: monatlich, seit 1994

**Phase2**
Bornaische Str. 3 d
04277 Leipzig
abo@phase-zwei.org
http://phase2.nadir.org
Verbreitung: überregional
Erscheint: vierteljähr., seit 2001

**Aufschluss (Leipzig)**
Zeitschrift der Gefangenen
der JVA Torgau
Wiebelstr. 2
04315 Leipzig
Verbreitung: regional

**Einzeller**
Zeitschrift der Gefangenen
der JVA Waldheim
Dresdener Str. 1a
04736 Waldheim
Verbreitung: regional

**NABU-Streuobstrundbrief**
c/o Förder- und Landschaftspfle-

geverein „Mittelelbe"
Johannisstraße 18
06844 Dessau
Tel.: (0340) 22 06 141
foelv-biores@t-online.de
www.nabu.de/themen/streu-
obst/service/rundbrief/
Verbreitung: überregional
Erscheint: vierteljäh., seit 1992

**Sprachrohr**
Zeitschrift der Gefangenen
der JVA Hohenleuben
Gartenstr. 4
07958 Hohenleuben
Verbreitung: regional

**KaSch.**
Bürgerreport zwischen Kaßberg
und Schlosschemnitz
c/o Bürgerzentrum
Leipziger Straße 39
09113 Chemnitz
Tel.: (0371) 33 50 520
Fax: (0371) 40 09 140
www.sozialestadt-kasch.de
Verbreitung: regional
Erscheint: zweimonat., seit 2001

**CORAX**
Magazin für Kinder-
und Jugendarbeit in Sachsen
Neefestr. 82
09119 Chemnitz
Tel.: (0371) 53 36 40
Fax: (0371) 53 36 426

redaktion@corax-magazin.de
www.corax-magazin.de
Verbreitung: regional
Erscheint: monatlich, seit 1992

**Haftleben**
Zeitschrift der Gefangenen
der JVA Chemnitz
Reichenhainer Str. 236
09125 Chemnitz
Verbreitung: regional

**FreibÄrger**
Haus der Demokratie
August-Bebel-Platz 3
09599 Freiberg
freibaerger@gmx.net
www.freibaerger.de
Verbreitung: regional
Erscheint: zweimonatlich

**Blätter für deutsche und
internationale Politik**
Postfach 540246
10042 Berlin
Tel.: (030) 30 88-3640
Fax: (030) 30 88-3645
redaktion@blaetter.de
www.blaetter.de
Verbreitung: überregional
Erscheint: monatlich, seit 1956

**die datenschleuder**
das wissenschaftliche fachblatt
für datenreisende/ein organ des
chaos computer club

Postfach 64 02 36
10048 Berlin
Tel.: (040) 40 18 01-44
Fax: (030) 40 18 01-54
ds@ccc.de
www.ds.ccc.de
Verbreitung: überregional
Erscheint: vierteljähr., seit 1984

**gleichheit**
Zeitschrift für sozialistische Politik
und Kultur
c/o Partei für soz. Gleichheit
Postfach 040 144
10061 Berlin
Tel.: (030) 30 87 2786
Fax: 308 72 620
psg@gleichheit.de
www.gleichheit.de
Verbreitung: überregional
Erscheint: fünfmal jährlich

**M. Menschen machen Medien**
Medienpolitische Zeitschrift von
ver.di
10112 Berlin
Tel.: (030) 69 56 23 26
Fax: (030) 69 56 36 76
karin.wenk@verdi.de
www.mmm.verdi.de
Verbreitung: überregional
Erscheint: neunmal jährl., seit 1951

**ver.di PUBLIK**
10112 Berlin
Tel.: (030) 69 56-1066

Fax: (030) 69 56-3012
redaktion.publik@verdi.de
www.verdi-publik.de
Verbreitung: überregional
Erscheint: monatlich (9 Hefte)

**SCHRAEGSTRICH**
Mitgliederzeitschrift
von Bündnis 90/Die Grünen
Platz vor dem neuen Tor 1
10115 Berlin
Tel.: (030) 28 442-0
Fax: (030) 28 442-210
info@gruene.de
www.gruene.de/einzelansicht/
artikel/der-schraegstrich.html
Verbreitung: überregional
Erscheint: vierteljährl., seit 1994

**Berliner Behinderten-Zeitung**
BBV e.V.
Jägerstr. 63 D
10117 Berlin
www.berliner-behindertenzei-
tung.de
Tel.: (030) 20 43 847
Fax: (030) 20 45 00 67

**Der Fahrgast**
Das Magazin für Fahrgäste des
öffentlichen Verkehrs PRO BAHN
Friedrichstraße 95
10117 Berlin
Tel.: (030) 20 18 17 42
Fax: (030) 20 17 99 67
info@pro-bahn.de
www.der-fahrgast.de
Verbreitung: überregional
Erscheint: vierteljährlich

**Zeichen**
Aktion Sühnezeichen
Friedensdienste e.V.
Auguststr. 80
10117 Berlin
Tel.: (030) 28 39 5 - 184
Fax: (030) 28 39 5 -135
asf@asf-ev.de
www.asf-ev.de/medien/zeit-
schirft_zeichen
Erscheint:vierteljährlich

**der Freitag**
Das Meinungsmedium
Hegelplatz 1
10117 Berlin
Tel.: (030) 25 00 870
Fax: (030) 25 00 87-99
verlag@freitag.de
www.freitag.de
Verbreitung: überregional
Erscheint: wöchentlich, seit 1990

**Gen-ethischer Informations-
dienst (GiD)**
Gen-ethisches Netzwerk
Brunnenstraße 4
10119 Berlin
Tel.: (030) 6 85 70 73
Fax: (030) 6 84 11 83
gen@gen-ethisches-netzwerk.de
www.gen-ethisches-netzwerk.de
Verbreitung: überregional
Erscheint: zweimonatlich, seit
1985

**RadZeit**
ADFC Berlin e.V.
Brunnenstraße 28
10119 Berlin
Tel.: (030) 4 48 47 24
kontakt@adfc-berlin.de
www.radzeit.de/radzeit
Verbreitung: regional
Erscheint: zweimonatlich

**An Architektur**
Produktion und Gebrauch
gebauter Umwelt
Alexanderstr. 7
10178 Berlin
redaktion@anarchitektur.com
www.anarchitektur.com
Erscheint: halbjährlich

**Disput**
Mitgliederzeitschrift der Partei
DIE LINKE
Kleine Alexanderstr. 28
c/o Stefan Richter
10178 Berlin
Tel.: (030) 24 00 95 10
Fax: (030) 24 00 93 99
disput@die-linke.de

http://die-linke.de/politik/disput/
aktuelle_ausgabe/
Verbreitung: überregional
Erscheint: monatlich

**Junge Welt**
Verlag 8.Mai GmbH
Torstr. 6
10119 Berlin
Tel.: (030) 53 63 55-0
Fax: (030) 53 63 55 44
redaktion@jungewelt.de
www.jungewelt.de
Verbreitung: überregional
Erscheint: täglich, seit 1995
(1947)

**Missy Magazine**
Popkultur für Frauen
Oranienburger Str. 91
10178 Berlin
Tel.: (030) 20 09 53 28
Fax: (030) 28 04 55 31
redaktion@missy-mag.de
www.missy-magazine.de
Verbreitung: überregional
Erscheint: vierteljährl., seit 2008

**Jahrbuch für Forschungen zur
Geschichte der Arbeiterbewegung**
Weydingerstraße 14-16
10178 Berlin
redakteur@arbeiterbewegung-
jahrbuch.de
www.arbeiterbewegung-jahr-
buch.de
Verbreitung: überregional
Erscheint: dreimal jährl., seit 2002

**Mitteilungen der Kommunisti-
schen Plattform der Partei DIE
LINKE**
Kleine Alexanderstr. 28
10178 Berlin
Tel.: (030) 24 00 0
Fax: (030) 24 11 046
http://die-linke.de/partei/zusam-
menschluesse/kommunistische_
plattform_der_partei_die_linke/
mitteilungen_der_kommunisti-
schen_plattform/aktuelle_aus-
gabe/

Verbreitung: überregional
Erscheint: monatlich, seit 1990

**RUNDBRIEF BAG Rechtsextre-
mismus/Antifaschismus der
Partei DIE LINKE**
Kleine Alexanderstraße 28
10178 Berlin
Tel.: (030) 24 00 92 36
R.Zilkenat@gmx.net
http://die-linke.de/partei/zu-
sammenschluesse/bag_rechts-
extremismus_antifaschismus/
rundbrief/
Verbreitung: überregional
Erscheint: vierteljährlich

**tarantel**
Vierteljahreszeitschrift der Öko-
logischen Plattform bei der Partei
DIE LINKE
Kleine Alexanderstraße 28
10178 Berlin
www.oekologische-plattform.de
Verbreitung: überregional
Erscheint: vierteljährlich

**BUNDmagazin**
Zeitschrift des BUND
Am Köllnischen Park 1
10179 Berlin
Tel.: (030) 27 58 640
Fax: (030) 27 58 64 40

bund@bund.net
www.bund.net/bundnet/publika-
tionen/bundmagazin/
Verbreitung: überregional
Erscheint: vierteljährlich

**diesseits**
Zeitschrift des
Humanistischen Verbandes
Deutschlands, Wallstr. 61–65
10179 Berlin
Tel.: (030) 61 39 00 4-41
Fax: (030) 61 39 04 50
diesseits@humanismus.de
www.humanismus.de
Verbreitung: überregional
Erscheint: vierteljähr., seit 1987

**Kosmoprolet**
freundinnen und freunde der
klassenlosen gesellschaft
Rungestr. 20
10179 Berlin
freu.de.kla@gmx.de
www.klassenlos.tk

**prager frühling**
Magazin für Freiheit
und Sozialismus
c/o RA Jörg Schindler
Fischerinsel 10
10179 Berlin
Tel.: (030) 20 67 16 22

redaktion@prager-fruehling-
magazin.de
www.prager-fruehling-magazin.de
Verbreitung: überregional
Erscheint: dreimal jährlich

**Solidarität**
Sozialistische Zeitung, SAV
Littenstrasse 106/107
10179 Berlin
Tel.: (030) 24 72 38 02
redaktion@sav-online.de
www.sozialismus.info
Verbreitung: überregional
Erscheint: monatlich, seit 1974

**antifa**
Magazin für antifaschistische
Politik und Kultur
Franz-Mehring-Platz 1
10243 Berlin
Tel.: (030) 29 78 41 75
Fax: (030) 29 78 41 79
antifa@vvn-bda.de
http://antifa.vvn-bda.de
Verbreitung: überregional
Erscheint: monatlich

**LUXEMBURG**
Gesellschaftsanalyse und linke
Praxis
Franz-Mehring-Platz 1
10243 Berlin
Tel.: (030) 44 31 0-157

Fax: (030) 44 31 0-184
luxemburg@rosalux.de
www.zeitschrift-luxemburg.de/
Verbreitung: überregional
Erscheint: vierteljährlich, seit 2009

**NATURFREUNDiN**
Zeitschift für nachhaltige Entwicklung: sozial – ökologisch – demokratisch
Wahrschauerstr. 58 a
10243 Berlin
Tel.: (030) 29 77 32 65
Fax: 29773280
redaktion@naturfreunde.de
www.naturfreunde.de
Verbreitung: überregional
Erscheint: vierteljährlich

**Neues Deutschland**
Sozialistische Tageszeitung
Franz-Mehring-Platz 1
10243 Berlin
Tel.: (030) 29 78 11 11
Fax: (030) 29 78-16 00
redaktion@nd-online.de
www.nd-online.de
Verbreitung: überregional
Erscheint: täglich, seit 1946

**TEXTE ZUR KUNST**
Straußberger Platz 19
10243 Berlin
Tel.: (030) 30 10 45 340
Fax: (030) 30 10 45 344
redaktion@textezurkunst.de
www.textezurkunst.de
Verbreitung: überregional
Erscheint: vierteljähr., seit 1990

**Jahrbuch „Grünes Gedächtnis"**
Archiv Grünes Gedächtnis
Eldenaer Str. 35
10247 Berlin
Tel.: (030) 28 53 4-260
Fax: (030) 28 53 4-5260
archiv@boell.de
www.boell.de/archiv
Verbreitung: überregional
Erscheint: seit 2006

**Das Blättchen**
Zeitschrift für Politik,

Kunst und Wirtschaft
Wildensteiner Straße 7
10318 Berlin
Tel.: (030) 4 47 60 65
Fax: (030) 44 73 06 83
Das.Blaettchen@t-online.de
www.das-blaettchen.de
Verbreitung: überregional
Erscheint: zweiwöchentlich

**RotFuchs**
Tribüne für Kommunisten und Sozialisten in Deutschland
Klaus Steiniger
Rheinsteinstr. 10
10318 Berlin
Tel.: (030) 5 61 34 04
Fax: (030) 56 49 39 65
rotfuchs.kessel@t-online.de
www.rotfuchs.net
Verbreitung: überregional
Erscheint: monatlich, seit 1998

**ALLIGATOR**
Grün & bissig. Rundbrief der Grünen Liga e.V.
Grüne Liga e.V. Netzwerk Ökologischer Bewegungen
Greifswalder Str. 4
10405 Berlin
Tel.: (030) 20 44 745
Fax: (030) 20 44 468
bundesverband@grueneliga.de
www.grueneliga.de
Verbreitung: überregional
Erscheint: zweimonatl., seit 1990

**Asylmagazin**
Informationsverbund Asyl e.V.
Greifswalder Str. 4
10405 Berlin
Tel.: (030) 46 79 33 29
redaktion@asyl.net
www.asyl.net
Verbreitung: überregional
Erscheint: zweimonatlich

**Der Rabe Ralf**
Die Berliner Umweltzeitung
Prenzlauer Allee 8
10405 Berlin
Tel.: (030) 44 33 91 47

Fax: (030) 44 33 91 33
raberalf@grueneliga.de
www.raberalf.grueneliga-berlin.de
Verbreitung: regional
Erscheint: monatlich (10 Ausgaben), seit 1990

**Horch und Guck**
Zeitschrift zur kritischen Aufarbeitung der SED-Diktatur
Bürgerkomitee „15. Januar" e.V.
Winsstr. 60
10405 Berlin
Tel.: (030) 24 72 56 04
info@horch-und-guck.info
Verbreitung: überregional
Erscheint: vierteljährl., seit 1992

**INKOTA-Brief**
INKOTA-Netzwerk e.V.
Greifswalder Str. 33a
10405 Berlin
Tel.: (030) 42 89 111
Fax: (030) 42 89 112
inkota@inkota.de
www.inkota.de

**Mitteilungen**
Zeitschrift für Aufklärung und Bürgerrechte, Humanistische Union e.V.
Greifswalder Str. 4, Vorderhaus
10405 Berlin
Tel.: (030) 20 45 02 56
Fax: (030) 20 45 02 57
info@humanistische-union.de
www.humanistische-union.de
Verbreitung: überregional
Erscheint: vierteljährl., seit 1962

**Mitteilungen**
**Magnus Hirschfeld Gesellschaft**
Forschungsstelle zur Geschichte der Sexualwissenschaft
Chodowieckistr. 41
10405 Berlin
Tel.: (030) 44 13 973
Fax: (030) 44 13 973
mhg@magnus-hirschfeld.de
www.hirschfeld.in-berlin.de/
mitteilungen.html
Verbreitung: überregional

Erscheint: halbjährlich, seit 1983

**straßenfeger**
mob – obdachlose machen mobil
Prenzlauer Allee 87
10405 Berlin
Tel.: (030) 41 93 45 91
Fax: (030) 46 79 46 13
redaktion@strassenfeger-berlin.de
www.strassenfeger.org
Verbreitung: regional
Erscheint: zweimonatlich

**telegraph**
ostdeutsche zeitschrift
Haus der Demokratie
und Menschenrechte
Greifswalder Str. 4
10405 Berlin
Tel.: (030) 44 45 622
Fax: (030) 44 45 623
telegraph@ostbuero.de
www.telegraph.ostbuero.de
Verbreitung: überregional
Erscheint: vierteljährli., seit 1989

**tendenz**
Zeitung des Bundesverbandes
JungdemokratInnen/Junge Linke
Greifswalder Str. 4
10405 Berlin
Tel.: (030) 44 02 48 64
Fax: (030) 44 02 48 66
info@jdjl.org
www.jdjl.org
Verbreitung: überregional

Erscheint: unregelmäßig, seit 1975

**Vorgänge**
Zeitschrift für Bürgerrechte
und Gesellschaftspolitik
Greifswalder Str. 4, Vorderhaus
10405 Berlin
Tel.: (030) 21 75 08 58
Fax: (030) 20 45 02 57
rulff@humanistische-union.de
http://vorgaenge.humanistische-
union.de
Verbreitung: überregional
Erscheint: vierteljährl., seit 1961

**mehr demokratie (mg magazin)**
Zeitschrift für Direkte Demokratie
Greifswalder Str. 4
10405 Berlin
Tel.: (030) 42 08 23 70
Fax: (030) 42 08 23 80
zeitschrift@mehr-demokratie.de
www.mehr-demokratie.de/
magazin.html
Verbreitung: überregional
Erscheint: vierteljährl., seit 1989

**Berliner Debatte Initial**
Sozial- und geisteswissenschaftli-
ches Journal
Postfach 58 02 54
10412 Berlin
Tel.: (039931) 54 72 6
Fax: (039931) 54 72 7
redaktion@berlinerdebatte.de
www.berlinerdebatte.de
Verbreitung: überregional

Erscheint: zweimonatl., seit 1990

**Gazelle Magazin**
das multikulturelle frauenmagazin
Postfach 210175
10501 Berlin
Tel.: (030) 81 01 96 14
Fax: (030) 81 01 96 14
info@gazelle-magazin.de
www.gazelle-magazin.de
Verbreitung: überregional
Erscheint: halbjährlich, seit 2006

**soziokultur**
Bundesvereinigung sozio-kultu-
reller Zentren e.V.
Lehrter Straße 27-30
10557 Berlin
Tel.: (030) 39 74 45 90
Fax: (030) 39 74 45 99
bundesvereinigung@soziokultur.de
www.soziokultur.de
Verbreitung: überregional
Erscheint: vierteljährlich

**PROKLA**
Zeitschrift für kritische Sozialwis-
senschaft
Postfach 10 05 29
10565 Berlin
Tel.: (030) 39 56 622
redaktion@prokla.de
www.prokla.de
Verbreitung: überregional
Erscheint: vierteljährl., seit 1970

**inamo**
Informationsprojekt Naher
und Mittlerer Osten
Postfach 310 727
10637 Berlin
Tel.: (030) 86 42 18 45
Fax: (030) 86 23 849
redaktion@inamo.de
www.inamo.de
Verbreitung: überregional
Erscheint: vierteljährl., seit 1995

**CLIO**
Zeitschrift für Frauengesundheit
Bamberger Str. 51
10777 Berlin
Tel.: (030) 21 39 597
Fax: (030) 21 4 19 27
ffgzberlin@snafu.de
www.ffgz.de
Verbreitung: überregional
Erscheint: halbjährlich, seit 1976

**Ökologisches Wirtschaften**
Die Zukunft des Wirtschaftens.
IÖW
Potsdamer Str. 105
10785 Berlin
Tel.: (030) 88 45 94-29
redaktion@ioew.de
www.oekom.de
Verbreitung: überregional
Erscheint: vierteljährl., seit 1985

**Solidarische Welt**
Aktionsgemeinschaft
Solidarische Welt
Potsdamer Straße 89
10785 Berlin
Tel.: (030) 25 94 08 01
Fax: (030) 25 94 08 11
redaktion@aswnet.de
www.solidarische-welt.de
Verbreitung: überregional
Erscheint: vierteljährl., seit 1957

**blz**
Zeitschrift der GEW Berlin
Ahornstrasse 5
10787 Berlin
Tel.: (030) 21 99 93-29
Fax: (030) 21 99 93-50

sigrid.baumgardt@gew-berlin.de
Verbreitung: regional
Erscheint: monatlich (10 Hefte)

**Q-rage.**
Die Zeitung des größten Schüler-
netzwerkes in Deutschland
Schule ohne Rassismus – Schule
mit Courage
Ahornstr. 5
10787 Berlin
schule@aktioncourage.org
www.schule-ohne-rassismus.
org/q-rage-zeitung.html
Verbreitung: überregional
Erscheint: jährlich, seit 2005

**Der Wahrschauer**
Magazin für Gegenkultur
Postfach 613055
10941 Berlin
Tel.: (030) 31 38 541
Fax: (030) 31 50 72 00
wahrschauer@t-online.de
www.wahrschauer.net
Verbreitung: überregional
Erscheint: halbjährlich, seit 1988

**Antifaschistisches Infoblatt**
Gneisenaustr. 2a
10961 Berlin
mail@antifainfoblatt.de
www.nadir.org/nadir/periodika/
aib/
Verbreitung: überregional
Erscheint: fünfmal jährl., seit 1987

**arranca!**
Für eine linke Strömung
c/o Schwarze Risse
Gneisenaustr. 2a
10961 Berlin
arranca@lists.nadir.org
http://arranca.org
Verbreitung: überregional
Erscheint: dreimal jährl., seit 1993

**Interim**
Gneisenaustr. 2a
10961 Berlin
Verbreitung: überregional
Erscheint: zweiwöchentlich, seit
1988

**Jungle World**
Die linke Wochenzeitung
Gneisenaustr. 33
10961 Berlin
Tel.: (030) 74 78 62 645
Fax: (030) 61 82 055
http://jungle-world.com
Verbreitung: überregional
Erscheint: wöchentlich, seit 1997

**Lateinamerika Nachrichten**
Gneisenaustr. 2a
10961 Berlin
Tel.: (030) 69 46 100
Fax: (030) 69 26 590
redaktion@LN-Berlin.de
www.lateinamerikanachrichten.de
Verbreitung: überregional
Erscheint: monatlich, seit 1973

**motz**
berliner straßenmagazin
Zossener Straße 56-58
10961 Berlin
Tel.: (030) 69 13 432
Fax: (030) 69 13 435
motz@motz-berlin.de
www.motz-berlin.de
Verbreitung: regional
Erscheint: monatlich

**Querkopf**
Selbsthilfe-Mitmachzeitung
– gegen Erwerbs- und Obdach-
losigkeit
Blücherstraße 37
10961 Berlin
Tel.: (030) 69 50 32 11
Fax: (030) 69 50 32 11
kontakt@querkopf-berlin.de
www.querkopf-berlin.de
Verbreitung: regional

**Rosa-Rote-Knasthilfe
Köln-Berlin**
c/o Querkopf
Blücherstraße 37
10961 Berlin
Tel.: (030) 69 50 32 11
Fax: (030) 80 57 06 53
querkopf-berlin@web.de
Verbreitung: überregional

**straßenkreuzer**
Kreuzberger Tauschring
Urbanstr. 21
10961 Berlin
Tel.: (030) 69 22 351
strassenkreuzer@gmx.net
Verbreitung: regional
Erscheint: monatlich

**ZAG**
Antirassistische Zeitschrift
c/o Netzwerk Selbsthilfe e.V.
Gneisenaustr. 2a
10961 Berlin
Tel.: (030) 78 57 2 81
Fax: (030) 69 13 005
info@zag-berlin.de
www.zag-berlin.de
Verbreitung: überregional
Erscheint: halbjährlich, seit 1991

**Ästhetik und Kommunikation**
Wilhelmstrasse 118
10963 Berlin
Tel.: (030) 23 00 42 60 (58)
Fax: (030) 27 56 03 30

www.aesthetikundkommunikation.de
Verbreitung: überregional
Erscheint: vierteljährl., seit 1970

**DU&ICH**
Deutschlands Schwules Magazin
Jackwerth Verlag GmbH & Co. KG
Tempelhofer Ufer 11
10963 Berlin
Tel.: (030) 23 55 39-0
Fax: (030) 23 55 39-19
verlag@du-und-ich.net
www.du-und-ich.net
Verbreitung: überregional
Erscheint: zweimonatlich

**L-MAG**
Das Magazin für Lesben
Jackwerth Verlag
Tempelhofer Ufer 11
10963 Berlin
Tel.: (030) 23 55 39-0
Fax: (030) 23 55 39-19
redaktion@L-MAG.de
www.l-mag.de
Verbreitung: überregional

Erscheint: zweimonatl., seit 2003

**MieterEcho**
Zeitschrift der Berliner
MieterGemeinschaft
Möckernstr. 92
10963 Berlin
Tel.: (030) 21 00 25 84
Fax: (030) 21 68 515
me@bmgev.de
www.bmgev.de/mieterecho
Verbreitung: regional
Erscheint: zweimonatl., seit 1956

**Siegessäule**
Queer Berlin
Tempelhofer Ufer 11
10963 Berlin
Tel.: (030) 23 55 39-0
Fax: (030) 23 55 39-19
redaktion@siegessaeule.de
www.siegessaeule.de
Verbreitung: regional
Erscheint: monatlich

**blattgold**
das kulturmagazin
Monumentenstraße 26
10965 Berlin
Tel.: (030) 78 68 547
Fax: (030) 78 66 215
blattgold.berlin@snafu.de
www.blattgold-berlin.de
Verbreitung: regional
Erscheint: monatlich

**Journal der Jugendkulturen**
Archiv der Jugendkulturen e.V.
Fidicinstr. 3
10965 Berlin
Tel.: (030) 69 42 934
archiv@jugendkulturen.de
www.jugendkulturen.de
Verbreitung: überregional
Erscheint: halbjährlich, seit 1999

**Kreuzberger Chronik**
Außenseiter-Verlag
Hans W. Korfmann
Monumentenstr. 21
10965 Berlin
www.kreuzberger-chronik.de
Verbreitung: regional
Erscheint: monatlich, seit 1998

**die tageszeitung**
Rudi-Dutschke-Straße 23
10969 Berlin
Tel.: (030) 25 902-0
Fax: (030) 25 180 95
www.taz.de
Verbreitung: überregional
Erscheint: täglich, seit 1978

**Le Monde diplomatique**
taz Entwicklungs GmbH
& Co. Medien KG
Rudi-Dutschke-Straße 23
10969 Berlin
Tel.: (030) 25 902-0
Fax: (030) 25 90 26 76
diplo@monde-diplomatique.de
www.monde-diplomatique.de
Verbreitung: überregional
Erscheint: monatlich, seit 1995

**Ravensbrück-Blätter**
Lagergemeinschaft Ravensbrück

Freundeskreis e.V.
Postfach 36 03 49
10973 Berlin
ravensbrueck@web.de
www.ravensbrueckblaetter.de
Verbreitung: überregional
Erscheint: vierteljährl., seit 1975

**Streßfaktor**
Berliner Terminkalender
für linke Subkultur und Politik
Postfach 61 06 10
10973 Berlin
papier@squat.net
www.stressfaktor.squat.net
Verbreitung: regional
Erscheint: monatlich, seit 1998

**monitor**
Rundbrief des apabiz e.V.
Lausitzerstr. 10
10999 Berlin
Tel.: (030) 61 16 249
mail@apabiz.de
www.apabiz.de
Verbreitung: überregional
Erscheint: vierteljährlich

**Stachel**
Zeitung von Bündnis 90/Die Grü-
nen im Berliner Bezirk Friedrichs-
hain-Kreuzberg
Dresdener Straße 10
10999 Berlin
Tel.: (030) 61 41 4 6
Fax: (030) 61 43 14 2
friekestachel@gruene-berlin.de
www.frieke.de/stachel
Verbreitung: regional
Erscheint: ca. vierteljährlich

**clara**
Das Magazin der Fraktion
DIE LINKE. im Bundestag
Platz der Republik 1
11011 Berlin
Tel.: (030) 22 77 12 48
Fax: (030) 22 77 62 48
fraktion@linksfraktion.de
www.linksfraktion.de/clara
Verbreitung: überregional
Erscheint: vierteljährlich

**KLAR**
Die Zeitung der Fraktion
DIE LINKE. im Bundestag
Platz der Republik 1
11011 Berlin
Tel.: (030) 22 77 12 48
Fax: (030) 22 77 62 48
fraktion@linksfraktion.de
www.linksfraktion.de/klar
Verbreitung: überregional
Erscheint: vierteljährlich

**marx21**
Magazin für internationalen
Sozialismus
Postfach 44 03 46
12003 Berlin
Tel.: (030) 63 22 56 30
www.marx21.de
Verbreitung: überregional
Erscheint: vierteljährl., seit 2007

**gefangenen info**
c/o Stadtteil- und Infoladen
Lunte e.V.
Weisestraße 53
12049 Berlin
redaktion@gefangenen.info
www.gefangenen.info
Verbreitung: überregional
Erscheint: monatlich, seit 1989

**mondkalb**
Zeitschrift für das
Organisierte Gebrechen
Stuttgarter Str. 46
12059 Berlin
Tel.: (030) 68 15 323
mondkalb@email.de
www.mondkalb.net.tc
Verbreitung: überregional
Erscheint: unregelmäßig

**Mitteilungen des Förderkreises
Archive und Bibliotheken zur
Geschichte der Arbeiterbewe-
gung**
c/o Johannes-Sassenbach-
Gesellschaft
Finckensteinallee 63
12205 Berlin
Tel.: (030) 83 31 033

info@fabgab.de
www.fabgab.de
Verbreitung: überregional
Erscheint: halbjährlich, seit 1991

**queer_Format**
ver.di-Bundesarbeitskreis Lesben,
Schwule, Bisexuelle und Transgender
c/o Klaus Timm
Gronauer Weg 43
12207 Berlin
Tel.: (030) 33 97 94 21
www.verdi.de/regenbogen
Verbreitung: überregional
Erscheint: jährlich

**Bürgerrechte & Polizei/CILIP**
c/o FU Berlin
Malteserstr. 74-100
12249 Berlin
Tel.: (030) 83 87 04 62
Fax: (030) 77 51 073
info@cilip.de
www.cilip.de
Verbreitung: überregional
Erscheint: dreimal jährlich, seit
1978

**Kritische Ökologie**
Zeitschrift für Umwelt
und Entwicklung
Malteserstraße 99 k
12249 Berlin
Tel.: (030) 76 70 34 98
Fax: (030) 76 70 34 99
www.ifak-goettingen.de
Verbreitung: überregional
Erscheint: halbjährlich, seit 1983

**Verbraucher konkret**
Mitgliederzeitschrift der
Verbraucher Initiative e.V.
Elsenstr. 106
12435 Berlin
Tel.: (030) 53 60 733
Fax: (030) 53 60 73 45
mail@verbraucher.org
www.verbraucher.org
Verbreitung: überregional
Erscheint: zweimonatl., seit 1998

**Beiträge zur Geschichte
der Arbeiterbewegung**
Trafo-Verlag Weist
Finkenstr. 8
12621 Berlin
Tel.: (030) 61 29 94 18
Fax: (030) 61 29 94 21
info@trafoberlin.de
www.trafoberlin.de
Verbreitung: überregional
Erscheint: unregelmäßig, seit
1992 (1958)

**GeschichtsKorrespondenz**
c/o Günter Wehner
Sella-Hasse-Str. 9
12687 Berlin
Tel.: (030) 800 962 148
marxistischer.arbeitskreis@die-
linke.de
http://die-linke.de/partei/weite-
re_strukturen/andere_gremien/
marxistischer_arbeitskreis/
Verbreitung: überregional
Erscheint: vierteljährlich

**SODI Report**
Solidaritätsdienst International
e.V.
Grevesmühlerstr. 16
13059 Berlin
Tel.: (030) 92 86 047
Fax: (030) 92 86 003
info@sodi.de
www.sodi.de
Verbreitung: überregional
Erscheint: vierteljährl., seit 1990

**Bulletin für Faschismus-
und Weltkriegsforschung**
Postfach 870351
13162 Berlin
Tel.: (030) 42 93 73
brigitte-hering@gmx.de
www.edition-organon.de
Verbreitung: überregional
Erscheint: halbjährlich, seit 1993

**Der Wedding**
Das Magazin für Alltagskultur
Gottschedstr. 4
13357 Berlin

magazin@derwedding.de
www.derwedding.de
Verbreitung: regional
Erscheint: jährlich, seit 2008

**mobilogisch!**
Zeitschrift für Ökologie,
Politik & Bewegung
Exerzierstr. 20
13357 Berlin
Tel.: (030) 492 74 73
Fax: (030) 49 27 972
redaktion@mobilogisch.de
www.mobilogisch.de
Verbreitung: überregional
Erscheint: vierteljährl., seit 1979

**der lichtblick**
Insassen der JVA Tegel
Seidelstr. 39
13507 Berlin
Tel.: (030) 90 14 -2329
Fax: (030) 90 14 -2329
gefangenenzeitung-lichtblick@
jva-tegel.de
www.lichtblick-zeitung.de
Verbreitung: regional
Erscheint: zweimonatl., seit 1968

**Lunapark21**
Zeitschrift zur Kritik
der globalen Ökonomie
An den Bergen 112
14552 Michendorf
Tel.: (033205) 44 694
Fax: (033205) 44 685
luna@lunapark21.net
www.lunapark21.net
Verbreitung: überregional
Erscheint: vierteljährl., seit 2008

**unsere zeitung**
Zeitschrift der Gefangenen
der JVA Brandenburg
Anton-Saefkow-Allee 22
14772 Brandenburg
Verbreitung: regional

**Barnimer Bürgerpost**
die unabhängige leserzeitung
Prenzlauer Str. 19
16227 Eberswalde-Finow
Tel.: (03334) 35 65 42

Fax: : (018 05) 22 10 40 973
redaktion@barnimer-buerger-
post.de
www.bar-blog.de/barnimer-
buergerpost
Verbreitung: regional
Erscheint: monatlich

**ROBIN WOOD Magazin**
Gewaltfreie Aktionsgemeinschaft
für Natur und Umwelt
c/o Christiane Weitzel
Rosa-Luxemburg-Str. 24
16303 Schwedt
Tel.: (03332) 25 20 10
Fax: (03332) 25 20 11
magazin@robinwood.de
www.robinwood.de
Verbreitung: überregional
Erscheint: vierteljährl., seit 1983

**Die Bremse**
Zeitschrift der Gefangenen
der JVA Neubrandenburg
Neustrelitzer Str. 120
17033 Neubrandenburg
Verbreitung: regional

**Archipel**
Monatzeitung des Europäischen
BürgerInnenforums
Stubbendorf 68
17159 Dargun
Tel.: (0399 59) 20 329
Fax: 2 03 99
de@forumcivique.org
www.civic-forum.org
Verbreitung: überregional
Erscheint: monatlich, seit 1994

**Nachrichten aus Longo mai**
Hof Ulenkrug
Stubbendorf 68
17159 Dargun
Tel.: (0399 59) 20 329
Fax: 2 03 99
ulenkrug@t-online.de
Verbreitung: überregional
Erscheint: vierteljährl., seit 1984

**Oya**
anders denken. anders leben
Oya Medien eG
Am See 1
17440 Klein Jasedow
Tel.: (038374) 75 253
Fax: (038374) 75 223
info@oya-online.de
www.oya-online.de
Verbreitung: überregional
Erscheint: zweimonatlich, seit 2010

**Heuler**
Das Studentenmagazin
AStA Uni Rostock
Parkstraße 6
18057 Rostock
Tel.: (0381) 49 85 604
Fax: (0381) 49 85 603
redaktion@heulermagazin.de
www.asta.uni-rostock.de/referate/
heuler/
Verbreitung: regional
Erscheint: 2x im Semester

**FUCHSBAU**
Zeitschrift der Gefangenen
der JVA Waldeck
Zum Fuchsbau 1
18196 Waldeck
Verbreitung: regional

**FIDELIO**
Zeitschrift der Gefangenen
der JVA Bützow
Kühlungsborner Str. 29a
18246 Bützow
Verbreitung: regional

**Sozialismus**
Postfach 10 61 27
20042 Hamburg
Tel.: (040) 28 09 52 77-40
Fax: (040) 28 09 52 77-50
redaktion@sozialismus.de
www.sozialismus.de
Verbreitung: überregional
Erscheint: monatlich, seit 1972

**Arbeiterpolitik**
Informationsbriefe der Gruppe
Arbeiterpolitik c/o GFSA e.V.
Postfach 10 64 26

20043 Hamburg
arpo.berlin@gmx.de
www.arbeiterpolitik.de
Verbreitung: überregional
Erscheint: vierteljährl., seit 1960

**Hinz & Kunzt**
gemeinn. Verlags-
und Vertriebs GmbH
Altstädter Twiete 1-5
20095 Hamburg
Tel.: (040) 3 21 08 311
Fax: (040) 30 39 96 38
info@hinzundkunzt.de
www.hinzundkunzt.de
Verbreitung: regional
Erscheint: monatlich, seit 1993

**Exil 1933-1945**
Forschung – Erkenntnis – Ergebnisse
Walter-A.-Berendsohn-For-
schungsstelle für deutsche
Exilliteratur. Von-Melle-Park 3
20146 Hamburg
Tel.: (040) 42 83 8-2049
buero.exil@uni-hamburg.de
www1.uni-hamburg.de/exillit/
neueversion/periodika/exilzt-
schrft.htm
Verbreitung: überregional
Erscheint: halbjährlich

**KIDS Aktuell. Magazin zum
Down-Syndrom**
KIDS Hamburg e.V.
Monetastr. 3
20146 Hamburg
Tel.: (040) 38 61 67 80
Fax: (040) 38 61 67 81
redaktion@kidshamburg.de
www.kidshamburg.de/magazin-
kidsaktuell/index.html
Verbreitung: regional
Erscheint: halbjährlich

**Mittelweg 36**
Zeitschrift des Hamburger Insti-
tuts für Sozialforschung
Mittelweg 36
20148 Hamburg
Tel.: (040) 41 40 97 0

Fax: 41 40 97 11
zeitschrift@mittelweg36.de
www.his-online.de
Verbreitung: überregional
Erscheint: zweimonatl., seit 1992

**ak – analyse & kritik**
Zeitung für linke Debatte
und Praxis
Rombergstr. 10
20255 Hamburg
Tel.: (040) 40 17 01 74
Fax: (040) 40 17 01 75
redaktion@akweb.de
www.akweb.de
Verbreitung: überregional
Erscheint: monatlich, seit 1971

**Transmitter**
Programmzeitung des Radio FSK
Elmsbütteler Chaussee 21
20259 Hamburg
Tel.: (040) 43 43 24
Fax: (040) 43 03 383
www.fak-hh.org/transmitter
Verbreitung: regional
Erscheint: monatlich

**Der Rechte Rand**
Informationen von und
für AntifaschistInnen
Postfach 30 41 80
20324 Hamburg
Tel.: (0511) 34 82 125
Fax: (0511) 33 60 221
redaktion@der-rechte-rand.de
www.der-rechte-rand.de
Verbreitung: überregional
Erscheint: zweimonat., seit 1989

**Tierra y Libertad**
Land und Freiheit
c/o Zapapres e.V.
Postfach 306126
20327 Hamburg
landundfreiheit@riseup.net
www.tierra-y-libertad.de
Verbreitung: überregional
Erscheint: unregelmäßig, seit 1996

**Hugs and Kisses Magazin**
tender to all gender
Grabenstraße 9

20357 Hamburg
redaktion@hugsandkissesonline.de
www.hugsandkissesonline.de
Verbreitung: überregional
Erscheint: unregelmäßig, seit 2007

**ZECK**
Das Info aus der Flora
Schulterblatt 71
20357 Hamburg
www.nadir.org/nadir/periodika/
zeck
Verbreitung: regional
Erscheint: monatlich, seit 1992

**Der Übersteiger**
Das Kampf- und Spaßblatt
rund um den FC St. Pauli
Brigittenstr. 3
20359 Hamburg
Tel.: (040) 43 96 961
Fax: (040) 43 05 119
www.uebersteiger.de
Verbreitung: regional
Erscheint: 8x pro Sasion, seit 1995

**Forum Pazifismus**
Zeitschrift für Theorie und Praxis
der Gewaltfreiheit
Postfach 900843
21048 Hamburg
Tel.: (040) 18 05 82 83
Fax: (01212) 5-71 94 60 95
redaktion@forum-pazifismus.de
www.forum-pazifismus.de
Verbreitung: überregional
Erscheint: vierteljährl., seit 2004

**herzGalopp**
Zeitschrift für Poesie
und Lebenskunst
Raimund Samson
Otterhaken 8
21107 Hamburg
Tel.: (040) 75 32 300
Verbreitung: überregional
Erscheint: unregelmäßig

**ESPERO**
Forum für libertäre Gesellschafts-
und Wirtschaftsordnung
Wulmstorfer Moor 34 b
21629 Wulmstorf

Tel.: (040) 70 05 551
Fax: (040) 36 03 25 72 28
Uwe.Timm@gmx.net
www.espero-versand.net
Verbreitung: überregional
Erscheint: vierteljährl., seit 1994

**ökopädNEWS**
Informationsdienst der AG Natur-
und Umweltbildung ANU
c/o Jürgen Forkel-Schubert,
Braamwisch 38
22175 Hamburg
Tel.: (040) 64 01 590
jfs@oekopaednews.de
www.umweltbildung.de/oeko-
paednews
Verbreitung: überregional
Erscheint: monatlich, seit 1990

**Informationen zur schleswig-
holsteinischen Zeitgeschichte**
c/o Kay Dohnke
Wachtelstraße 11
22305 Hamburg
Tel.: (040) 43 93 211
post@akens.org
www.akens.org
Verbreitung: überregional
Erscheint: halbjährlich, seit 1983

**blickpunkt**
Die Gefangenenzeitung
aus Santa Fu JVA
Suhrenkamp 92
22335 Hamburg
Verbreitung: regional
Erscheint: seit 1976

**Rundbrief der Willi-Bredel-
Gesellschaft**
Geschichtswerkstatt e.V.
Im Grünen Grunde 1c
22337 Hamburg
Tel.: (040) 59 11 07
Fax: (040) 59 13 58
willi-bredel-gesellschaft@t-
online.de
www.bredelgesellschaft.de
Erscheint: jährlich

**escape**
Hamburgs Magazin für Lesben

Verlag Petra Vierecke
Eckerkamp 3
22391 Hamburg
redaktion@escape-hamburg.de
www.escape-hamburg.de
Verbreitung: regional
Erscheint: monatlich, seit 1997

**Regenwald Report**
Rettet den Regenwald e.V.
Jupiterweg 15
22391 Hamburg
Tel.: (040) 41 03 804
Fax: (040) 45 00 144
info@regenwald.org
www.regenwald.org
Verbreitung: überregional
Erscheint: vierteljährl., seit 1986

**WUZ**
Walddörfer Umweltzeitung
c/o Ilka Duge, Elersring 17
22395 Hamburg
Tel.: (040) 64 42 43 53
Fax: (040) 60 45 06 92
info@wuzonline.de
www.wuzonline.de
Verbreitung: regional
Erscheint: zweimonatl., seit 2006

**Switchboard**
Informationsdienst für Männer
und Jungenarbeit
Melhopweg 20
22397 Hamburg
Tel.: (040) 38 19 07
Fax: (040) 38 19 07
info@maennerzeitung.de
www.maennerzeitung.de
Verbreitung: überregional
Erscheint: monatlich, seit 1989

**konkret**
KVV Konkret Vertriebsgesellschaft
für Druck- und adere Medien
GmbH&Co.KG
Postfach 50 04 09
22704 Hamburg
Tel.: (040) 85 12 531
Fax: (040) 85 12 514
redaktion@konkret-magazin.de
www.konkret-verlage.de

Verbreitung: überregional
Erscheint: monatlich, seit 1957

**DIE AKTION**
Zeitschrift für Politik, Literatur,
Kunst
Edition Nautilus
Schützenstr. 49a
22761 Hamburg
Tel.: (040) 72 13 536
Fax: (040) 72 18 399
info@edition-nautilus.de
www.edition-nautilus.de
Verbreitung: überregional
Erscheint: unregelmäßig, seit 1981

**israel & palästina**
Zeitschrift für Dialog
Zeißstraße 51/1
22765 Hamburg
geschaeftsstelle@diak.org
www.diak.org
Verbreitung: überregional
Erscheint: vierteljährlich

**Pestizid-Brief**
c/o PAN Germany
Nernstweg 32-34
22765 Hamburg
Tel.: (040) 39 91 91 00
Fax: (040) 39 91 910-30
info@pan-germany.org
www.pan-germany.org
Verbreitung: überregional
Erscheint: zweimonatlich, seit 1988

**Greenpeace-Magazin**
Politik, Wirtschaft, Umwelt
Große Elbstraße 145d
22767 Hamburg
Tel.: (040) 80 81 28 080
Fax: (040) 80 81 28 099
gpm@greenpeace-magazin.de
www.greenpeace-magazin.de
Verbreitung: überregional
Erscheint: zweimonatlich

**Ultimo**
Stadtmagazin
Wahmstr. 39
23552 Lübeck
Tel.: (0451) 72 031
Fax: (0451) 74 850

info@ultimo-luebeck.de
www.ultimo-luebeck.de
Verbreitung: regional
Erscheint: monatlich, seit 1983

**Zimtzicke**
Frauenveranstaltungskalender
Steinrader Weg 1
23558 Lübeck
Tel.: (0451) 40 82 840
Fax: (0451) 40 82 870
info@aranat.de
www.aranat.de
Verbreitung: regional
Erscheint: zweimonat., seit 1990

**Lauerhof-Kurier**
Zeitung der Gefangenen
der JVA
Marliring 41
23566 Lübeck
Verbreitung: regional
Erscheint: seit 1972

**weltsicht**
B.E.I.
Papenkamp 62
24114 Kiel
Tel.: (0431) 66 14 532
Fax: (0431) 65 80 558
info@bei-sh.org
www.bei-sh.org

**HAJO**
Das monatliche Magazin der HAKI
für Lesben, Schwule und Transgender in Schleswig-Holstein
Westring 278
24116 Kiel
Tel.: (0431) 17 090
haki@kiel.gay-web.de
http://new.haki-sh.de
Verbreitung: regional
Erscheint: monatlich

**Antifa-Rundbrief**
Informationen der VVN
- Bund der Antifaschisten
Lindenstr. 9
24118 Kiel
Tel.: (0431) 56 93 53
Fax: (0431) 73 50 46
vvn-bda-kiel@gmx.de

**Gegenwind**
Zeitung für Schleswig Holstein
und Mecklenburg-Vorpommern
Schweffelstr. 6
24118 Kiel
Tel.: (0431) 56 58 99
Fax: (0431) 57 09 882
redaktion@gegenwind.info
www.gegenwind.info
Verbreitung: regional
Erscheint: monatlich, seit 1988

**LinX**
Sozialistische Zeitung für Kiel
Schweffelstr. 6
24118 Kiel
abo@sozialismus-jetzt.de
www.sozialismus-jetzt.de
Verbreitung: regional
Erscheint: zweiwöchentlich

**Der Schlepper**
Magazin für Migration und Flücht-
lingssolidarität in Schleswig Hol-
stein
Flüchtlingsrat
Oldenburger Str. 25
24143 Kiel
Tel.: (0431) 73 50 00
Fax: (0431) 73 60 77
office@frsh.de
www.frsh.de
Verbreitung: regional
Erscheint: vierteljährl., seit 1997

**Trallenkieker**
Zeitung der Gefangenen der JVA
Boostedter Str. 30
24534 Neumünster
Verbreitung: regional

**Flensburger Hefte**
Holm 64
24937 Flensburg
Tel.: (0461) 26 363
Fax: (0461) 26 912
info@flensburgerhefte.de
www.flensburgerhefte.de
Verbreitung: überregional
Erscheint: vierteljährl., seit 1983

**INPREKORR**
Internationale Pressekorrespon-
denz
Hirtenstaller Weg 34
25761 Büsum
redaktion@inprekorr.de
www.inprekorr.de
Verbreitung: überregional
Erscheint: monatlich, seit 1971

**quer**
Überregionale und unabhängige
Monatszeitung für Arbeitslose
Postfach 13 63
26003 Oldenburg
Tel.: (0441) 95 58 449
Fax: (0441) 95 58 443
quer.infos@web.de
www.also-zentrum.de/
Verbreitung: überregional
Erscheint: zweimonat., seit 1985

**Oldenburger Stachel**
Magazin für Politik und Kultur
in Oldenburg und umzu
Postfach 3362
26023 Oldenburg
Tel.: (04407) 424
Fax: (04407) 424
redaktion@stachel.de
www.stachel.de
Verbreitung: überregional
Erscheint: monatlich, seit 1982

**ROSIGE ZEITEN**
Das regionale Magazin für Lesben
und Schwule
NA UND presse e.V.
Ziegelhofstr.83
26121 Oldenburg
Tel.: (0441) 77 75 923
Fax: (0441) 76 478
rosigezeiten@gmx.de
www.rosige-zeiten.net
Verbreitung: regional
Erscheint: monatlich, seit 1989

**Tr§tzdem**
Zeitung der Gefangenen der JVA
Cloppenburgerstraße 400
26133 Oldenburg
Tel.: (0441) 48 590

www.jva-oldenburg.de
Verbreitung: regional
Erscheint: dreimal jährli., seit 1985

**alhambra**
Programmzeitung des selbstver-
walteten Aktions- und Kommuni-
kationszentrum
Hermannstr. 83
26135 Oldenburg
Tel.: (0441) 14 402
Fax: (0441) 21 706489
alhambra@alhambra.de
Verbreitung: regional
Erscheint: monatlich

**Gegenwind**
Wilhelmshavener Zeitung für
Arbeit, Frieden, Umweltschutz
Weserstr. 33
26382 Wilhelmshaven
Tel.: (04421) 99 49 90
gegenwind.whv@t-online.de
www.gegenwind-whv.de
Verbreitung: Regional
Erscheint: 8 x jährlichf

**abfahren**
Kundenzeitschrift des Verbundes
selbstverwalteter Fahrradläden
Rhododendronstr. 52 B
26605 Aurich
Tel.: (049 41) 99 19 851
Fax: (049 41) 99 80 43
info@vsf-mail.de
www.vsf.de
Verbreitung: überregional
Erscheint: 3x jährlich, seit 1990

**Waterkant**
Zeitschrift für Umwelt + Mensch
+ Arbeit in der Nordseeregion
27628 Sandstedt/Unterweser
Fax: (04702) 92 00 93
buero@waterkant.info
www.waterkant.info
Verbreitung: überregional
Erscheint: vierteljährl., seit 1984

**UNDERDOG-Fanzine**
Narzissenweg 21
27793 Wildeshausen
Tel.: (044 31) 72 771

www.underdogfanzine.de

**Trust**
c/o Dolf Hermannstädter
Postfach 110762
28087 Bremen
Tel.: (0421) 49 15 88 0
Fax: (0421) 49 15 88 1
dolf@trust-zine.de
www.trust-zine.de

**Pedal**
Das ADFC-Magazin
für Bremen und umzu
Bahnhofsplatz 14
28195 Bremen
Tel.: (0421) 5177882 - 77
Fax: 701159
antje.hoffmann@adfc-bremen.de
www.adfc-bremen.de
Verbreitung: regional
Erscheint: zweimonatlich

**Arbeiterbewegung und Sozial-
geschichte**
c/o H.-G. Hofschen
Wielandstr. 17
28203 Bremen
Tel.: (0421) 70 02 45
hgh@uni-bremen.de
www.sozialgeschichte-bremen.de
Verbreitung: regional
Erscheint: halbjährlich, seit 1998

**Extrablatt**
c/o Infoladen
St. Paulistr. 10/12
28203 Bremen
www.extrablatt-online.de
Erscheint: seit 2007

**FIfF-Kommunikation**
Forum InformatikerInnen für
Frieden und gesellschaftliche
Verantwortung
Goetheplatz 4
28203 Bremen
Tel.: (0421) 33 65 92 55
Fax: (0421) 33 65 92 56
redaktion@fiff.de
www.fiff.de
Verbreitung: überregional
Erscheint: vierteljährl., seit 1988

**STINT**
Zeitschrift für Literatur
Goetheplatz 4
28203 Bremen
Tel.: (0421) 32 79 43
Fax: (0421) 33 65 621
redaktion@stint.de
www.stint.de
Erscheint: seit 1987

**Kollegen von Daimler
informieren**
Rainer Baues
Hastedter Osterdeich 158
28207 Bremen
redaktion@kolleginfo.de
www.kollegeninfo.de
Verbreitung: regional
Erscheint: unregelmäßig, seit 1977

**Zett**
Kulturzentrum Schlachthof
Kulturzentrum Lagerhaus
Findorffstr. 51
28215 Bremen
Tel.: (0421) 37 77 537
Fax: (0421) 37 77 511
zett@schlachthof-bremen.de
www.schlachthof-bremen.de/
kultur/medien/zett
Verbreitung: regional
Erscheint: monatlich, seit 1989

**Der Bremer Antifaschist**
Zeitung der VVN/BdA
Am Speicher XI/9
28217 Bremen
Tel.: (0421) 38 29 14
Fax: (0421) 38 29 18
bremen@vvn-bda.de
http://bremen.vvn-bda.de
Verbreitung: regional
Erscheint: monatlich, seit 1981

**FKW**
Zeitschrift für Geschlechterfor-
schung und visuelle Kultur
c/o Kathrin Heinz
Langeooger Straße 31
28219 Bremen
Tel.: (0421) 21 86 97 11
mails_to_fkw@web.de

www.frauenkunstwissenschaft.de
Verbreitung: überregional
Erscheint: halbjährlich

**IRRTU(R)M**
Liegnitzstr. 63
28237 Bremen
Tel.: (0421) 39 64 808
Fax: (0421) 47 87 71 93
www.irrturm.org
Verbreitung: überregional
Erscheint: jährlich, seit 1989

**Diskus 70**
Gefangenenzeitung der
Bremer Vollzugsanstalten
Sonnemannstr. 2
28239 Bremen
Tel.: (0421) 3611 53 14
Fax: (0421) 36 11 54 13
andre.galdia@jva.bremen.de
Verbreitung: regional
Erscheint: vierteljährl., seit 1970

**Achimer Geschichtshefte**
Hartmut Nill
28832 Achim
info@geschichtswerkstatt-achim.de
www.geschichtswerkstatt-achim.
de
Verbreitung: regional
Erscheint: jährlich, seit 1988

**Torfkurier**
Monatszeitung mit Kulturkalender
c/o Götz Paschen, Mühlenstr. 44
28870 Ottersberg
Tel.: (042 05) 77 99 66
Fax: (042 05) 77 99 65
info@torfkurier.de
www.torfkurier.de
Verbreitung: regional
Erscheint: monatlich, seit 1993

**revista**
Linke Zeitung für Politik und
Kultur aus Celle
c/o Buntes Haus
Postfach 1329
29203 Celle
schreib@revista-online.info
www.revista-online.info
Verbreitung: regional

Erscheint: zweimonatl., seit 1999

**Gorleben Rundschau**
Bürgerinitiative Umweltschutz
Lüchow-Dannenberg
Rosenstr. 20
29439 Lüchow
Tel.: (058 41) 46 84
Fax: 31 97
buero@bi-luechow-dannenberg.
de
www.bi-luechow-dannenberg.
de/3gorleben.html
Verbreitung: überregional
Erscheint: monatlich, seit 1978

**anti atom aktuell**
c/o Elisabeth Krüger/Martin
Nesemann
Tollendorf 9
29473 Göhrde
Tel.: (05862) 98 59 90
Fax: (05862) 9859 91
redaktion@anti-atom-aktuell.de
www.anti-atom-aktuell.de
Verbreitung: überregional
Erscheint: monatlich, seit 1989

**Rififi**
Zeitung der Gefangenen
der JVA Breidenbeck 15
29525 Uelzen
Verbreitung: regional
Erscheint : unregelmäßig

**KRASS. kritische assoziationen**
eine neue pro-post-queer-femi-
nistische Zeitschrift aus Hamburg
c/o Wiebke Frieß
Stresemannstr. 220
22769 Hamburg
info@krass-mag.net
http://krass-mag.net
Verbreitung: überregional

**Lokalberichte Hamburg**
Antifaschistisch, Antikapitalis-
tisch, Antiimperialistisch
Neuer Kamp 25
20359 Hamburg
gnn-hamburg@freenet.de
Verbreitung: regional
Erscheint: monatlich

**Ossietzky**
Zweiwochenschrift für Politik,
Kultur, Wirtschaft
Weidendamm 30B
30167 Hannover
Tel.: (0511) 12 34 777
Fax: (0511) 21 55 126
ossietzky@interdruck.net
www.sopos.org/ossietzky
Verbreitung: überregional
Erscheint: zweiwöchentl., seit 1997

**vers beaux temps**
c/o Infoladen
Kornstraße 28-30
30167 Hannover
vbt-mail@web.de
Verbreitung: regional
Erscheint: unregelmäßig, seit 2002

**Flüchtlingsrat**
Zeitschrift für Flüchtlingspolitik
in Niedersachen
Langer Garten 23 b
31137 Hildesheim
Tel.: (05121) 15 605
Fax: (05121) 31 609
nds@nds-fluerat.org
www.nds-fluerat.org
Verbreitung: überregional
Erscheint: vierteljährl., seit 1984

**Zeitschrift für kritische Theorie**
Zu Klampen Verlag
Röse 21
31832 Springe
Tel.: (05041) 80 11 33
Fax: (05041) 80 11 36
info@zuklampen.de
www.zuklampen.de
Verbreitung: überregional
Erscheint: jährlich, seit 1995

**Soziale Verteidigung**
Vierteljahreszeitschrift des Bundes für Soziale Verteidigung e.V.
Schwarzer Weg 8
32423 Minden
Tel.: (0571) 29 456
Fax: (0571) 23 019
info@soziale-verteidigung.de
www.soziale-verteidigung.de

Verbreitung: überregional
Erscheint: vierteljährl., seit 1989

**Das Sieb**
Zeitung der Gefangenen der JVA
Bielefelder Straße 78
32756 Detmold
Erscheint: Verbreitung: regional

**AKP**
Fachzeitschrift für
alternative Kommunalpolitik
Luisenstr. 40
33602 Bielefeld
Tel.: (0521) 17 75 17
Fax: (0521) 17 75 68
akp@akp-redaktion.de
www.akp-redaktion.de
Verbreitung: überregional
Erscheint: zweimonatl., seit 1981

**ARA-Magazin**
Arbeitsgemeinschaft Regenwald
und Artenschutz e.V.
August Bebel Str. 16 - 18
33602 Bielefeld
Tel.: (0521) 65 943
Fax: (0521) 64 975
ara@araonline.de
www.araonline.de
Verbreitung: überregional
Erscheint: vierteljährl., seit 2005

**KOSA-Information**
Koordination Südliches Afrika
(KOSA) e.V.
August-Bebel-Str. 62
33602 Bielefeld
Tel.: (0521) 98 64 851/52
Fax: (0521) 63 789
kosa@kosa.org
www.kosa.org/rundbrief.html
Verbreitung: überregional
Verbreitung: überregional
Erscheint: vierteljährlich

**Mosambik Rundbrief**
August-Bebel-Str. 16-18
33602 Bielefeld
Tel.: (0521) 12 47 42
Fax: (0521) 64 975
kkm@kkmosambik.de
www.kkmosamabik.de

Erscheint: vierteljährlich

**Pharma-Brief**
BUKO Pharma-Kampagne
August-Bebel-Str. 62
33602 Bielefeld
Tel.: (0521) 60 550
Fax: (0521) 63 789
info@bukopharma.de
www.bukopharma.de
Verbreitung: überregional
Erscheint: monatlich

**utopia**
Jugendzeitung für eine
herrschaftslose & gewaltfreie
Gesellschaft
Postfach 10 19 11
34019 Kassel
Tel.: (0251) 48 29 057
Fax: (0251) 48 29 032
redaktion@jugendzeitung.net
www.jugendzeitung.net
Verbreitung: überregional
Erscheint: vierteljährl., seit 2007

**Männerforum**
Zeitschrift der Männerarbeit der
Ev. Kirche
Garde-du-Corps-Str. 7
34117 Kassel
Tel.: (0561) 71 01 81
Fax: (0561) 71 01 83
www.maenner-online.de/html/
forum.html
Verbreitung: überregional
Erscheint: 2x jährlich (April + Okt.)

**Krampfader**
Frauenzeitung
Regionalstr. 14
34119 Kassel
Verbreitung: regional
Erscheint: vierteljährl., seit 1986

**WeiberZEIT**
Bundesnetzwerk von FrauenLes-
ben und Mädchen mit Beein-
trächtigung
Kölnische Str. 99
34119 Kassel
Tel.: (0561) 72 88 585
Fax: (0561) 72 88 553

info@weibernetz.de
www.weibernetz.de
Verbreitung: überregional
Erscheint: vierteljährl., seit 1998

**Postfach 71**
Gefangenenzeitung der JVA
Kassel I
Theodor Fliedner Straße 12
34121 Kassel
Verbreitung: regional
Erscheint: vierteljährl., seit 1970

**Ariadne**
Forum für Frauen- und Ge-
schlechtergeschichte
Gottschalkstraße 57
34127 Kassel
Tel.: (0561) 98 93 670
Fax: (0561) 98 93 672
wolff@addf-kassel.de
www.addf-kassel.de
Verbreitung: überregional
Erscheint: halbjährlich, seit 1985

**das Schloss**
Zeitung der Gefangenen der JVA
Paradeplatz 5
34613 Schwalmstadt
Verbreitung: regional

**ZeitLupe**
Marburger Informationen über
rechte Strukturen und Ideologie
c/o ZDM e.V.
Postfach 2327
35011 Marburg
info@zdm-online.de
http://zdm-online.de
Verbreitung: regional
Erscheint: vierteljährlich

**perspektiven ds**
Zeitschrift für Gesellschaftsanalyse
Universitätsstraße 58
35037 Marburg
Tel.: (06421) 63 084
Fax: (06421) 68 11 90
perspektiven@hotmail.de
www.perspektiven-ds.de
Verbreitung: überregional
Erscheint: halbjährlich, seit 1984

**KennZeichen**
Zeitung der Gefangenen der JVA
Gutfleischstr. 2 a
35390 Gießen
Verbreitung: regional

**psychosozial**
Psychosozialverlag
Walltorstr. 10
35390 Gießen
Tel.: (0641) 96 99 78 0
Fax: (0641) 96 99 78 19
info@psychosozial-verlag.de
www.psychosozial-verlag.de
Verbreitung: überregional
Erscheint: vierteljährl., seit 1978

**Mitteilungsblatt
der Lagergemeinschaft
Auschwitz**
Freiherr-vom-Stein-Str. 27
35516 Münzenberg
www.lagergemeinschaft-ausch-
witz.de
Verbreitung: überregional
Erscheint: halbjährlich, seit 1981

**Die Zeitlos**
Zeitung der Gefangenen der JVA
Am Rosengarten 6
36037 Fulda
Verbreitung: regional

**EINBLICK**
Zeitschrift der Gefangenen
der JVA Hünfeld
Molzbacher Str. 37
36088 Hünfeld
Verbreitung: regional

**pogrom**
Zeitschrift der Gesellschaft
für bedrohte Völker
Postfach 20 24
37010 Göttingen
Tel.: (0551) 49 90 6-28
Fax: (0551) 58 028
redaktion@gfbv.de
www.gfbv.de
Verbreitung: überregional
Erscheint: zweimonatl., seit 1970

**Die Rote Hilfe**
Zeitung der Roten Hilfe e.V.
Postfach 32 55
37022 Göttingen
Tel.: (0551) 77 08 008
Fax: (0551) 77 08 009
rhz@rote-hilfe.de
www.rote-hilfe.de
Verbreitung: überregional
Erscheint: vierteljährl., seit 1974

**CARGO**
Zeitschrift für Ethnologie
Wilhelmsplatz 3
37073 Göttingen
Tel.: (0551) 48 71 41
Fax: (0551) 48 71 43
ifak@comlink.org
Verbreitung: überregional
Erscheint: unregelmäßig, seit 1979

**Göttinger Drucksache**
c/o Buchladen Rote Straße
Nikolaikirchhof 7
37073 Göttingen
Tel.: (0551) 42128
Verbreitung: regional
Erscheint: unregelmäßig, seit 1992

**Umweltzeitung**
für die Region Braunschweig
Ferdinandstr. 7
38118 Braunschweig
Tel.: (0531) 12 59 92
Fax: (0531) 12 59 95
info@umweltzentrum-braun-
schweig.de
www.umweltzentrum-braun-
schweig.de
Verbreitung: regional
Erscheint: zweimonatlich

**ALCATRAZ**
Zeitschrift der Gefangenen
der JVA Wolfenbüttel
Ziegenmarkt 10
38300 Wolfenbüttel
Verbreitung: regional

**The Punchliner**
Buchmagazin für Literatur, Satire
und Slam Poetry
Verlag Andreas Reiffer

Hauptstr. 16 b
38527 Meine
Tel.: (05304) 50 17 83
Fax: (05304) 50 17 96
reiffer@verlag-reiffer.de
www.verlag-reiffer.de
Verbreitung: überregional
Erscheint: jährlich, seit 2004

**grünes blatt**
Zeitung für Umweltschutz
‚von unten‘
Postfach 320119
39040 Magdeburg
Tel.: (0391) 72 72 657
mail@gruenes-blatt.de
www.gruenes-blatt.de
Verbreitung: überregional
Erscheint: unregelmäßig, seit 1995

**Stichwort: Bayer**
Die anderen Informationen zu
einem multinationalen Konzern
Postfach 15 04 18
40081 Düsseldorf
Tel.: (0211) 33 39 11
Fax: (0211) 33 39 40
CBGnetwork@aol.com
www.CBGnetwork.org
Verbreitung: überregional
Erscheint: vierteljährl., seit 1983

**Kurdistan Report**
Für ein freies Kurdistan in einem
demokratischen Mittleren Osten
c/o Cenî – Kurdisches Frauenbüro
für Frieden e.V.
Corneliusstr. 125
40215 Düsseldorf
Tel.: (0211) 59 89 251
k.report@gmx.de
www.kurdistanreport.de
Verbreitung: überregional
Erscheint: zweimonatlich, seit 1982

**TERZ**
Stattzeitung in Düsseldorf
Himmelgeisterstr. 107 a
40225 Düsseldorf
Tel.: (0211) 93 4 7 787
Fax: (0211) 93 47 786
terz@free.de

www.terz.org
Verbreitung: regional
Erscheint: monatlich, seit 1992

**fifty-fifty**
Obdachlosenmagazin
Jägerstr. 15
40231 Düsseldorf
Tel.: (0211) 92 16 284
Fax: (0211) 92 16 389
info@fiftyfifty-galerie.de
www.fiftyfifty-galerie.de
Verbreitung: regional

**Das Band**
Zeitschrift des Bundesverbandes
für Körper- und Mehrfachbehin-
derte (bvkm)
Brehmstr. 5-7
40239 Düsseldorf
Tel.: (0211) 64004-14
stephanie.wilken-dapper@bvkm.
de
www.bvkm.de/0-10/
zeitschriften,dasband.html
Verbreitung: überregional
Erscheint: zweimonatl., seit 1970

**Böckler impuls**
Hans-Böckler-Stiftung
Hans-Böckler-Straße 39
40476 Düsseldorf
Tel.: (0211) 7778 0
Fax: 7778 120
Karin-Rahn@boeckler.de
www.boeckler.de/32006.html

Verbreitung: überregional
Erscheint: zweiwöchentl., seit 2005

**Intervention**
European Journal of Economics
and Economic Policies
c/o Dr. Torsten Niechoj
 IMK in der Hans-Böckler-Stiftung,
Hans-Böckler-Str. 39
40476 Düsseldorf
managing_editors@journal-
intervention.org
www.zeitschrift-intervention.de
Verbreitung: überregional
Erscheint: jährlich, seit 2003

**Ulmer Echo**
Zeitung der Gefangenen der JVA
Ulmen Str. 95
40476 Düsseldorf
Tel.: (0211) 94 86-348 (-230)
Fax: (0211) 48 75 99
ulmerecho@gmx.de
www.ulmerecho.de
Verbreitung: regional
Erscheint: seit 1974

**WSI-Mitteilungen**
Wirtschafts- und Sozialwissen-
schaftliches Institut in der Hans-
Böckler-Stiftung
Hans-Böckler-Straße 39
40476 Düsseldorf
Fax: (0211) 77 78 226
wsi-mitteilungen@wsi.de
www.boeckler.de/119.html

Verbreitung: überregional
Erscheint: monatlich, seit 1972

**Wir Frauen**
Das feministische Blatt
Rochusstr. 43
40479 Düsseldorf
info@wirfrauen.de
www.wirfrauen.de
Verbreitung: überregional
Erscheint: vierteljährl., seit 1982

**eigentümlich frei**
Eine Streitschrift für die Freiheit!!!
Malvenweg 24
41516 Grevenbroich
Tel.: (02182) 57 04 500
Fax: (02182) 57 04 041
redaktion@eifrei.de
www.ef-magazin.de
Verbreitung: überregional
Erscheint: 10 x jährlich

**Kaperbrief**
die Zeitung der BUKO Kampagne
gegen Biopiraterie
c/o Informationsbüro Nicaragua
Deweerthstraße 8
42107 Wuppertal
info@biopiraterie.de
www.biopiraterie.de
Verbreitung: überregional
Erscheint: unregelmäßig als taz-
Beilage

**Rundschreiben des Informationsbüros Nicaragua**
Deweerthstr. 8
42107 Wuppertal
Tel.: (0202) 30 00 30
Fax: (0202) 31 43 46
info@informationsbuero-nicaragua.org
www.informationsbuero-nicaragua.org/
Verbreitung: überregional
Erscheint: jährlich

**Mit Sicherheit**
Zeitschrift der Gefangenen
der JVA Wuppertal
Simonshöfchen 26
42327 Wuppertal
Verbreitung: regional

**Kassiber (Remscheid)**
Zeitschrift der Gefangenen
der JVA Remscheid
Masurenstr. 28
42899 Remscheid
Verbreitung: regional

**Das Sprachrohr**
Zeitschrift der Gefangenen
der JVA Dortmund
Lübeckerstr. 21
44135 Dortmund
Verbreitung: regional

**SPW**
Zeitschrift für sozialistische Politik
& Wirtschaft
spw-Verlag GmbH
44293 Dortmund
Tel.: (0231) 20 20 011
Fax: (0231) 20 20 024
redaktion@spw.de
www.spw.de
Verbreitung: überregional
Erscheint: zweimonatlich, seit 1978

**Tierbefreiung**
Das aktuelle Tierrechtsmagazin
die tierbefreier e.V.
Postfach 15 03 25
44343 Dortmund
Fax: (0380) 17 85 46 12
info@die-tierbefreier.de

www.tierbefreier.de
Verbreitung: überregional
Erscheint: vierteljährlich

**Bankspiegel**
Zeitschrift für ein modernes
Bankwesen
GLS Gemeinschaftsbank eG
Postfach 10 08 29
44708 Bochum
Tel.: (0234) 57 97-100
Fax: (0234) 57 97-133
bankspiegel@gls.de
www.gemeinschaftsbank.de
Verbreitung: überregional
Erscheint: vierteljährlich

**bochumer studierendenzeitung (bsz)**
Universitätsstr. 150
44780 Bochum
bszb@rub.de

**LAUTSPRECHER**
Zeitung für Psychiatrie-Erfahrene
NRW, Psychiatriekritisch und unabhängig von der Psychopharmaka-Industrie
c/o LPE-NRW e.V.
Wittener Str. 87
44789 Bochum
Fax: (0234) 640 5103
lautsprecher@psychiatrie-erfahrene-nrw.de
Verbreitung: regional
Erscheint: vierteljährlich

**Die Krümmede**
Zeitung der Gefangenen der JVA
Krümmede 3
44791 Bochum
Verbreitung: regional

**Polen und wir**
Zeitschrift für deutsch-polnische
Verständigung
Wielandstr. 111
44791 Bochum
Tel.: (030) 56 02 96 08 7
redaktion-puw@polen-news.de
www.polen-news.de
Verbreitung: überregional
Erscheint: vierteljährl., seit 1984

**Archiv für die Geschichte des Widerstandes und der Arbeit**
c/o W. Braunschädel
Hustadtring 33
44801 Bochum
wobarchiv@gmx.de
Verbreitung: überregional
Erscheint: unregelmäßig, seit 1980

**GENDER**
Zeitschrift für Geschlecht, Kultur
und Gesellschaft
c/o Netzwerk Frauenforschung
NRW. Uni Duisburg-Essen
Berliner Platz 6-8
45117 Essen
Tel.: (0201) 183-6134
Fax: (0201) 183-3175
redaktion@gender-zeitschrift.de
www.gender-zeitschrift.de
Verbreitung: überregional
Erscheint: dreimal jährl., seit 2009

**Marxistische Blätter**
Neue Impulse Verlag
Hoffnungstr. 18
45127 Essen
Tel.: (0201) 2 48-0
Fax: (0201) 24 86 484
info@neue-impulse-verlag.de
www.marxistischeblaetter.de
Verbreitung: überregional
Erscheint: zweimonatlich, seit 1963

**Position**
Magazin der SDAJ
Hoffnungstr. 18
45127 Essen
Tel.: (0201) 23 06-33
Fax: (0201) 230 6-93
www.sdaj-netz.de/material/position/
Verbreitung: überregional
Erscheint: zweimonatlich

**UZ Unsere Zeit**
Sozialistische Wochenzeitung
Hoffnungstr. 18
45127 Essen
Tel.: (0201) 24 86 485 (AB)
Fax: (0201) 24 87 564
redaktion@unsere-zeit.de

www.unsere-zeit.de
Verbreitung: überregional
Erscheint: wöchentlich, seit 1969

**BioSkop**
Zeitschrift zur Beobachtung der
Biowissenschaften und ihrer
Technologien
Bochumer Landstr. 144a
45276 Essen
Tel.: (0201) 53 66 706
Fax: (0201) 53 66 705
info@bioskop-forum.de
www.bioskop-forum.de
Verbreitung: überregional
Erscheint: vierteljährl., seit 1997

**KultuRRevolution**
Zeitschrift für angewandte
Diskurstheorie
Heßlerstraße 37
45329 Essen
Tel.: (0201) 86 206-0
Fax: (0201) 86 206-22
info@klartext-verlag.de
www.zeitschrift.kulturrevolution.de
Verbreitung: überregional
Erscheint: halbjährlich, seit 1982

**Werkstatt Geschichte**
Klartext-Verlag
Heßlerstraße 37
45329 Essen
Tel.: (0201) 86 206-0
Fax: (0201) 86 206-22
Stefan Mörchen: moerchen@uni-
bremen.de
www.werkstattgeschichte.de
Verbreitung: überregional
Erscheint: 3 x jährlich. seit 1992

**AMOS**
Postfach 230 103
44638 Herne
Tel.: (02325) 6 00 991
Fax: (02325) 37 07 53
Verbreitung: überregional
www.amos-zeitschrift.de
Erscheint: vierteljährl., seit 1968

**Rebell Info**
Jugendmagazin des Jugendver-
bandes Rebell der MLPD

An der Rennbahn 2
45899 Gelsenkirchen
Tel.: (0209) 95 52 448
Fax: (0209) 95 52 450
geschaeftsstelle@rebell.info
www.rebell.info
Verbreitung: überregional
Erscheint: zweimonatlich

**Rote Fahne**
Wochenzeitung der MLPD
Schmalhorststrasse 1
45899 Gelsenkirchen
Tel.: (0209) 95 19 430
Fax: (0209) 95 19 410
rotefahne@mlpd.de
www.rotefahne.info
Verbreitung: überregional
Erscheint: wöchentlich, seit 1970

**LOTTA**
antifaschistische Zeitung für NRW
Am Förderturm 27
46049 Oberhausen
lotta-redaktion@no-log.org
http://projekte.free.de/lotta/
index.htm
Verbreitung: überregional
Erscheint: vierteljährl., seit 1999

**Schichtwechsel**
Journal für die Geschichte
Oberhausens
Hansastr. 30
46049 Oberhausen
Tel.: (0208) 30 78 350
Fax: (0208) 30 78 355
info@geschichtswerkstatt-ober-
hausen.de
www.schichtwechsel-oberhausen.de
Verbreitung: regional
Erscheint: unregelmäßig, seit 2006

**Lachesis**
Fachzeitschrift des Berufsverban-
des der Heilpraktikerinnen
Pliestermark 3
46284 Dorsten
Tel.: (023 62) 20 29 190
Fax: (023 62) 99 89 368
zeitschrift@lachesis.de
www.lachesis.de

**DISS-Journal**
Zeitschrift des Duisburger Ins-
tituts für Sprach- und Sozialfor-
schung
Siegstr. 15
47051 Duisburg
Tel.: (0203) 20 249
Fax: (0203) 28 78 81
info@diss-duisburg.de
www.diss-duisburg.de
Verbreitung: überregional
Erscheint: halbjährlich, seit 1998

**Solidarität International**
Grabenstraße 89
47057 Duisburg
Tel.: (0203) 60 45 790
Fax: (0203) 60 45 791
buero@solidaritaet-international.
de
www.solidaritaet-international.de
Verbreitung: überregional
Erscheint: zweimonatlich

**Barrikade**
Streitschrift für Anarchosyndika-
lismus, Unionismus und revolutionären Syndikalismus
Syndikat-A
Bismarckstr. 41a
47443 Moers
Tel.: (02841) 53 73 16
Fax: (02841) 53 73 16
syndikat-a@fau.org
http://zuchthaus.free.de/syndi-
kat-a/
Verbreitung: überregional

**JAILY NEWS**
Zeitschrift der Gefangenen
der JVA Kleve
Krohnestr. 11
47533 Kleve
Verbreitung: regional

**Posaune**
Zeitung der Gefangenen der JVA
Möhlendyk 50
47608 Geldern
Verbreitung: regional

**Lexplosiv für Münsters Lesben**
Postfach 4805
48027 Münster
info@lexplosiv.de
www.lexplosiv.de
Verbreitung: regional
Erscheint: vierteljährl., seit 2002

**LAG Rundbrief**
Landesarbeitsgemeinschaft
Soziokultureller Zentren NRW
Achtermannstr. 10-12
48143 Münster
Tel.: (0251) 51 84 75
Fax: (0251) 51 88 76
lagnw@soziokultur.de
www.soziokultur-nrw.de
Verbreitung: regional
Erscheint: 3x jährlich, seit 1982

**Sperre**
Arbeitslose brauchen Medien
Berliner Platz 8
48143 Münster
Tel.: (0251) 51 11 21
Fax: (0251) 47 914
sperre@muenster.de
www.sperre-online.de
Verbreitung: regional
Erscheint: zweimonatl., seit 1986

**Durchblick**
Zeitschrift der Gefangenen der
JVA Münster
Gartenstr. 26
48147 Münster
Verbreitung: regional

**Forum Recht**
c/o Matthias Lehnert
Mecklenburger Str. 28
48147 Münster
redaktion@forum-recht-online.de
www.forum-recht-online.de
Verbreitung: überregional
Erscheint: vierteljährl., seit 1983

**The Dishwasher**
Magazin für studierende
Arbeiterkinder
Referat für finanziell und kulturell
benachteiligte Studierende
AStA Uni Münster

Schlossplatz 1
48149 Münster
Tel.: (0251) 83 22 287
asta.fikus@uni-muenster.de
http://dishwasher.blogsport.de
Verbreitung: überregional
Erscheint: halbjährlich, seit 2010

**Am Erker**
Zeitschrift für Literatur
Rudolfstraße 8
48153 Münster
Tel.: (0251) 79 95 80
Fax: (0251) 79 95 80
redaktion@amerker.de
www.am-erker.de
Verbreitung: überregional
Erscheint: halbjährlich, seit 1977

**Peripherie**
Zeitschrift für Politik & Ökonomie
in der Dritten Welt
Hafenweg 26a
48155 Münster
Tel.: (0251) 39 00 480
Fax: (0251) 39 00 45 50
info@dampfboot-verlag.de
www.zeitschrift-peripherie.de
Verbreitung: überregional
Erscheint: vierteljährl., seit 1980

**else wohin**
Osnabrücks Zeitschrift für Lesben
und andere Frauen
Referat für Lesben
und andere Frauen
Alte Münze 12
49074 Osnabrück
Tel.: (0541) 23 326
frauenlesben_referat@web.de
Verbreitung: regional
Erscheint: ca. halbjährlich

**GEWerkschaft**
Semesterzeitung der Gewerkschaftlichen Studierendengruppe
August-Bebel-Platz 1
49074 Osnabrück
Tel.: (0541) 25 96 20
Fax: (0541) 26 08 27
webmaster@gew-studis-os.de
www.gew-studis-os.de

Verbreitung: regional
Erscheint: halbjährlich, seit 2000

**STADTBLATT**
bvw verlag GmbH
Georgstraße 14
49074 Osnabrück
Tel.: (0541) 35 78 70
Fax: (0541) 24 602
redaktion@stadtblatt-os-
nabrueck.de
www.stadtblatt-osnabrueck.de
Verbreitung: regional
Erscheint: monatlich, seit 1978

**Kaktus**
Zeitung der Gefangenen
der JVA Vechta
Willohstr. 13
49377 Vechta
Verbreitung: regional

**Psychologie
& Gesellschaftskritik**
Pabst Science Publishers
Eichengrund 28
49525 Lengerich
Tel.: (05484) 308
Fax: (05484) 550
redaktion-gpug@gmx.de
www.psychologie-aktuell.com/
index.php?id=132
Verbreitung: überregional
Erscheint: vierteljährlich

**Versener Nachrichten**
Zeitung der Gefangenen der JVA
Meppen
Grünfeldstraße 1
49716 Meppen
Erscheint: Verbreitung: regional

**INFO Blatt**
Zeitschrift der Gefangenen der
JVA Lingen-Damaschke
Grenzweg 39
49811 Lingen (Ems)
Verbreitung: regional

**respekt!**
Zeitschrift für Lesben- und
Schwulenpolitik
Lesben- und Schwulenverband in

Deutschland (LSVD)
Postfach 10 34 14
50474 Köln
Tel.: (0221) 92 59 61-0
Fax: (0221) 59 61-11
lsvd@lsvd.de
www.lsvd.de/173.0.html
Verbreitung: überregional
Erscheint: unregelmäßig

**Geheim**
Das Magazin zu Geheimdiensten
und Polizeien, Überwachungs-
staat und Bürgerrechten weltweit
Postfach 270324
50509 Köln
Tel.: (0221) 28 39 995
opperskalski@geheim-magazin.de
www.geheim-magazin.de
Verbreitung: überregional
Erscheint: vierteljährl., seit 1985

**Invertito**
Jahrbuch für die Geschichte der
Homosexualitäten
Fachverband für Homosexualität
und Geschichte e.V.
Postfach 270308
50509 Köln
Tel.: (0221) 52 92 25
Fax: (0221) 52 92 25
redaktion@invertito.de
www.invertito.de
Verbreitung: überregional
Erscheint: jährlich, seit 1999

**L'HOMME**
Europäische Zeitschrift für femi-
nistische Geschichtswissenschaft
Böhlau Verlag GmbH & Cie.
Ursulaplatz 1
50668 Köln
Tel.: (0221) 91 39 00
Fax: (0221) 91 39 011
info@boehlau.de
www.univie.ac.at/Geschichte/
LHOMME/
Verbreitung: überregional
Erscheint: halbjährlich, seit 1990

**CUBA LIBRE**
Freundschaftsgesellschaft

BRD-Kuba
Maybachstr. 159
50670 Köln
Tel.: (0221) 24 05 120
Fax: (0221) 60 60 080
infos@fgbrdkuba.de
www.fgbrdkuba.de
Verbreitung: überregional
Erscheint: vierteljährl., seit 1981

**Jahrbuch des Komitees für
Grundrechte und Demokratie**
Aquinostr. 7-11
50670 Köln
Tel.: (0221) 97 26 920
Fax: (0221) 97 269 - 31
info@grundrechtekomitee.de
www.grundrechtekomitee.de
Verbreitung: überregional
Erscheint: jährlich

**Krone & ich**
Das Drag-Magazin
Gereonswall 46
50670 Köln
krone@dragkingdom.de
Verbreitung: überregional
Erscheint: unregelmäßig

**StadtRevue**
Das Kölnmagazin
Maastricher Str. 49
50672 Köln
Tel.: (0221) 95 15 410
Fax: (0221) 95 15 41 11
geschaeftsfuehrung@stadtrevue.
de
www.stadtrevue.de
Verbreitung: regional
Erscheint:2 x monatl., seit 1976

**Antifaschistische Nachrichten**
c/o GNN-Verlag
Zülpicher Str. 7
50674 Köln
Tel.: (0221) 21 16 58
Fax: (0221) 21 53 73
antifanachrichten@netcologne.de
www.antifaschistische-nachrich-
ten.de
Verbreitung: überregional
Erscheint: zweiwöch.., seit 1985

**EMMA**
Das politische Magazin
von Frauen
Bayenturm
50678 Köln
Tel.: (0221) 60 60 60-0
Fax: (0221) 60 60 60-29
redaktion@emma.de
www.emma.de
Verbreitung: überregional
Erscheint: vierteljährl., seit 1977

**prodomo**
Zeitschrift in eigener Sache
Postfach 30 10 22
50780 Köln
redaktion@prodomo-online.org
www.prodomo-online.org
Verbreitung: überregional
Erscheint: unregelmäßig, seit 2005

**Politische Berichte**
Zeitschrift für linke Politik. Verein
für Politische Bildung, linke Kritik
und Kommunikation
GNN-Verlag
Venloerstr. 440
50825 Köln
Tel.: (0711) 30 40 595
pb@gnn-verlage.de
www.gnn-verlage.com
Verbreitung: überregional
Erscheint: seit 1980

**Aufschluss (Köln)**
Gefangenen-Zeitung
der JVA Köln
Rochusstr. 350
50827 Köln
Verbreitung: regional

**QUERKOPF**
SELBSTHILFE-MITMACHZEITUNG
Sülzburgstr. 76
50937 Köln
Tel.: (0221) 80 05 109
Fax: (0221) 42 84 03
kontakt@querkopf-koeln.de
www.querkopf-koeln.de
Verbreitung: überregional
Erscheint: monatlich

**FOODFirst**
FIAN-Magazin für die wirtschaftlichen, sozialen und kulturellen Menschenrechte
Briedeler Straße 13
50969 Köln
Tel.: (0221) 70 20 072
Fax: (0221) 70 20 032
www.fian.de
Verbreitung: überregional
Erscheint: 3x jährlich

**Wildcat**
Postfach 80 10 43
51010 Köln
redaktion@wildcat-www.de
www.wildcat-www.de
Verbreitung: überregional
Erscheint: vierteljährl., seit 1980

**Mach mit**
gemeinsamer Rundbrief des „Institut für Neue Arbeit e.V." und MachMit e.V.
Düsseldorfer Str. 74
51063 Köln
Tel.: (0221) 64 05 245
Fax: (0221) 64 03 198
info@ina-koeln.org
http://machmit.ina-koeln.org/
Verbreitung: überregional
Erscheint: vierteljährl., seit 2000

**SoZ**
Sozialistische Zeitung
SoZ-Verlag
Regentenstr. 57-59
51063 Köln
Tel.: (0221) 92 31 196
Fax: (0221) 92 31 197
redaktion@soz-verlag.de
www.soz-plus.de
Verbreitung: überregional
Erscheint: monatlich, seit 1986

**CuS. Christ und Sozialist**
Christin und Sozialistin. Blätter des Bundes der Religiösen Sozialistinnen und Sozialisten Deutschlands
Altvolberg 20
51503 Rösrath

Tel.: (02205) 91 44 15
Fax: (02205) 29 93 33
info@brsd.de
www.brsd.de
Verbreitung: überregional
Erscheint: vierteljährl., seit 1948

**priscilla**
das lesbischwule magazin für aachen
Rainbow e.V.
Postfach 10 18 42
52018 Aachen
Tel.: (0241) 40 19 70 00
Fax: (0241) 34 638
info@rainbow-aachen.de
www.rainbow-aachen.de/priscilla/index.php
Verbreitung: regional
Erscheint: unregelmäßig, mind. 1x jährlich

**Klenkes**
Stadtmagazin für Aachen und Euregio
Oranienstr. 9
52066 Aachen
Tel.: (0241) 94 50-0
Fax: (0241) 53 32 96
www.klenkes.de
Verbreitung: regional
Erscheint: monatlich, seit 1975

**AACHENER printe**
Zeitschrift der Gefangenen der JVA Aachen
Krefelder Str. 251
52070 Aachen
Verbreitung: regional

**ai-JOURNAL**
53108 Bonn
Tel.: (0228) 98 37 30
Fax: (0228) 63 00 36
info@amnesty.de
www.amnesty.de
Verbreitung: überregional
Erscheint: monatlich

**FriedensForum**
Rundbrief der Friedensbewegung
Netzwerk Friedenskooperative
Römerstraße 88

53111 Bonn
Tel.: (0228) 69 29 04
Fax: (0228) 69 29 06
friekoop@friedenskooperative.de
www.friedenskooperative.de
Verbreitung: überregional
Erscheint: zweimonatl., seit 1989

**ila**
Die andere Sicht aus und über Lateinamerika zu Wirtschaft, Politik, Kultur und sozialem Engagement
Informationsstelle Lateinamerika
Heerstr. 205
53111 Bonn
Tel.: (0228) 65 86 13
Fax: (0228) 63 12 26
ila@ila-bonn.de
www.ila-web.de
Verbreitung: überregional
Erscheint: zehnmal im Jahr, seit 1976

**Null Nummer**
Zeitung der Außerparlamentarischen Linken Bonn
Breite Str. 76
53111 Bonn
info@bonn-links.de
Verbreitung: überregional

**DANA. Die Datenschutznachrichten**
Deutsche Vereinigung für Datenschutz e.V.
Bonner Talweg 33-35
53113 Bonn
Tel.: (0228) 22 24 98
Fax: (0228) 24 38 470
dvd@datenschutzverein.de
www.datenschutzverein.de
Verbreitung: überregional
Erscheint: vierteljährl., seit 1978

**Fairkehr**
VCD-Magazin für Umwelt, Verkehr, Freizeit und Reisen
Verkehrsclub Deutschland (VCD),
Niebuhrstraße 16b
53113 Bonn
Tel.: (0228) 98 58 545
redaktion@fairkehr.de

www.fairkehr.de
Verbreitung: überregional
Erscheint: zweimonatl., seit 1987

**Forum Wissenschaft**
Das kritische Wissenschaftsmagazin
Rheingasse 8-10
53113 Bonn
Tel.: (0228) 21 99 46 13 95
Fax: (06421) 16 32 66
forum@bdwi.de
www.bdwi.de/forum
Verbreitung: überregional
Erscheint: vierteljährl., seit 1984

**Kulturpolitische Mitteilungen**
Weberstr. 59a
53113 Bonn
Tel.: (0228) 20 16 70
Fax: (0228) 20 16 733
post@kupoge.de
www.kupoge.de
Verbreitung: überregional
Erscheint: vierteljährlich

**Verträglich Reisen**
Magazin für Reisen und Umwelt
Niebuhrstraße 16 b
53113 Bonn
redaktion@fairkehr.de
www.vertraeglich-reisen.de
Verbreitung: überregional
Erscheint: jährlich

**Schlangenbrut**
Zeitschrift für feministisch und religiös interessierte Frauen
Postfach 20 09 22
53139 Bonn
Tel.: (0228) 18 02 094
Fax: (0228) 18 02 092
info@schlangenbrut.de
www.schlangenbrut.de
Verbreitung: überregional
Erscheint: vierteljährl., seit 1983

**Forum Umwelt & Entwicklung**
Rundbrief
Koblenzer Str. 65
53173 Bonn
Tel.: (0228) 35 97 04
Fax: (0228) 92 39 93 56

info@forumue.de
www.forum-ue.de/
rundbriefe.0.html
Verbreitung: überregional
Erscheint: vierteljährl., seit 1994

**Schnüss**
Das Bonner Stadtmagazin
Roonstraße 3a
53175 Bonn
Tel.: (0228) 60 476 - 0
Fax: (0228) 60 476 - 20
redaktion@schnuess.de
www.schnuess.de
Verbreitung: regional
Erscheint: monatlich, seit 1978

**ohrenkuss...da rein, da raus**
downtown. Werkstatt für Kultur und Wissenschaft
Friedrich-Breuer-Str. 23
53225 Bonn
Tel.: (0228) 38 62 354
Fax: (0228) 38 62 587
info@ohrenkuss.de
www.ohrenkuss.de
Verbreitung: überregional
Erscheint: halbjährlich, seit 1998

**afrika süd**
Die Fachzeitschrift zu Afrikas Süden
Informationsstelle Südliches Afrika
Königswinterer Str. 116
53227 Bonn
Tel.: (0228) 46 43 69
Fax: (0228) 46 81 77
issa@comlink.org
www.issa-bonn.org
Verbreitung: überregional
Erscheint: zweimonatl., seit 1971

**Inside**
Magazin der Gefangenen der JVA
Aachenerstr. 47
53359 Rheinbach
Verbreitung: regional
Erscheint: vierteljährl., seit 1974

**KidsPOwer**
die Kinderzeitschrift
Naturfreundejugend
Haus Humboldtstein
53424 Remagen-Rolandseck

Tel.: (02228) 94 15 11
Fax: (02228) 94 15 22
info@umweltdetektive.de
www.kidspower.de
Verbreitung: überregional
Erscheint: vierteljährl., seit 1950

**EXIT!**
Krise und Kritik der Warengesellschaft
Postfach 1307
53583 Bad Honnef
redaktion@exit-online.org
www.exit-online.org
Verbreitung: überregional
Erscheint: halbjährlich, seit 2005

**SPRUNGBRETT**
Zeitschrift der Gefangenen der JVA Euskirchen
Kölner Str. 250
53879 Euskirchen
Verbreitung: regional

**Graswurzelrevolution**
Gewaltfrei und anarchistisch
Birkenbecker Str. 11
53947 Nettersheim
Tel.: (024 40) 95 92 50
Fax: (024 40) 95 93 51
abo@graswurzel.net
www.graswurzel.net
Verbreitung: überregional
Erscheint: monatlich, seit 1972

**bioland**
Fachmagazin für den ökologischen Landbau
Kaiserstr. 18
55116 Mainz
Tel.: (06131) 14 086-95
Fax: (06131) 14 086-97
redaktion @ bioland.de
www.bioland.de
Verbreitung: überregional
Erscheint: zweimonatl., seit 1980

**testcard**
Beiträge zur Popgeschichte
Boppstr. 25
55118 Mainz
Tel.: (06131) 22 60 78
Fax: (06131) 22 60 79

mail@testcard.de
www.testcard.de
Verbreitung: überregional
Erscheint: halbjährlich, seit 1995

**Kuckucksei**
Zeitschrift der Gefangenen

Anzeige

der JVA Schwerte
Gillstr. 1
58239 Schwerte
Verbreitung: regional

**Podium**
Zeitschrift der Gefangenen

der JVA Iserlohn
Heidestr. 41
58640 Iserlohn
Verbreitung: regional

**AUS-Zeit**
Zeitschrift der Gefangenen
der JVA Hamm
Bismarckstr. 5
59065 Hamm
Verbreitung: regional

**Unabhängige Bauernstimme**
Bahnhofstr. 31
59065 Hamm
Tel.: (02381) 49 22 88
Fax: (02381) 49 22 21
verlag@bauernstimme.de
www.bauernstimme.de
Verbreitung: überregional
Erscheint: monatlich, seit 1976

**Infodienst**
Das Magazin für kulturelle Bildung
Kurpark 5
59425 Unna
Tel.: (02303) 25 30 2-0
Fax: (02303) 2530 225
info-bjke@bjke.de
www.bjke.de
Verbreitung: überregional
Erscheint: vierteljährl., seit 1987

**Hauspost**
Knastzeitung der JVA Werl
Langenwiedenweg 46
59457 Werl
Tel.: (02922) 98 1-0
Fax: (02922) 98 11 00
Verbreitung: regional

**Literaturnachrichten**
Afrika – Asien – Lateinamerika
Gesellschaft zur Förderung der
Literatur aus Afrika, Asien und
Lateinamerika e.V.
Postfach 10 01 16
60001 Frankfurt/M.
Tel.: (069) 21 02 246
Fax: (069) 21 02 227
www.litprom.de
Verbreitung: überregional
Erscheint: vierteljährl., seit 1983

**JUBAZ**
integrative drogenhilfe
Zeil 29-31
60316 Frankfurt/M.
Tel.: (069) 27 29 855-12/13
Fax: (069) 27 29 855-10
jubaz@idh-frankfurt.de
Verbreitung: überregional
Erscheint: vierteljährlich

**Die Glocke vom Ettersberg**
Informationsblatt der Lagerge-
meinschaft Buchenwald-Dora
Freundeskreis
Eckenheimer Landstraße 93
60318 Frankfurt/M.
Tel.: (069) 59 70 524
Fax: (069) 59 70 524
lag-buch@muenster.org
www.lagergemeinschaft-buchen-
wald.de
Verbreitung: überregional
Erscheint: vierteljährlich

**STREIT**
Feministische Rechtszeitschrift
Kleiststraße 10
60318 Frankfurt/M.
Tel.: (069) 15 33 28 20
Fax: (069) 15 33 28 40
bestellung@fhverlag.de
www.streit-fem.de/
Verbreitung: überregional
Erscheint: halbjährlich, seit 1983

**Informationen des Studienkrei-
ses Widerstand 1933-45**
Rossertstraße 9
60323 Frankfurt/M.
Tel.: (069) 72 15 75
Fax: (069) 71 03 42 54
www.studienkreis-widerstand-
1933-45.de
Verbreitung: überregional
Erscheint: halbjährlich, seit 1976

**BABYLON**
Beiträge zur jüdischen
Gegenwart
Kettenhofweg 53
60325 Frankfurt/M.
Tel.: (069) 72 75 76

Fax: (069) 72 65 85
info@neuekritik.de
www.neuekritik.de
Verbreitung: überregional
Erscheint: unregelmäßig, seit 1986

**diskus**
Frankfurter Student_innenzeit-
schrift
Mertonstr. 26-28
60325 Frankfurt/M.
diskus@copyriot.com
http://copyriot.com/diskus
Verbreitung: überregional
Erscheint: unregelmäßig, seit 1951

**express**
Zeitung für sozialistische Be-
triebs- und Gewerkschaftsarbeit
Redaktion express / AFP e.V.
Niddastr. 64
60329 Frankfurt/M.
Tel.: (069) 67 99 84
Fax: (069) 82 11 16
express-afp@t-online.de
www.labournet.de/express/
index.html
Verbreitung: überregional
Erscheint: monatlich, seit 1963

**Friedensjournal**
Bundesausschuss Friedensrat-
schlag
W.-Leuschner-Str. 69-77
60329 Frankfurt/M.
Tel.: (069) 24 24 99 50
Fax: (069) 24 24 99 51
frieden-und-zukunft@t-online.de
www.friedensjournal.de
Verbreitung: überregional

**metallzeitung**
MITGLIEDERZEITUNG DER IG
METALL
Wilhelm-Leuschner-Straße 79
60329 Frankfurt/M.
Tel.: (069) 66 93-0
Fax: (069) 66 93-2002
metallzeitung@igmetall.de
www.igmetall.de/metallzeitung
Verbreitung: überregional
Erscheint: monatlich

**Widersprüche**
Zeitschrift für sozialistische Politik
im Bildungs-, Gesundheits- und
Sozialbereich
c/o Redaktion express/AFP e.V.
Niddastr. 64
60329 Frankfurt/M.
Tel.: (069) 67 99 84
widersprueche@gmx.de
www.widersprueche-zeitschrift.de
Verbreitung: überregional
Erscheint: vierteljährl., seit 1981

**Novo**
Argumente
Novo Argumente Verlag
Postfach 60 08 43
60338 Frankfurt/M.
Tel.: (069) 97 20 6701
Fax: (069) 97 20 67 02
info@novo-argumente.com
www.novo-argumente.com
Verbreitung: überregional
Erscheint: zweimonatl., seit 1992

**cfd-nachrichten**
Youth Action for Peace - Christli-
cher Friedensdienst e.V.
Rendelerstraße 11a
60385 Frankfurt/M.
Tel.: (069) 45 90 72
Fax: (069) 46 12 13
office@yap-cfd.de
www.yap-cfd.de
Verbreitung: überregional
Erscheint: vierteljährlich

**Das Bisexuelle Journal (BiJou)**
BiNe – Bisexuelles Netzwerk e. V.
c/o Hartmut Friedrichs
Eschweger Straße 16
60389 Frankfurt /M.
bineimpressum@wolke7.net
www.bine.net/bijou/
Verbreitung: überregional
Erscheint: unregelmäßig, seit 1994

**medico-Rundschreiben**
Burgstraße 106
60389 Frankfurt/M.
Tel.: (069) 94 438-0
Fax: (069) 43 60 02

info@medico.de
www.medico.de
Verbreitung: überregional
Erscheint: vierteljährlich

### Z. Zeitschrift Marxistische Erneuerung
Postfach 50 09 36
60397 Frankfurt/M.
Tel.: (069) 53 05 44 06
Fax: (069) 53 05 44 06
redaktion@zme-net.de
www.zeitschrift-marxistische-erneuerung.de
Verbreitung: überregional
Erscheint: vierteljährl., seit 1990

### Computer und Arbeit
Vernetztes Wissen für Betriebs- und Personalräte
Olaf J. Lutz, BUND-Verlag GmbH
60424 Frankfurt/M.
Tel.: (069) 79 50 10- 30
redaktion@cua-web.de
www.aib-verlag.de
Verbreitung: überregional
Erscheint: monatlich, seit 1991

### OFFEN!
Zeitschrift der Gefangenen der JVA Frankfurt
Obere Kreuzäckerstr. 8
60435 Frankfurt/M.
Verbreitung: regional

### gute ARBEIT.
Gesundheitsschutz und Arbeitsgestaltung
Heddernheimer Landstraße 144
60439 Frankfurt/M.
Tel.: (069) 13 30 77 - 6 35
Fax: (069) 13 30 77 - 6 15
gutearbeit@aib-verlag.de
www.gutearbeit-online.de
Verbreitung: überregional
Erscheint: monatlich (10 Hefte)

### Info3
Anthroposophie im Dialog
Kirchgartenstr. 1
60439 Frankfurt/M.
Tel.: (069) 58 46 47
Fax: (069) 58 46 16

vertrieb@info3.de
www.info3.de
Verbreitung: überregional
Erscheint: monatlich, seit 1983

### welt-sichten
Magazin für globale Entwicklung und ökumenische Zusammenarbeit
Emil-von-Behring-Straße 3
60439 Frankfurt/M.
Tel.: (069) 58 09 81 38
Fax: (069) 58 09 81 62
redaktion@welt-sichten.org
www.welt-sichten.org
Verbreitung: überregional
Erscheint: zweiwöchent., seit 2008

### Zeitschrift für Migration und soziale Arbeit
ISS-Frankfurt/M.
Zeilweg 42
60439 Frankfurt/M.
Tel.: (069) 95 789-138
Fax: (069) 95 789-190
sybille.muench@iss-ffm.de
www.iss-ffm.de
Verbreitung: überregional
Erscheint: monatlich, seit 1974

### Mitbestimmung
Bund-Verlag GmbH
Heddernheimer Landstraße 144
60439 Frankfurt/M.
Tel.: (069) 79 50 10-41
Fax: (069) 79 50 10-17
Margarete-Hasel@boeckler.de
www.boeckler.de/107.html
Verbreitung: überregional
Erscheint: monatlich (10 Hefte), seit 1955

### La Muchacha
Deutschlands Prostituiertenzeitung
Postfach 90 02 30
60442 Frankfurt/M.
Tel.: (069) 76 75 28 80
Fax: (069) 76 75 28 80
donacarmen@t-online.de
www.donacarmen.de
Verbreitung: regional
Erscheint: seit 2000

### Kommune
Forum für Politik, Ökonomie, Kultur
Postfach 900609
60446 Frankfurt/M.
Fax: (069) 79 20 97-83
redaktion@kommune-forum.de
www.oeko-net.de/kommune
Verbreitung: überregional
Erscheint: zweimonatl., seit 1983

### Direkte Aktion
Anarchosyndikalistische Zeitung
c/o DFG-VK, Mühlgasse 13
60486 Frankfurt/M.
da-web@fau.org
Verbreitung: überregional
Erscheint: zweimonatlich, seit 1977

### Dr. med. Mabuse
Zeitschrift für alle Gesundheitsberufe
Kasseler Str. 1a
60486 Frankfurt/M.
Tel.: (069) 70 79 96-0
Fax: (069) 70 41 52
info@mabuse-verlag.de
www.mabuse-verlag.de
Verbreitung: überregional
Erscheint: zweimonatlich, seit 1976

### ÖKO-TEST
Kasseler Straße 1a
60486 Frankfurt/M.
Tel.: (069) 97 77 70
Fax: (069) 97 77 71 39
verlag@oekotest.de
www.oekotest.de
Verbreitung: überregional
Erscheint: monatlich, seit 1985

### Zivilcourage
Das Magazin für Pazifismus und Antimilitarismus, c/o DFG/VK
Kasseler Str. 1a
60486 Frankfurt/M.
Tel.: (069) 27 29 82 31
Fax: (069) 27 29 82 32
office@dfg-vk.de
www.zc-online.de
Verbreitung: überregional
Erscheint: zweimonatl., seit 1975

**Erziehung und Wissenschaft**
Zeitschrift der Bildungsgewerk-
schaft GEW
Reifenberger Str. 21
60489 Frankfurt/M.
Tel.: (069) 78973-110
Fax: 78973-202
helga.haas-rietschel@gew.de
www.gew.de/EW_-_Bundeszei-
tung_der_GEW.html
Verbreitung: überregional
Erscheint: monatlich (11 Hefte)

**Polar**
Politik|Theorie|Alltag
polarkreis e.V.
Carl-von-Noorden-Platz 12
60596 Frankfurt/M.
redaktion@polar-zeitschrift.de
www.polar-zeitschrift.de
Verbreitung: überregional
Erscheint: halbjährlich

**pax zeit**
pax christi-Bewegung
Postfach 1345

61103 Bad Vilbel
Tel.: (06101) 20 73
Fax: (06101) 65 165
sekretariat@paxchristi.de
www.paxchristi.de
Erscheint: vierteljährlich

**red&queer**
DKP queer, Redaktion
„red&queer"
Zum Köpperner Tal 44
61381 Friedrichsdorf
Tel.: (0201) 17 78 89-0
Fax: (0201) 1778 89-29
redaktion@dkp-queer.de
http://www.dkp-queer.de/down-
loads/red-and-queer/
Verbreitung: überregional
Erscheint: vierteljährlich

**Publik-Forum**
Kritisch, christlich, unabhängig
Postfach 20 10
61410 Oberursel
Tel.: (06171) 70 03 0
Fax: (06171) 70 03 40
abo@publik-forum.de
www.publik-forum.de
Verbreitung: überregional
Erscheint: zweiwöchent., seit 1972

**Kommunal-Info Mannheim**
c/o GNN Verlag Süd GmbH
Postfach 60
624701 Mannheim
Tel.: (0621) 30 62 16
Fax: (0621)30 62 16
KIMann.heim@aol.com
Verbreitung: regional
Erscheint: seit 1990

**Rundbrief AG KDV im Krieg**
Connection e.V.
Gerberstr. 5
63065 Offenbach
Tel.: (069) 82 37 55 -34
Fax: (069) 82 37 55 -35
office@connection-ev.de
www.connection-ev.de
Verbreitung: überregional
Erscheint: monatlich, seit 1988

**neue hanauer zeitung (nhz)**
Linke Zeitschrift für die Region
c/o Buchladen
Am Freiheitsplatz 6
63450 Hanau
Tel.: (06181) 28 180
Fax: (06181) 25 79 25
Verbreitung: regional
Erscheint: vierteljährl., seit 1982

**swing**
autonomes rhein-main-info
Metzgerstr. 6-8
63450 Hanau
Infoladen_hanau@gmx.net
www.linksnavigator.de/zeitungen
Verbreitung: überregional
Erscheint: monatlich, seit 1987

**BIG Business Crime**
c/o business crime control
Südring 12
63477 Maintal
Tel.: (06181) 49 11 19
Fax: (06181) 47 913
Verena.Herzberger@t-online.de
http://businesscrime.de
Verbreitung: überregional
Erscheint: vierteljährl., seit 1992

**Rundbrief des Vereins demo-
kratischer Ärztinnen und Ärzte**
Kantstr. 10
63477 Maintal
Tel.: (06181) 43 23 48
info@vdaeae.de
www.vdaeae.de

**Geschichte quer**
Zeitschrift der bayerischen
Geschichtswerkstätten
Postfach 10 03 61
63703 Aschaffenburg
Tel.: (06021) 58 17 34
Fax: (06021) 58 14 560
gquer@alibri.de
www.geschichte-quer.de
Verbreitung: überregional
Erscheint: jährlich, seit 1992

**MIZ-Materialien
und Informationen zur Zeit**
Polit. Magazin für Konfessionslo-

se und AtheistInnen
Postfach 10 03 61
63703 Aschaffenburg
Tel.: (060 21) 58 17 34
Fax: (06021) 58 14 560
redaktion@miz-online.de
www.miz-online.de
Verbreitung: überregional
Erscheint: vierteljährl., seit 1972

**KULT**
Poesychaoticum fyr ketzerysche
Ästhetyk
Sportplatz 21 b
63773 Goldbach
schreiber.space@gmx.de
www.aalfaa.de
Verbreitung: überregional
Erscheint: halbjährlich, seit 1995

**Mathilde**
Frauenzeitung aus Darmstadt
Postfach 13 02 69
64242 Darmstadt
Tel.: (06151) 53 79 37
Fax: (06151) 95 19 881
redaktion@mathilde-frauenzei-
tung.de
www.mathilde-frauenzeitung.de
Verbreitung: regional
Erscheint: zweimonatl., seit 1992

**W&F. Wissenschaft & Frieden**
c/o IANUS
Alexanderstraße 35-37
64289 Darmstadt
Tel.: (0178) 345 08 13
redaktion@wissenschaft-und-
frieden.de
www.wissenschaft-und-frieden.de
Verbreitung: überregional
Erscheint: vierteljährlich

**Betrifft Justiz**
Zeitschrift für RichterInnen
und StaatsanwältInnen
Alte Darmstädter Straße 45
64367 Mühltal
redaktion@betrifftjustiz.de
www.betrifftjustiz.de
Verbreitung: überregional
Erscheint: vierteljährl., seit 1985

**Der Funke**
Postfach 21 12
65011 Wiesbaden
Tel.: (0611) 40 68 07
Fax: (0611) 40 68 07
redaktion@derfunke.de
www.derfunke.de

**L.U.S.T**
Postfach 54 06
65044 Wiesbaden
Tel.: (0611) 37 77 65
redaktion@lust-zeitschrift.de
www.lust-zeitschrift.de
Erscheint: vierteljährlich

**Lustblättchen**
Das Stadtblättchen der Gruppe
Rosa Lüste für Wiesbaden und
Umgebung
ROSA LÜSTE, Postfach 5406
65044 Wiesbaden
Tel.: (0611) 37 77 65
Fax: (0611) 37 77 65
redaktion@lust-zeitschrift.de
http://lust-zeitschrift.de
Verbreitung: regional
Erscheint: monatlich

**SozialExtra**
Zeitschrift für Soziale Arbeit
& Sozialpolitik
VS Verlag für Sozialwissenschaf-
ten, Postfach 1546
65173 Wiesbaden
Tel.: (0234) 4388947
info@sozialextra.de
www.sozialextra.de
Verbreitung: überregional
Erscheint: zweimonatlich

**Rundbrief Bildungs- und
Solidaritätswerk Anna Seghers
(BAS)**
Walramstraße 16a
65183 Wiesbaden
Tel.: (0611) 94 06 096
Fax: (0611) 94 06 098
info@bildungswerk-seghers.de
www.bildungswerk-seghers.de
Verbreitung: überregional
Erscheint: jährlich, seit 1992

**VIRGINIA**
Zeitschrift für Frauenbuchkritik
Virchowstraße 21
65428 Rüsselsheim
Tel.: (06142) 59 844
Fax: (06142) 59 844
redaktion@virginia-frauenbuch-
kritik.de
www.virginia-frauenbuchkritik.de
Verbreitung: überregional
Erscheint: halbjährlich, seit 1986

**Der Weg**
Zeitschrift der Gefangenen
der JVA Diez
Limburger Straße 122
65582 Diez
Verbreitung: regional

**Pro Reo**
Zeitung der Gefangenen der JVA
Lerchesflurweg 37
66119 Saarbrücken
Verbreitung: regional
Erscheint: vierteljährl., seit 1987

**DIE BRÜCKE**
Forum für antirassistische
Politik & Kultur
Riottestraße 16
66123 Saarbrücken
Tel.: (0681) 390 58 50
bruecke@handshake.de
www.bruecke-saarbruecken.de
Verbreitung: überregional
Erscheint: vierteljährl., seit 1982

**Flugschrift der Aktion
Dritte Welt Saar**
Weiskirchener Str. 24
66679 Losheim am See
Tel.: (06872) 99 30 56
Fax: (06872) 99 30 57
mail@a3wsaar.de
www.a3wsaar.de
Verbreitung: überregional
Erscheint: jährlich, seit 1995

**NiS (Naturschutz im Saarland)**
c/o Naturschutzbund Saar
Antoniusstraße 18
66822 Lebach-Niedersaubach
Tel.: (06881) 93 619 - 0

Fax: (06881) 93 619 - 11
lgs@NABU-Saar.de
www.nabu-saar.de
Erscheint: regional

**Ökologie & Landbau**
Zeitschrift für ökologische
Landwirtschaft. SÖL
Postfach 1516
67089 Bad Dürkheim
Tel.: (06322) 98 97 00
Fax: (06322) 98 97 01
info@soel.de
www.oekom.de
Verbreitung: überregional
Erscheint: vierteljährl., seit 1977

**Avanti**
Zeitung des Revolutionären
Sozialistischen Bundes (RSB)/IV.
Internationale
Postfach 102610
68026 Mannheim
Tel.: (0621) 15 64 046
Fax: (0621) 15 64 046
buero@rsb4.de
www.rsb4.de
Verbreitung: überregional

**Die Klette**
Zeitschrift der Gefangenen
der JVA Mannheim
Herzogenriedstr. 111
68169 Mannheim
Verbreitung: regional

**CONTRASTE**
Monatszeitung für
Selbstorganisation
Postfach 10 45 20
69035 Heidelberg
Tel.: (06221) 16 24 67
contraste@online.de
www.contraste.org
Verbreitung: überregional
Erscheint: monatlich, seit 1984

**Umwelt Direkt**
Das Umwelt-Magazin
Hostackerweg 21
69198 Schriesheim
Tel.: (06220) 65 62
Fax: (06220) 91 10 23
verlag@umweltdirekt.de
www.umweltdirekt.de
Verbreitung: regional
Erscheint: fünfmal jährlich

**ZITRO**
Mitgliederzeitschrift der Grünen
Jugend Baden-Württemberg
Forststraße 93
70176 Stuttgart
Tel.: (0711) 99 35 975
Fax: (0711) 99 35 9 99
mail@gjbw.de
www.gjbw.de
Verbreitung: überregional
Erscheint: vierteljährl., seit 1991

**TROTT-WAR**
Die Straßenzeitung

im Südwesten
Hauptstätter Str. 138a
70178 Stuttgart
Tel.: (0711) 60 18 74 310
Fax: (0711) 60 18 74 3 -31
bgerst@trott-war.de
www.trottwar.de
Verbreitung: regional
Erscheint: monatlich, seit 1994

**GEGEN_KULTUR**
Zeitschrift für und gegen Kultur.
Politik, Kunst, Widerstand
c/o Projektwerkstatt Stuttgart
Alexanderstraße 116
70180 Stuttgart
www.gegen-kultur.de
Verbreitung: regional
Erscheint: zweimonatl., seit 2010

**Feministische Studien**
Lucius & Lucius Verlags GmbH
Gerokstraße 51
70184 Stuttgart
Tel.: (07154) 13 27 - 00 -37
geschaeftsfuehrung@feministi-
sche-studien.de
www.feministische-studien.de
Verbreitung: überregional
Erscheint: halbjährlich, seit 1982

**Forschungsjournal
Neue Soziale Bewegungen**
Lucius & Lucius Verlags GmbH
Gerokstraße 51
70184 Stuttgart

Tel.: (030) 62 26 210
Fax: (0711) 24 20 88
lucius@luciusverlag.com
www.fjnsb.de
Verbreitung: überregional
Erscheint: vierteljährl., seit 1988

## Sozialimpulse
Rundbrief Dreigliederung des
sozialen Organismus
Libanonstr. 3
70184 Stuttgart
Tel.: (0711) 23 68 950
Fax: (0711) 23 60 218
netzwerk@sozialimpulse.de
www.sozialimpulse.de
Verbreitung: überregional
Erscheint: vierteljährlich

## QUEER
Das schwullesbische Magazin.
G&H Verlag Stuttgart
Grünewaldstraße 32
70192 Stuttgart
info@queer-bw.de
www.queer-bw.de
Verbreitung: regional
Erscheint: ca. zweimonatlich

## Ohne Rüstung Leben
- Informationen
Arndtstraße 31
70197 Stuttgart
Tel.: (0711) 60 83 96
Fax: (0711) 60 83 57
orl@gaia.de
Verbreitung: überregional
Erscheint: vierteljährl., seit 1978

## SüdZeit
Eine Welt Journal Baden-Würt-
temberg
c/o DEAB
Vogelsangstr. 62
70197 Stuttgart
Tel.: (0711) 66 48 73 60
Fax: (0711) 64 53 136
info@deab.de
www.deab.de
Verbreitung: überregional
Erscheint: vierteljährl., seit 1999

## Antifa Nachrichten
Zeitung der VVN/BdA Baden-
Württemberg
Böblingerstraße 195
70199 Stuttgart
Tel.: (0711) 60 32 37
Fax: (0711) 60 07 18
www.vvn-bda-bawue.de
Verbreitung: regional
Erscheint: vierteljährl., seit 1947

## Kommunale Berichte
Stuttgart GNN-Verlag
Stubaier Str. 2
70327 Stuttgart
Tel.: (0711) 62 47 01
Fax: (0711) 62 15 32
gnn-stuttgart@t-online.de
Verbreitung: regional
Erscheint: zweiwöchent., seit 1988

## Friedensblätter
für die Friedensbewegung
in Baden-Württemberg
Spreuergasse 45
70372 Stuttgart
Tel.: (0711) 60 71 786
friedensblaetter@friedensnetz.de
www.friedensnetz.de
Verbreitung: überregional
Erscheint: vierteljährl., seit 1990

## Lexplosiv für die Neckar Lesben
c/o Frauencafé achtbar
Weberstraße 8
72070 Tübingen
neckar@lexplosiv.de
www.lexplosiv.de
Verbreitung: regional
Erscheint: vierteljährl., seit 2008

## AUSDRUCK
Informationsstelle Militarisierung
(IMI)
Hechingerstr. 203
72072 Tübingen
Tel.: (07071) 49 154
Fax: (07071) 49 159
imi@imi-online.de
www.imi-online.de
Verbreitung: überregional
Erscheint: zweimonatl., seit 2003

## femina politica
Zeitschrift für feministische
Politik-Wissenschaft
c/o Uni Tübingen, Inst. f. Politik-
wissenschaft
Melanchthonstr. 36
72074 Tübingen
Tel.: (07071) 29 78 369
redaktion@femina-politica.de
www.femina-politica.de
Verbreitung: überregional
Erscheint: halbjährlich

## Die Weis(s)e Frau
Zeitung der Gefangenen der JVA
Herlikoferstr. 19
73527 Schwäbisch-Gmünd
Verbreitung: regional
Erscheint: seit 1979

## FreiRaum
Für eine Welt ohne Atomwaffen
und -uran
Forststr. 3
73557 Mutlangen
Tel.: (07171) 75 661
post@presseheutte.de
www.presseheutte.de
Verbreitung: überregional
Erscheint: vierteljährl., seit 2002

## bioPress
Fachmagazin für Naturprodukte
Schulstr. 10
74927 Eschelbronn
Tel.: (06226) 43 51
Fax: (06226) 40 047
www.biopress.de
Verbreitung: überregional
Erscheint: vierteljährlich

## LAKS INFO
LAKS Baden Württemberg
Osterfeldstr. 12
75172 Pforzheim
Tel.: (072 31) 35 66 55
Fax: (072 31) 35 66 56
soziokultur@laks-bw.de
www.laks-bw.de
Verbreitung: regional
Erscheint: halbjährlich, seit 1985

**Stadtanzeiger für Pforzheim**
Forum für Ökologie und Politik
Schulze-Delitzsch-Str. 51
75173 Pforzheim
Tel.: (07231) 9 38 95 55
stadtanzeiger@gmx.de
www.stadtanzeiger.de.tc
Verbreitung: regional
Erscheint: monatlich, seit 2004

**Das Argument**
Zeitschrift für Philosophie und
Sozialwissenschaften
c/o Elske Bechthold
Kanalweg 60
76149 Karlsruhe
Tel.: (030) 61 14 182
Fax: (030) 61 14 270
argument@inkrit.org
www.argument.de

Verbreitung: überregional
Erscheint: zweimonatl., seit 1959

**nah & fern**
Kulturmagazin für Migration
und Partizipation
Loeper Literaturverlag
Daimlerstraße 23
76185 Karlsruhe
Tel.: (0721) 46 47 29-200
Fax: 46 47 29-099
info@vonloeper.de
www.nahundfern.info
Verbreitung: überregional
Erscheint: dreimal jährlich

**Kritische Justiz**
Nomos Verlagsgesellschaft
Waldseestraße 1-5
76520 Baden-Baden
Tel.: (07221) 21 04 0
Fax: (07221) 21 04 27
kj-redaktion@europa-uni.de
www.kj.nomos.de
Verbreitung: überregional
Erscheint: vierteljährl., seit 1968

**iz3w**
Zeitschrift zwischen
Nord und Süd
Postfach 5328
79020 Freiburg
Tel.: (0761) 74 003
Fax: (0761) 70 98 66
info@iz3w.org
www.iz3w.org
Verbreitung: überregional
Erscheint: sechswöchent., seit 1970

**Synapse**
Zeitung des Mietshäuser
Syndikats
Adlerstr. 12
79098 Freiburg
Tel.: (0761) 28 18 92
Fax: (0761) 22 407
info@syndikat.org
www.syndikat.org
Verbreitung: überregional
Erscheint: unregelmäßig, seit 2001

**Unsere Stadt**
Kommunistische Zeitung

für Freiburg
c/o Linksbüro
Greiffeneggring 2
79098 Freiburg
unserestadt@dkp-freiburg.de
www.unsere-stadt.tk
Verbreitung: regional
Erscheint: seit 2010

**Koraktor**
c/o KTS
Basler Str. 103
79100 Freiburg
Tel.: (0761) 40 02 096
Fax: (0761) 40 02 098
koraktor@kts-freiburg.org
http://www.kts-freiburg.org/
Verbreitung: regional
Erscheint: monatlich, seit 1999

**JANUS**
Zeitung der Gefangenen der JVA
Hermann Heder Str. 8
79104 Freiburg
Erscheint: regional

**efi**
Die evangelische Frauenzeit-
schrift für Bayern
Frauengleichstellungsstelle
Postfach 200751
80007 München
Tel.: (089) 55 95-422
Fax: (089) 55 95-560
www.epv.de/efi
Verbreitung: regional
Erscheint: vierteljährlich

**GAiA**
Ökologische Perspektiven für
Wissenschaft und Gesellschaft
Waltherstr. 29
80337 München
Tel.: (089) 54 41 84 45
mickler@oekom.de
www.oekom.de
Verbreitung: überregional
Erscheint: vierteljährl., seit 1992

**Hinterland**
c/o Bayerischer Flüchtlingsrat
Augsburger Str. 13
80337 München

redaktion@hinterland-magazin.de
www.hinterland-magazin.de
Verbreitung: regional
Erscheint: vierteljährl., seit 2006

**Kritischer Agrarbericht**
AgrarBündnis (Hrsg.).
Dr. Manuel Schneider
Projektbüro !make sense!
Waltherstr. 29
80337 München
Tel.: (089) 76 75 89-55
Fax: (089) 7675 89-56
info@kritischer-agrarbericht.de
www.kritischer-agrarbericht.de
Erscheint: jährlich, seit 1993
Verbreitung: überregional

**Politische Ökologie**
Die Zeitschrift für Querdenker
und Vordenkerinnen
Waltherstr. 29/III Rgb.
80337 München
Tel.: (089) 54 41 84 30
Fax: (089) 54 41 84 49
obermayr@oekom.de
www.oekom.de
Verbreitung: überregional
Erscheint: zweimonatlich, seit
1987

**Streitbarer Materialismus**
Verein zur Förderung der wissen-
schaftlichen Weltanschauung
Tulbeckstr. 4
80339 München
Tel.: (089) 54 07 03 46
Fax: (089) 54 07 03 48
redaktion@streitbarer-materia-
lismus.de
www.streitbarer-materialismus.de
Verbreitung: überregional
Erscheint: unregelmäßig, seit 1987

**Kofra**
Zeitschrift zu Feminismus
und Arbeit
Baaderstraße 30
80469 München
Tel.: (089) 20 10 450
Fax: (089) 20 22 747
kofra-muenchen@t-online.de

www.kofra.de
Verbreitung: überregional
Erscheint: zwei/dreimonatlich,
seit 1982

**isw-REPORT**
Institut für sozial-ökologische
Wirtschaftsforschung
Johann-von-Werth-Str. 3
80639 München
Tel.: (089) 13 00 41
Fax: (089) 16 89 415
isw_muenchen@t-online.de
www.isw-muenchen.de
Verbreitung: überregional
Erscheint: vierteljährl., seit 1990

**tacheles**
Gewerkschaftliche Zeitung
für Hochschulangestellte und
Studierende
Leopoldstr. 15
80802 München
Tel.: (089) 21 80 -30 52
www.bayern.gew.de/lass/hoch-
schulg

**Zeitschrift für Frauenforschung
und Geschlechterstudien**
USP Publishing Kleine Verlag
Leopoldstrasse 191
80804 München
Tel.: (089) 72 40 68 39
Fax: (089) 72 40 6 8 42
redaktion@zffg.de
www.kleine-verlag.de/static/zeit-
schriften/zffg.html
Verbreitung: überregional
Erscheint: dreimal jährli., seit 1982

**Coyote**
Indianische Hintergründe
Frohschammerstr. 14
80807 München
Tel.: (089) 35 65 18 36
Fax: (089) 35 65 18 37
post@aktionsgruppe.de
www.aktionsgruppe.de
Verbreitung: überregional
Erscheint: vierteljährl., seit 1989

**Strapazin**
Das Comic Magazin

Daiserstraße 5
81371 München
Tel.: (089) 7 46 888 40
Fax: (089) 74 68 88 43
post@strapazin.de
www.strapazin.de
Verbreitung: überregional
Erscheint: seit 1984

**BISS**
Bürger in sozialen Schwierig-
keiten
Metzstraße 29
81667 München
Tel.: (089) 33 20 33
Fax: (089) 33 20 34
info@biss-magazin.de
www.biss-magazin.de
Verbreitung: regional
Erscheint: monatlich, seit 1993

**Infoblatt**
Ökomenisches Büro für Frieden
und Gerechtigkeit e.V.
Pariser Str. 13
81667 München
Tel.: (089) 44 85 945
Fax: (089) 48 76 73
info@oeku-buero.de
www.oeku-buero.de
Erscheint: seit 1990

**Münchner Lokalberichte**
Antifaschistisch, Antiimperialis-
tisch, Antikapitalistisch
GNN-Büro München
Breisacherstr. 12
81667 München
Tel.: (089) 57 83 005
mlb@gnn-verlage.de
www.gnn-verlage.com
Verbreitung: regional
Erscheint: zweiwöchentl., seit 1988

**GegenStandpunkt**
Kirchenstr. 88
81675 München
Tel.: (089) 27 21 604
Fax: (089) 27 21 605
gegenstandpunkt@t-online.de
www.gegenstandpunkt.com
Verbreitung: überregional

Erscheint: vierteljährl., seit 1992

**Freidenker**
Deutscher Freidenker-Verband
c/o Eberhard Schinck
Albrecht-Dürer-Str. 23
85579 Neubiberg
redaktion@freidenker.de
www.freidenker.de
Verbreitung: überregional
Erscheint: vierteljährlich

**Dreigroschenheft**
Informationen zu Bert Brecht.
Wißner-Verlag GmbH & Co. KG
Im Tal 12
86179 Augsburg
Tel.: (0821) 25 98 912
Fax: (0821) 25 98 999
info@wissner-onlineservice.de
www.dreigroschenheft.de
Verbreitung: überregional
Erscheint: vierteljährlich

**Horizonte**
Zeitschrift der Gefangenen
der JVA Kaisheim
Abteistr. 10
86687 Kaisheim
Verbreitung: regional

**Jedermensch**
Zeitung für soziale Dreigliede-
rung, neue Lebensformen und
Umweltfragen
Dorfstr. 25
88142 Wasserburg
Tel.: (08382) 89 056
Fax: (08382) 89 056
eulenspiegel.wasserburg@t-
online.de
www.jedermensch.net
Verbreitung: überregional
Erscheint: vierteljährl., seit 1958

**Schließfach 34**
Gefangenenzeitung der
JVA-Ravensburg
Hinzistobel 34
88212 Ravensburg
Tel.: (0751) 37 32 73
Verbreitung: regional
Erscheint: vierteljährlich

**Zur Kritik der Politischen
Ökonomie**
Bulletin der Marxistischen Ar-
beitsgruppe Ulm
Margirushof 45
89077 Ulm
Erscheint: seit April 2007

**Krisis**
Beiträge zur Kritik
der Warengesellschaft
Postfach 81 02 69
90247 Nürnberg
Tel.: (0911) 70 56 28
Fax: (0911) 78 09 542
krisisweb@yahoo.de
www.krisis.org
Verbreitung: überregional
Erscheint: jährlich, seit 1986

**Arbeiterstimme**
Zeitschrift für marxistische
Theorie und Praxis
Postfach 91 03 07
90261 Nürnberg
redaktion@arbeiterstimme.org
arbeiterstimme.org
Verbreitung: überregional
Erscheint: vierteljährl., seit 1971

**KAZ**
Kommunistische Arbeiterzeitung
Reichstr. 8
90408 Nürnberg
Tel.: (0911) 35 69 13
Fax: (0911) 35 69 13
www.kaz-online.de
Verbreitung: überregional
Erscheint: monatlich, seit 1970

**barricada**
Zeitung für autonome Politik
und Kultur
Bauerngasse 14
90443 Nürnberg
Verbreitung: regional
Erscheint: monatlich

**VorSchein**
Jahrbuch der Ernst-Bloch-Asso-
ziation
Femnitzerstraße 35
90489 Nürnberg

Tel.: (0911) 28 60 89
Fax: (0911) 59 74 266
postmaster@ernst-bloch.net
www.ernst-bloch.net
Verbreitung: überregional
Erscheint: jährlich, seit 1985

**Rundbrief**
Forum für Mitglieder und Freunde des Pazifik-Netzwerks e.V.
Postfach 68
91564 Neuendettelsau
Tel.: (09774) 91 22 0
Fax: (098 78) 93 12 0
info@pazifik-infostelle.org
www.pazifik-infostelle.org

**BIONACHRICHTEN**
Zeitschift für ökologischen Landbau und gesunde Ernährung
Stelzlhof 1
94034 Passau
Tel.: (0851) 75 65 00
Fax: (0851) 75 65 025
kuhnt@biokreis.de
www.bionachrichten.de
Verbreitung: regional
Erscheint: zweimonatl., seit 1979

**wufmag**
Magazin für Lesben, Schwule & friends in Würzburg
WuF e.V. – schwulesbisches Zentrum Würzburg
Nigglweg 2
97082 Würzburg
Tel.: (0931) 41 26 46
info@wufzentrum.de
www.wufzentrum.de
Verbreitung: regional
Erscheint: monatlich, seit 2008

**nachrichten und standpunkte**
arbeiterzeitung für die region schweinfurt
Gabelsbergerstraße 1
97421 Schweinfurt
Tel.: (09721) 18 55 55
Fax: (09721) 28 723
sobima@t-online.de
www.gnn-verlage.com
Verbreitung: regional

Erscheint: monatlich

**Auszeit**
Zeitschrift der Gefangenen der JVA Goldlauter
Postfach 300 352
98503 Suhl-Heidersbach
Verbreitung: regional

**Die Monatliche**
Frauenabhängige Zeitung für Thüringen
Regierungsstraße 28
99084 Erfurt
Tel.: (0361) 56 56 510
Fax: (0361) 56 56 511
brennessel.erfurt@t-online.de
www.frauenzentrum-brennessel.de
Verbreitung: regional
Erscheint: vierteljährlich

**hEFt**
für literatur, stadt und alltag
c/o Kulturrausch e.V.
Krämerbrücke 25
99084 Erfurt
Tel.: (0361) 21 15 966
www.heft-online.de
Verbreitung: regional
Erscheint: vierteljährlich

**Abfahrt**
Zeitschrift der Gefangenen der JSA Ichtershausen
Alexander-Puschkin-Str. 7
99334 Ichtershausen
Verbreitung: regional

**Andere, ohne Postleitzahl**

**Der Störer**
Zeitschrift für Social-Beat-Literatur
c/o J.A. Dahlmeyer
Tel.: (030) 44 89 181
Verbreitung: überregional
Erscheint: vierteljährl., seit 1990

**DIE KRAKE**
Künstliche Beziehungen für unnatürliche Frauen
polylogo@gmx.de

www.alice-dsl.net/diepolytanten/
Verbreitung: überregional
Erscheint: jährlich, seit 2006

**Luxemburg**

**Informationsbrief**
Weltwirtschaft & Entwicklung (W&E)
98, avenue du X septembre
L-2550 Luxemburg
Tel.: (0352) 26 44 09 90
Fax: (0352) 26 44 10 09
info@weltwirtschaft-und-entwicklung.org
www.weltwirtschaft-und-entwicklung.org
Verbreitung: überregional
Erscheint: monatlich, seit 1989

# Zeitschriften, Zeitungen, BRD, Titel alphabetisch

# Zeitschriften, Zeitungen, BRD, nach Orten sortiert

# Zeitschriften, Zeitungen, BRD, inhaltliche Zuordnung

## Alternative Ökonomie, Selbsthilfe

| | |
|---|---|
| abfahren | 162 |
| Archipel | 157 |
| Bankspiegel | 167 |
| CONTRASTE | 178 |
| Jedermensch | 182 |
| Mach mit | 171 |
| Nachrichten aus Longo mai | 157 |
| Oya | 158 |
| Querkopf | 153 |
| QUERKOPF | 170 |
| straßenkreuzer | 154 |
| Synapse | 180 |

## Anarchismus, Autonome

| | |
|---|---|
| arranca! | 153 |
| barricada | 182 |
| Barrikade | 168 |
| Direkte Aktion | 175 |
| ESPERO | 159 |
| Extrablatt | 162 |
| Feierabend! | 147 |
| Graswurzelrevolution | 172 |
| Interim | 153 |
| Krampfader | 164 |
| swing | 176 |
| terminal | 147 |
| vers beaux temps | 163 |
| Wildcat | 171 |
| ZECK | 159 |

## Anti-Atom, Umwelt, Verkehr, Landwirtschaft

| | |
|---|---|
| abfahren | 162 |
| AKP | 164 |
| ALLIGATOR | 151 |
| anti atom aktuell | 163 |
| ARA-Magazin | 164 |
| bioland | 172 |
| BIONACHRICHTEN | 183 |
| bioPress | 179 |
| BioSkop | 168 |
| BUNDmagazin | 150 |
| Der Fahrgast | 149 |
| Der Rabe Ralf | 151 |
| Fairkehr | 172 |
| Forum Umwelt & Entwicklung | 172 |
| GAiA | 181 |
| Gorleben Rundschau | 163 |
| Greenpeace-Magazin | 160 |
| grünes blatt | 165 |
| INKOTA-Brief | 151 |
| Kaperbrief | 166 |
| KidsPOwer | 172 |
| Kritische Ökologie | 156 |
| Kritischer Agrarbericht | 181 |
| mobilogisch! | 156 |
| NABU-Streuobstrundbrief | 148 |
| NATURFREUNDiN | 151 |
| NiS | 178 |
| Ökologie & Landbau | 178 |
| Ökologisches Wirtschaften | 153 |
| ökopädNEWS | 159 |
| ÖKO-TEST | 175 |
| Oya | 158 |
| Pedal | 162 |
| Pestizid-Brief | 160 |
| Politische Ökologie | 181 |
| RadZeit | 149 |
| Regenwald Report | 159 |
| ROBIN WOOD Magazin | 157 |
| Stichwort: Bayer | 165 |
| Tierbefreiung | 167 |
| Umwelt Direkt | 178 |
| Umweltzeitung | 165 |
| Unabhängige Bauernstimme | 173 |
| Verbraucher konkret | 156 |
| Verträglich Reisen | 172 |
| waterkant | 162 |
| WUZ | 159 |

## Antifaschismus

| | |
|---|---|
| antifa | 150 |
| Antifa Nachrichten | 179 |
| Antifa-Rundbrief | 147, 161 |
| Antifaschistische Nachrichten | 170 |
| Antifaschistisches Infoblatt | 153 |
| Der Bremer Antifaschist | 162 |
| Der Rechte Rand | 158 |
| LOTTA | 168 |
| monitor | 155 |
| Phase2 | 147 |
| RUNDBRIEF BAG Rechtsextremismus/Antifaschismus der Partei | |
| DIE LINKE | 150 |
| ZAG | 154 |
| ZeitLupe | 164 |

## Antimilitarismus, Frieden

| | |
|---|---|
| AUSDRUCK | 179 |
| Forum Pazifismus | 159 |
| FreiRaum | 179 |
| Friedensblätter | 179 |
| FriedensForum | 171 |
| Friedensjournal | 174 |
| Infoblatt | 182 |
| Ohne Rüstung Leben | |
| - Informationen | 179 |
| pax zeit | 176 |
| Rundbrief AG KDV im Krieg | 176 |
| Soziale Verteidigung | 164 |
| W&F. Wissenschaft & Frieden | 177 |
| Zivilcourage | 176 |

## Arbeit, Ökonomie, Erwerbslose

| | |
|---|---|
| BIG Business Crime | 176 |
| BISS | 182 |
| Böckler impuls | 166 |
| Computer und Arbeit | 175 |
| Dr. med. Mabuse | 175 |
| express | 174 |
| gute ARBEIT | 175 |
| Intervention | 166 |
| isw-REPORT | 181 |
| KaSch. | 148 |
| Kippe | 147 |
| Kofra | 181 |
| Kollegen von Daimler informieren | |
| | 162 |
| Krisis | 182 |
| La Muchacha | 175 |
| Lunapark21 | 156 |
| metallzeitung | 174 |
| Mitbestimmung | 175 |
| PROKLA | 153 |
| quer | 161 |
| Rundbrief des Vereins demokratischer Ärztinnen und Ärzte | 167 |
| Sperre | 169 |
| Unabhängige Bauernstimme | 173 |
| ver.di PUBLIK | 149 |
| WSI-Mitteilungen | 166 |

## Comic, Fanzine, Musik

| | |
|---|---|
| DIE KRAKE | 183 |
| Strapazin | 182 |

## MigrantInnen, Antirassismus

## Sonstige, ohne

## Soziales, Behinderung, Psychiatrie, Gesundheit, Pädagogik, Sozialarbeit

## Stadtmagazin, Stadtzeitung, Stadtinfos

## Tages- und Wochenzeitung

## Wissenschaft, Theorie

**AUF**
Eine Frauenzeitschrift
Verein zur Förderung
feministischer Projekte
Kleeblattgasse 7
1010 Wien
Tel.: ((0043)-1-533 91 64
Fax: (0043)-1-532 63 37
Verbreitung: überregional
Erscheint: viermal jährlich

**Falter**
Falter Verlagsgesellschaft mbH
Marc-Aurel-Str. 9
1010 Wien
Tel.: (0043)-1-53 66 00
Fax: (0043)-1-53 66 09 35
Verbreitung: überregional
Erscheint: wöchentlich

**Jahrbücher**
Dokumentationsarchiv Österrei-
chischer Widerstand (DÖW)
Altes Rathaus
Wipplingerstr. 6-8
1010 Wien
Tel.: (0043)-1-228 94 69 / 319
Verbreitung: überregional
Erscheint: jährlich, seit 1986

**juridikum**
Zeitschrift für Kritik Recht
Gesellschaft. Context - Verein für
freie Studien und brauchbare
Information
Bäckerstraße 1
1010 Wien
Verbreitung: überregional
Erscheint: viermal jährlich

**L'HOMME**
Europäische Zeitschrift für femi-
nistische Geschichtswissenschaft
c/o Institut für Geschichte Uni Wien
Dr. Karl Lueger-Ring 1
1010 Wien
Verbreitung: überregional
Erscheint: halbjährlich

**Mitteilungen**
Dokumentationsarchiv Österrei
chischer Widerstand (DÖW)
Altes Rathaus

Wipplingerstr. 6-8
1010 Wien
Tel.: (0043)-1-228 94 69 / 319
Verbreitung: überregional
Erscheint: viermal jährlich

**Ökoenergie**
Österreichischer Biomasseverband
Franz Josefs-Kai 13
1010 Wien
Tel.: (0043)-1-533 07 97-0
Fax: (0043)-1-533 07 97-90
Verbreitung: überregional
Erscheint: viermal jährlich

**Der sozialdemokratische
Kämpfer**
Bund sozialdemokratischer Frei-
heitskämpfer, Opfer des Faschis-
mus und Aktiver Antifaschisten
Löwelstraße 18
1014 Wien
Tel.: (0043)-1-534 27-277
Verbreitung: überregional
Erscheint: viermal jährlich

**Kurswechsel**
Zeitschrift für gesellschafts-, wirt-
schafts- und umweltpolitische
Alternativen
BEIGEWUM
Postfach 162
1015 Wien
Verbreitung: überregional
Erscheint: vierteljährlich, seit 1986

**Solidarität**
Die ÖGB-Zeitschrift für die
Arbeitswelt. Österreichischer
Gewerkschaftsbund
Johann-Böhm-Platz 1,
1020 Wien
Tel.: (0043)-1-534 44-39262
Fax: (0043)-1-534 44-39916
Verbreitung: überregional
Erscheint: monatlich

**Tarantel**
Zeitschrift für Kultur von unten
Werkkreis Literatur und Arbeitswelt
Vivariumstrasse 8/4/1
1020 Wien

Verbreitung: überregional

**Wespennest**
Zeitschrift für brauchbare
Texte und Bilder
Verein Gruppe Wespennest
Rembrandtstr. 31/4
1020 Wien
Tel.: (0043)-1-332 66 91
Fax: (0043)-1-333 29 70
Verbreitung: überregional
Erscheint: halbjährlich

**an.schläge**
Feministisches Magazin für Poli-
tik, Arbeit und Kultur
CheckArt, Verein für feministische
Medien und Politik
Untere Weißgerberstr. 41
1030 Wien
Tel.: (0043)-1-920 16 76
Fax: (0043)-1-715 98 88
Verbreitung: überregional
Erscheint: monatlich

**Bedrohte Völker**
Zeitschrift der Gesellschaft für
bedrohte Völker Österreich
Untere Viaduktgasse 53/7A
1030 Wien
Tel.: (0043)-1-503 49 90
Fax: (0043)-1-503 13 36
Verbreitung: überregional
Erscheint: vierteljährlich

**dérive**
Zeitschrift für Stadtforschung
Verein für Stadtforschung
Gärtnergasse 4/5
1030 Wien
Tel.: (0043)-699-12 91 46 11
Verbreitung: überregional
Erscheint: vierteljährlich

**die seiten**
Verein für kulturelle Information
Reisnerstraße 21/5B
1030 Wien
Verbreitung: regional
Erscheint: viermal jährlich

**sic!**
Forum für feministische Gangarten
Hilde Grammel
Rechte Bahngasse 8
1030 Wien
Tel.: (0043)-1-7144666
Verbreitung: überregional
Erscheint: zweimonat. - seit 1993

**Die Alternative**
Unabhängige GewerkschafterInnen im ÖGB
Belvederegasse 10/1
1040 Wien
Tel.: (0043)-1-50 51 95 20
Fax: (0043)-1-505 19 52 22
Verbreitung: überregional
Erscheint: ungefähr monatlich

**fridolin**
Die Zeitschrift für InformatikerInnen und DatentechnikerInnen
Fachschaft Informatik
Treitlstr. 3
1040 Wien
Tel.: (0043)-1-58801-49549
Fax: (0043)-1-58801-49550
Verbreitung: regional
Erscheint: unregelmäßig

**Intifada**
Zeitschrift für den antiimperialistischen Widerstand. Antiimperialistische Koordination (AIK)
Postfach 23
1040 Wien
Verbreitung: überregional
Erscheint: viermal jährlich

**STICHWORT**
Newsletter Archiv der Frauen- und Lesbenbewegung. Archiv der Frauen- und Lesbenbewegung
Gusshausstr. 20/1A+B
1040 Wien
Tel.: 0443-1-8129886
Fax: 0443-1-8129886
Verbreitung: überregional
Erscheint: halbjährlich, seit 1996

**Zolltexte (zoll+)**
Österreichische Schriftenreihe zu Landschaft und Freiraum

Forum Landschaftsplanung
Wiedner Hauptstraße 54/12
1040 Wien
Erscheint: halbjährlich

**Cuba Si**
Österreichisch-Kubanische Gesellschaft
Seisgasse 1
1042 Wien
Tel.: (0043)-650-346 02 43
Verbreitung: überregional
Erscheint: viermal jährlich

**CeiberWeiber +**
Frauen Onlinemagazin
Postfach 39
1043 Wien
Tel.: (0043)-1-512 65 90
Fax: (0043)-1-512 60 89
Verbreitung: überregional

**Augustin**
Die erste österreichische Boulevardzeitung. Verein Sand & Zeit
Reinprechtsdorfer Straße 31/Hof
1050 Wien
Tel.: (0043)-1-54 55 133
Fax: (0043)-1-54 55 133-33
Verbreitung: regional
Erscheint: 14-tägig

**Gedenkdienst**
Verein Gedenkdienst
Margaretenstr. 166
1050 Wien
Tel.: (0043)-1-5810490
Fax: (0043)-1-25330339072
Verbreitung: überregional
Erscheint: vierteljährlich

**Linkswende**
Für Sozialismus von unten
Linkswende
Kettenbrückengasse 11/20
1050 Wien
Verbreitung: überregional
Erscheint: zehnmal jährlich

**Streifzüge**
Kritischer Kreis
Margaretenstr. 71-73/23
1050 Wien

www.streifzuege.org
Verbreitung: überregional

**Bildpunkt**
Zeitschrift der IG Bildende Kunst
Gumpendorferstr. 10-12
1060 Wien
Tel.: (0043)-1-524 09 09
Fax: (0043)-1-526 55 01
Verbreitung: überregional
Erscheint: viermal jährlich

**Kulturrisse**
Zeitschrift für radikaldemokratische Kulturpolitik
IG Infoblätter/ IG Kultur Österreich
Gumpendorferstr. 63b
1060 Wien
Tel.: (0043)-1-5037120
Fax: (0043)-1-503712015
Verbreitung: überregional
Erscheint: viermal jährlich

**Liga**
Österreichische Liga für Menschenrechte
Mariahilfer Straße 1d
1060 Wien
Tel.: (0043)-1- 523 63 17
Fax: (0043)-1-587 41 68 – 99
Verbreitung: überregional
Erscheint: vierteljährlich

**Wege für eine Bäuerliche Zukunft**
Österreichischen Bergbauern und Bergbäuerinnen Vereinigung
Mariahilfer Straße 89/22
1060 Wien
Tel.: (0043)-1-89 29 400
Verbreitung: überregional
Erscheint: fünfmal jährlich

**Befreiung**
Zeitung der Liga der Sozialistischen Revolution
Stiftgasse 8
1070 Wien
Tel.: (0043)-650-4068314
Verbreitung: überregional
Erscheint: monatlich

**fiber**
werkstoff für feminismus und popkultur. nylon. Verein zur

Förderung und Publikation feministischer Diskurse
Kirchengasse 10/Mailbox 234
1070 Wien
Verbreitung: überregional
Erscheint: zweimal jährlich

**Global News**
Umweltschutzorganisation
GLOBAL 2000
Neustiftgasse 36
1070 Wien
Tel.: (0043)-1-812 57 30
Fax: (0043)-1-812 57 28
Verbreitung: überregional

**Infoverteiler**
Stiftgasse 8
1070 Wien
Verbreitung:
Erscheint: unregelmäßig - 1989

**Klassenkampf**
Zeitung für Rätemacht und
Revolution
Gruppe Klassenkampf
Stiftgasse 8
1070 Wien
Verbreitung: überregional
Erscheint: unregelmäßig

**monochrom**
Jahrbuch und Magazinreihe
quartier21/museumsquartier
monochrom
Museumsplatz 1
1070 Wien
Tel.: (0043)-676-783 14 53
Fax: (0043)-1-952 33 84
Verbreitung: überregional
Erscheint: unregelmäßig

**Neubauer Rundschau**
Zeitung der Neubauer Grünen
Hermanngasse 25
1070 Wien
Tel.: (0043)-1-923 09 20
Verbreitung: regional
Erscheint: unregelmäßig

**Proletarische Revolution**
Kollektiv Proletarische Revolution
Stiftgasse 8

1070 Wien
Verbreitung: überregional
Erscheint: 5-6 jährlich

**Sonnenzeitung**
Energie blatt form
Uranus Verlagsges. MbH
Neustiftgasse 115A/Top 20
1070 Wien
Tel.: (0043)-1-40 39 11 10
Fax: (0043)-1-403 91 11 33
Verbreitung: überregional
Erscheint: viermal jährlich

**Vorwärts**
Zeitung der Sozialistischen
LinksPartei
Kaiserstr 14/11
1070 Wien
Tel.: (0043)-1-524 63 10
Verbreitung: überregional
Erscheint: zehnmal jährlich

**asylkoordination aktuell**
Zeitschrift der Asylkoordination
Laudongasse 52/9
1080 Wien
Tel.: (0043)-1-532 12 91
Fax: (0043)-1-532 12 91 20
Verbreitung: überregional
Erscheint: mind. Vierteljährlich,
seit 1993

**Spinnrad**
Forum für aktive Gewaltfreiheit
Internationaler Versöhnungs-
bund - österreichischer Zweig
Lederergasse 23/3/27
1080 Wien
Tel.: (0043)-1-408 53 32
Fax: (0043)-1-408 53 32
Verbreitung: überregional
Erscheint: viermal jährlich

**Südwind**
Magazin für internationale Politik,
Kultur und Entwicklung
Laudongasse 40
1080 Wien
Tel.: (0043)-1-405 55 15
Fax: (0043) 1 405 55 19
Verbreitung: überregional
Erscheint: zehnmal jährlich

**umwelt & bildung**
FORUM Umweltbildung Wien
Alser Str. 21
1080 Wien
Tel.: (0043)-1-402 47 01 14
Verbreitung: überregional
Erscheint: viermal jährlich

**Frauensolidarität**
Sensengasse 3
1090 Wien
Tel.: (0043)-1-31 74 02 00
Fax: (0043)-1-31 74 02 04 06
Verbreitung: überregional
Erscheint: vierteljährlich, seit 1982

**JEP**
Journal für Entwicklungspolitik
Mattersburger Kreis für Entwick-
lunspolitik an den österreichi-
chen Universitäten
Sensengasse 3
1090 Wien
Tel.: (0043)-1-317 40 18
Fax: (0043)-1-317 40 15
Verbreitung: überregional
Erscheint: viermal jährlich

**Lateinamerika anders**
Österreichs Zeitschrift zu
Lateinamerika und die Karibik
IGLA, c/o WUK
Währingerstr. 59
1090 Wien
Verbreitung: überregional
Erscheint: viermal jährlich

**The Global Player**
Forum Die Bunten
Rotenlöwengasse 12/1
1090 Wien
Tel.: (0043)-1-9611029
Fax: (0043)-1-9611029
Verbreitung: regional
Erscheint: zehnmal jährlich

**Act**
Das Magazin. Greenpeace
Fernkornkasse 10
1100 Wien
Tel.: (0043)-1-54 54 58 00
Verbreitung: überregional
Erscheint: viermal jährlich

**Rapidité**
Ernst-Kirchweger-Haus
Verein für Gegenkultur
Wielandgasse 2-4
1100 Wien
Verbreitung: regional
Erscheint: ca. zehnmal jährlich

**Die Arbeit**
Gewerkschaftlicher Linksblock im
ÖGB (GLB)
Hugogasse 8
1110 Wien
Tel.: (0043)-1-53 444-308
Verbreitung: überregional
Erscheint: vierteljährlich

**Paradigmata**
Zeitschrift für Menschen und
Diskurse
Kulturverein Pangea
Aßmayergasse 22/2
1120 Wien
Verbreitung: überregional
Erscheint: halbjährlich

**Skug**
Journal für Musik. Verein zur
Förderung von Subkultur
Johann-Hoffmann-Platz 10/2/24
1120 Wien
Tel.: (0043)-1-4023905
Fax: (0043)-1-4023905
Verbreitung: überregional
Erscheint: zweimonatlich

**Drahtesel**
Fahrradzeitschrift
ARGUS Fahrradbüro
Frankenberggasse 11
1140 Wien
Tel.: (0043)-1-505 09 07
Verbreitung: überregional
Erscheint: vier bis sechsmal
jährlich

**Mitteilungen der
Alfred Klahr Gesellschaft**
Drechslergasse 42
1140 Wien
Tel.: (0043)-1-982 10 86
Verbreitung: überregional
Erscheint: vierteljährlich

**vegan.at**
Vegane Gesellschaft Österreich
Waidhausenstrasse 13/1
1140 Wien
Tel.: (0043)-1-929 14 98/ 8
Fax: (0043)-1-929 14 98/ 2
Verbreitung: überregional
Erscheint: zweimal jährlich

**Volksstimme**
KPÖ-Organ
Drechslergasse 42
1140 Wien
Tel.: (0043)-1-503 65 80
Verbreitung: überregional
Erscheint: zehnmal jährlich

**Amnesty Journal**
Die Zeitschrift für Menschen-
rechte. amnesty international
Österreich
Moeringgasse 10/1
1150 Wien
Tel.: (0043)-1-7 80 08
Fax: (0043)-1-780 08 44
Verbreitung: überregional
Erscheint: viermal jährlich

**International**
Die Zeitschrift für internationale
Politik
Fritz Edlinger
Anschützgasse 1
1150 Wien
Tel.: (0043)-1-5229111
Fax: (0043)-1-5229111-9
Verbreitung: überregional
Erscheint: vierteljährlich, seit 1979

**Klimabündnis**
Zeitschrift vom Klimabündnis
Österreich
Klimabündnis Österreich
Hütteldorfer Straße 63-65
1150 Wien
Tel.: (0043)-1-5815881
Fax: (0043)-1-5815880
Verbreitung: überregional
Erscheint: viermal jährlich

**Perspektiven**
Magazin für linke Theorie und
Praxis. Verein für Theorie und

Geschichte sozialer Bewegungen
Stättermayergasse 5/2/27
1150 Wien
Verbreitung: überregional
Erscheint: dreimal jährlich

**freidenkerin**
Zeitschrift für wissenschaftliche
Weltanschauung
Freidenkerbund Österreich
Postfach 54
1153 Wien
Verbreitung: überregional
Erscheint: viermal jährlich

**akin**
Aktuelle Information
Bewegung für Sozialismus
Lobenhauerngasse 35/2
1170 Wien
Tel.: (0043)-1-535 62 00
Verbreitung: überregional
Erscheint: wöchentlich

**grundrisse**
zeitschrift für linke theorie &
debatte
Antonigasse 100/8
1180 Wien
www.grundrisse.net
Verbreitung: überregional
Erscheint: viermal jährlich

**Malmoe**
Verein zur Förderung medialer
Vielfalt und Qualität
Postfach 239
1181 Wien
Verbreitung: überregional
Erscheint: monatlich

**FriedensDienst**
Zeitung der Österreichische
Friedensdienste
Grinzinger Allee 34/7
1190 Wien
Verbreitung: überregional
Erscheint: zehnmal jährlich

**Wienzeile**
Supranationales Magazin für
Literatur, Kunst und Politik
VEWZ-Literaturverein
c/o Günther Geiger

Heiligenstädter Straße 84/45/11
1190 Wien
Verbreitung: überregional
Erscheint: unregelmäßig

**dieKUPF**
Kulturplattform Oberösterreich
Untere Donaulände 10/1
4020 Linz
Tel.: (0043)-70-79 42 88
Verbreitung: regional
Erscheint: viermal jährlich

**guernica**
Zeitung für Frieden und Solidarität
c/o Werkstatt für Frieden &
Solidarität
Waltherstr. 15
4020 Linz
Tel.: (0043)-732-77 10 94
Fax: (0043)-732-79 73 91
Verbreitung: überregional
Erscheint: bis zu zehnmal jährlich

**Kupfermuckn**
Straßenzeitung
Marienstr. 11
4020 Linz
Tel.: (0043)-732-77 08 05 13
Fax: (0043)-732-79 73 13
Verbreitung: regional
Erscheint: zehnmal jährlich

**OÖ Drahtesel**
Initiative FahrRad OÖ
Waltherstr. 15
4020 Linz
Tel.: (0043)-732-77 82 39
Verbreitung: regional
Erscheint: fünfmal jährlich

**Rundbrief – Plattform der OÖ.
Sozialprojekte**
Weingartshofstr. 38
4020 Linz
Tel.: (0043)-732-66 75 94
Verbreitung: regional
Erscheint: monatlich

**Versorgerin**
Stadtwerkstatt Linz
Kirchengasse 4
4040 Linz

Verbreitung: regional
Erscheint: dreimal jährlich

**Apropos**
Straßenzeitung für Salzburg
Glockengasse 10
5020 Salzburg
Tel.: (0043)-662-87 07 95
Verbreitung: regional
Erscheint: monatlich

**Der Kranich**
Zeitschrift des Salzburger
Friedensbüros
Friedensbüro Salzburg
Franz-Josef-Straße 3
5020 Salzburg
Tel.: (0043)-662-87 39 31
Fax: (0043)-662-87 39 31
Verbreitung: überregional
Erscheint: viermal jährlich

**pro ZUKUNFT**
Informationsdienst der Interna-
tionalen Bibliothek für Zukunfts-
fragen
Robert-Jungk-Platz 1
5020 Salzburg
Tel.: (0043)-662-87 32 06
Fax: (0043)-662-87 32 06 14
Verbreitung: überregional
Erscheint: viermal jährlich

**20er**
Die Tiroler Straßenzeitung
Verein zur Förderung einer Stra-
ßenzeitung in Tirol
Kapuzinergasse 43
6020 Innsbruck
Tel.: (0043)-512-56 11 52 14
Fax: (0043)-512-56 11 52 20
Verbreitung: regional
Erscheint: monatlich

**aep informationen**
Feministische Zeitschrift für
Politik und Gesellschaft
Arbeitskreis Emanzipation und
Partnerschaft
Müllerstraße 26
6020 Innsbruck
Tel.: (0043)-512-583698
Fax: (0043)-512-583698

Verbreitung: überregional
Erscheint: viermal jährlich

**Friedensforum**
Hefte zur Friedensarbeit
Österreichisches Studienzentrum
für Frieden und Konfliktlösung
Rochusplatz 1
7461 Stadtschlaining
Tel.: (0043)-3355-2498
Fax: (0043)-3355-2662
Verbreitung:
Erscheint: 4-6 mal jährlich

**Soziale Technik**
IFZ
Schlögelgasse 2
8010 Graz
Tel.: (0043)-316-81 39 09 32
Fax: (0043)-316-81 02 74
Verbreitung: überregional
Erscheint: viermal jährlich

**Camera Austria**
Kunsthaus Graz
Verein CAMERA AUSTRIA
Lendkai 1
8020 Graz
Tel.: (0043)-316-815 55 00
Fax: (0043)-316-815 55 09
Verbreitung: überregional
Erscheint: vierteljährlich

**Megaphon**
Strassenmagazin und soziale
Initiative
Friedrichgasse 36
8020 Graz
Tel.: (0043)-316-801 56 50
Fax: (0043)-316-81 23 99
Verbreitung: regional
Erscheint: monatlich

**Zebratl**
Informationen des Vereins Zebra
Verein ZEBRA
Pestalozzistraße 59/II
8010 Graz
Tel.: (0043)-316-90 80 70-25
Verbreitung: regional
Erscheint: fünfmal jährlich

**Archipel**
Monatszeitung des Europäischen
BürgerInnenforums. EBF
Lobnik 16
9135 Bad Eisenkappel
Tel.: (0043)-4238-7 05
Verbreitung: überregional
Erscheint: monatlich

**ÖIE aktuell**
Zeitschrift der ÖIE-Kärnten
Globale Bildung im Bündnis für
Eine Welt
Nikolaigasse 27/1
9500 Villach
Tel.: (0043)-4242- 2 46 17
Fax: (0043)-4242-24 61 74
Verbreitung: regional
Erscheint: viermal jährlich

# Zeitschriften, Zeitungen, Österreich, Titel alphabetisch

# Zeitschriften, Zeitungen, Österreich , inhaltliche Zuordnung

## L'Affranchi
Périodique des Amis de
l'Association internationale de
travailleurs
Postfach 390
CH 1000 Lausanne 6
Verbreitung: französischsp. Schweiz
Erscheint: viermal jährlich

## Sortir du nucléaire!
Journal d'information
Postfach 13 78
CH 1001 Lausanne
info@sortirdunucleaire.ch
www.sortirdunucleaire.ch
Verbreitung: französischsprachi-
ge Schweiz
Erscheint: viermal jährlich
Bulletin mis en place alors
qu'arrive en 2000 la fin du mora-
toire sur le nucléaire en Suisse.

## Résistance
Journal du POP vaudois & Gauche
en Mouvement A gauche toute!
Chauderon 5
CH 1003 Lausanne
Tel.: (0041) 21 312 06 76
info@popvaud.ch
www.popvaud.ch
Verbreitung: französischsprachi-
ge Schweiz
Erscheint: monatlich
Zeitung der Partei der Arbeit
(POP) Waadt, bewegungsorin-
tiert, linkssozialistisch

## L' ADERoscope
ADER – Association pour le
Dévéloppement des Energies
Renouvables
Rue de Sévelin 36
CH 1004 Lausanne
ader@bluewin.ch
www.ader.ch
Verbreitung: französischsprachi-
ge Schweiz
Erscheint: viermal jährlich
Energiepolitik, Erneuerbare
Energien

## Terres civiles
Journal trimestriel pour la Non-
violence au quotidien
Rue de Genève 52
CH 1004 Lausanne
Tel.: (0041) 21 661 24 34
Fax: (0041) 21 661 24 36
info@non-violence.ch
www.non-violence.ch
Verbreitung: französischsprachi-
ge Schweiz
Erscheint: viermal jährlich
Zeitschrift des ehemaligen Centre
Martin Luther King. Gewaltfrei-
heit, Menschenrechte

## T'okup'
Infokiosk espace autogéré
av. César-Roux 30
CH 1005 Lausanne
espaceautogere@squat.net
www.squat.net/ea
Verbreitung: französischsprachige Schweiz
Erscheint: unregelmäßig
Anarchistische BesetzerInnenzei-
tung aus Lausanne

## CIRA Bulletin
Centre International de Recher-
ches sur L'Anarchisme Bibliothé-
que du CIRA
Avenue de Beaumont 24
CH 1012 Lausanne
cira@plusloin.org
www.anarca-bolo.ch/cira/cira
Verbreitung: französischsprachi-
ge Schweiz
Erscheint: unregelmäßig
Anarchistisches Bulletin und
Informationen aus dem CIRA

## Bulletin Vert
Le journal romand des Verts
Case postale 345
CH 1211 Genève 4
bulletinverts@verts.ch
www.gruene.ch
Verbreitung: französischsprachi-
ge Schweiz
Erscheint: sechsmal jährlich
Französischsprachige Zeitschrift

der Grünen (Les Verts)

## Contratom Journal
Postfach 65
CH 1211 Genève 8
info@contratom.ch
www.contratom.ch
Verbreitung: französischsprachi-
ge Schweiz
Erscheint: viermal jährlich

## Gauchebdo
Hebdoma daire du Parti suisse du
Travial POP
Postfach 172
CH 1211 Genève 4
Tel.: (0041) 22 320 63 35
Fax: (0041) 22 320 05 87
www.gauchebdo.ch
Verbreitung: französischsprachi-
ge Schweiz
Erscheint: wöchentlich
Zeitung der Partei der Arbeit

## Le Courrier
Tageszeitung
case postale 238
CH 1211 Genève 8
Tel.: (0041) 22 809 55 66
www.lecourrier.ch
Verbreitung: französischsprachi-
ge Schweiz
Erscheint: fünfmal wöchentlich
unabhängige linke Tageszeitung

## La Blatt
Journal de la culture alternative
Zeitung für alternative Kultur
Fabrikgässli 3b
CH 2503 Biel
lablatt@immderda.ch
www.lablatt.ch
Verbreitung: lokal
Erscheint: zweimonat., seit 2009

## rebellion
Flugschrift der libertären Koord.
FAUCH-Organisation Socialiste
Libertaire
Postfach 34 64
CH 2503 Biel/Bienne
info@rebellion.ch
www.rebellion.ch

Verbreitung: französischsp. Schweiz
Erscheint: unregelmäßig
Anarchosyndikalistische Zeitung

**Bergheimat Nachrichten**
Ulrike Minkner
Schweizer Bergheimat
La Souriche
CH 2610 Mont-Soleil
Tel.: (0041) 32 941 29 34
Fax: (0041) 32 941 29 34
info@schweizer-bergheimat.ch
www.schweizer-bergheimat.ch
Verbreitung: überregional
Erscheint: fünfmal jährlich

**klarTEXT**
Das Schweizer Medien-Magazin
Postfach 478
CH 3000 Bern 14
Tel.: (0041) 31 382 45 57
redaktion@klartext.ch
www.klartext.ch
Verbreitung: überregional
Erscheint: sechsmal jährlich

**work**
Die Zeitung der Gewerkschaft unia
Postfach 2 72
CH 3000 Bern 15
Tel.: (0041) 31 350 24 18
www.workzeitung.ch
Verbreitung: überregional
Erscheint: zweiwöchentlich
Zeitung der größten Schweizer
Gewerkschaft unia

**cfd Dossier**
Christlicher Friedensdienst
Postfach 5761
CH 3001 Bern
Tel.: (0041) 31 300 50 60
info@cfd-ch.org
www.cfd-ch.org
Verbreitung: überregional
Erscheint: unregelmäßig, The-
menhefte
Feministische Debatten, Frie-
denspolitik, internationale Zu-
sammenarbeit, Migrationspolitik

**cfd zeitung**
Christlicher Friedensdienst
Postfach 5761
CH 3001 Bern
Tel.: (0041) 31 300 50 60
Fax: (0041) 31 300 50 69
info@cfd-ch.org
www.cfd-ch.org
Verbreitung: überregional
Erscheint: viermal jährlich
Ökumenische feministische
Friedenspolitik, Gender und
Migration

**lautstark!**
antifa Bern
Postfach 5053
CH 3001 Bern
info@antifa.ch
www.antifa.ch
Verbreitung: überregional
Erscheint: dreimal jährlich

**m**
Das comedia-Magazin
Zeitung der Mediengewerkschaft
Postfach 63 36
CH 3001 Bern
Tel.: (0041) 31 390 66 57
m-redaktion@comedia.ch
www.comedia.ch
Verbreitung: überregional
Erscheint: monatlich

**Megafon**
Zeitung aus der Reitschule Bern
Postfach 76 11
CH 3001 Bern
Tel.: (0041) 31 306 69 66
megafon@reitschule.ch
www.megafon.ch
Verbreitung: überregional
Erscheint: monatlich
Zeitung des autonomen Kultur-
zentrums Reitschule Bern

**VCS-Magazin**
VCS Verkehrclub Schweiz
Postfach 86 76
CH 3001 Bern
Tel.: (0041) 848 61 16 11
Fax: (0041) 848 61 16 12

leonardo@verkehrsclub.ch
www.verkehrsclub.ch
Verbreitung: überregional
Erscheint: sechsmal jährlich

**greenfo**
Informationsbulletin der Grünen
Partei Schweiz
Waisenhausplatz 21
CH 3011 Bern
greenfo@gruene.ch
www.gruene.ch
Verbreitung: überregional
Erscheint: viermal jährlich

**Infrarot**
Organ der JungsozialistInnen
Cédric Wenmuth
Juso Schweiz
Spitalgassse 34
CH 3011 Bern
Tel.: (0041) 31 329 69 99
Fax: (0041) 31 329 69 70
cwenmuth@juso.ch
www.juso.ch
Verbreitung: überregional
Erscheint: sechsmal jährlich

**Solidarité sans frontières**
Bulletin. Ein Zusammenschluss
der AKS und BODS
Neuengasse 8
CH 3011 Bern
Tel.: (0041) 31 311 07 70
sekretariat@sosf.ch
www.sosf.ch
Verbreitung: überregional
Erscheint: vierteljährlich

**Frauensicht**
Die führende Zeitung für enga-
gierte Frauen und Männer
FS-Verlag
Postfach 193
CH 3095 Spiegel
Tel.: (0041) 31 972 77 33
www.frauensicht.ch
Verbreitung: überregional
Erscheint: vierteljährlich
Pressespiegel und Informationen
zu Gleichstellung und Frauenbe-
wegung

**Rote Anneliese**
Linke Wochenzeitung für das
Oberwallis
CH 3900 Brig
rote.anneliese@rhone.ch
Verbreitung: regional
Erscheint: wöchentlich

**afrika-bulletin**
Afrika-Komitee Basel und Zent-
rum für Afrikastudien Uni Basel
Postfach 1072
CH 4001 Basel
Tel.: (0041) 61 692 51 88
Fax: (0041) 61 269 80 50
afrikabulletin@afrikakomitee.ch
http://zasb.unibas.ch/de/for-
schung/publikationen/afrika-
bulletin/
Verbreitung: überregional
Erscheint: vierteljährlich, seit 1976

**Debatte**
Zeitschrift der Bewegung für den
Sozialismus. Verein pro Debatte,
c/o Bewegung f.d. Sozialismus BFS
Postfach 2002
CH 4001 Basel
kontakt@debatte.ch
www.debatte.ch
Verbreitung: überregional
Erscheint: vierteljähr.lich, seit 2007

**Programm-Zeitung**
Kultur in Basel und Region
Gerbergasse 30
CH 4001 Basel
Tel.: (0041) 61 262 20 40
Fax: (0041) 61 262 20 39
info@programmzeitung.ch
www.programmzeitung.ch
Verbreitung: regional
Erscheint: 11x jährlich
Die Monatszeitung für Kultur in
Basel und Region. Mit Veranstal-
tungskalender

**Palästina Info**
Palästina-Solidarität Region Basel
und Palästinakomitee Zürich
Postfach 40 70
CH 4002 Basel

Tel.: (0041) 79 644 65 86
paso.bs@gmx.ch
Verbreitung: überregional
Erscheint: zweimal jährlich

**Archipel**
Monatszeitung des Europäischen
Bürgerforums
Postfach
CH 4004 Basel
Tel.: (0041) 61 262 01 11
Fax: (0041) 61 262 02 46
archipel@forumcivique.org
www.forumcivique.org
Verbreitung: überregional
Erscheint: monatlich
Ableger der Kooperative Longo
mai

**Nachrichten aus Longo mai**
St. Johannsvorstadt 13
CH 4004 Basel
Tel.: (0041) 61 262 01 11
eurocoop@swissonline.ch
Verbreitung: überregional
Erscheint: dreimal jährlich
Deutschschweizer Bulletin der
Kooperative Longo Mai

**Soziale Medizin**
Die Zeitschrift im Gesundheits-
und Sozialwesen
Postfach
CH 4007 Basel
Tel.: (0041) 61 691 13 32
Fax: (0041) 61 691 13 32
www.sozialemedizin.ch
Verbreitung: überregional
Erscheint: viermal jährlich

**AHA!**
Rundbrief des Basler Appells
gegen Gentechnologie
Murbacherstr. 34
CH 4013 Basel
Tel.: (0041) 61 692 01 01
Fax: (0041) 61 693 20 11
info@baslerappell.ch
www.baslerappell.ch
Verbreitung: überregional
Erscheint: sechsmal jährlich

**Pressespiegel Gentechnologie**
Basler Appell gegen Gentech-
nologie
Murbacherstr. 34
CH 4013 Basel
Tel.: (0041) 61 692 01 01
Fax: (0041) 61 693 20 11
info@baslerappell.ch
www.baslerappell.ch
Verbreitung: überregional
Erscheint: viermal jährlich

**Surprise Strassenmagazin**
Surprise Strassenmagazin GmbH
Spalentorweg 20
CH 4051 Basel
Tel.: (0041) 61 281 04 02
Fax: (0041) 61 273 14 63
info@strassenmagazin.ch
www.strassenmagazin.ch
Verbreitung: Überregional
Erscheint: zweiwöchentlich

**Finanzplatz Informationen**
Aktion Finanzplatz Schweiz AFP
Drahtzugstrasse 28
CH 4057 Basel
afp@aktionfinanzplatz.ch
www.aktionfinanzplatz.ch/
bulletin.html
Verbreitung: überregional
Erscheint: vierteljährlich, seit 1980

**Zwang**
Journal der International Associa-
tion against psychiatric assault
Spechtweg 1
CH 4125 Riehen
iaapa@hotmail.com
www.iaapa.ch
Verbreitung: überregional
Erscheint: unregelmäßig
Antipsychiatrie, Bürgerrechte

**Zeitpunkt**
Die Zeitschrift für intelligente
Optimistinnen und Optimisten
Drosselweg 17
CH 4500 Solothurn
Tel.: (0041) 32 621 81 11
Fax: (0041) 32 621 81 10
mail@zeitpunkt.ch

www.zeitpunkt.ch
Verbreitung: überregional
Erscheint: sechsmal jährlich
Ökosozialer Umbau

**Moneta**
Zeitung für Geld und Geist
Postfach
CH 4601 Olten
Tel.: (0041) 62 206 16 16
Fax: (0041) 62 206 16 17
contact@abs.ch
www.abs.ch
Verbreitung: überregional
Erscheint: viermal jährlich
Zeitung der alternativen Bank
(ABS)

**bioaktuell**
FIBL – Forschungsinstitut für
biologischen Landbau
Postfach
CH 5070 Frick
Tel.: (0041) 62 865 72 72
Fax: (0041) 62 865 72 73
info.suisse@fibl.org
www.bioaktuell.ch/de/zeitschrift.
html
Verbreitung: überregional
Erscheint: zehnmal jährlich

**trigon Magazin**
trigon film
Limmatauweg 9
CH 5408 Ennetbaden
Tel.: (0041) 56 430 12 30
Fax: (0041) 56 430 12 31
magazin@trigon-film.org
www.trigon-film.org
Verbreitung: überregional
Erscheint: viermal jährlich
Magazin zu aktuellen Filmen und
kulturellen Themen, Filme aus
dem Trikont

**Romp**
Polit Punk Underground Zine
Info- und Plattenladen Romp
Steinenstr. 17
CH 6006 Luzern
Tel.: (0041) 41 422 03 87
info@romp.ch

www.romp.ch
Verbreitung: überregional
Erscheint: unregelmäßig

**kultur und politik**
Zeitschrift für ökologische, sozi-
ale und wirtschaftliche Zusam-
menhänge
Bioforum Schweiz
Wellberg
CH 6130 Willisau
Tel.: (0041) 41 971 02 88
Fax: (0041) 41 971 02 88
info@bioforumschweiz.ch
www.bioforumschweiz.ch/kp/
kp.html
Verbreitung: überregional
Erscheint: viermal jährlich

**echo**
Alpen-Initiative
Herrengasse 2
CH 6460 Altdorf UR
Tel.: (0041) 41 870 97 81
Fax: (0041) 41 870 97 88
www.alpeninitiative.ch
Verbreitung: überregional
Erscheint: 4-5mal jährlich
Themen: nachhaltige Verkehrspo-
litik, Schutz des Alpenraums

**Rosa**
Die Zeitschrift für Geschlechter-
forschung
Rämistr. 62
CH 8001 Zürich
rosa.gender@gmail.com
www.rosa.uzh.ch/doku.php
Verbreitung: Überregional
Erscheint: zweimal jährlich
Zeitschrift für Geschlechterfor-
schung der Universität Zürich
seit 1990

**BOA**
FrauenLesbenAgenda
Aemtlerstr. 74
CH 8003 Zürich
Tel.: (0041) 44 461 90 44
Fax: (0041) 44 461 90 44
boa@fembit.ch
www.boa.fembit.ch

Verbreitung: Überregional
Erscheint: monatlich

**aufbau**
Kanonengasse 35
CH 8004 Zürich
info@aufbau.org
www.aufbau.org
Verbreitung: überregional
Erscheint: fünfmal jährlich
Zeitung des revolutionären Aufbau. Kommunismus, Antikapita-
lismus, Klassenkampf, Antiimperi-
alismus, Antifa, Gefangenensoli

**FIZ Rundbrief**
Fraueninformationszentrum
Badenerstr. 134
CH 8004 Zürich
Tel.: (0041) 44 240 44 22
Fax: (0041) 44 240 44 23
contact@fiz-info.ch
www.fiz-info.ch
Verbreitung: überregional
Erscheint: zweimal jährlich
Rundbrief der Beratungsstelle
FIZ, Informationen von und für
Migrantinnen

**Strapazin**
Eglistr. 8
CH 8004 Zürich
Tel.: (0041) 44 491 96 82
Fax: (0041) 44 401 19 44
post@strapazin.ch
www.strapazin.ch
Verbreitung: überregional
Erscheint: viermal jährlich
Innovative Comiczeitschrift

**velojournal**
Magazin für Alltag und Freizeit
Cramerstr. 17
CH 8004 Zürich
Tel.: (0041) 44 242 60 35
Fax: (0041) 44 241 60 32
info@velojournal.ch
www.velojournal.ch
Verbreitung: überregional
Erscheint: viermal jährlich
Zeitschrift der IG Velo. Lobbypoli-
tik für FahrradfahrerInnen

**Correos de las Américas**
Zentralamerika-Sekretariat
Röntgenstr. 4
CH 8005 Zürich
Tel.: (0041) 44 271 57 30
zas11@access.ch
Verbreitung: überregional
Erscheint: fünfmal jährlich

**entwürfe**
Zeitschrift für Literatur
Neugasse 6
CH 8005 Zürich
Fax: (0041) 44 273 24 36
redaktion@entwuerfe.ch
www.entwuerfe.ch
Verbreitung: überregional
Erscheint: vierteljährlich

**traverse**
Zeitschrift für Geschichte
c/o Chronos Verlag
Eisengasse 9
CH 8008 Zürich
Tel.: (0041) 44 265 43 43
Fax: (0041) 44 265 43 44
info@chronos-verlag.ch
www.chronos-verlag.ch
Verbreitung: überregional
Erscheint: dreimal jährlich

**FriZ**
Zeitschrift für Friedenspolitik
Postfach 18 08
CH 8021 Zürich
Tel.: (0041) 44 242 22 93
Fax: (0041) 44 241 29 46
friz@efriz.ch
www.efriz.ch
Verbreitung: überregional
Erscheint: vierteljährlich

**A-Bulletin Verein**
Anzeigen für Land, Alp und
Wohlbefinden
Postfach 10 19
CH 8026 Zürich
Tel.: 0044 44 241 22 01
a-bulletin@bluewin.ch
Verbreitung: überregional
Erscheint: ca. alle 3 Wochen
Alternative Selbstorganisation,
Alpwirtschaft

**augenauf-Bulletin**
Gruppe augenauf
Postfach
CH 8026 Zürich
Tel.: (0041) 44 241 11 77
zuerich@augenauf.ch
www.augenauf.ch
Verbreitung: überregional
Erscheint: mind. viermal jährlich
Bulletin der augenauf-Gruppen in
Zürich, Basel und Bern. Migra-
tions- und Asylpolitik, Polizei-
übergriffe, innere Sicherheit

**EvB-Magazin**
Erklärung von Bern (EvB)
Dienerstr. 12
CH 8026 Zürich
Tel.: (0041) 44 277 70 00
Fax: (0041) 44 277 70 01
info@evb.ch
www.evb.ch
Verbreitung: überregional
Erscheint: 5-6mal jährlich
Entwicklungspolitik, internatio-
nale Zusammenarbeit

**lora Info**
Zeitung des Alternativen Lokalra-
dio Zürich
Postfach 1036
CH 8026 Zürich
Tel.: (0041) 44 567 24 11
Fax: (0041) 44 567 24 11
info@lora.ch
www.lora.ch
Verbreitung: regional
Erscheint: zweimal jährlich

**P.S.**
die linke Zürcher Zeitung
Langstr. 64
CH 8026 Zürich
Tel.: (0041) 44 241 06 70
Fax: (0041) 44 240 44 27
psverlag@bluewin.ch
www.pszeitung.ch
Verbreitung: regional
Erscheint: wöchentlich
Sozialdemokratische Wochenzei-
tung für die Region Zürich

**vorwärts**
Die sozialistische Zeitung
Postfach 24 69
CH 8026 Zürich
Tel.: (0041) 44 241 66 77
Fax: (0041) 44 242 08 58
redaktion@vorwaerts.ch
www.vorwaerts.ch
Verbreitung: überregional
Erscheint: zweiwöchentlich
Zeitung der Partei der Arbeit
Schweiz PdA

**Fraz**
Frauenzeitung
Postfach
CH 8031 Zürich
Tel.: (0041) 44 272 73 71
Fax: (0041) 44 272 81 61
info@frauenzeitung.ch
www.frauenzeitung.ch
Verbreitung: überregional

**GSoA-Zitig**
Informationen und Anregungen
der Gruppe für eine Schweiz
ohne Armee
Postfach
CH 8031 Zürich
Tel.: (0041) 44 273 01 00
Fax: (0041) 44 273 02 12
gsoa@gsoa.ch
www.gsoa.ch
Verbreitung: überregional
Erscheint: mind. viermal jährlich

**Le Monde diplomatique**
WoZ
Hardturmstr. 66
CH 8031 Zürich
Tel.: (0041) 44 448 14 14
Fax: (0041) 44 448 14 15
diplo@woz.ch
www.woz.ch
Verbreitung: überregional
Erscheint: monatlich
Deutschsprachige Ausgabe des
Le Monde Diplomatique

**medico international schweiz**
Bulletin Centrale Sanitaire Suisse
CSS

Quellenstr. 25
CH 8031 Zürich
Tel.: (0041) 44 273 15 55
Fax: (0041) 44 273 15 66
info@medicointernational.ch
www.medicointernational.ch
Verbreitung: überregional
Erscheint: vierteljährlich

**mh info**
Medienhilfe
Postfach
CH 8031 Zürich
Tel.: (0041) 44 272 46 37
Fax: (0041) 44 272 46 82
info@medienhilfe.ch
www.medienhilfe.ch
Verbreitung: überregional
Erscheint: vier bis sechsmal
jährlich
Medienpolitik international

**Studienbibliothek Info**
Bulletin der Stiftung Studienbib-
liothek der Arbeiterbewegung
Postfach
CH 8031 Zürich
Tel.: (0041) 44 271 80 22
Fax: (0041) 44 273 03 02
info@studienbibliothek.ch
www.studienbibliothek.ch
Verbreitung: überregional
Erscheint: mindestens einmal
jährlich

**Widerspruch**
Beiträge zur sozialistischen Politik
Postfach
CH 8031 Zürich
Tel.: (0041) 44 273 03 02
Fax: (0041) 44 273 03 02
redaktion@widerspruch.ch
www.widerspruch.ch
Verbreitung: überregional
Erscheint: halbjährlich
Linke Debattenzeitschrift

**WoZ**
Die Wochenzeitung
Hardturmstr. 66
CH 8031 Zürich
Tel.: (0041) 44 448 14 14

Fax: (0041) 44 448 14 15
woz@woz.ch
www.woz.ch
Verbreitung: überregional
Erscheint: wöchentlich
Die WOZ ist die größte linke
Deutschschweizer WochenZeitung. Sie wird herausgegeben
von der Genossenschaft Infolink,
die ausschließlich ZeitungsmacherInnen gehört

**IG Zeitung**
IG Sozialhilfe
Postfach
CH 8032 Zürich
Tel.: (0041) 44 261 24 50
ig-sozialhilfe@gmx.ch
www.ig-sozialhilfe.ch
Verbreitung: regional
Erscheint: unregelmäßig
Armutsbetroffene Sozialpolitik

**Olympe**
Feministische Arbeitshefte zur
Politik
Gemeindestr. 62
CH 8032 Zürich
Fax: (0041) 44 525 86 30
kontakt@olympeheft.ch
www.olympeheft.ch
Verbreitung: überregional
Erscheint: zweimal jährlich

**Die Bresche**
Zeitung der antikapitalistischen
Linken – für Sozialismus ALS
Postfach 9571
CH 8036 Zürich
Tel.: (0041) 44 271 00 18
info@bresche-online.ch
www.bresche-online.ch
Verbreitung: überregional
Erscheint: elfmal jährlich

**vpod**
Zentralsekrariat
Postfach 82 79
CH 8036 Zürich
Tel.: (0041) 44 256 52 52
vpod@vpod-ssp.ch
www.vpod-ssp.ch

Verbreitung: überregional
Erscheint: monatlich
Die Gewerkschaft – Schweize-
rischer Verband des Personals
öffentlicher Dienste

**Zivilcourage**
Informationen zur Militärverwei-
gerung und Zivildienst
Postfach 97 77
CH 8036 Zürich
Tel.: (0041) 44 450 37 37
beratungsstelle@zivildienst.ch
www.zivildienst.ch
Verbreitung: überregional
Erscheint: neun bis 10mal jährlich
Schweizweiter Rundbrief der
Beratungsstellen für Militärver-
weigerung, Antimilitarismus,
Friedenspolitik

**Neue Wege**
Zeitschrift des Religiösen Sozia-
lismus
Postfach 652
CH 8037 Zürich
Tel.: (0041) 44 447 40 48
info@neuewege.ch
www.neuewege.ch
Verbreitung: überregional
Erscheint: monatlich

**Fabrikzeitung**
Zeitung der Roten Fabrik
Postfach
CH 8038 Zürich
Tel.: (0041) 44 485 58 08
Fax: (0041) 44 485 58 59
zeitung@rotefabrik.ch
www.rotefabrik.ch
Verbreitung: regional
Erscheint: monatlich
Kultur, Musik, Themenschwer-
punkte, Programm

**Europa Magazin**
EU-Kritisch, ökologisch, sozial
Postfach
CH 8048 Zürich
Tel.: (0041) 31 731 29 14
Fax: (0041) 31 731 29 13
forum@europa-magazin.ch

www.europa-magazin.ch
Verbreitung: überregional
Erscheint: zweimal jährlich
Zeitschrift des Forums für direkte
Demokratie

**Scharotl**
Die Zeitung des jenischen Volkes
Radgenossenschaft der Land-
strasse
Hermetschloostr. 73
CH 8048 Zürich
Tel.: (0041) 44 432 54 44
Fax: (0041) 44 432 54 87
info@radgenossenschaft.ch
www.radgenossenschaft.ch
Verbreitung: überregional
Erscheint: viermal jährlich
Genossenschaftsorgan des fah-
renden Volkes der Schweiz. Rad-
genossenschaft der Landstrasse

**Filmbulletin**
Kino in Augenhöhe
Postfach 68
CH 8408 Winterthur
Tel.: (0041) 52 226 05 55
Fax: (0041) 52 226 05 56
info@filmbulletin.ch

www.filmbulletin.ch
Verbreitung: überregional
Erscheint: neunmal jährlich

**Taxi**
Magazin für Soziales und Kultur
Postfach 14 66
CH 8610 Ulster
Tel.: (0041) 78 723 17 47
redaktiontaxi@gmx.ch
www.taximagazin.ch
Verbreitung: überregional
Erscheint: unregelmäßig

**M & W**
Verbandsorgan des MieterInnen-
verbands
Ralph Hug
Postfach
CH 9001 St. Gallen
Tel.: (0041) 71 222 54 11
Fax: (0041) 71 222 69 12
info@mvzh.ch
www.mieterverband.ch
Verbreitung: überregional
Erscheint: neunmal jährlich
Zeitschrift des MieterInnenver-
bandes Schweiz

**Saiten**
Ostschweizer Kulturmagazin
Verein Saiten
Oberer Graben 38
CH 9004 St. Gallen
Tel.: (0041) 71 222 30 66
redaktion@saiten.ch
www.saiten.ch
Verbreitung: regional
Erscheint: monatlich
Unabhängiges Kultur- und Polit-
magazin für die Ostschweiz mit
Veranstaltungskalender

**FAMA**
Die feministische-theologische
Zeitschrift der Schweiz
Verein FAMA
Lochweidstr. 43
CH 9247 Henau
Tel.: (0041) 71 951 92 13
www.fama.ch

# Zeitschriften, Zeitungen, Schweiz, Titel alphabetisch

# Zeitschriften, Zeitungen, Schweiz, inhaltliche Zuordnung

# ADRESSEN von Freien Radios

*Zusammengestellt von Bernd Hüttner*

# Freie Radios

**Radio Blau**
99,2 / 94,4 / 89,2 MHz
Paul-Gruner-Str. 62 (HH)
04107 Leipzig
Tel.: (0341) 30 100 06
Fax: (0341) 30 100 09
www.radioblau.de

**Radio T**
02,7 Mhz (Mo-Fr 18-23, Sa, So
12-24 Uhr)
Karl-Liebknecht-Str. 19
09111 Chemnitz
Tel.: (0371) 35 02 35
Fax: (0371) 35 02 34
www.radiot.de

**coloRadio**
98,4 / 99,3 MHz (Mo-Fr 18-23, Sa,
So 12-24 Uhr)
Jordanstr. 5
01099 Dresden
Tel.: (0351) 31 79 22-5,
Fax: (0351) 31 79 22-6
www.coloradio.de

**Radio Corax**
95,9 MHz
Unterberg 11
06108 Halle
Tel.: (0345) 47 00 745
Fax: (0345) 47 00 746
www.radiocorax.de

**bootlab (Internet-Projekt)**
Ziegelstrasse 20
10117 Berlin
www.bootlab.org

**multicult.fm**
(internet-Projekt)
Marheineke Markthalle
Marheineke Platz 15
10961 Berlin

info@multicult.fm
www.mulitcult.fm

**Onda (Internet-Projekt)**
c/o Nachrichtenpool Lateinamerika
Köpenicker Str. 187/188
10997 Berlin
Tel.: (030) 78 99 13 61
Fax: (030) 78 99 13 62
www.npla.de

**PI-Radio (Initiative)**
88,4/90,7 Mhz
(Di+Do ab 20 Uhr)
Lottumstr. 10
10119 Berlin
www.piradio.de

**radiokampagne.de (Initiative)**
Postfach 02 99 19
10132 Berlin
www.radiokampagne.de

**Medienverein Babelsberg
(Initiative)**
Rosa-Luxemburg-Str. 36
14482 Potsdam-Babelsberg
medienverein.babelsberg@freie-
radios.de

**LOHRO - Lokalradio Rostock**
Margaretenstrasse 43
18057 Rostock
Tel.: (0381) 66 65 77
Fax: (0381) 66 65 799
www.lohro.de

**FSK**
93,0 MHz
Schulterblatt 23c
20357 Hamburg
Tel.: (040) 43 43 24
Fax: (040) 43 03 383
www.fsk-hh.org

**Freie RadioCooperative Husum**
97,6 & 98,8 MHz (Fr 17-22)
Süderstr. 136a
25813 Husum
Tel.: (04841) 62 284
Fax: (04841) 66 27 05
www.freie-radios.de/frc-husum

**Radio Flora**
Zur Bettfedernfabrik 3
30451 Hannover
Tel.: (0511) 76 38 91 95
www.radioflora.de

**AJZ-Radioiniative Bielefeld
NRW-Bürgerfunk**
Heeper Str. 132
33607 Bielefeld
Tel.: (0521) 21 147
kontakt@radio.ajz-bielefeld.de

**Freies Radio Kassel**
105,8 MHz
Sandershäuser Str. 34
34123 Kassel
Tel.: (0561) 57 80 63
Fax: (0561) 57 12 22
www.freies-radio-kassel.de

**Radio Unerhört Marburg**
90,1 MHz
R.-Bultmann-Str. 2b
35039 Marburg
Tel.: (06421) 68 32 65
Fax: (06421) 96 19 95
www.radio-rum.de

**RundFunk Meißner**
96,5 / 99,4 / 99,7 / 102,6 MHz
Niederhoner Str. 1
37269 Eschwege
Tel.: (05651) 95 90-0
Fax: (05651) 95 90-13
www.rundfunk-meissner.org

**Mikrowelle Recklinghausen**
**NRW-Bürgerfunk**
Herner Str. 141 (Lutherhaus)
45659 Recklinghausen
Tel.: (02361) 18 41 18
Fax: (02361) 18 18 10
www.radiomikrowelle.de

**Neue Essener Welle**
**NRW-Bürgerfunk**
W. Nieswand Allee 104
45326 Essen
Tel.: (0201) 83 44 43 1
Fax: (0201) 33 12 74
newelle@koma.free.de

**Radio X/RadioX-Mix e.V.**
Schützenstr. 12
60311 Frankfurt/M.
Tel.: (069) 299 712-25
Fax: (069) 299 712-23
www.radiox.de

**RadaR**
103,4 MHz
Steubenplatz 12
64293 Darmstadt
Tel.: (06151) 87 00-101
Fax: (06151) 87 00-102
www.radiodarmstadt.de

**Radio Quer**
92,5 MHz (Mo,Mi,Fr 11-12 & Mo
14-15 & Mi 14-19)
Postfach 4107
65031 Wiesbaden
Tel.: (0172 ) 61 099 54
Fax: (0611) 37 89 71
www.radio-quer.de

**bermuda.funk**
105,4 MHz & 89,6 MHz
Brückenstraße 2-4
68167 Mannheim
Tel.: (0621)30 09 797
Fax: (0621) 33 68 863
www.bermudafunk.org

**Freies Radio für Stuttgart**
99,2 MHz

Rieckestr. 24
70190 Stuttgart
Tel.: (0711) 64 00 44-2
Fax: (0711) 64 00 44-3
www.freies-radio.de

**Wüste Welle**
96,6 MHz
Hechingerstr. 203
72072 Tübingen
Tel.: (07071) 76 03 37
Fax: (07071) 76 03 47
www.wueste-welle.de

**Freies Radio Freudenstadt**
100,0 & 104,1 MHz
Forststr. 23
72250 Freudenstadt
Tel.: (07441) 88-221
Fax: (07441) 88-223
www.radio-fds.de

**StHörfunk**
97,5 MHz
Haalstrasse 9
74523 Schwäbisch Hall
Tel.: (0791) 97 33-44
Fax: (0791) 97 33-66
www.sthoerfunk.de

**Querfunk**
104,8 Mhz (12-17 & 22-7 & Fr
12-Mo 7)
Steinstr. 23
76133 Karlsruhe
Tel.: (0721) 38 78 58
Fax: (0721) 38 50 20
www.querfunk.de

**Kanal Ratte**
104,5 MHz
Hauptstr.82
79650 Schopfheim
Tel.: (07622) 669-253
Fax: (07622) 669-254
www.KanalRatteFM.de

**Radio Dreyeckland**
102,3 MHz
Adlerstr. 12

79098 Freiburg
Tel.: (0761) 30 407
Fax: (0761) 31 868
www.rdl.de

**Radio Lora München**
92,4 Mhz
Gravelottestraße 6
81667 München
Tel.: (089) 48 02 851
Fax: (089) 48 02 852
www.lora924.de

**Free FM**
102,6 MHz
Platzgasse 18 (Büchsenstadel)
89073 Ulm
Tel.: (0731) 93 86 284
Fax: (0731) 93 86 286
www.freefm.de

**Radio Z**
95,8 Mhz & 93,6 (Erlangen)
Kopernikusplatz 12
90459 Nürnberg
Tel.: (0911) 45 006-0
Fax: (0911) 45 006-77
www.radio-z.net

**Radio FREI**
96,2 MHz
Gotthardtstr. 21
99084 Erfurt
Tel.: (0361) 74 67 42-1,
Fax: (0361) 74 67 42-0
www.radio-frei.de

## Schweiz

**UNIKOM**
Union nicht kommerzorientierter
Lokalradios. Verband der Freien
Radios in der Schweiz
c/o Lukas Weiss
Blauenstr.63
CH- 4054 Basel (Schweiz)
Fax: (0041) 61 / 302 62 65
www.unikomradios.ch

# ADRESSEN von Archiven

*Zusammengestellt von Bernd Hüttner*

# Archive sozialer Bewegungen

Ist kein Fachgebiet angegeben, oder ergibt sich das Sammelgebiet nicht aus dem Namen, sammeln diese Archive zu allen Themen der neuen sozialen Bewegungen.

**Infoladen Leipzig**
Koburger Str. 3
04277 Leipzig
Tel. (0341) 30 26 504
Fax (0341) 30 26 503
http://conne-island.de/infoladen.
html

**Umweltbibliothek Leipzig**
Bernhard-Göring-Str. 152
04277 Leipzig
Tel.: (03 41) 30 65-180
Fax: (03 41) 30 65-179
www.oekoloewe.de

**Spinnboden**
Lesbenarchiv & Bibliothek e.V.
Anklamer Straße 38
10115 Berlin
Tel.+Fax: (030) 44 85 848
www.spinnboden.de/
feministisches Archiv

**Achiv Grünes Gedächtnis**
Heinrich Böll Stiftung
Eldenaer Str. 35
10247 Berlin
Tel.: (030) 28 534-260
www.boell.de/stiftung/archiv/

**Umweltbibliothek Grüne Liga
Berlin e.V.**
Greifswalder Str. 4
10405 Berlin
Tel.: (0 30) 44 33 91 63
www.grueneliga.de

**Magnus-Hirschfeld-Gesellschaft**
Chodowieckistr. 41
10405 Berlin
Tlel.: (030) 44 13 973
www.hirschfeld.in-berlin.de

**Robert-Havemann-Gesellschaft**
Archiv der DDR-Opposition
Schliemannstr. 23
10437 Berlin
Tel.: (030) 447 108 17
www.havemann-gesellschaft.de

**Schwules Museum**
Archiv
Mehringdamm 61
10961 Berlin
Tel.: (030) 69 40 17 23
www.schwulesmuseum.de

**FDCL**
Forschungs- und Dokumentations-
zentrum Chile und Lateinamerika
Gneisenaustr. 2a
10961 Berlin
Tel.: (030) 69 34 029
Fax: (030) 69 26 590
www.fdcl.org

**Archiv der Jugendkulturen e.V.**
Fidicinstr. 3
10965 Berlin
Tel.: (030) 69 42 934
Fax: (030) 69 13 016
www.jugendkulturen.de

**Papiertiger Bibliothek
und Archiv**
Cuvrystr. 25
10997 Berlin
Tel.: (0 30) 61 83051
Fax: (030) 61 83 051
www.archiv-papiertiger.de

**APABiZ**
Lausitzerstrasse 10
10999 Berlin
Tel.: (030) 611 62 49
www.apabiz.de/archiv
Schwerpunkt: Antifaschismus

**CILIP. Institut für Bürgerrechte
und öffentliche Sicherheit**
c/o FU Berlin
Malteserstr. 74-100
12249 Berlin
Tel.: (030) 838-70 462
www.cilip.de

**Archiv APO und soziale Bewe-
gungen**
Freie Universität Berlin
Universitätsarchiv
Malteser Str. 74-100
Tel.: (030) 838-70 505 (Büro), 838-
70 529 oder 838-70 520 (Archiv)
Fax: (030) 838 -70 549
12249 Berlin
www.fu-berlin.de/APO-archiv/

**FFBIZ**
Frauenforschungs-, Bildungs- und
Informationszentrum
Eldenaerstrasse 35 III
10247 Berlin
Tel. + Fax: (030) 32 10 40 35
www.ffbiz.de

**Archiv der Sozialen Bewegungen**
Schulterblatt 71
20357 Hamburg
Tel.: (040) 43 30 07
Fax: (040) 43 25 47 54
www.nadir.org/nadir/initiativ/
roteflora/archiv/ oder http://asb.
nadir.org/

**Sammlung Protest, Widerstand
und Utopie in der BRD**
Hamburger Institut
für Sozialforschung
Mittelweg 36
20148 Hamburg
Tel.: (040) 41 40 97 31
Fax: (040) 41 40 97 11
www.his-online.de/archiv

**Alhambra-Archiv**
Hermannstr. 83
26135 Oldenburg
Tel.: (04 41) 1 44 02
Fax: (04 41) 248 86 60
www.alhambra.de/archiv

**Archiv der sozialen Bewegungen**
St. Pauli-Str. 10-12
28203 Bremen
Fax: (04 21) 7 56 82
www.archivbremen.de

**belladonna**
Kultur-, Kommunikations- und
Bildungszentrum für Frauen e.V.
Sonnenstraße 8
28203 Bremen
Tel.: (0421) 70 35 34
Fax: (021) 70 35 44
www.belladonna-bremen.de
feministisches Archiv

**Archiv der deutschen
Frauenbewegung**
Gottschalkstraße 57
34127 Kassel
Tel.: (0561) 98 93 670
Fax: (0561) 98 93 672
www.addf-kassel.de
feministisches Archiv

**Rote Hilfe e.V. Archiv**
c/o Buchladen Rote Straße
Geismarlandstraße 6
37073 Göttingen
Tel.: (05 51) 7 7 08 007
http://www.hans-litten-archiv.de

**NOTSTAND**
Politisches Archiv an der RUB
Universitätsstr. 150
44780 Bochum
Tel.: (0234) 32 27 068
www.bo-alternativ.de/der_not-
stand

**ausZeiten**
Bildung, Information, Forschung
und Kommunikation für Frauen

Herner Str. 266
44809 Bochum
Tel.: (0234) 50 32 82
www.auszeiten-frauenarchiv.de
feministisches Archiv

**Archiv Arbeiterjugend**
Haardgrenzweg 77
45739 Oer-Erkenschwick
Tel.: (02368) 55 993
Fax: (02368) 59 220
www.arbeiterjugend.de

**afas - Archiv für alternatives
Schrifttum**
Schwarzenberger Str. 147
47226 Duisburg
Tel.: (02065) 74 715
Fax : (02065) 74 737
http://www.afas-archiv.de

**TTE-Bücherei**
Bürgerzentrum Alte Feuerwache
Melchiorstr. 3
50670 Köln
Tel.: (0221) 73 17 98
Fax:  (0221) 73 17 98
www.tte-buecherei.de

**FrauenMediaTurm**
Feministisches Archiv und Doku-
mentationszentrum
Bayenturm
50678 Köln
Tel.: (0221) 93 18 81-0
Fax: (0221) 93 18 81-18
www.frauenmediaturm.de/

**Centrum Schwule Geschichte**
In den Reihen 16
51103 Köln
Tel.: (0176) 68 86 24 43
www.csgkoeln.de

**Archiv der sozialen Demokratie
der Friedrich-Ebert-Stiftung**
Godesberger Allee 149
53175 Bonn
Tel.: (0228) 88 32 60
www.fes.de

(SPD-nah, mit umfangreichem
Bestand)

**Informationszentrum dritte Welt**
Postfach 53 28
79020 Freiburg
Tel.: (0761) 74 003
www.iz3w.org

**Archiv für soziale Bewegung
in Baden**
Spechtpassage e.V.
Wilhelmstr. 15
79098 Freiburg
Tel.: (0761) 33 362
Fax: (0761)  202 45 06
www.soziologie.uni-freiburg.de/asb

**AIDA**
Postfach 430147
80731 München
www.aida-archiv.de
Schwerpunkt: Antifaschismus

## Schweiz

**Centre international de Recherches sur l'Anarchisme (CIRA)**
24, avenue de Beaumont
CH-1012 Lausanne / Schweiz
Tel.: (0041)-21-6524819
www.cira.ch/

**Infoladen und Archiv in der Reitschule**
Postfach 5053
3001 Bern
Tel.: (0041)-31-3066952
www.reitschule.ch

**Schweizerisches Sozialarchiv**
Stadelhoferstraße 12
8001 Zürich
Tel. (0041)-1-251 76 44
www.sozialarchiv.ch
Schwerpunkt: Arbeiterbewegung/Sozialgeschichte

**Infoladen Kasama**
Archiv
Militärstrasse 87a
8004 Zürich
Tel.: (0041) 1- 271 90 09
http://kasama.ch/

**schema f**
Mattengasse 27
8005 Zürich
Tel.: (0041)-1-271 96 88,
www.schema-f.fembit.ch
Feministisches Archiv

## Niederlande

**ID-Archiv im IISG**
Cruquisweg 31
1019 T Amsterdam
www.iisg.nl/collections/id/

## Österreich

**Dokumentationsarchiv österreichischer Widerstand**
Wipplingerstrasse 6-8
1010 Wien
www.doew.at

**Frauensolidarität**
Bibliothek, Archiv und Dokumentationsstelle
Sensengasse 3
1090 Wien
Tel.: (0043)-1-317 40 20-0
Fax: (0043)-1- 317 40 20-355
www.frauensolidaritaet.org

**Archiv der sozialen Bewegungen**
Wipplingerstraße 23
1010 Wien
http://www.bibliothek-vonunten.org/Archiv.htm

**Archiv der Frauen- und Lesbenbewegung**
Bibliothek Dokumentation
Multimedia
Gusshausstr. 20/1A+B
1040 Wien
Tel.: (0043)-1-812 98 86
www.stichwort.or.at

**Robert-Jungk-Bibliothek für Zukunftsfragen**
Robert-Jungk-Platz 1
(Imbergstr. 2)
A-5020 Salzburg
Tel.: (0043)- 662 87 32 06
Fax: (0043)- 662 87 32 06-14
www.jungk-bibliothek.at

## Websites

**Gemeinsame Suche in mehreren Infoläden und Archiven bei dataspace**
http://ildb.nadir.org/

**Feministische Archive**
www.ida-dachverband.de

**Unweltbibliotheken**
www.umweltbibliotheken.de

**Projekt Datenbank des deutschen Anarchismus (DadA)**
www.ur.dadaweb.de

**Datenbank der Kooperation der Dritte Welt Archive**
www.archiv3.org

# ADRESSEN von Verlagen

*Zusammengestellt von Waldemar Schindowski*

## Verlag Voland & Quist

Postfach 10 05 52
01075 Dresden
Tel.: (0351) 79 54 771
Fax: (0351) 79 54 769
info@voland-quist.de
www.voland-quist.de
Hinweis: Der Verlag veröffentlicht junge, zeitgemäße Literatur, den meisten Büchern liegt eine CD oder DVD bei.

## Bernd Müller Verlag

Markt 15
02763 Zittau
Tel.: (03583) 75 53 00
Fax: (040) 38 01 78 84 482
info@bmueller-verlag.de
www.bmueller-verlag.de
Hinweis: Sachbuchverlag, u.a. Geschichte der DDR

## Edit - Papier für neue Texte

Gerichtsweg 28
04103 Leipzig
Tel.: (0341) 23 06 025
post@editonline.de
www.editonline.de
Hinweis: Forum für junge deutschsprachige Literatur. Unterstützer/Zustifter der Kurt Wolff Stiftung zur Förderung einer vielfältigen Verlags- und Literaturszene. www.kurt-wolff-stiftung.de

## Connewitzer Verlagsbuchhandlung

Peterssteinweg 7
04107 Leipzig
Tel.: (0341) 22 48 783
Fax: (0341) 96 03 448
woertersee@hotmail.de
www.cvb.de
Hinweis: Profil des Verlages: Belletristik, Lyrik, Kunst, Regionalia und illustrierte Bücher. Unterstützer/Zustifter der Kurt Wolff Stiftung zur Förderung einer vielfältigen Verlags- und Literaturszene. www.kurt-wolff-stiftung.de

## Lubok Verlag

Paul-Gruner-Str. 64
04107 Leipzig
Tel.: (0341) 99 99 890
info@lubok.de
www.lubok.de

Hinweis: Der Verlag veröffentlicht graphische Bücher, Ausstellungskataloge, Fotographie- und Künstlerbücher. Unterstützer / Zustifter der Kurt Wolff Stiftung zur Förderung einer vielfältigen Verlags- und Literaturszene.
www.kurt-wolff-stiftung.de

## Edition PaperOne

Lützner Straße 77
04177 Leipzig
Tel.: (0341) 60 42 68 00
http://editionpaperone.de
Hinweis: Verlag mit dem Schwerpunkt Punk- und Gothic-Literatur, sowie gesellschaftskritische Themen

## Lehmstedt Verlag

Marktstr. 5
04177 Leipzig
Tel.: (0341) 49 27 366
Fax: (0341) 92 60 489
info@lehmstedt.de
www.lehmstedt.de
Hinweis: Schwerpunkt des Verlages Kulturgeschichte Mitteldeutschlands. Unterstützer/Zustifter der Kurt Wolff Stiftung zur Förderung einer vielfältigen Verlags- und Literaturszene.
www.kurt-wolff-stiftung.de

## Leipziger Literaturverlag

Brockhausstr. 56
04229 Leipzig
Tel.: (0341) 30 11 430
Fax: (0341) 30 11 431
post@l-lv.de
www.leipzigerliteraturverlag.de
Auslieferung für den Buchhandel
BRD: LKG-Verlagsauslieferung, Espenhain www. lkg-va.de
Hinweis: Literaturverlag. Unterstützer/Zustifter der Kurt Wolff Stiftung zur Förderung einer vielfältigen Verlags- und Literaturszene.
www.kurt-wolff-stiftung.de

## GNN Verlag

Badeweg 1
04435 Schkeuditz
Tel.: (034204) 65 711
Fax: (034204) 65 893
zentrale@gnn-verlag.de
www.gnnverlag.de
Hinweis: Sachbuchverlag

## Mitteldeutscher Verlag

Am Steintor 23
06112 Halle (Saale)
Tel.: (0345) 233 22 0
Fax: (0345) 233 22 66
info@mitteldeutscherverlag.de
www.mitteldeutscherverlag.de
Auslieferung für den Buchhandel
BRD: LKG-Verlagsauslieferung, Espenhain www. lkg-va.de
Hinweis: Verlag mit Schwerpunkt Bücher aus dem mitteldeutschen Raum. Unterstützer/Zustifter der Kurt Wolff Stiftung zur Förderung einer vielfältigen Verlags- und Literaturszene.
www.kurt-wolff-stiftung.de

## Edition Der Freitag

Hegelplatz 1
10117 Berlin
Tel.: (030) 25 00 87-0
Fax: (030) 25 00 87-99
verlag@freitag.de
www.freitag.de/edition
Auslieferung für den Buchhandel
BRD: SOVA, Sozialistische Verlagsauslieferung, Frankfurt/M., www. sovaffm.de
Hinweis: Sachbücher der Wochenzeitung Der Freitag

## SCHWARZERFREITAG Publishing

Brunnenstr. 195
10119 Berlin
Tel.: (030) 93 95 53 42
Fax: (030) 93 95 53 43
contact@schwarzerfreitag.com
www.schwarzerfreitag.com
Auslieferung für den Buchhandel
BRD: GVA, Göttingen www.gva-verlage.de
Hinweis: Sachbuch und Fotografie

## Aurora Verlag

Neue Grünstr. 18
10179 Berlin
Tel.: (030)23 80 91-0
Fax: (030) 23 80 91-23
info@eulenspiegelverlag.de
www.aurora-verlag-berlin.de
Hinweis: Der Verlag widmet sich ganz besonders der Pflege des Werks und Andenkens von Peter Hacks

**Edition Ost**
Neue Grünstr. 18
10179 Berlin
Tel.: (030)23 80 91-0
Fax: (030) 23 80 91-23
info@eulenspiegelverlag.de
www.edition-ost.de
Hinweis: Sachbuchverlag. Schwerpunkt
Ostdeutschland (incl. Verlag am Park
und Spotless-Verlag)

**Martin Schmitz Verlag**
Waldemarstr. 1
10179 Berlin
Tel.: (030) 262 00 73
Fax: (030) 23 00 45 61
hallo@marti-schmitz.de
www.martin-schmitz-verlag.de
Auslieferung für den Buchhandel
BRD: GVA, Göttingen www.gva-
verlage.de
Hinweis: Verlag als Forum für Bücher
zu Film, text, Design, Architektur, Musik
und Malerei. Unterstützer/Zustifter der
Kurt Wolff Stiftung zur Förderung einer
vielfältigen Verlags- und Literaturszene.
www.kurt-wolff-stiftung.de

**Rotbuch Verlag**
Neue Grünstr. 18
10179 Berlin
Tel.: (030) 23 80 91-0 0
Fax: (030) 23 80 91-23
info@rotbuch.de
www.rotbuch.de
Hinweis: Sachbuch/Krimi/Belletristik

**Blumenbar Verlag**
Klosterstraße 44
10179 Berlin
Tel.: (030) 20 09 509-0
Fax: (030) 200 95 09 - 66
look@blumenbar.de
www.blumenbar.de
Auslieferung für den Buchhandel
BRD: Prolit Verlagsauslieferung,
Fernwald, www.prolit.de
Hinweis: Schwerpunkt des Verlagspro-
gramms ist deutschsprachige und in-
ternationale Gegenwartsliteratur.
Blumenbar versteht sich als Label für
zeitgemäße Bücher sowie für kulturel-
le Events.

**Karl Dietz Verlag Berlin**
Franz-Mehring-Platz 1
10243 Berlin
Tel.: (030) 29 78 45 34
info@dietzberlin.de
www.dietzberlin.de
Auslieferung für den Buchhandel
BRD: Bugrim Verlagsauslieferung,
www.bugrim.de
Hinweis: Verlag mit u.a. Gesamtausgabe
Marx/Engels und Veröffentlichungen
der Rosa Luxemburg Stiftung

**Edition diá**
Winsstraße 12
10405 Berlin
Tel.: (030) 623 50 21
Fax: (030) 623 50 23
info@editiondia.de
www.editiondia.de
Auslieferung für den Buchhandel
BRD: Prolit Verlagsauslieferung,
Fernwald, www.prolit.de
Hinweis: Literatur und Bildbände u.a.
zum Thema Lateinamerika

**Lukas Verlag**
Kollwitzstraße 57
10405 Berlin
Tel.: (030) 44049220
Fax: (030) 4428177
lukas.verlag@t-online.de
www.lukasverlag.com
Hinweis: Wissenschafts- und Sachbuchverlag

**Bebra Verlag**
Schönhauser Allee 36
10435 Berlin
Tel.: (030) 44 02 38 10
Fax: (030) 44 02 38 19
post@bebraverlag.de
www.bebraverlag.de
Auslieferung für den Buchhandel
BRD: Prolit Verlagsauslieferung,
Fernwald, www.prolit.de
Hinweis: Sachbuchverlag für Kultur-
und Zeitgeschichte, insbesondere aus
der Region Berlin-Brandenburg. Unter-
stützer/Zustifter der Kurt Wolff Stiftung
zur Förderung einer vielfältigen Verlags-
und Literaturszene.
www.kurt-wolff-stiftung.de

**Christoph Links Verlag**
Schönhauser Allee 36
10435 Berlin
Tel.: (030) 44 02 32 - 0
Fax: (030) 44 02 32 - 29
mail@christoph-links-verlag.de
www.christoph-links-verlag.de
Auslieferung für den Buchhandel
BRD: SOVA, Sozialistische Verlagsauslieferung, Frankfurt/M., www.
sovaffm.de
Hinweis: Sachbuchverlag. Einer der ersten unabhängigen Verlag der DDR. Un-
terstützer/Zustifter der Kurt Wolff Stiftung zur Förderung einer vielfältigen
Verlags- und Literaturszene.
www.kurt-wolff-stiftung.de

**BasisDruck Verlag**
Schliemannstraße 23
10437 Berlin
Tel.: (030) 445 76 80
Fax: (030) 445 95 99
basisdruck@onlinehome.de
www.basisdruck.de
Auslieferung für den Buchhandel
BRD: SOVA, Sozialistische Verlagsauslieferung, Frankfurt/M., www.
sovaffm.de
Hinweis: Politisches Sachbuch, u.a. DDR-
und osteuropäische Geschichte

**Dittrich Verlag**
Göhrener Str. 2
10437 Berlin
Tel.: (030) 78 52 733
Fax: (030) 78 89 99 06
info@dittrich-verlag.de
www.dittrich-verlag.de
Auslieferung für den Buchhandel
BRD: Prolit Verlagsauslieferung,
Fernwald, www.prolit.de
Hinweis: Literarischer Verlag, u.a. mu-
sik- und theaterhistorische Bücher. Un-
terstützer/Zustifter der Kurt Wolff Stif-
tung zur Förderung einer vielfältigen
Verlags- und Literaturszene.
www.kurt-wolff-stiftung.de

**Elfenbein Verlag**
Gaudystr. 8
10437 Berlin
Tel.: (030) 44 32 77 69

Fax: (030) 44 32 77 80
zentrale@elfenbein-verlag.de
www.elfenbein-verlag.de
Auslieferung für den Buchhandel
BRD: GVA, Göttingen www.gva-
verlage.de
Hinweis: Literaturverlag. Unterstützer/
Zustifter der Kurt Wolff Stiftung zur Förderung einer vielfältigen Verlags- und
Literaturszene.
www.kurt-wolff-stiftung.de

## Matthes & Seitz
Göhrener Str. 7
10437 Berlin
Tel.: (030) 44 32 74 01
Fax: (030) 44 32 74 02
info@matthes-seitz-berlin.de
www.matthes-seitz-berlin.de
Auslieferung für den Buchhandel
BRD: Prolit Verlagsauslieferung,
Fernwald, www.prolit.de
Hinweis: Literarisch-philosophischer
Verlag. Unterstützer/Zustifter der Kurt
Wolff Stiftung zur Förderung einer viel-
fältigen Verlags- und Literaturszene.
www.kurt-wolff-stiftung.de

## periplaneta
Bornholmer Str. 81a
10439 Berlin
Tel.: (030) 44 67 34 34
hq@periplaneta.com
www.periplaneta.com
Hinweis: Der Verlag publiziert neben
Büchern auch E-Books und Hörbücher.
Darüber hinaus fertigt das verlagseige-
ne Studio Silbenstreif Poetry-Clips, Pod-
casts, Video-Trailer und produziert die
Hörbücher.

## Aviva Verlag
Emdener Str. 33
10551 Berlin
Tel.: (030) 39 73 13 72
Fax: (030) 39 73 13 71
info@aviva-verlag.de
www.aviva-verlag.de
Auslieferung für den Buchhandel
BRD: LKG-Verlagsauslieferung,
Espenhain www. lkg-va.de
Hinweis: Literarische Neuentdeckun-
gen und besondere Künstlerinnenbio-
grafien sind der Schwerpunkt des Ver-

lages. Unterstützer/Zustifter der Kurt
Wolff Stiftung zur Förderung einer vielfältigen Verlags- und Literaturszene.
www.kurt-wolff-stiftung.de

## Kulturverlag Kadmos
Waldenserstr. 2-4
10551 Berlin
Tel.: (030) 39 78 93 94
Fax: (030) 39 78 93 80
wb@kv-kadmos.com
www.kv-kadmos.com
Auslieferung für den Buchhandel
BRD: Prolit Verlagsauslieferung,
Fernwald, www.prolit.de
Hinweis: Belletristisches
Sachbuchprogramm aus den
Bereichen Kultur-, Kunst-,
Medien-, Technikgeschichte und
-wissenschaft, sowie Geschichte,
Politik und Philosophie-

## Transit Verlag
Postfach 121111
10605 Berlin
Tel.: (030) 69 40 18-11
Fax: (030) 69 40 18-12
transit@transit-verlag.de
www.transit-verlag.de
Auslieferung für den Buchhandel
BRD: SOVA, Sozialistische Verlagsauslieferung, Frankfurt/M., www.
sovaffm.de
Hinweis: Biographien, Fotobücher, Literatur, Kulturgeschichte, Architektur,
Industriegeschichte und ungewöhnli-
chen Berlin-Bücher. Unterstützer/Zu-
stifter der Kurt Wolff Stiftung zur Förderung einer vielfältigen Verlags- und
Literaturszene.
www.kurt-wolff-stiftung.de

## Friedenauer Presse
Carmerstr. 10
10623 Berlin
Tel.: (030) 31 29 923
Fax: (030) 31 29 902
frpresse@t-online.de
www.friedenauer-presse.de
Auslieferung für den Buchhandel
BRD: LKG-Verlagsauslieferung,
Espenhain www. lkg-va.de
Hinweis: Literaturverlag. Unterstützer/

Zustifter der Kurt Wolff Stiftung zur Förderung einer vielfältigen Verlags- und
Literaturszene.
www.kurt-wolff-stiftung.de

## Suppose
Fritschestr. 40
10627 Berlin
Tel.: (030)77 90 40 18
kontakt@suppose.de
www.suppose.de
Auslieferung für den Buchhandel
BRD: LKG-Verlagsauslieferung,
Espenhain www. lkg-va.de
Hinweis: Hörbücher. Unterstützer/Zu-
stifter der Kurt Wolff Stiftung zur Förderung einer vielfältigen Verlags- und Literaturszene. www.kurt-wolff-stiftung.de

## edition SABA
Leibnizstr. 44
10629 Berlin
Tel.: (030) 43 727 939
Fax: (030) 31 01 5829
info@edition-saba.de
www.edition-saba.de
Auslieferung für den Buchhandel
BRD: Prolit Verlagsauslieferung,
Fernwald, www.prolit.de

## Berenberg Verlag
Ludwigkirchstr. 10a
10719 Berlin
Tel.: (030) 21 91 63 60
Fax: (030) 21 91 63 61
hb@berenberg-verlag.de
www.berenberg-verlag.de
Auslieferung für den Buchhandel
BRD: LKG-Verlagsauslieferung,
Espenhain www. lkg-va.de
Hinweis: Autobiographische und biographische Literatur, Essay-Literatur,
Memoiren-Literatur. Unterstützer/Zu-
stifter der Kurt Wolff Stiftung zur Förderung einer vielfältigen Verlags- und Literaturszene.
www.kurt-wolff-stiftung.de

## Verlag Klaus Wagenbach
Emser Straße 40/41
10719 Berlin
Tel.: (030) 23 51 51-0
Fax: (030) 211 61 40
mail@wagenbach.de

www.wagenbach.de
Auslieferung für den Buchhandel
BRD: Koch, Neff & Oetinger VA.
www.kno-va.de
Hinweis: Sachbuch- und Literaturverlag. Ein Schwerpunkt Italien. Unterstützer/Zustifter der Kurt Wolff Stiftung zur Förderung einer vielfältigen Verlags- und Literaturszene.
www.kurt-wolff-stiftung.de

**Metropol-Verlag**
Ansbacher Str. 70
10777 Berlin
Tel.: (030) 2 61 84 60
Fax: (030) 23 00 46 23
veitl@metropol-verlag.de
www.metropol-verlag.de
Hinweis: Verlag mit den Schwerpunkten Geschichte – Zeitgeschichte – Politik

**Krug & Schadenberg Verlag**
Hauptstr. 8
10827 Berlin
Tel.: (030) 61 62 57 52
Fax: (030) 61 62 57 51
info@krugschadenberg.de
www.krugschadenberg.de
Auslieferung für den Buchhandel
BRD: Prolit Verlagsauslieferung,
Fernwald, www.prolit.de
Hinweis: Verlag für lesbische Literatur

**Merve Verlag**
Crellestraße 22
10827 Berlin
Tel.: (030) 784 8433
Fax: (030) 788 1074
merve@merve.de
www.merve.de
Auslieferung für den Buchhandel
BRD: Prolit Verlagsauslieferung,
Fernwald, www.prolit.de
Hinweis: Verlag für Poststrukturalismus, Kunst, Ästhetik, Ethik und Philosophien der neuen Technologien.

**Verlag Vorwerk 8**
Großgörschenstr. 5
10827 Berlin
Tel.: (030) 78 46 101
Fax: (030) 78 70 61 04
vorwerk8@snafu.de
www.vorwerk8.de

Hinweis: Film, Medien, Theater, Literatur. Junge, zeitgemäße Literatur. Unterstützer/Zustifter der Kurt Wolff Stiftung zur Förderung einer vielfältigen Verlags- und Literaturszene. www.kurt-wolff-stiftung.de

**Die Buchmacherei**
Postfach 61 30 46
10941 Berlin
Tel.: (030) 81 85 77 59
Fax: (03212)-1032981
DieBuchmacherei@web.de
www.diebuchmacherei.de
Hinweis: Berliner Medienwerkstatt, die Buchprojekte konzipiert und gestaltet.

**Assoziation A Berlin/Hamburg**
Gneisenaustr. 2a
10961 Berlin
Tel.: (030) 69 58 29 71
Fax: (030) 69 58 29 73
berlin@assoziation-a.de
www.assoziation-a.de
Auslieferung für den Buchhandel
BRD: SOVA, Sozialistische Verlagsauslieferung, Frankfurt/M., www.sovaffm.de
Hinweis: Sozialgeschichte, Theorie und Praxis der Linken, Soziale Bewegungen, Belletristik

**Orlanda Verlag**
Fürbringer Str. 7
10961 Berlin
Tel.: (030 ) 216 29 60
post@orlanda.de
www.orlanda.de
Auslieferung für den Buchhandel
BRD: Prolit Verlagsauslieferung,
Fernwald, www.prolit.de
Hinweis: Frauenbuch-Verlag

**Querverlag**
Mehringdamm 33
10961 Berlin
Tel.: (030) 78 70 23 39
Fax: (030) 788 49 50
mail@querverlag.de
www.querverlag.de
Auslieferung für den Buchhandel
BRD: Prolit Verlagsauslieferung,
Fernwald, www.prolit.de
Hinweis: Lesbisch-schwuler Verlag

**Verbrecher Verlag**
Gneisenaustraße 2a
10961 Berlin
Tel.: (030) 28 38 59 54
Fax: (030) 28 38 59 55
info@verbrecherei.de
www.verbrecherverlag.de
Auslieferung für den Buchhandel
BRD: LKG-Verlagsauslieferung,
Espenhain www. lkg-va.de
Hinweis: Belletristik und Sachbuch. Unterstützer/Zustifter der Kurt Wolff Stiftung zur Förderung einer vielfältigen Verlags- und Literaturszene. www.kurt-wolff-stiftung.de

**Kulturmaschinen Verlag**
Wilhelmstr. 119 b
10963 Berlin
Tel.: (030) 497 83 690
Fax: 030 498 09 158
managemen@kulturmaschinen.de
www.kulturmaschinen.com
Auslieferung für den Buchhandel
BRD: SOVA, Sozialistische Verlagsauslieferung, Frankfurt/M., www.sovaffm.de
Hinweis: Belletristisches Programm und Sachbücher zur linken Philosophie

**Oppo Verlag**
Postfach 61 02 16
10963 Berlin
Tel.: (030) 21 75 35 46
Fax: (030) 285 08 266
info@oppo-verlag.de
www.oppo-verlag.de
Hinweis: Literatur für die Anarchie- und Anarchismus-Forschung

**Verlag Hans Schiler**
Fidicinstr. 29
10965 Berlin
Tel.: (030) 32 28 523
Fax: (030) 32 25 183
info@schiler.de
www.verlag-hans-schiler.de
Hinweis: Ein Programmschwerpunkt des Verlages ist Belletristik aus dem Arabischen in deutscher Übersetzung, zweisprachige arabisch-deutsche Lyrikbände sowie Sachbücher zum arabisch-islamischen Raum

**Edition Tiamat**
Grimmstrasse 26
10967 Berlin
Tel.: (030) 69 37 734
Fax: (030) 69 44 687
mail@edition-tiamat.de
www.edition-tiamat.de
Auslieferung für den Buchhandel
BRD: SOVA, Sozialistische Verlagsauslieferung, Frankfurt/M., www.
sovaffm.de

**Edition Le Monde diplomatique**
Rudi-Dutschke-Straße 23
10969 Berlin
Tel.: (030) 25 90 2-0
diplo@monde-diplomatique.de
www.monde-diplomatique.de
Auslieferung für den Buchhandel
BRD: SOVA, Sozialistische Verlagsauslieferung, Frankfurt/M., www.
sovaffm.de
Hinweis: Herausgabe der Sonderhefte

**text.verlag edition Berlin**
Gitschiner Str. 61
10969 Berlin
Tel.: (030) 695 04 845
Fax: (030) 695 04 846
info@textpunktverlag.de
www.textpunktverlag.de
Hinweis: Berlin regional, Politik und
Zeitgeschichte

**b_books**
Lübbener str. 14
10997 Berlin
Tel.: (030) 61 17 844
Fax: (030) 61 85 810
x@bbooksz.de
www.b-books.de
Hinweis: Texte zur politischen Theorie,
Urbanismuskritik und Queer Theory

**edition orient**
Muskauer Straße 4
10997 Berlin
Tel.: (030) 61 28 03 61
Fax: (030) 61 07 32 91
info@edition-orient.de
www.edition-orient.de
Auslieferung für den Buchhandel
BRD: SOVA, Sozialistische Verlagsauslieferung, Frankfurt/M., www.
sovaffm.de
Hinweis: Literatur aus dem arabischen,
persischen und türkischen Kulturraum

**Onkel & Onkel Verlag**
Oranienstr. 195
10999 Berlin
Tel.: (030) 61 07 39 57
Fax: (030) 61 07 45 78
look@onkelundonkel.com
www.onkelundonkel.com
Auslieferung für den Buchhandel
BRD: GVA, Göttingen www.gva-
verlage.de
Hinweis: Literaturverlag. Unterstützer/
Zustifter der Kurt Wolff Stiftung zur För-
derung einer vielfältigen Verlags- und
Literaturszene.
www.kurt-wolff-stiftung.de

**Verlag Brinkmann & Bose**
Leuschnerdamm 13
10999 Berlin
Tel.: (030) 61 54 892
brinkmann_bose@t-online.de
www.brinkmann-bose.de
Auslieferung für den Buchhandel
BRD: Bugrim Verlagsauslieferung,
www.bugrim.de
Hinweis: Literaturverlag. Unterstützer/
Zustifter der Kurt Wolff Stiftung zur För-
derung einer vielfältigen Verlags- und
Literaturszene.
www.kurt-wolff-stiftung.de

**Verlag J&D Dagyeli**
Karl-Marx-Str. 24
12043 Berlin
Tel.: (030) 44 308 764
Fax: (030) 44 308 757
info@dagyeli.com
www.dagyeliverlag.de
Auslieferung für den Buchhandel
BRD: Prolit Verlagsauslieferung,
Fernwald, www.prolit.de
Hinweis: Literaturen der Türkvölker

**Karin Kramer Verlag**
Niemetzstr. 19
12055 Berlin
Tel.: (030) 684 50 55
Fax: (030) 685 85 77
karinkramerverlag@web.de

www.karin-kramer-verlag.de
Auslieferung für den Buchhandel
BRD: SOVA, Sozialistische Verlagsauslieferung, Frankfurt/M., www.
sovaffm.de
Hinweis: Traditionsreicher anarchistischer Verlag (Sachbuch und Literatur)

**speak low**
Sentastr. 4
12159 Berlin
Tel.: (030) 69 80 70 31
Fax: (030) 69 80 70 33
info@speaklow.de
www.speaklow.de
Auslieferung für den Buchhandel
BRD: LKG-Verlagsauslieferung,
Espenhain www. lkg-va.de
Hinweis: Audioproduktionen. Unter-
stützer/Zustifter der Kurt Wolff Stiftung
zur Förderung einer vielfältigen Verlags-
und Literaturszene.
www.kurt-wolff-stiftung.de

**Tulipan Verlag**
Albestraße 16
12159 Berlin
Tel.: (030) 80 92 24 930
Fax: (030) 80 92 24 931
info@tulipan-verlag.de
www.tulipan-verlag.de
Hinweis: Kinderbuchverlag

**CILIP Verlag**
c/o FU Berlin, Malteserstr. 74-100
12249 Berlin
Tel.: (030) 838-70462
Fax: (030) 838-70462
info@cilip.de
www.cilip.de
Hinweis: Verlag gibt Zeitschrift Bürgerrechte & Polizei/CILIP heraus

**Corvinus Presse**
Bölschestraße 59
12587 Berlin
Tel.: (030) 64 48 85 71
corvinus@snafu.de
www.corvinus-presse.de
Hinweis: Künstlerbücher

**Avinus Verlag**
Gustav-Adolf-Str. 9
13086 Berlin

Tel.: (030) 92405410
Fax: (030) 92405411
kontakt@avinus.de
www.avinus.de
Auslieferung für den Buchhandel
BRD: SOVA, Sozialistische Verlags-
auslieferung, Frankfurt/M., www.
sovaffm.de
Hinweis: Medien und interkulturelle
Kommunikation

**Edition Karo**
Falkentaler Steig 96 a
13467 Berlin
Tel.: (030) 89 17 864
Fax: (030) 40 58 51 32
verlag@edition-karo.de
www.edition-karo.de
Auslieferung für den Buchhandel
BRD: Bugrim Verlagsauslieferung,
www.bugrim.de
Hinweis: Literaturverlag. Unterstützer/
Zustifter der Kurt Wolff Stiftung zur För-
derung einer vielfältigen Verlags- und
Literaturszene.
www.kurt-wolff-stiftung.de

**Sukultur**
Wachsmuthstr. 9
13467 Berlin
Tel.: (030) 64 49 10 735
Fax: (030) 64 49 10 733
info@sukultur.de
www.sukultur.de
Hinweis: Junge Literatur. Unterstützer/
Zustifter der Kurt Wolff Stiftung zur För-
derung einer vielfältigen Verlags- und
Literaturszene. www.kurt-wolff-stif-
tung.de

**Alexander Verlag Berlin/Köln**
Fredericiastr. 8
14050 Berlin
Tel.: (030) 30 21 826
Fax: (030) 30 29 408
info@alexander-verlag.com
www.alexander-verlag.com
Auslieferung für den Buchhandel
BRD: Prolit Verlagsauslieferung,
Fernwald, www.prolit.de
Hinweis: Schwerpunkte des Verlages
Theater und Film. Unterstützer/Zustifter
der Kurt Wolff Stiftung zur Förderung

einer vielfältigen Verlags- und Literaturszene. www.kurt-wolff-stiftung.de

**Kindermann Verlag**
Wacholderweg 13 F/8
14052 Berlin
Tel.: (030) 30 53 225
Fax: (030) 30 53 227
kindermann@kindermannverlag.
de
www.kindermannverlag.de
Auslieferung für den Buchhandel
BRD: Prolit Verlagsauslieferung,
Fernwald, www.prolit.de
Hinweis: Kinderbücher

**Edition Ebersbach**
Horstweg 34
14059 Berlin
Tel.: (030) 31 01 99 34
Fax: (030) 31 01 99 12
info@edition-ebersbach.de
www.edition-ebersbach.de
Auslieferung für den Buchhandel
BRD: Prolit Verlagsauslieferung,
Fernwald, www.prolit.de
Hinweis: Literatur von und über Frau-
en. Unterstützer/Zustifter der Kurt Wolff
Stiftung zur Förderung einer vielfälti-
gen Verlags- und Literaturszene. www.
kurt-wolff-stiftung.de

**Libertad Verlag**
Postfach 800162
14427 Potsdam
Tel.: (0331) 871 67 68
Fax: (0331) 871 67 69
info@libertadverlag.de
www.libertadverlag.de
Hinweis: Anarchistische Literatur und
Sachbuch

**VSA Verlag**
Postfach 10 61 27
20042 Hamburg
Tel.: (040) 28 09 52 77-0
Fax: (040) 28 09 52 77-50
kontakt@vsa-verlag.de
www.vsa-verlag.de
Hinweis: Beitrag zur demokratischen
Diskussions- und Aktionskultur der poli-
tischen und gewerkschaftlichen Linken

**Himmelstürmer Verlag**
Kirchenweg 12-14
20099 Hamburg
Tel.: (040) 64 88 56 08
Fax: (040) 64 88 56 09
info@himmelstuermer-verlag.de
www.himmelstuermer.de
Auslieferung für den Buchhandel
BRD: SOVA, Sozialistische Verlagsauslieferung, Frankfurt/M., www.
sovaffm.de
Hinweis: Verlag für schwule Unterhaltungsliteratur

**Männerschwarm Verlag GmbH**
Lange Reihe 102
20099 Hamburg
Tel.: (040) 430 26 50
Fax: (040) 430 29 32
verlag@maennerschwarm.de
www.maennerschwarm.de
Auslieferung für den Buchhandel
BRD: Prolit Verlagsauslieferung,
Fernwald, www.prolit.de
Hinweis: Verlag aus der Schwulenbe-
wegung

**Hamburger Edition HIS
Verlagsges. mbH**
Mittelweg 36
20148 Hamburg
Tel.: (040) 41 40 97 0
Fax: (040) 41 40 97 11
verlag@his-online.de
www.hamburger-edition.de
Auslieferung für den Buchhandel
BRD: SOVA, Sozialistische Verlags-
auslieferung, Frankfurt/M., www.
sovaffm.de
Hinweis: Verlag des Hamburger
Instituts für Sozialforschung

**Konkret Literaturverlag**
Hoheluftchaussee 74
20253 Hamburg
Tel.: (040) 47 52 34
Fax: (040) 47 84 15
info@konkret-literatur-verlag.de
www.konkret-verlage.de
Auslieferung für den Buchhandel
BRD: Bertelsmann Distribution
/ VVA
Hinweis: Politisches Sachbuch

**Argument Verlag & Ariadne**
Glashüttenstr. 28
20357 Hamburg
Tel.: (040) 40 18 00 - 0
Fax: (040) 40 18 00 - 20
verlag@argument.de
www.argument.de
Auslieferung für den Buchhandel
BRD: Prolit Verlagsauslieferung,
Fernwald, www.prolit.de
Hinweis: Wissenschafts- und Literatur-
programm, feministische Literatur. Un-
terstützer/Zustifter der Kurt Wolff Stif-
tung zur Förderung einer vielfältigen
Verlags- und Literaturszene. www.kurt-
wolff-stiftung.de

**Assoziation A Berlin/Hamburg**
c/o Brücke 4, Amandastr. 60
20357 Hamburg
Tel.: (040) 80 60 92 08
Fax: (040) 80 60 92 15
hamburg@assoziation-a.de
www.assoziation-a.de
Auslieferung für den Buchhandel
BRD: SOVA, Sozialistische Verlags-
auslieferung, Frankfurt/M., www.
sovaffm.de
Hinweis: Sozialgeschichte, Theorie und
Praxis der Linken, Soziale Bewegungen,
Belletristik

**Laika Verlag**
Schulterblatt 25
20357 Hamburg
Tel.: (040) 28 41 67 50
Fax: (040) 28 41 67 51
info@laika-verlag.de
www.laika-verlag.de
Auslieferung für den Buchhandel
BRD: SOVA, Sozialistische Verlags-
auslieferung, Frankfurt/M., www.
sovaffm.de
Hinweis: Schwerpunkt: Bibliothek des
Widerstands

**Edition Nautilus**
Alte Holstenstraße 22
21031 Hamburg
Tel.: (040) 721 35 36
Fax: (040) 721 83 99
info@edition-nautilus.de
www.edition-nautilus.de

Auslieferung für den Buchhandel
BRD: SOVA, Sozialistische Verlagsauslieferung, Frankfurt/M., www.
sovaffm.de
Hinweis: Sachbuch- und Literaturverlag
mit anarchistischen, dadaistischen und
situationistischen Schriften. Unterstüt-
zer/Zustifter der Kurt Wolff Stiftung zur
Förderung einer vielfältigen Verlags-
und Literaturszene.
www.kurt-wolff-stiftung.de

**Merlin Verlag**
Gifkendorf 38
21397 Gifkendorf
Tel.: (04137) 72 07
Fax: (04137) 79 48
info@merlin-verlag.de
www.merlin-verlag.de
Hinweis: Literatur, Theater, Kunst usw.
Unterstützer/Zustifter der Kurt Wolff
Stiftung zur Förderung einer vielfälti-
gen Verlags- und Literaturszene. www.
kurt-wolff-stiftung.de

**Textem Verlag**
Gefionstraße 16
22769 Hamburg
post@textem.de
www.textem.de
Auslieferung für den Buchhandel
BRD: SOVA, Sozialistische Verlagsauslieferung, Frankfurt/M., www.
sovaffm.de
Hinweis: Literarischer Verlag

**Black Mosquito**
Norderstr. 37
24939 Flensburg
info@black-mosquito.org
www.black-mosquito.org
Hinweis: Anarchister Buchvertrieb

**Achilla Presse
Verlagsbuchhandlung**
Hauptstraße 80
26969 Stollhamm-Butjadingen
Tel.: (0 47 35) 810 306
Fax: (0 47 35) 810 307
mail@achilla-presse.de
www.achilla-presse.de
Hinweis: Literaturverlag

**Tolstefanz. Wendländisches
Verlagsprojekt**
Auf dem Berg 19
29439 Jeetzel
Tel.: (05841 ) 45 21
tolstefanz@jpberlin.de
www.tolstefanz-verlag.de
Hinweis: Verlag der Anti-AKW-
Bewegung

**Offizin Verlag**
Bödekerstr. 75
30161 Hannover
Tel.: (0511) 80 76 194
Fax: (0511) 62 47 30
info@offizin-verlag.de
www.offizin-verlag.de
Auslieferung für den Buchhandel
BRD: SOVA, Sozialistische Verlagsauslieferung, Frankfurt/M., www.
sovaffm.de
Hinweis: Sachbuchverlag u.a. Schriften
von Karl Korsch

**zu Klampen Verlag**
Röse 21
31832 Springe
Tel.: (0 5041) 80 11 33
Fax: (0 5041) 80 13 36
info@zuklampen.de
www.zuklampen.de
Auslieferung für den Buchhandel
BRD: Prolit Verlagsauslieferung,
Fernwald, www.prolit.de
Hinweis: Literatur, Philosophie, Gesell-
schaftstheorie, Zeitgeschichte und Poli-
tik. Unterstützer/Zustifter der Kurt Wolff
Stiftung zur Förderung einer vielfälti-
gen Verlags- und Literaturszene.
www.kurt-wolff-stiftung.de

**Aisthesis Verlag**
Obertorwall 21
33602 Bielefeld
Tel.: (0521) 17 26 04
Fax: (0521) 17 18 12
info@aisthesis.de
www.aisthesis.de
Hinweis: Fachverlag für Literaturwissen-
schaft, Philosophie und Texteditionen.
Unterstützer/Zustifter der Kurt Wolff
Stiftung zur Förderung einer vielfältigen Verlags- und Literaturszene.
www.kurt-wolff-stiftung.de

## transcript

Mühlenstraße 47
33607 Bielefeld
Tel.: (05 21) 39 37 97-0
Fax: (05 21) 39 37 97-34
live@transcript-verlag.de
www.transcript-verlag.de
Auslieferung für den Buchhandel
BRD: Prolit Verlagsauslieferung,
Fernwald, www.prolit.de
Hinweis: Verlag für Kommunikation,
Kultur und soziale Praxis

## Pendragon Verlag

Stapenhorststr. 15
33615 Bielefeld
Tel.: (0521) 6 96 89
Fax: (0521) 17 44 70
kontakt@pendragon.de
www.pendragon.de
Auslieferung für den Buchhandel
BRD: Prolit Verlagsauslieferung,
Fernwald, www.prolit.de
Hinweis: Literaturverlag. Unterstützer/
Zustifter der Kurt Wolff Stiftung zur För-
derung einer vielfältigen Verlags- und
Literaturszene.      www.kurt-wolff-stif-
tung.de

## Weber & Zucht Versandbuch-
## handlung & Verlag

Steinbruchweg 14a
34123 Kassel
Tel.: (0561) 51 91 94
Fax: (0561) 51 02 514
info@zuendbuch.de
www.zuendbuch.de
Hinweis: Verlag für Alternative Modelle,
Gewaltfreie Gesellschaft

## Furore Musikverlag

Naumburger Str. 40
34127 Kassel
Tel.: (0561) 50 04 93 11
Fax: (0561) 50 04 93 20
info@furore-verlag.de
www.furore-verlag.de
Hinweis: Frauen in Musik, Kunst und
Kulturgeschichte

## Jonas Verlag für
## Kunst und Literatur

Weidenhäuser Str. 88
35037 Marburg

Tel.: (06421) 25 132
Fax: (06421) 21 05 72
jonas@jonas-verlag.de
www.jonas-verlag.de
Auslieferung für den Buchhandel
BRD: Prolit Verlagsauslieferung,
Fernwald, www.prolit.de
Hinweis: Kulturgeschichtliche Themen.
Unterstützer/Zustifter der Kurt Wolff
Stiftung zur Förderung einer vielfälti-
gen Verlags- und Literaturszene. www.
kurt-wolff-stiftung.de

## Schüren Verlag

Universitätsstr. 55
35037 Marburg
Tel.: (06421) 6 30 84
Fax: (06421) 68 11 90
info@schueren-verlag.de
www.schueren-verlag.de
Auslieferung für den Buchhandel
BRD: Prolit Verlagsauslieferung,
Fernwald, www.prolit.de
Hinweis: Film & Medien, Zeitgeschehen
und Sozialwissenschaft. Unterstützer/
Zustifter der Kurt Wolff Stiftung zur För-
derung einer vielfältigen Verlags- und
Literaturszene.
www.kurt-wolff-stiftung.de

## Verlag Bund demokratischer
## Wissenschaftlerinnen und
## Wissenschaftler

Gisselberger Str. 7
35037 Marburg
Tel.: (06421) 21 395
Fax: (06421) 16 32 66
verlag@bdwi.de
www.bdwi.de
Hinweis: Sachbuchverlag des bdwi

## Psychosozial-Verlag

Walltorstr. 10
35390 Gießen
Tel.: (06 41) 96 99 78 0
Fax: (0641) 96 99 78 19
info@psychosozial-verlag.de
www.psychosozial-verlag.de
Auslieferung für den Buchhandel
BRD: Prolit Verlagsauslieferung,
Fernwald, www.prolit.de
Hinweis: Psychologische und sozialwis-
senschaftliche Bücher und Zeitschriften

## focus verlag GmbH

Unterer Hardthof 29
35398 Gießen
Tel.: (0641) 76 0 31
info@focus-verlag.de
www.focus-verlag.de
Auslieferung für den Buchhandel
BRD: Prolit Verlagsauslieferung,
Fernwald, www.prolit.de
Hinweis: Schwerpunkt wissenschaftli-
che Publikationen (Dissertationen, Ha-
bilitationsschriften, wissenschaftliche
Monografien und Fachbücher)

## Verlag Editon AV

Postfach 12 15
35420 Lich
Tel.: (06404) 65 70 763
Fax: (06404) 66 89 00
editionav@gmx.net
www.edition-av.de
Hinweis: Anarchistischer Verlag, Literatur + Sachbuch (Mitglieder bei alive -
assoziation linker Verlage). Unterstüt-
zer/Zustifter der Kurt Wolff Stiftung zur
Förderung einer vielfältigen Verlags-
und Literaturszene.
www.kurt-wolff-stiftung.de

## SeitenHieb Verlag

Jahnstraße 30
35447 Reiskirchen
Fax: (0700) 73 48 36 44
info@seitenhieb.info
www.seitenhieb.info
Hinweis: Plattform für Veröffentlichungen verschiedener AkteurInnen

## Anabas Verlag

c/o Majuskel Medienproduktion
GmbH, Postfach 2820
35579 Wetzlar
Tel.: (06441) 91 13 18
Fax: (06441) 91 13 18
digitalakrobaten@gmail.com
Auslieferung für den Buchhandel
BRD: SOVA, Sozialistische Verlags-
auslieferung, Frankfurt/M., www.
sovaffm.de
Hinweis: Kunst- und Kulturgeschichte

## Büchse der Pandora

c/o Majuskel Medienproduktion
GmbH, Postfach 2820

35579 Wetzlar
Tel.: (06441) 91 13 18
Fax: (06441) 91 13 18
digitalakrobaten@gmail.com
Auslieferung für den Buchhandel
BRD: SOVA, Sozialistische Verlags-
auslieferung, Frankfurt/M., www.
sovaffm.de
Hinweis: Sachbuch- und Literaturver-
lag, u.a. Zeitschrift "Tumult"

## März Verlag

c/o Majuskel Medienproduktion
GmbH, Postfach 2820
35579 Wetzlar
Tel.: (06441) 91 13 18
Fax: (06441) 91 13 18
digitalakrobaten@gmail.com
Auslieferung für den Buchhandel
BRD: SOVA, Sozialistische Verlags-
auslieferung, Frankfurt/M., www.
sovaffm.de
Hinweis: Neubeginn in der Tradition
von Jörg Schröder

## Daphne Verlag

Wilhelm-Weber-Str. 37
37073 Göttingen
Tel.: (0551) 4 69 03
Fax: (0551) 53 10 12
daphneverlag@t-online.de
www.daphne-verlag.de
Auslieferung für den Buchhandel
BRD: SOVA, Sozialistische Verlagsauslieferung, Frankfurt/M., www.
sovaffm.de
Hinweis: Lesbische Literaturverlag

## Echo Verlag

Lotzestraße 22a
37083 Göttingen
Tel.: (0551) 79 68 24
Fax: (0551) 7 40 35
www.echoverlag.de
Auslieferung für den Buchhandel
BRD: Die Werkstatt Verlagsauslie-
ferung. www.werkstatt-ausliefe-
rung.de
Hinweis: Tierrechte, Vegetarismus und
Veganismus

## Lilienfeld Verlag

Pfalzstr. 12
40477 Düsseldorf
Tel.: (0211) 41 60 81 87
Fax: (0211) 41 60 72 71
elektropost@lilienfeld-verlag.de
www.lilienfeld-verlag.de
Auslieferung für den Buchhandel
BRD: LKG-Verlagsauslieferung,
Espenhain www. lkg-va.de
Hinweis: Literaturverlag. Unterstützer/
Zustifter der Kurt Wolff Stiftung zur För-
derung einer vielfältigen Verlags- und
Literaturszene.
www.kurt-wolff-stiftung.de

## Peter Hammer Verlag

Föhrenstr. 33-45
42283 Wuppertal
Tel.: (0202) 50 50 66
Fax: (0202) 50 92 52
info@peter-hammer-verlag.de
www.peter-hammer-verlag.de
Auslieferung für den Buchhandel
BRD: Prolit Verlagsauslieferung,
Fernwald, www.prolit.de
Hinweis: Literatur aus und über Afrika
und Lateinamerika und besondere Bücher für Kinder. Unterstützer/Zustifter
der Kurt Wolff Stiftung zur Förderung
einer vielfältigen Verlags- und Literaturszene. www.kurt-wolff-stiftung.de

## Arco Verlag Wuppertal/Wien

Krautstr. 64
42289 Wuppertal
Tel.: (0202) 62 33 82
Fax: (0202) 26 34 000
service@arco-verlag.de
www.arco-verlag.com
Auslieferung für den Buchhandel
BRD: Bugrim Verlagsauslieferung,
www.bugrim.de
Hinweis: Verlagsprogramm über die
Vielfalt der Literaturen, das Neben- und
Miteinander von Völkern und Kulturen
in Mitteleuropa. Unterstützer/Zustifter
der Kurt Wolff Stiftung zur Förderung
einer vielfältigen Verlags- und Literaturszene. www.kurt-wolff-stiftung.de

## Neue Impulse Verlag

Hoffnungstr. 18
45127 Essen

Tel.: (0201) 23 67 57
Fax: (0201) 24 86 484
info@neue-impulse-verlag.de
www.neue-impulse-verlag.de
Hinweis: Sachbuchverlag DKP-Umfeld

## Mehring Verlag

Margaretenstr. 12
45145 Essen
Tel.: (0201) 64 62 106
vertrieb@mehring-verlag.de
www.mehring-verlag.de
Auslieferung für den Buchhandel
BRD: DHLOG Auslieferung www.
dhlog.de
Hinweis: Politische Sachbücher, u.a. von
und über Leo Trotzki

## Klartext Verlag

Heßlerstraße 37
45329 Essen
Tel.: (0201) 86 206-0
Fax: (0201) 86 206-22
info@klartext-verlag.de
www.klartext-verlag.de
Auslieferung für den Buchhandel
BRD: Prolit Verlagsauslieferung,
Fernwald, www.prolit.de
Hinweis: Verlag mit dem Schwerpunkt
Ruhrgebiet, sowie den Bereichen Ge-
schichte und Zeitgeschichte

## Trikont Verlag Duisburg

Postfach 13 05 35
47105 Duisburg
www.trikont-duisburg.de
Hinweis: Sachbuchverlag

## Aragon Verlag

Postfach 101106
47401 Moers
Tel.: (0 28 41) 1 65 61
Fax: (0 28 41) 2 43 36
info@aragon-verlag.de
www.aragon-verlag.de
Hinweis: Kleinkunst, Niederrhein und
Reiseführer

## Verlag Syndikat A

Bismarckstr. 41a
47443 Moers
www.syndikat-a.de
Hinweis: Anarcho-syndikalistischer Verlag und Buchvertrieb

## edition assemblage

Postfach 27 46
48014 Münster
Telefon: (0251)14 91 256
E-Mail: info@edition-assemblage.
de
Auslieferung für den Buchhandel
BRD: AV Lich
Hinweis: Die edition assemblage ist ein undogmatisches linkes politisches und publizistisches Netzwerk zwischen unterschiedlichen Personen, Projekten und Medien. Das Verbindende ist der Wunsch, neue Räume zu schaffen, um in neuen Konstellationen gemeinsame Projekte zu realisieren.

## Unrast Verlag

Postfach 8020
48043 Münster
Tel.: (02 51) 66 62 93
Fax: (02 51) 66 61 20
kontakt@unrast-verlag.de
www.unrast-verlag.de/
Auslieferung für den Buchhandel
BRD: alive-auslieferung Stuttgart,
www.alive-auslieferung.de
Hinweis: Linker Sachbuch - Literaturverlag (Mitglieder bei alive - assoziation linker Verlage)

## Verlag Graswurzelrevolution

Breul 43
48143 Münster
Tel.: (02 51) 482 90 57
Fax: (02 51) 482 90 32
buchverlag@graswurzel.net
www.graswurzel.net/verlag/
Hinweis: Verlag gewaltfreier Anarchisten

## Verlag Klemm & Oelschläger Münster/Um

Hammer Straße 102
48153 Münster
Tel.: (0251) 97 31 110
verlag@klemm-oelschlaeger.de
www.klemm-oelschlaeger.de
Hinweis: Philosophische, Pädagogische Publikationen, sowie Sozialgeschichte und Medizingeschichte. Hinzu kommen lokal- regionalbezogene Bücher (Region Ulm)

## Verlag Westfälisches Dampfboot

Hafenweg 26a
48155 Münster
Tel.: (0251) 39 00 48 0
Fax: 0251/39 00 48 50
info@dampfboot-verlag.de
www.dampfboot-verlag.de
Auslieferung für den Buchhandel
BRD: Prolit Verlagsauslieferung,
Fernwald, www.prolit.de
Hinweis: Programmverlag mit wissenschaftlich-politischen Inhalten

## Ökotopia Verlag

Hafenweg 26 a
48155 Münster
Tel.: (0251) 48 198-0
Fax: (02 51) 48198-29
info@oekotopia-verlag.de
www.oekotopia-verlag.de
Hinweis: Verlag mit umwelt- und spielpädagogischen Materialien

## Achterland Verlagscompagnie

Kirchplatz 8
48691 Vreden
Tel.: (02564) 98 40 0
Fax: (02564) 98 40 40
info@achterland.com
www.achterland.com
Hinweis: Deutsch-niederländisches Verlagsprojekt

## Packpapierverlag

Wulftenerstraße 3
49143 Bissendorf
Tel.: (05402) 73 73
packpapierverlag@web.de
www.packpapier-verlag.de
Hinweis: Bücher und Broschüren zur Alternativbewegung. Auch Buchvertrieb.

## Donna Vita / verlag mebes & noack

Postfach 130121
50495 Köln
Tel.: (0221) 13 96 209
Fax: (0221) 13 96 348
mail@donnavita.de
www.donnavita.de
Hinweis: Verlag mit dem Schwerpunkt Sexualerziehung, Prävention und Intervention, Arbeitsmaterialien.

## Alawi Verlag

Finkenstr. 1
50858 Köln
Tel.: (0221) 94 83 756
Fax: (0221) 94 83 757
info@alawi-verlag.de
www.alawi-verlag.de
Auslieferung für den Buchhandel
BRD: SOVA, Sozialistische Verlagsauslieferung, Frankfurt/M., www.
sovaffm.de
Hinweis: Belletristik aus der arabischen Welt

## Edition Der andere Buchladen

Weyertal 32
50937 Köln
Tel.: (022) 41 63 25
Fax: (0221) 44 20 48
der-andere-buchladen-koeln@t-online.de
www.der-andere-buchladen-koeln.de
Auslieferung für den Buchhandel
BRD: SOVA, Sozialistische Verlagsauslieferung, Frankfurt/M., www.
sovaffm.de
Hinweis: Bücher zu Lateinamerika

## Papyrossa Verlag

Luxemburger Str. 202
50937 Köln
Tel.: (0211) 44 85 45
Fax: (0211) 44 43 05
mail@papyrossa.de
www.papyrossa.de
Auslieferung für den Buchhandel
BRD: SOVA, Sozialistische Verlagsauslieferung, Frankfurt/M., www.
sovaffm.de
Hinweis: Bücher zu Wirtschaft, Politik, Antifaschismus, Geschichte...

## Verlag Barbara Budrich

Stauffenbergstr. 7
51379 Leverkusen-Opladen
Tel.: (02171) 34 45 94
info@budrich-verlag.de
www.budrich-verlag
Auslieferung für den Buchhandel
BRD: Brockhaus/Commission,
Kornwestheim
Hinweise: Schwerpunkt: Sozialwis-

senschaft, Erziehungswissenschaft, Gender, Soziale Arbeit

**EHP–Verlag**
Postfach 200 222
51432 Bergisch Gladbach
Tel.: (02202) 98 123-6
info@ehp-koeln.com
www.ehp-koeln.com
Auslieferung für den Buchhandel
BRD: Brockhaus/Commission,
70806 Kornwestheim
Hinweis: Veröffentlichungen von Literatur zur Angewandten Psychologie mit dem Schwerpunkt Humanistische Psychologie.

**Rimbaud Verlag**
Postfach 100144
52001 Aachen
Tel.: (0241) 54 25 32
info@rimbaud.de
www.rimbaud.de
Hinweis: Literaturverlag. Unterstützer/Zustifter der Kurt Wolff Stiftung zur Förderung einer vielfältigen Verlags- und Literaturszene.
www.kurt-wolff-stiftung.de

**Pahl Rugenstein Verlag**
Breite Str. 47
53111 Bonn
Tel.: (0228) 63 23 06
info@pahl-rugenstein.de
www.pahl-rugenstein.de
Hinweis: Sachbuchverlag

**Psychiatrie Verlag**
Thomas-Mann-Straße 49a
53111 Bonn
Tel.: (0228) 725 34 - 0
Fax: (0228) 725 34 - 20
verlag@psychiatrie.de
www.psychiatrie.de/verlag
Auslieferung für den Buchhandel
BRD: Prolit Verlagsauslieferung,
Fernwald, www.prolit.de

**Verlag Stiftung Mitarbeit**
Bornheimer Str. 37
53111 Bonn
Tel.: (02 28) 6 04 24-0
Fax: 02 28) 6 04 24-22
info@mitarbeit.de
www.mitarbeit.de

Hinweis: Publikationen der Stiftung zur Unterstützung der Arbeit von Netzwerken, Vereinen, Initiativen und Projekten

**Weidle Verlag**
Beethovenplatz 4
53115 Bonn
Tel.: (0228) 63 29 54
Fax: (0228) 69 78 42
verleger@weidleverlag.de
www.weidleverlag.de
Auslieferung für den Buchhandel
BRD: GVA, Göttingen www.gva-verlage.de
Hinweis: Literaturverlag u.a. Exilliteratur. Unterstützer/Zustifter der Kurt Wolff Stiftung zur Förderung einer vielfältigen Verlags- und Literaturszene. www.kurt-wolff-stiftung.de

**Horlemann Verlag**
Grüner Weg 11
53572 Unkel
Tel.: (02224) 55 89
Fax: (02224) 54 29
info@horlemann-verlag.de
www.horlemann-verlag.de
Auslieferung für den Buchhandel
BRD: Prolit Verlagsauslieferung, Fernwald, www.prolit.de
Hinweis: Übersetzungen afrikanischer, lateinamerikanischer und asiatischer Autoren, Romane und Lyrik deutscher und europäischer Autoren, Sachbücher zur Umwelt- und Entwicklungspolitik, Reisebücher sowie Materialien für Unterricht und Bildungsarbeit

**Verlag Ralf Liebe**
Kölner Straße 58
53919 Weilerswist
Tel.: (02254) 33 47
Fax: (02254) 16 02
info@verlag-ralf-liebe.de
www.verlag-ralf-liebe.de
Hinweis: Gedichtbände, Romane, Sachbücher, Comics und Kunstbände

**Edition YE**
Neustr. 2
53925 Sistig/Eifel
EditionYE@t-online.de
http://editionye.blogspot.com
Hinweis: Verlag für Lyrik

**Editions Treves**
Postfach 1550
54205 Trier
Tel.: (0651) 30 90 10
Fax: (0651) 30 06 99
mail@treves.de
www.treves.de
Auslieferung für den Buchhandel
BRD: Prolit Verlagsauslieferung, Fernwald, www.prolit.de
Hinweis: Unabhängiger literarischer Verlag Schwerpunkte: Kriminalromane, Taschenkalender, Unterhaltungsliteratur

**eFeF Verlag**
Berninastr. 4
5430 Wettingen
Tel.: 056 426 06 18
Fax: 056 427 04 61
info@efefverlag.ch
www.efefverlag.ch
Auslieferung für den Buchhandel
BRD: SOVA, Sozialistische Verlagsauslieferung, Frankfurt/M., www.sovaffm.de
Hinweis: Verlag für feministische Wissenschaft und Gender Studies

**BIOLAND Verlags GmbH**
Kaiserstr. 18
55116 Mainz
Tel.: (06131) 14 08 6-95
Fax: (06131) 14 08 6-97
abo@bioland.de
www.bioland.de/verlag
Auslieferung für den Buchhandel
BRD: SOVA, Sozialistische Verlagsauslieferung, Frankfurt/M., www.sovaffm.de
Hinweis: Naturschutz und Ökologie

**Bender Verlag**
Boppstr. 25
55118 Mainz
Tel.: (06131) 22 60 78
Fax: (06131) 22 60 79
mail@ventil-verlag.de
www.bender-verlag
Hinweis: Fachverlag für Filmliteratur

**Ventil Verlag**
Boppstr. 25
55118 Mainz
Tel.: (06131) 22 60 78
Fax: (06131) 22 60 79
mail@ventil-verlag.de
www.ventil-verlag.de
Auslieferung für den Buchhandel
BRD: SOVA, Sozialistische Verlagsauslieferung, Frankfurt/M., www.
sovaffm.de
Hinweis: Subkultur, Film- und Popgeschichte, Cultural Studies, Gesellschaftstheorie und junge Literatur

**pmv Peter Meyer Verlag**
Schopenhauerstraße 11
60316 Frankfurt
Tel.: (069) 40 56 257-0
Fax: (069) 40 56 257-29
info@PeterMeyerVerlag.de
www.petermeyerverlag.de
Auslieferung für den Buchhandel
BRD: Prolit Verlagsauslieferung,
Fernwald, www.prolit.de
Hinweis: Reisebuch-Verlag

**Stroemfeld Verlag**
Holzhausenstr. 4
60322 Frankfurt
Tel.: (069) 95 52 26 22
Fax: (069) 95 52 26 24
info@stroemfeld.de
www.stroemfeld.de
Auslieferung für den Buchhandel
BRD: SOVA, Sozialistische Verlags-
auslieferung, Frankfurt/M., www.
sovaffm.de
Hinweis: Verlag u.a. bekannt durch die
Edition umfangreicher historisch-kri-
tischer Ausgaben deutschsprachiger
Schriftsteller. Unterstützer/Zustifter der
Kurt Wolff Stiftung zur Förderung einer
vielfältigen Verlags- und Literaturszene.
www.kurt-wolff-stiftung.de

**Verlag Neue Kritik**
Kettenhofweg 53
60325 Frankfurt
Tel.: (069) 72 75 76
Fax: (069) 72 65 85
info@neuekritik.de
www.neuekritik.de

Auslieferung für den Buchhandel
BRD: SOVA, Sozialistische Verlagsauslieferung, Frankfurt/M., www.
sovaffm.de
Hinweis: Osteuropäische Literatur, Literatur von und über Frauen, Jüdische
Gegenwart und Vergangenheit, Nationalsozialismus und Holocaust

**Verlag Olga Benario und Her-
bert Baum**
Speyerer Str. 23
60327 Frankfurt
Hinweis: Verlag in der "kommunistischen Tradition"

**Trotzdem Verlagsgenossen-
schaft**
Mainzer Landstraße 107
60329 Frankfurt
Fax: (069) 238 028 74
info.trotzdem@freenet.de
www.trotzdem.alibri-buecher.de
Auslieferung für den Buchhandel
BRD: alive-auslieferung Stuttgart,
www.alive-auslieferung.de
Hinweis: Anarchistischer Verlag, Literatur + Sachbuch (Mitglieder bei alive -
assoziation linker Verlage)

**Weissbooks**
Am Hauptbahnhof 10
60329 Frankfurt
Tel.: (069) 25 78 12 90
Fax: (069) 28 78 12 929
info@weissbooks.com
www.weissbooks.com
Hinweis: Literaturverlag. Unterstützer/
Zustifter der Kurt Wolff Stiftung zur För-
derung einer vielfältigen Verlags- und
Literaturszene.
www.kurt-wolff-stiftung.de

**Brandes & Apsel Verlag**
Scheidswaldstr. 22
60385 Frankfurt
Tel.: (069) 272 995 17 0
Fax: (069) 272 995 17 10
info@brandes-apsel-verlag.de
www.brandes-apsel-verlag.de
Auslieferung für den Buchhandel
BRD: Prolit Verlagsauslieferung,
Fernwald, www.prolit.de
Hinweis: Verlag u.a. Afrika, Psychoana-
lyse

**Nomen Verlag**
Oberwiesenstr. 4
60435 Frankfurt
Tel.: (069) 54 33 34
nomen@nomen-verlag.de
www.nomen-verlag.de
Auslieferung für den Buchhandel
BRD: SOVA, Sozialistische Verlagsauslieferung, Frankfurt/M., www.
sovaffm.de
Hinweis: Sachbuchverlag

**Mabuse Verlag**
Kasseler Str. 1a
60486 Frankfurt
Tel.: (069) 70 79 96-0
Fax: (069) 70 41 52
info@mabuse-verlag.de
www.mabuse-verlag.de
Auslieferung für den Buchhandel
BRD: Prolit Verlagsauslieferung,
Fernwald, www.prolit.de
Hinweis: Bücher und Zeitschriften zu
den Themen Gesundheit, alternative
Medizin und Pflege

**Zambon verlag**
Leipziger Str. 24
60487 Frankfurt
Tel.: (069) 77 92 23
Fax: (069) 77 30 54
zambon@zambon.net
www.zambon-verlag.de
Auslieferung für den Buchhandel
BRD: SOVA, Sozialistische Verlagsauslieferung, Frankfurt/M., www.
sovaffm.de
Hinweis: Verlag mit internationalisti-
schem Schwerpunkt

**Axel Dielmann Verlag**
Schweizer Str. 21
60594 Frankfurt
Tel.: (069) 94 35 90 00
Fax: (069) 94 35 90 02
neugier@dielmann-verlag.de
www.dielmann-verlag.de
Hinweis: Romane, Lyrik und Essays
sind der Schwerpunkt des Verlagsprogramms. Unterstützer/Zustifter der Kurt
Wolff Stiftung zur Förderung einer vielfältigen Verlags- und Literaturszene.
www.kurt-wolff-stiftung.de

## Publik-Forum Verlagsgesellschaft
Postfach 2010
61410 Oberursel
Tel.: (06171) 70 03-0
Fax: (06171) 70 03-40
buchshop@publik-forum.de
www.publik-forum.de
Hinweis: Buchverlag der Zeitschrift Publik-Forum. Kritische Christen

## Alibri Verlag
Würzburger Str. 18a
63739 Aschaffenburg
Tel.: (06021) 581 734
Fax: (03212) 119 89 72
verlag@alibri.de
www.alibri-buecher.de
Auslieferung für den Buchhandel
BRD: alive-auslieferung Stuttgart,
www.alive-auslieferung.de
Hinweis: Verlag für Utopie und Skeptsis, ein Schwerpunkt Religonskritik (Mitglieder bei alive - assoziation linker Verlage)

## Pala Verlag
Rheinstraße 35
64283 Darmstadt
Tel.: (0 61 51) 2 30 28
Fax: (0 61 51) 29 27 13
info@pala-verlag.de
www.pala-verlag.de
Auslieferung für den Buchhandel
BRD: Die Werkstatt Verlagsauslieferung. www.werkstatt-auslieferung.de
Hinweis: Bücher für die vegetarische Vollwertküche, Biogarten, Tierhaltung

## Christel Göttert Verlag
Keplerring 13
65428 Rüsselsheim
Tel.: (06142) 5 98 44
info@christel-goettert-verlag.de
www.christel-goettert-verlag.de
Auslieferung für den Buchhandel
BRD: SOVA, Sozialistische Verlagsauslieferung, Frankfurt/M., www.sovaffm.de
Hinweis: Frauenbuchverlag

## KOOKbooks
Magdeburgstraße 11
65510 Idstein
Tel.: (06126) 95 65 79 0
daniela.seel@kookbooks.de
www.kookbooks.de
Hinweis: kookbooks - literatur in kleinen dosen. Unterstützer/Zustifter der Kurt Wolff Stiftung zur Förderung einer vielfältigen Verlags- und Literaturszene.
www.kurt-wolff-stiftung.de

## Ulrike Helmer Verlag
Neugartenstraße 36c
65843 Sulzbach
Tel.: (06196) 202 99 77
Fax: (06196) 202 99 76
info@ulrike-helmer-verlag.de
www.ulrike-helmer-verlag.de
Auslieferung für den Buchhandel
BRD: SOVA, Sozialistische Verlagsauslieferung, Frankfurt/M., www.sovaffm.de
Hinweis: Neben wissenschaftlicher Fachliteratur mit Bezug auf Forschungen zum sozialen Geschlecht ("Gender") veröffentlicht der Verlag wissenschaftliche Sachbücher und Belletristik

## Conte Verlag
Am Ludwigsberg 80-84
66113 Saarbrücken
Tel.: (0681) 41 62 428
Fax: (0681) 41 62 444
info@conte-verlag.de
www.conte-verlag.de
Auslieferung für den Buchhandel
BRD: GVA, Göttingen www.gva-verlage.de
Hinweis: Schwerpunkte des Verlages: Romane und Erzählungen. Unterstützer/Zustifter der Kurt Wolff Stiftung zur Förderung einer vielfältigen Verlags- und Literaturszene.
www.kurt-wolff-stiftung.de

## Persona Verlag
Weberstraße 3
68165 Mannheim
Tel.: (0621) 40 96 96
Fax: (0621) 69 18 62
buch@personaverlag.de
www.personaverlag.de
Auslieferung für den Buchhandel

BRD: SOVA, Sozialistische Verlagsauslieferung, Frankfurt/M., www.sovaffm.de
Hinweis: Literarischer Verlag. Schwerpunk u.a. deutsche und österreichische Exilliteratur. Unterstützer/Zustifter der Kurt Wolff Stiftung zur Förderung einer vielfältigen Verlags- und Literaturszene.
www.kurt-wolff-stiftung.de

## Verlag Das Wunderhorn
Rohrbacher Str. 18
69115 Heidelberg
Tel.: (06221) 40 24 28
Fax: (06221) 40 24 83
wundehorn.verlag@t-online.de
www.wunderhorn.de
Auslieferung für den Buchhandel
BRD: Prolit Verlagsauslieferung, Fernwald, www.prolit.de
Hinweis: Literaturverlag. Unterstützer/Zustifter der Kurt Wolff Stiftung zur Förderung einer vielfältigen Verlags- und Literaturszene.
www.kurt-wolff-stiftung.de

## Manutius Verlag
Eselspfad 2
69117 Heidelberg
Tel.: (06221) 16 32 90
Fax: (06221) 16 71 43
manutiusverlag@t-online.de
www.manutius-verlag.de
Hinweis: Verlag mit den Schwerpunkten Philosophie, Geisteswissenschaften, Kunst und Literatur. Unterstützer/Zustifter der Kurt Wolff Stiftung zur Förderung einer vielfältigen Verlags- und Literaturszene.
www.kurt-wolff-stiftung.de

## Palmyra Verlag
Hauptstraße 64
69117 Heidelberg
Tel.: (06221) 16 54 09
Fax: (06221) 16 73 10
palmyra-verlag@t-online.de
www.palmyra-verlag.de
Auslieferung für den Buchhandel
BRD: LKG-Verlagsauslieferung, Espenhain www. lkg-va.de
Hinweis: Verlag mit den Schwerpunkten Israel und Palästina/Arabische Welt sowie Rockmusik, Blues, Country, Liedermacher und Weltmusik

**Grüne Kraft**
Alte Schmiede
69488 Löhrbach
Tel.: 06201) 21 278
Fax: (06201) 22 585
versand@gruenekraft.com
www.gruenekraft.com
Auslieferung für den Buchhandel
BRD: SYNERGIA Verlagsauslieferung Darmstadt www.synergia-verlag.de
Hinweis: Medienexperimente, Rauschkunde, Musik und viele erstaunliche Themen seit 38 Jahren

**Schmetterling-Verlag**
Lindenspürstr. 38 B
70176 Stuttgart
Tel.: (07 11) 62 67 79
Fax: (0711) 62 69 92
info@schmetterling-verlag.de
www.schmetterling-verlag.de
Auslieferung für den Buchhandel
BRD: alive-auslieferung Stuttgart, www.alive-auslieferung.de
Hinweis: Sachbuch + Literatur, ein Schwerpunkt Sprachbücher (Mitglieder bei alive - assoziation linker Verlage)

**Konkursbuch Verlag**
**Claudia Gehrke**
Postfach 1621
72006 Tübingen
Tel.: (07071) 66 551
Fax: (07071) 63 539
office@konkursbuch.com
www.konkursbuch.com
Auslieferung für den Buchhandel
BRD: SOVA, Sozialistische Verlagsauslieferung, Frankfurt/M., www.sovaffm.de
Hinweis: Sachbuch- und Literaturverlag, Schwerpunkt Erotische Literatur. Unterstützer/Zustifter der Kurt Wolff Stiftung zur Förderung einer vielfältigen Verlags- und Literaturszene.
www.kurt-wolff-stiftung.de

**Klöpfer & Meyer Verlag**
Neckarhalde 32
72070 Tübingen
Tel.: (07071) 94 89 84
Fax: (07071) 79 32 08

info@kloepfer-meyer.de
www.kloepfer-meyer.de
Auslieferung für den Buchhandel
BRD: Prolit Verlagsauslieferung, Fernwald, www.prolit.de
Hinweis: Literatur, Sachbuch und Essayistik. Unterstützer/Zustifter der Kurt Wolff Stiftung zur Förderung einer vielfältigen Verlags- und Literaturszene.
www.kurt-wolff-stiftung.de.

**Talheimer Verlag**
Rietsweg 2
72116 Mössingen-Talheim
Tel.: (07473) 27 01 111
Fax: (07473) 24 166
schroeter@talheimer.de
www.talheimer.de
Hinweis: Sachbuchverlag u.a. mit Publikationen von Ernst und Karola Bloch

**Distel Literatur Verlag**
Sonnengasse 11
74072 Heilbronn
Tel.: (07131) 96 79 16
Fax: (07131) 96 79 40
info@distelliteraturverlag.de
www.distelliteraturverlag.de
Auslieferung für den Buchhandel
BRD: Prolit Verlagsauslieferung, Fernwald, www.prolit.de
Hinweis: Literatur- und Sachbuchverlag (romanischer Sprachraum)

**Neuer ISP Verlag**
Belfortstraße 7
76133 Karlsruhe
Tel.: ( 0721 ) 31 18 3
Fax: (0721) 31250
neuer.isp.verlag@t-online.de
www.neuerispverlag.de
Auslieferung für den Buchhandel
BRD: Prolit Verlagsauslieferung, Fernwald, www.prolit.de
Hinweis: Sachbuchverlag u.a. Schriften von Leo Trotzki. Mitglied bei alive – assoziation linker verlage

**UVK Verlagsgesellschaft**
Postfach 102051
78420 Konstanz
Tel.: (07531) 90 53 0
Fax: (07531) 90 53-98
www.uvk.de

BRD: Brockhaus/Commission, Kornwestheim
Hinweis: Fachverlag für Journalismus, Film, Geschichte und Soziologie. Mitglied bei forum independent, Vertriebskooperation unabhängiger Sach- und Fachbuchverlage

**IZ3W Informationszentrum**
**Dritte Welt**
Postfach 5328
79020 Freiburg
Tel.: (0761) 740 03
Fax: (0761) 70 98 66
info@iz3w.org
www.iz3w.org
Auslieferung für den Buchhandel
BRD: Prolit Verlagsauslieferung, Fernwald, www.prolit.de
Hinweis: Internationalismus Verlag

**Implex Verlag**
Postfach 50 02 11
79028 Freiburg
mail@implex-verlag.de
www.implex-verlag.de
Hinweis: Verlag mit Themem "Kulturkritik als politische Ästhetik, Direkt politische Anfälle und Literatur"

**ça ira Verlag**
Wilhelmstr. 15
79098 Freiburg
Tel.: (0761) 37 939
Fax: (0761) 37 949
info@ca-ira.net
www-ca-ira.net
Hinweis: Von der Initiative Sozialistisches Forum (ISF) gegründeter Buchverlag in Freiburg

**Orange Press**
Günterstalstr. 44a
79100 Freiburg
Tel.: (0761) 287 117
Fax: (0761) 287 118
info@orange-press.com
www.orange-press.com
Auslieferung für den Buchhandel
BRD: GVA, Göttingen www.gva-verlage.de
Hinweis: Popkultur und Theorie, Ökologie und Design.

**Ökobuch**
Postfach 1126
79216 Staufen
Tel.: (07633) 50 613
Fax: (07633) 50 870
oekobuch@t-online.de
www.oekobuch.de
Hinweis: Fachverlag für ökologisches Bauen und umweltfreundliche Technik

**Liebeskind Verlag**
Sendlinger Straße 7
80331 München
Tel.: (089) 23 11 38 300
Fax: (089) 23 11 38 310
post@liebeskind.de
www.liebeskind.de
Auslieferung für den Buchhandel
BRD: Prolit Verlagsauslieferung,
Fernwald, www.prolit.de
Hinweis: Verlag für zeitgenössische Literatur

**oekom verlag**
Waltherstrasse 29
80337 München
Tel.: (089) 54 41 84 0
Fax: (089) 54 41 84 49
kontakt@oekom.de
www.oekom.de
Auslieferung für den Buchhandel
BRD: Verlegerdienst München
GmbH. www.verlegerdienst.de
Hinweis: Fachverlag für Ökologie und Nachhaltigkeit

**P. Kirchheim Verlag**
Lindwurmstr. 21
80337 München
Tel.: (089) 26 74 74
Fax: (089) 26 94 99 22
info@kirchheimverlag.de
www.kirchheimverlag.de
Auslieferung für den Buchhandel
BRD: LKG-Verlagsauslieferung,
Espenhain www. lkg-va.de
Hinweis: Literaturverlag. Unterstützer/ Zustifter der Kurt Wolff Stiftung zur Förderung einer vielfältigen Verlags- und Literaturszene.
www.kurt-wolff-stiftung.de

**Verlag Das freie Buch**
Tulbeckstr.4
80339 München
Tel.: (089) 54 07 03 46
Fax: (089) 54 07 03 48
kontakt@verlagdasfreiebuch.de
www.verlagdasfreiebuch.de
Auslieferung für den Buchhandel
BRD: SOVA, Sozialistische Verlagsauslieferung, Frankfurt/M., www.sovaffm.de
Hinweis: Literatur der Arbeiterbewegung, grundlegende Schriften des Marxismus-Leninismus, Bücher und Broschüren für den antifaschistischen und antimilitaristischen Kampf, Romane und Erzählungen.

**A1 Verlag**
Hippmannstraße 11
80639 München
Tel.: (089) 17 11 92 80
Fax: (089) 17 11 92 88
info@a1-verlag.de
www.a1-verlag.de
Auslieferung für den Buchhandel
BRD: SOVA, Sozialistische Verlagsauslieferung, Frankfurt/M., www.sovaffm.de
Hinweis: Überwiegend belletristisch-literarisches Programm. Unterstützer/ Zustifter der Kurt Wolff Stiftung zur Förderung einer vielfältigen Verlags- und Literaturszene.
www.kurt-wolff-stiftung.de

**Werkkreis Literatur der Arbeitswelt**
Infanteriestr. 20a
80791 München
Tel.: (089) 12 92 787
Fax: (089) 12 00 00 24
info@werkkreis-literatur.de
www.werkkreis-literatur.de

**Verlag Antje Kunstmann**
Georgenstr. 123
80797 München
Tel.: (089) 12 11 93 0
Fax: (089) 12 11 93 20
info@kunstmann.de
www.kunstmann.de
Auslieferung für den Buchhandel

BRD: LKG-Verlagsauslieferung,
Espenhain www. lkg-va.de
Hinweis: Romane, Sachbücher, Geschenk- und Hörbücher. Unterstützer/ Zustifter der Kurt Wolff Stiftung zur Förderung einer vielfältigen Verlags- und Literaturszene.
www.kurt-wolff-stiftung.de

**Open Source Press**
Amalienstraße 77
80799 München
Tel.: (089) 287 555 62
Fax: (089) 287 555 63
info@opensourcepress.de
www.opensourcepress.de
Auslieferung für den Buchhandel
BRD: Prolit Verlagsauslieferung,
Fernwald, www.prolit.de
Hinweis: Fachbuchverlag mit den Themen "Linux" und "Open Source Software"

**Belleville Verlag**
Hormayrstr. 15
80997 München
Tel.: (089) 14 92 799
Fax: (089) 14 04 585
belleville@t-online.de
www.belleville-verlag.de
Auslieferung für den Buchhandel
BRD: SOVA, Sozialistische Verlagsauslieferung, Frankfurt/M., www.sovaffm.de
Hinweis: Literarischer Verlag. Unterstützer/Zustifter der Kurt Wolff Stiftung zur Förderung einer vielfältigen Verlags- und Literaturszene.
www.kurt-wolff-stiftung.de

**Frauenoffensive Verlag**
Postfach 80 06 07
81606 München
Tel.: (089) 48 95 00 48
Fax: (089) 48 95 00 49
info@verlag-frauenoffensive.de
www.verlag-frauenoffensive.de
Hinweis: Frauenbuchverlag seit 1974. Sachbuch und Belletristik

**GegenStandpunkt Verlag**
Kirchenstr. 88
81675 München
Tel.: (089) 272 16 04

Fax: (089) 272 16 05
Gegenstandpunkt@T-Online.de
www.gegenstandpunkt.com
Hinweis: Marxistischer Sachbuchverlag

### yedermann Verlag
Georg-Kerschensteiner-Str. 8
85521 Riemerling b. München
Tel.: (089) 60 19 02 93
Fax: (089) 60 19 02 94
antwort@yedermann.de
www.yedermann.de
Hinweis: Schwerpunkt des Verlagsprogramms bildet zeitgenössische Literatur

### Maro Verlag
Zirbelstraße 57 a
86154 Augsburg
Tel.: (0821) 41 60 34
Fax: (0821) 41 60 36
info@maroverlag.de
www.maroverlag.de
Hinweis: Literarisches Programm, Veröffentlichungen im Bereich Textiles Werken und Sozialpolitik/-pädagogik. Unterstützer/Zustifter der Kurt Wolff Stiftung zur Förderung einer vielfältigen Verlags- und Literaturszene. www.kurt-wolff-stiftung.de

### Babel Verlag
Postfach 1
86920 Denklingen
info@babel-verlag.de
www.babel-verlag.de
Auslieferung für den Buchhandel
BRD: SOVA, Sozialistische Verlagsauslieferung, Frankfurt/M., www.sovaffm.de
Hinweis: Lyrik Verlag

### Black Ink Verlag und Label
Burgselstraße 5
86937 Scheuring
Tel.: (08195) 99 89 401
Fax: 08195 ( 99 89 403)
info@blackink.de
www.blackink.de
Hinweis: Literaturverlag

### Jedermensch Verlag
Dorfstr. 25
88142 Wasserburg
Tel.: (08382) 89 056
Fax: (08382) 89 056
eulenspiegel.wasserburg@t-online.de
www.jedermensch.net
Hinweis: Verlag zum Thema Dreigliederung. Herausgabe der Bücher von Peter Schilinski

### FIU-Verlag
Hüttenweiler 8
88239 Wangen
Tel.: (07528) 77 34
Fax: (07528) 60 28
FIU-Verlag@t-online.de
www.fiu-verlag.com
Hinweis: Publikationen zum Thema Joseph Beuys, Soziale Plastik, Erweiterter Kunstbegriff

### AG SPAK Bücher
Holzheimer Str. 7
89233 Neu-Ulm
Tel.: (07308) 91 92 61
Fax: (07308) 91 90 95
spak-buecher@leibi.de
www.agspak-buecher.de
Auslieferung für den Buchhandel
BRD: SOVA, Sozialistische Verlagsauslieferung, Frankfurt/M., www.sovaffm.de
Hinweis: Sozialpolitik, Ratgeber (Mitglied bei alive– assoziation linker verlage)

### Peter Engstler Verlag
Am Brunnen 6
97645 Ostheim/Rhön
Tel.: (09774) 85 84 90
Fax: (09774) 85 84 91
engstler-verlag@t-online.de
www.engstler-verlag.de
Auslieferung für den Buchhandel
BRD: SOVA, Sozialistische Verlagsauslieferung, Frankfurt/M., www.sovaffm.de

# Verlage, BRD, nach Namen sortiert

# Verlage, BRD, nach Orten sortiert

**AUF-Edition**
Kleeblattgasse 7
A-1010 Wien
Tel.: (0043)-1- 533 91 64
Fax: (0043)-1- 532 63 37
auf@auf-einefrauenzeitschrift.at
http://auf- einefrauenzeitschrift.at
Hinweis: Verlag der Frauenzeitschrift
AUF

**Ephelant Verlag**
Plankengasse 7
A-1010 Wien
Tel.: (0043)-1- 513 48 58
www.wu.ac.at/usr/paedag/
phant/

**Löcker Verlag**
Annagasse 3a/21
A-1010 Wien
Tel.: (0043)-1- 512 02 82
Fax: (0043)-1- 512 02 82 15
lverlag@loecker.at
www.loecker.at

**Verlag Jungbrunnen**
Rauhensteingasse 5
A-1010 Wien
Tel: (0043)-1- 512 12 99-0
Fax: (0043)-1- 512 12 99-75
office@jungbrunnen.co.at
www.jungbrunnen.co.at
Hinweis: Kinderbücher

**Czernin Verlag**
Kupkagasse 4
A-1080 Wien
Tel.: (0043)-1-4033563
Fax: (0043)-1- 4033563-15
office@czernin-verlag.com
www.czernin-verlag.com
Auslieferung für den Buchhandel
BRD:: Bugrim Verlagsauslieferung,
www.bugrim.de
Hinweis: Schwerpunkte Publizistik,
Wissenschaft und Kunst

**MILENA Verlag**
Wickenburgg. 21/1-2
A-1080 Wien
Tel.: (0043)-1- 402 59 90
Fax: (0043)-1- 408 88 58
office@milena-verlag.at

www.milena-verlag.at
Auslieferung für den Buchhandel
BRD: LKG-Verlagsauslieferung,
Espenhain www. lkg-va.de
Hinweis: Frauenbuchverlag, Literatur,
Wissenschaft, Sachbuch

**Picus Verlag**
Friedrich-Schmidt-Platz 4
A-1080 Wien
Tel.: (0043)-1- 408 18 21
Fax: (0043)-1- 408 18 216
info@picus.at
www.picus.at
Hinweis: Belletristik, Reportagen, Sach-
buch, Kinderbuch

**Promedia Verlag**
Wickenburggasse 5/12
A-1080 Wien
Tel.: (0043)-1- 405 27 02
Fax: (0043)-1- 405 71 59 22
promedia@mediashop.at
www.mediashop.at
Auslieferung für den Buchhandel
BRD: Prolit Verlagsauslieferung,
Fernwald, www.prolit.de
Hinweis: kulturkritische, historisch-poli-
tische und Reisethemen.

**RLI-Verlag**
Postfach 12
A-1091 Wien
Tel.: (0043)-1- 31 74 929
rli@rli.at
www.rli.at
Hinweis: Verlag des Rosa-Luxemburg-
Instituts in Wien

**Verlag Guthmann-Peterson**
Elßlergasse 17
A-1130 Wien
Tel.: (0043)-1- 877 04 26
Fax: (0043)-1- 876 40 04
verlag@guthmann-peterson.at
www.guthmann-peterson.at
Hinweis: Verlag für Literatur und Wis-
senschaft

**Verlag Adinkra**
Harterfeldstraße 2A
A-4060 Leonding
Te.l: (0043)- 732 - 673 229
Fax: (0043)-732- 674 606 23

verlag@adinkra.at
www.adinkra.at
Hinweis: Verlag für afrikanischer Literatur und Kulturbegegnungen

**Drava Verlags- und Druckge-
sellschaft m. b. H. / Založniška
in tiskarska družba z o. j.**
Tarviser Str. 16
A-9020 Klagenfurt/Celovec
Tel.: (0043)-463-90 07981 201106
peter.wieser@drava.at
www.drava.at
Hiwneis Ein Verlag am Zusammenfluss
von Sprachen und Kulturen.

**Wieser Verlag / Založba Wieser**
Ebentaler Straße 34B
A-9020 Klagenfurt/Celovec
Tel: (0043)- 463-37036
Fax: (0043)- 463-37635
office@wieser-verlag.com
www.wieser-verlag.com
Hinweis: Spezialist für Literatur aus dem
europäischen Osten

**edition clandestin**
Höheweg 73
CH-2502 Biel/Bienne
edition.clandestin@bluewin.ch
www.edition-clandestin.ch
Hinweis: Literatur- + Kunstverlag. Mitglied bei SWIPS – SWISS INDEPENDENT PUBLISHERS – ein Zusammengehen von unabhängigen Deutschschweizer Verlagen. www.swips.ch

**verlag die brotsuppe**
Gartenstrasse 17
CH-2502 Biel/Bienne
Tel.: (0041)-32-323 36 32
Fax: (0041)-32- 323 36 33
aeschbacher@diebrotsuppe.ch
www.diebrotsuppe.ch
Auslieferung für den Buchhandel
BRD: Lambertus-Verlag GmbH,
Freiburg, www.lambertus.de
Hinweis: Literaturverlag. Mitglied bei SWIPS – SWISS INDEPENDENT PUBLISHERS – ein Zusammengehen von unabhängigen Deutschschweizer Verlagen. www.swips.ch

**edition taberna kritika**
Gutenbergstrasse 47
CH–3011 Bern
Tel.: (0041)-33-534 9 308
info @ etkbooks.com
www.etkbooks.com
Hinweis: Literaturverlag. Mitglied bei SWIPS – SWISS INDEPENDENT PUBLISHERS – ein Zusammengehen von unabhängigen Deutschschweizer Verlagen. www.swips.ch

**Espero Verlag**
c/o ANARES, Staatsstr. 31
CH-3652 Hilterfingen
info@espero-versand.net
www.espero-versand.net
Hinweis: Verlag für libertäre Gesellschafts- und Wirtschaftsordnung

**Christoph Merian Verlag**
Postfach
CH-4002 Basel
Tel.: (0041)- 61-226 33 25
Fax: (0041)-61- 226 33 45
www.merianverlag.ch
verlag@merianstiftung.ch

Auslieferung für den Buchhandel
BRD: GVA, Göttingen
www.gva-verlage.de
Hinweis: Schwerpunkt: Sachbuch + Hörbücher. Mitglied bei SWIPS – SWISS INDEPENDENT PUBLISHERS – ein Zusammengehen von unabhängigen Deutschschweizer Verlagen. www.swips.ch

**Lenos Verlag**
Spalentorweg 12
CH-4003 Basel
Tel.: (0041)-61-261 34 14
lenos@lenos.ch
www.lenos.ch
Auslieferung für den Buchhandel
BRD: Prolit Verlagsauslieferung,
Fernwald, www.prolit.de
Hinweis: Verlag mit Belletristik, Schweiz und Romandie, sowie arabische Literatur und Sachbuch. Mitglied bei SWIPS – SWISS INDEPENDENT PUBLISHERS – ein Zusammengehen von unabhängigen Deutschschweizer Verlagen. www.swips.ch

**Engeler Verlag**
Dorfweg 9b
CH-4718 Holderbank SO
Tel.: (0041)-62-390 02 83
urs@engler.de
www.engeler-verlag.com
Auslieferung für den Buchhandel
BRD: GVA, Göttingen
www.gva-verlage.de
Hinweis: Literaturverlag. Unterstützer/ Zustifter der Kurt Wolff Stiftung zur Förderung einer vielfältigen Verlags- und Literaturszene.
www.kurt-wolff-stiftung.de

**Der gesunde Menschenversand**
Neustadtstrasse 7
CH-6003 Luzern
Tel.: (0041)-41-360 65 05
Fax: (0041)-41-210 55 46
info@menschenversand.ch
www.menschenversand.ch
Auslieferung für den Buchhandel
BRD: SOVA, Sozialistische Verlagsauslieferung, Frankfurt/M.,
www.sovaffm.de
Hinweis: Audio-CDs und Bücher aus

der Spoken-Word-Szene. Mitglied bei SWIPS – SWISS INDEPENDENT PUBLISHERS – ein Zusammengehen von unabhängigen Deutschschweizer Verlagen. www.swips.ch

**Verlag Martin Wallimann**
Postfach 351
CH-6055 Alpnach Dorf
Tel.: (0041)-41-670 26 36
www.martin-wallimann.ch
Hinweis: Literaturverlag. Mitglied bei SWIPS – SWISS INDEPENDENT PUBLISHERS – ein Zusammengehen von unabhängigen Deutschschweizer Verlagen. www.swips.ch

**Verlag Das fünfte gtier**
Kniri
CH-6370 Stans
Tel.: (0041)-41-240 65 86
info@dasfuenftetier.ch
www.dasfuenftetier.ch
Hinweis: Verlag für Literatur und Künstlerbücher. Mitglied bei SWIPS – SWISS INDEPENDENT PUBLISHERS – ein Zusammengehen von unabhängigen Deutschschweizer Verlagen. www.swips.ch

**edition pudelundpinscher**
Friedheimstraße 16
CH-6472 Erstfeld
Tel.:(0041)-41- 879 00 05
post@pudelundpinscher.ch
www.pudelundpinscher.ch
Auslieferung für den Buchhandel
BRD: Bugrim Verlagsauslieferung,
www.bugrim.de
Hinweis: Lyrik und experimentelle Prosa. Mitglied bei SWIPS – SWISS INDEPENDENT PUBLISHERS – ein Zusammengehen von unabhängigen Deutschschweizer Verlagen. www.swips.ch

**Seismo Verlag**
Zähringerstrasse 26
CH-8001 Zürich
Tel.: (0041)-44-261 10 94
Fax: (0041)-44 -251 11 94
buch@seismoverlag.ch
www.seismoverlag.ch
Auslieferung für den Buchhandel
BRD: GVA, Göttingen
www.gva-verlage.de

Hinweis: Sozialwissenschaftlicher Verlag. Mitglied bei SWIPS – SWISS INDEPENDENT PUBLISHERS – ein Zusammengehen von unabhängigen Deutschschweizer Verlagen. www.swips.ch

## Verlag Scheidegger & Spiess

Niederdorfstrasse 54
CH–8001 Zürich
Tel.: (0041)-44-262 16 62
Fax: (0041)-44-262 16 63
info@scheidegger-spiess.ch
www.scheidegger-spiess.ch
Auslieferung für den Buchhandel
BRD: GVA, Göttingen
www.gva-verlage.de
Hinweis: Kunst. Literatur und Fotografie. Mitglied bei SWIPS – SWISS INDEPENDENT PUBLISHERS – ein Zusammengehen von unabhängigen Deutschschweizer Verlagen. www.swips.ch

## Editon Howeg

Bürglistrasse 21
CH-8002 Zürich
Tel.: (0041)-44-201 0650
edition_howeg@datacomm.ch
www.editionhoweg.ch
Hinweis: Literaturverlag. Mitglied bei SWIPS – SWISS INDEPENDENT PUBLISHERS – ein Zusammengehen von unabhängigen Deutschschweizer Verlagen. www.swips.ch

## bilger verlag

Josefstrasse 52
CH-8005 Zürich
Tel.: (0041)-44-271 81 46
Fax: (0041)-44-271 14 44
www.bilgerverlag.ch
info@bilgerverlag.ch
Auslieferung für den Buchhandel
BRD: GVA, Göttingen
www.gva-verlage.de
Hinweis: Literaturverlag. Mitglied bei SWIPS – SWISS INDEPENDENT PUBLISHERS – ein Zusammengehen von unabhängigen Deutschschweizer Verlagen. www.swips.ch

## Edition Patrick Frey

Motorenstrasse 14
CH-8005 Zürich
Tel.: 41 (0041)-44- 381 51 02
Fax: 41 (0041)-44- 381 51 05
mail@editionpatrickfrey.ch
www.editionpatrickfrey.ch
Auslieferung für den Buchhandel
BRD: GVA, Göttingen
www.gva-verlage.de
Hinweis: Literaturverlag. Mitglied bei SWIPS – SWISS INDEPENDENT PUBLISHERS – ein Zusammengehen von unabhängigen Deutschschweizer Verlagen. www.swips.ch

## Salis Verlag

Motorenstrasse 14
CH-8005 Zürich
Tel.: (0041)-44-381 51 01
Fax: (0041)-44- 381 51 05
info@salisverlag.com
www.salisverlag.com
Auslieferung für den Buchhandel
BRD: GVA, Göttingen
www.gva-verlage.de
Hinweis: Literaturverlag. Mitglied bei SWIPS – SWISS INDEPENDENT PUBLISHERS – ein Zusammengehen von unabhängigen Deutschschweizer Verlagen. www.swips.ch

## edition 8

Postfach 3522
CH-8021 Zürich
Tel.: (0041) -91-754 31 43
Fax: (0041)-44-273 03 02
info@edition8.ch
www.edition8.ch
Auslieferung für den Buchhandel
BRD: Prolit Verlagsauslieferung, Fernwald, www.prolit.de
Hinweis: Verlag mit belletristischen Texten, Memoiren, Biografien und Sachbüchern. Mitglied bei SWIPS – SWISS INDEPENDENT PUBLISHERS – ein Zusammengehen von unabhängigen Deutschschweizer Verlagen. www.swips.ch

## Rotpunktverlag

Postfach
CH-8026 Zürich
Tel.: (0041)-44- 405 44 88
Fax: 0041 (0)44 405 44 89
info@rotpunktverlag.ch
www.rotpunktverlag.ch
Auslieferung für den Buchhandel

BRD: Prolit Verlagsauslieferung, Fernwald, www.prolit.de
Hinweis: Belletristik, Politisches Sachbuch und Wanderführer. Mitglied bei SWIPS – SWISS INDEPENDENT PUBLISHERS – ein Zusammengehen von unabhängigen Deutschschweizer Verlagen. www.swips.ch

## Unionsverlag

Postfach 2188
CH-8027 Zürich
Tel.: (0041)-44- 283 20 00
Fax: (0041)-44-283 20 01
webmail_3@unionsverlag.ch
www.unionsverlag.ch
Auslieferung für den Buchhandel
BRD: Prolit Verlagsauslieferung, Fernwald, www.prolit.de
Hinweis: Literaturverlag, Reisebuch, „Türkische Bibliothek". Mitglied bei SWIPS – SWISS INDEPENDENT PUBLISHERS – ein Zusammengehen von unabhängigen Deutschschweizer Verlagen. www.swips.ch

## Limmat Verlag

Postfach
CH-8031 Zürich
Tel.: (0041)-44-445 80 80
Fax: (0041)-44-445 80 88
zimmerli@limmatverlag.ch
www.limmatverlag.ch
Auslieferung für den Buchhandel
BRD: GVA, Göttingen
www.gva-verlage.de
Hinweis: Sachbuch- und Literaturverlag. Mitglied bei SWIPS – SWISS INDEPENDENT PUBLISHERS – ein Zusammengehen von unabhängigen Deutschschweizer Verlagen. www.swips.ch

## Dörlemann Verlag

Kantstrasse 3
CH-8044 Zürich
Tel.: (0041)-44-251 00 25
Fax: (0041)-44-251 89 09
www.doerlemann.com
verlag@doerlemann.com
Auslieferung für den Buchhandel
BRD: Prolit Verlagsauslieferung, Fernwald, www.prolit.de
Hinweis: Verlag für Sachbuch und Literatur. Mitglied bei SWIPS – SWISS IN-

DEPENDENT PUBLISHERS – ein Zusammengehen von unabhängigen Deutschschweizer Verlagen.
www.swips.ch

**Waldgut Verlag &
Atelier Bodoni**
Industriestr. 23
CH-8500 Frauenfeld
info@waldgut.ch
www.waldgute.ch
Auslieferung für den Buchhandel
BRD: SOVA, Sozialistische Verlagsauslieferung, Frankfurt/M.,
www.sovaffm.de
Hinweis: Sachbuch- und Literaturverlag.

Mitglied bei SWIPS – SWISS INDEPENDENT PUBLISHERS – ein Zusammengehen von unabhängigen Deutschschweizer Verlagen.www.swips.ch

**Orte Verlag**
Wirtschaft Rütegg
CH-9413 Oberegg
Tel.: (0041)-71-888 15 56
info@orteverlag.ch
www.orteverlag.ch
Auslieferung für den Buchhandel
BRD: GVA, Göttingen
www.gva-verlage.de
Hinweis: Literaturverlag. Mitglied bei SWIPS – SWISS INDEPENDENT PUBLIS-

HERS – ein Zusammengehen von unabhängigen Deutschschweizer Verlagen.
www.swips.ch

**a propos Verlag**
CH-Bern
info@apropos-verlag.ch
www.aproposverlag.ch
Hinweis: Sachbuch, sowie „günstige" Bücher mit Lyrik und Prosa

# Materialien zu alternativen Medien

## Literatur

Beiträge zur feministischen Theorie und Praxis (Heft 30/31, 1991): Schwerpunkt: Feministische Öffentlichkeit – patriarchale Medienwelt.

Bernd Blöbaum: Strukturwandel der Alternativpresse. Die taz und ihr Publikum. In: Achim Baum/ Siegfried J. Schmidt. (Hg.): Fakten und Fiktionen. Über den Umgang mit Medienwirklichkeiten, Konstanz 2002, S. 127-138

Mathias Bröckers, Detlef Berentzen, Bernhard Brugger: Die taz: Das Buch: Aktuelle Ewigkeitswerte aus zehn Jahren „tageszeitung", Frankfurt/M. 1989

Franz Brüseke, Hans-Martin Große-Oetringhaus: Blätter von unten: Alternativzeitungen in der Bundesrepublik, Offenbach 1981

BüroBert: Copyshop: Kunstpraxis und politische Öffentlichkeit, Berlin, Amsterdam 1993

BüroBert, minimal club, Susanne Schultz: geld, beat, synthetik: Copyshop 2, Amsterdam 1995

Nadja Büteführ: Zwischen Anspruch und Kommerz: Lokale Alternativpresse 1970-1993. Systematische Herleitung und empirische Überprüfung, Münster/New York 1995

Bernd Drücke: Zwischen Schreibtisch und Straßenschlacht. Libertäre Presse und Anarchismus in Ost- und Westdeutschland, Ulm 1998

Günther Emig, Peter Engel; Christoph Schubert (Hg.) Die Alternativpresse: Kontroversen, Polemiken, Dokumente, 1980

Hans Magnus Enzensberger : Baukasten zu einer Theorie der Medien. Kritische Diskurse zur Pressefreiheit, München 1997

Evangelische Akademie Iserlohn im Institut für Kirche und Gesellschaft (Hg.): Für eine Kultur der Differenzen. Friedens- und Dritte-Welt-Zeitschiften auf dem Prüfstand, Iserlohn 2004

Wolfgang Flieger: Die taz: Vom Alternativblatt zur linken Tageszeitung, München 1992

Jens Gehret, Udo Pasterny (Hg.): Deutschsprachige Bibliographie der Gegenkultur: Bücher & Zeitschriften von 1950-1980

Gruppe Feministische Öffentlichkeit (Hrsg.): Femina publica: Frauen - Öffentlichkeit - Feminismus; Köln 1992

Harald Hahn: Freie Radios als Ort der Aktiven Jugend-Medien-Arbeit, Ibidem Verlag. 2. Aufl. 2001

Christina Holtz-Bacha: Alternative Presse. In: Jürgen Wilke, (Hg.) Mediengeschichte der Bundesrepublik Deutschland. Köln/Weimar/Wien 1999, S. 330-349

Bernd Hüttner: Die Krise der autonomen Medien, in: Contraste Oktober 1993 (nachgedruckt in interim 259, swing November 1993 und radikal 148)

Iko-Sascha Kowalczuk (Hrsg.): Freiheit und Öffentlichkeit: Politischer Samisdat in der DDR 1985–1989. Robert-Havemann-Gesellschaft, Berlin 2002

Larissa Krainer: Österreichische Frauenzeitschriften. Zwischen Kommerz- und Alternativmedien. Klagenfurt 1995.

Thomas Kupfer, Sven Thiermann: Von der Kür zur Pflicht. Perspektiven des Nichtkommerziellen Lokalen Hörfunks, Berlin 2005.

Lovink, Geert: Hör zu – oder stirb! Fragmente einer Theorie der souveränen Medien. Berlin, Amsterdam 1922

medienconcret. MAGAZIN FÜR DIE MEDIENPÄDAGOGISCHE PRAXIS 2009 „Politik 2.0.
Spiegel – Sprachrohr – Sprungbrett"
Gottfried Oy: Die Gemeinschaft der Lüge. Medien- und Öffentlichkeitskritik sozialer Bewegungen
in der Bundesrepublik Deutschland, Münster 2001
Die Philosophin (Forum für Feministische Theorie und Philosophie) Heft 32, Feministische Zeit-
schriften. Tradierung und Geschichte, Tübingen 2005
Rainer Pinkau, Sven Thiermann: Freie Radiostationen. Aktuelle Frequenzen – Programme – Sen-
dezeiten, Baden-Baden 2005
Redaktion Luzi-M: Frausein allein ist kein Programm – feministische Medien (27.1.2010) [http://
www.luzi-m.org/nachrichten/artikel/datum/2010/02/20/318]
Kerstin Renner: This is what democracy looks like. Herstellung von Gegenöffentlichkeit durch al-
ternative Medien im Internet. Diplomarbeit, Eichstätt 2003.
Gerald Raunig, Ulf Wuggenig (Hg.): PUBLICUM. Theorien der Öffentlichkeit, Wien 2005
Hermann Rösch-Sondermann: Bibliographie der lokalen Alternativpresse: vom Volksblatt zum-
Stadtmagazin, München/New York/London/Paris 1988
Karl-Heinz Stamm: Alternative Öffentlichkeit: Die Erfahrungsproduktion neuer sozialer Bewegun-
gen, /M., New York 1988
Lea Susemichel, Saskya Rudigier, Gabi Horak (Hrsg.): Feministische Medien. Öffentlichkeiten jen-
seits des Malestream, Königstein/Taunus, 2008
Kurt Weichler: Gegendruck: Lust und Frust der alternativen Presse, Reinbek 1983
Kurt Weichler: Die anderen Medien: Theorie und Praxis alternativer Kommunikation, Berlin 1987
Jeffrey Wimmer: (Gegen-)Öffentlichkeit in der Mediengesellschaft. Analyse eines medialen Span-
nungsverhältnisses. Wiesbaden: 2007
Detlef zum Winkel, Oliver Tolmein: tazsachen. Krallen zeigen - pfötchen geben, Hamburg, 1989
Zwanzig Jahre radikal. Geschichte und Perspektiven autonomer Medien, Hamburg u.a., 1996

## Verzeichnisse

Alternative Press Center; Independent Press Association (Hrsg.: ) Annotations: The Alternative
Press Center's guide to the Independent Critical Press. Foreward by Robert W. McChesney, 3.
überarbeitete Auflage, Baltimore/San Francisco 2004 [http://www.altpress.org/]
Arbeitsgruppe Alternativpresse (AgAp): Riesengroßes Verzeichnis aller Alternativzeitungen. Bonn
1981
Arbeitsgruppe Alternativpresse (AgAp): Riesengroßes Verzeichnis aller Alternativzeitungen. Bonn
1982
Arbeitsgruppe Alternativpresse (AgAp): Riesengroßes Verzeichnis aller Alternativzeitungen. Bonn
1983
Arbeitsgruppe Alternativpresse (AgAp), Frankfurter Informationsdienst zur Verbreitung unter-
bliebener Nachrichten (1980): Das riesengroße Verzeichnis aller Alternativzeitungen. Bonn,
Frankfurt 1980
Walter Bauer und Karin Steinle/Libresso Buchhandlung und Verlag (Hg.): Reader linker Zeitungen
und Zeitschriften, brosch. (März 1997)
Contraste e.V. (Hg.): Reader der AlternativMedien, in Bunte Seiten. Verzeichnis alternativer Projek-
te, Initiativen und Betriebe 2003, Heidelberg 2003, S. 247-296
Axel Diederich u.a. (Hg.): Verzeichnis der Alternativ-Presse, Berlin/Frankfurt 1986

Johanna Dorer, Matthias Marschik, Robert Glattau (Hg.).: Medienverzeichnis 1992/93.
    Gegenöffentlichkeit und Medieninitiativen in Österreich, Wien o.J. (1992)
Reiner Feulner, Norbert Minhorst: Die entwicklungspolitischen Zeitschriften in der
    Bundesrepublik Deutschland: eine annotierte Bibliographie, Hamburg 1996.
Uwe Husslein / Lothar Surey (Hg.): Zines! Fandom Research 2001, Mainz 2001
ID-Archiv im IISG: Verzeichnis der alternativMedien, Amsterdam/Berlin 1989
ID-Archiv im IISG: Verzeichnis der alternativMedien 1991/92, Amsterdam/Berlin 1991
ID-Archiv im IISG: Verzeichnis der alternativMedien, Amsterdam/Berlin 1997
    [http://www.iisg.nl/publications/vam1997.pdf]
Infoladen Halle: "Alternative Medien". Über 1200 Adressen; Halle o.J. (1992)
Literarisches Informationszentrum Joseph Wintjes (Hg.): Verzeichnis deutschsprachiger Literatur-
    zeitschriften 1989/90. Günter Emigs VdL, Amsterdam/Berlin 1989
Peter van Spall: Übersicht deutschsprachiger Periodika der unabhängigen sozialistischen Linken,
    Offenbach 1973

## Online-Dokumente

http://www.kefk.net/Politik/Alternative.Medien/
Agon S. Buchholz: Alternative Medien als Instrumente einer Gegenöffentlichkeit, Hausarbeit aus
    dem Jahr 2005, 130 Seiten, online als PDF (abgefragt am 8.12.2010) [www.linksnet.de/artikel.
    php?id=18209]
Red Chidgey, Rosa Reitsamer, Elke Zobl: Do you ever read / watch / listen to feminist-made me-
    dia? Ever been to a Ladyfest? Come fill out our online questionnaires... [Teil des Forschungs-
    projektes: „Feminist Media in Europe" and „Young Women as Creators of New Cultural Spaces"]
    (13.1.2010) [http://www.grassrootsfeminism.net/cms/node/628]
Christoph Spehr: Gegenöffentlichkeit. Entwicklung und Bedeutung des Begriffs "Gegenöffent-
    lichkeit" (2002) erschienen in Historisch-kritisches Wörterbuch des Marxismus, Band 5 (Gegen-
    öffentlichkeit bis Hegemonialapparat), Hamburg 2002 (abgefragt am 8. 4. 2011) [www.linksnet.
    de/de/artikel/18209]

## Online-Verzeichnisse und Datenbanken

http://www.altpress.org
    Umfangreiches Online-Verzeichnis englischsprachiger Titel, v.a. aus dem akademischen und
    aktivistischen Spektrum
http://ildb.nadir.org
    dataspace, Datenbank zu linken Zeitschriften, betreut vom Infoladen Leipzig, detaillierte Suche
    ist möglich
www.freie-radios.de
www.freie-radios.net
www.linksnet.de
    Überblick über linke und kritische Zeitschriften aus dem politischen und wissenschaftlichen
    Bereich. Diese Plattform präsentiert aktuell über 40 Zeitschriftenprojekte
http://www.afas-archiv.de/brosch.html
    Online-Katalog des Archiv für alternatives Schrifttum NRW

# GESAMTREGISTER

# Gesamtregister
# Printmedien, Archive, Freie Radios, Verlage
# BRD, Österreich, Schweiz, Titel alphabetisch

# Gesamtregister
# Printmedien, Archive, Freie Radios, Verlag
# BRD, Österreich, Schweiz, nach Orten sortiert

*Christiane Leidinger*

# Statistische Übersicht

## Gesamteinträge der Printmedien

Printmedien-Einträge für die BRD: 472
Printmedien-Einträge für Österreich: 89
Printmedien-Einträge für die Schweiz: 104

## Inhaltliche Zuordnungen[1] der Printmedien der BRD

(alphabetisch sortiert und mit Häufigkeit der Nennungen in Klammern)

| | | |
|---|---|---|
| 1. | Alternative Ökonomie, Selbsthilfe | (8) |
| 2. | Anarchismus, Autonome | (15) |
| 3. | Anti-Atom, Umwelt, Verkehr, Landwirtschaft | (42) |
| 4. | Antifaschismus | (12) |
| 5. | Antimilitarismus, Frieden | (13) |
| 6. | Arbeit, Ökonomie, Erwerbslose | (25) |
| 7. | Comic, Fanzine, Musik | (4) |
| 8. | Datenschutz, Justiz, „innere Sicherheit", Knast, Demokratie, Bürgerrechte | (75) |
| 9. | Feminismus, gender, Frauen, Männer, Lesben, Schwule, Bis, Trans*, Inter*, queer | (49) |
| 10. | Geschichte | (24) |
| 11. | Hochschule | (8) |
| 12. | Internationalismus, Trikont | (40) |
| 13. | Jugend, Kinder | (3) |
| 14. | Kultur | (56) |
| 15. | Linke, incl. Parteien & Gewerkschaften | (73) |
| 16. | MigrantInnen, Antirassismus | (10) |
| 17. | Sonstige, ohne | (19) |
| 18. | Soziales, Behinderung, Psychiatrie, Gesundheit, Pädagogik, Sozialarbeit | (80) |
| 19. | Stadtmagazin, Stadtzeitung, Stadtinfos | (37) |
| 20. | Tages- und Wochenzeitung | (7) |
| 21. | Wissenschaft, Theorie | (51) |

Jedem Titel konnten maximal zwei der 21 Rubriken zugeordnet werden; insgesamt wurden 651 Zuordnungen vorgenommen.

Die fünf umfangreichsten Nennungen für die BRD sind[2]:
Soziales, Behinderung, Psychiatrie, Gesundheit, Pädagogik, Sozialarbeit (80)
Datenschutz, Justiz, „innere Sicherheit", Knast, Demokratie, Bürgerrechte (75)
Linke, incl. Parteien & Gewerkschaften (73) Kultur (56) Wissenschaft, Theorie (51)

Die geringste Nennung hat:  Jugend, Kinder (3)


## Anmerkungen

1   Diese Zuordnungen übernehmen nicht zuletzt für die Vergleichbarkeit die Prinzipien von Bernd Hüttner;
    es wurden lediglich inhaltliche Zuordnungen innerhalb der einzelnen Rubriken erweitert (etwa „queer"
    und „Trans*") sowie einzelne Begriffe ausgetauscht (etwa „MigranntInnen"), vgl. Hüttner, Bernd: Verzeich-
    nis der Alternativmedien 2006/2007. Zeitungen und Zeitschriften. Neu-Ulm: AG SPAK 2006.
2   Zum Vergleich aus dem Verzeichnis vom 2006/2007: „Anti-Atom, Umwelt, Landwirtschaft" (57), „Interna-
    tionalismus, 3. Welt" (54), „Justiz, Innere Sicherheit, Knast, Demokratie" (52), „Wissenschaft, Theorie" (51),
    „Linke incl. Parteien" (45) bei 659 Zuordnungen insgesamt (Hüttner 2006, S. 190)

# AutorInnen

### Anne Frisius
Geboren 1965, Studium der Filmwissenschaft, Politik und Psychologie. 1997-1999 Redakteurin beim Jugendmagazin „Pick up" (FAB). Seit 1996 im FrauenLesbenFilmCollectif (2002 „otras vias – andere wege. migrantinnen aus südamerika in der sexarbeit", 1999 „Unsichtbare Hausarbeiterinnen" Frauen ohne Papiere in privaten Haushalten, 1997 „Wir sind schon da!" Sans Papiers Frauen in Frankreich). Seit 2005 selbstständige Filmemacherin (www.kiezfilme.de). 2008 „Mit einem Lächeln auf den Lippen. Eine Hausarbeiterin ohne Papiere zieht vors Arbeitsgericht.", in Zusammenarbeit mit Nadja Damm und Moníca Orjeda. 2011: „Solidarische Ökonomie!? 30 Jahre Regenbogenfabrik.", (in Arbeit): „Das interkulturelle Frauenhaus".

### Stefan Hebenstreit
Geboren 1983, Studium der Politikwissenschaft mit den Wahlfächern Soziologie, Sozialpsychologie und Philosophie in Frankfurt/Main und Innsbruck, Schwerpunkt Kritische Medien- und Kulturforschung, zur Zeit Mitarbeiter und Doktorand bei Prof. Dr. Jörg Becker (Universität Marburg/Lahn), Forschungsthema: Sport – Subkultur – Gegenöffentlichkeit.

### Gabriele Hooffacker
Dr. phil., geboren 1959, Journalistin, informiert in Vorträgen, Workshops, Artikeln und mehr als drei Dutzend Büchern über Online-Journalismus, Presse- und Öffentlichkeitsarbeit, Trends in Journalismus und Internet.

### kanak tv
kanak tv ist im Rahmen des bundesweiten antirassistischen Zusammenschlusses kanak attak entstanden. Aus diesem Background, dem gegenseitigen Input, den Diskussionen und Inspirationen, den öffentlichen Auftritten, Interventionen und Texten entstand auch die Idee und das Projekt kanak tv als eine weitere Ausdrucksmöglichkeit von kanak attak. Konkret ist kanak tv von der Kölner Gruppe von kanak attak ins Leben gerufen und als kollektive Aktionsform betrieben worden. Die Arbeitsweise wurde später auch von der Hamburger kanak attak-Gruppe aufgegriffen.
www.kanak-attak.de und www.kanak-tv.de

### Manuela Kay
Geboren 1964, Journalistin in Berlin, Chefredakteurin von L-MAG, Magazin für Lesben. Freie Journalistin und Autorin mit Schwerpunkt „queer" Kultur , Film und Sexualität, arbeitet seit Mitte der 1980er-Jahre überwiegend im schwullesbischen Bereich, wo sie lesbische Themen und Zielgruppen in vormals rein schwulen Domänen ansprach.

Arbeitete als Redakteurin und Moderatorin beim Radiosender *Radio 100*, multifunktional bei den *Internationalen Filmfestspielen Berlin* und fast 10 Jahre als Chefredakteurin des Berliner schwullesbischen Stadtmagazins *SIEGESSÄULE* sowie als (Co-) Autorin und Herausgeberin diverser Bücher zu lesbischen Themen, und zu queer Film.

**Peter Lokk**
M.A., geboren 1957, arbeitet als Journalist und in der Erwachsenenbildung; er unterrichtet Journalismus und Pressearbeit und koordiniert Medien- und Multimediaseminare in Nürnberg und München.

**Christoph Nitz**
Geboren 1964, lebt in Berlin, Kommunikationswissenschaftler. War Redakteur der Tageszeitung *Neues Deutschland*. Dozent für Medienthemen. Geschäftsführer von Linke Medienakademie e.V. und aktiv in der Arbeitsgemeinschaft linker Medienmacher/innen in und bei der Partei DIE LINKE.

**Ohrenkuss-Autorinnen und Autoren**
Angela Baltzer, Julia Bertmann, Angela Fritzen, Svenja Giesler, Julian Göpel, Verena Günnel, Michael Häger, Moritz Höhne, Christian Janke, Mandy Kammeier, Michaela Koenig, Carina Kühne, Björn Langenfeld, Marcus Langens, Marc Lohmann, Annja Nitsche, Romy Reißenweber, Anna-Maria Schomburg, Karoline Spielberg, Paul Spitzeck, Charlotte Tomberger, Verena Turin, Andrea Wicke und Tobias Wolf,
www.ohrenkuss.de/projekt/portraits/
Zusammenstellung: Dr. rer. nat. Katja de Bragança (www.downtown-werkstatt.de).

**Marisol Sandoval**
Geboren 1984. Stipendiatin der Österreichischen Akademie der Wissenschaften (ÖAW) und Mitglied der Unified Theory of Information Research Group (http://www.uti.at/); studierte Kommunikationswissenschaft an der Universität Salzburg. Von 2008-2010 wissenschaftliche Mitarbeiterin am ICT&S Center der Universität Salzburg. Forschungsschwerpunkte: Theorie alternativer Medien, kritische Medien- und Gesellschaftstheorie, Kritik der Politischen Ökonomie, sowie Wirtschaftsethik und Corporate Social Responsibility (CSR). Gegenstand ihrer Dissertation ist die kritische Analyse von neuen Managementmodellen, Wirtschaftsethik und CSR im Mediensektor.

**Georg Seeßlen**
Geboren1948. Studierte Malerei, Kunstgeschichte und Semiologie. Er war Dozent an verschiedenen Hochschulen im In- und Ausland und schreibt als freier Autor (u.a. in *Die Zeit, konkret, epdFilm*) über Kino und Film und andere Aspekte der populären Kultur. Letzte Buchveröffentlichungen: „Filmwissen: Western: Grundlagen des populären

Films". Schüren 2010. „Blöd-Maschinen: Die Fabrikation der Stupidität". edition suhr-kamp, gemeinsam mit Markus Metz (i.E.).

**Karin de Miguel Wessendorf**
1974 geboren in Barcelona, studierte Germanistik und Medienwissenschaften in Barce-lona, München und Köln. 2005 Rechercheaufenthalt in Chiapas mit einem Stipendium der Heinrich-Böll-Stiftung und Mitarbeit bei der Organisation „Promedios de Comuni-cación Comunitaria" in San Cristóbal de las Casas (Mexiko). Seitdem Vertrieb der Zapa-tista Videos für Promedios in Deutschland (http://www.promedios.de/), Vorführungen und Vorträge. Medienpädagogische Projekte mit Jugendlichen und Erwachsenen. Or-ganisation des globalisierungskritischen Filmfestivals „Globale" in Köln. Aktuell arbeitet sie als freie Journalistin für Rundfunk und TV in Köln.

**Jeffrey Wimmer**
Prof. Dr., ist seit 2009 Juniorprofessor für Kommunikationswissenschaft an der TU Ilme-nau. Seine Forschungs- und Lehrschwerpunkte liegen im Bereich Soziologie der Medi-enkommunikation, Digitale Spiele, Öffentlichkeit und Gegenöffentlichkeit sowie inter-nationale und globale Kommunikation.

**Krystian Woznicki**
Gründer der Berliner Gazette (berlinergazette.de). Geboren 1972 in Kłodzko, Polen. Ar-beitete 1995 bis 1998 in Tokio als Korrespondent der *Spex* sowie Kolumnist der *Japan Times* und als freier Kurator. Seit 1999 in Berlin primär als Kulturtheoretiker und Medi-enproduzent tätig. Zu seinen kollaborativen Medienprojekten zählen ein digitales Ar-chiv der Globalisierung (2001-2006), Reader im Zeitschriftenformat (2002-2004). Seine Beiträge als Autor für Fachzeitschriften und Zeitungen erschienen in über 40 verschie-denen Print- und Online-Medien, auf Deutsch und in sechs weiteren Sprachen. Zuletzt schrieb er das Buch„Wer hat Angst vor Gemeinschaft? Ein Dialog mit Jean-Luc Nancy" (2009). Er war bis 2009 zehn Jahre lang Chefredakteur der *Berliner Gazette* (berlinerga-zette.de) und ist seitdem deren Herausgeber.

**Elke Zobl**
Geboren 1975, forscht im Rahmen eines Hertha-Firnberg-Stipendiums (FWF) an der Universität Salzburg zum Thema „Young women as creators of new cultural spaces". Seit 2001 betreibt sie das Online-Archiv *Grrrl Zine Network* (www.grrrlzines.net) und seit kur-zem *Grassroots Feminism*: Transnational Archives, Resources and Communities (www. grassrootsfeminism.net). Mit Red Chidgey arbeitet sie an dem Buch „DIY Media and Feminsm: Dispatches from the transnational zine movement". Sie freut sich über Zine-Informationen unter elke@grassrootsfeminism.net.

# HerausgeberInnen

### Bernd Hüttner

Geboren 1966. Regionalmitarbeiter Bremen der Rosa Luxemburg Stiftung (RLS) und Koordinator des Gesprächskreises Geschichte der RLS. Gründete im Jahr 2000 das Archiv der sozialen Bewegungen in Bremen (www.archivbremen.de). Mitglied des Internationalen wissenschaftlichen Beirates der ITH – International Conference of Labour and Social History. Zuletzt (als Hrsg., zusammen mit Peter Birke und Gottfried Oy): Alte Linke – Neue Linke? Die sozialen Kämpfe der 1968er Jahre in der Diskussion (Berlin 2009) und (zus. mit Christoph Nitz als Hrsg.): Weltweit Medien nutzen. Medienwelt gestalten, Hamburg 2010 sowie Marcel Bois, Bernd Hüttner (Hg.): Beiträge zur Geschichte einer pluralen Linken Heft 2, Theorien und Bewegungen nach 1968 http://www.rosalux.de/shorturl/band2nach68 (Reihe rls-papers der RLS, Berlin 2010). Kontakt: huettner@rosalux.de.

### Christiane Leidinger

Geboren 1969, Politikwissenschaftlerin, promovierte zu „Medien – Herrschaft – Globalisierung" (Dampfboot 2003), insbesondere zu Konzentrationsfolgen auf mediale Inhalte und ‚beschwor' darin alternative Medien als *eine* Korrektivmöglichkeit; war an einem Versuch zu einer Zeitschriftenneugründung der Frauen- und Lesbenbewegung beteiligt; Co-Redakteurin von www.lesbengeschichte.de; seit 1997 Lehrbeauftragte an Unis in verschiedenen Städten; letzte Forschungsprojekte: Biographik (Johanna Elberskirchen, 1864-1943. UVK 2008), alte und neue soziale Bewegungen im 19. & 20. Jahrhundert, feministischer Anti-Militarismus sowie historische Erinnerungskultur. Sie lebt als freischaffende Autorin in Berlin-Kreuzberg, zu ihren beruflichen Tätigkeiten jenseits von Forschung: www.christianeleidinger.de.

### Gottfried Oy

Geboren 1967, Aktivist zahlreicher Alternativmedienprojekte in den letzten 20 Jahren und promovierter Sozialwissenschaftler, zahlreiche Veröffentlichungen, Lehraufträge und Vorträge zu den Themen Gegenöffentlichkeit, Alternative Medien und Geschichte sozialer Bewegungen, zuletzt: „Überfraktionelles Bewusstsein jenseits von Partei und Spontaneismus: Das Sozialistische Büro", in: Jünke (Hg.): Linkssozialismus in Deutschland, Hamburg 2010, „Zeitung als Waffe – Die Publikationskultur der Roten Hilfe als Teil von Gegenöffentlichkeit?", in: Rübner/Mohr (Hg.): Prinzip Solidarität. Die Rote Hilfe in den 70er Jahren, Berlin 2011 (i.E.). Derzeit als Sozialarbeiter in der ambulanten Familienhilfe tätig.

Elisabeth Voß, NETZ f. Selbstverwaltung u. Selbstorganisation

## Wegweiser Solidarische Ökonomie ¡Anders Wirtschaften ist möglich!

ISBN 978-3-930830-50-3 – 2010 – 92 Seiten – 9 €

„Solidarische Ökonomie" – was ist das überhaupt? Ein wirtschaftswissenschaftliches Fachgebiet? Ein praktisches Versuchsfeld? Die vielfältigen theoretischen Konzepte, praktischen Betriebe und Projekte Solidarischer Ökonomien werden in diesem Buch vorgestellt: Kommunen, Haus- und Gartenprojekte, Projekte in den Bereichen Soziales, Kunst, Kultur, Bildung und Medien, Frauenprojekte, Tauschringe, Umsonstläden und Open-Source-Projekte, Finanzierungsstrukturen, Netzwerke und Verbände. Der Wegweiser möchte zum besseren Verständnis und zum Kennenlernen der vielfältigen Ansätze ökonomischer Alternativen beitragen. Ergänzt wird dieser Überblick durch Beispiele von Projekten aus anderen Ländern und internationalen solidarischen Wirtschaftsbeziehungen. Linkliste zum Buch: https://mensch.coop//solioeko

Kollektiv Orangotango (Hg.)

## Solidarität & Kooperation. Theorie und Praxis in Lateinamerika und Europa

ISBN 978-3-940865-07-6 – 2010 – 180 Seiten – 18 €

Inspiriert wird das Buch von aktuellen regionalen und globalen Entwicklungstendenzen hin zu solidarischen und kooperativen Formen sozioökonomischer, ökologischer und kultureller Organisation jenseits von Ausbeutung und Gewinnmaximierung.

Ein neugieriger und lernbereiter Blick macht dabei deutlich, dass Alternativen vielerorts schon gelebt werden. Die so geschlagene Brücke öffnet die Augen für die reichhaltigen solidarischen Erfahrungen und aktuellen kooperativen Ansätze der soziokulturellen Bewegungen, demokratischen Prozesse und alternativen Wirtschaftsweisen Lateinamerikas. Gleichzeitig sind Blicke über den Tellerrand ein Keim der Hoffung, erweitern die Horizonte und können neue Wege aufzeigen.

Kulturamt Berlin-Neukölln (Hg.)

## Le grand Magasin. Künstlerische Untersuchungen zum Genossenschaftsmodell

ISBN 978-3-940865-05-2 – 2010 – 216 Seiten – Hardcover – deutsch/englisch – 22 €

Die Publikation ist Teil des interdisziplinären Projekts Le Grand Magasin, das von dem Künstler Andreas Wegner initiiert wurde und sich der Untersuchung kollektiver Produktion und deren Potenzial in Kunst und Ökonomie widmet. Das Projekt ermöglichte nicht nur eine Zusammenarbeit zwischen internationalen Künstlern und europäischen Genossenschaften, sondern etablierte auch über ein Jahr lang ein Modellkaufhaus für Waren aus genossenschaftlicher Produktion in Berlin. Die Publikation fungiert gleichzeitig als Dokumentation des Projekts und als unabhängiger Reader. Neben Berichten über die Recherchen in europäischen Genossenschaften wird das Modellkaufhaus in Berlin ebenso vorgestellt wie die Ausstellungen in der Emil-Filla-Galerie der Jan-Evangelista.-Purkyn-Universität in Ustí nad Labem (CZ), der Trafo Galerie in Budapest und dem Institut für Zeitgenössische Kunst in Dunaújváros (HU).

# Ratgeber

Ebw/IBPro (Hg)
**Fundraising Süddeutschland**
5. aktualisierte Auflage – ISBN 978-3-940865-09-0 –
2010 – 580 S. – 35,00 €

ISS, Diethelm Damm (Hg.)
**Fundraising Hessen, Rheinland Pfalz und Saarland**
ISBN 978-3-930830-53-4 – 540 S. – 29,00 €

Paritätische Geldberatung, Vis-a-Vis Agentur (Hg.)
**Fundraising Nordrhein-Westfalen**
IBSN 978-3-930830-52-7 – 2009 – 520 S. – 35,00 €

EBW (Hg.)
**Presse- und Öffentlichkeitsarbeit Bayern**
ISBN 978-3-9308030-41-1 – 2009 – 240 S. – 18,00 €

EBW / IBPro (Hg.)
**Stiftungen nutzen – Stiftungen gründen**
ISBN 978-3-930830-27-5 – 2008 – 200 S. – 22,00 €

IBPro (Hg.)
**Vereinspraxis**. inkl. CD-ROM u.a. mit Mustertexten
ISBN 978-3-923126-94-1 – 2006 – 210 S. – 18,00 €

Beate Kuhnt / Norbert R. Müllert
**Moderationsfibel Zukunftswerkstätten**
ISBN 978-3-930830-45-9 – 2006 – 230 S. – 21,00 €

Horst Mauer, Norbert R. Müllert
**Soziale Kreativitätsmethoden von A bis Z**
ISBN 978-3-930830-91-6 – 2007 – 138 S. – 19,00 €

# Ökonomie/Selbsthilfe/Alternativen

Grosskopf/Münkner/Ringle
**Our Co-op**
ISBN 978-3-940865-01-4 – 2009 - 184 S. – 16 €

Saral Sakar
**Die Krisen des Kapitalimus**
ISBN 978-3-940865-00-7 – 2010 - 395 S. – 22 €

Netzwerk Grundeinkommen (Hrsg.)
**Kleines ABC des bedingungslosen Grundeinkommens**
ISBN 978-3-930830-55-8 – 2009 – 80 S. – 6,00 €

Markus Jensch
**Eine glücklichere Welt ist möglich**
ISBN 978-3-930830-39-8 – 2009 – 182 S. – 16,00 €

Christian Siefkes
**Beitragen statt tauschen**
ISBN 978-3-930830-99-2 – 2008 – 168 S. – 16,00 €

MACD an der Hochschule München (Hg.)
**Für mehr Teilhabe**
ISBN 978-3-930830-89-3 – 2007
320 S. – 28,00 €

MACD an der Hochschule München (Hg.)
**Gemeinwesenentwicklung und lokale Ökonomie**
ISBN 978-3-930830-93-0 – 2007 – 122 S. - € 16

MACD an der Hochschule München (Hg.)
**Gemeinwesen gestalten**
ISBN 978-3-930830-17-6 – 2009 - 191 S.- € 22

**CD Rom Edition Alternative Ökonomie**
CD-ROM – 2006 – ISBN 978-3-930830-83-1 – 60,00 €

BEST 3S (Hg.)
**Handbuch für soziale Beschäftigungsunternehmen**
IBSN 978-3-930830-78-7,- 2006 – 256 S. – 22,00 €

Verein zur Förd. d. Genossenschaftsgedankens (Hg.)
**Archiv Neue Genossenschaften, Alternative Ökonomie, Beschäftigungsgesellschaften**
ISBN 978-3-930830-08-4 – 1998 – CD-ROM – 60,00 €

B.Flieger
**Sozialgenossenschaften**
ISBN 978-3-930830-35-0 – 2003 – 308 S. – 19,00 €

Flieger / Nicolaisen / Schwendter (Hg.)
**Gemeinsam mehr erreichen**
ISBN 978-3-923126-92-7 – 1995 – 530 S. – 24,50 €

Hans-H. Münckner – NETZ e.V. (Hg.)
**Unternehmen mit sozialer Zielsetzung**
ISBN 978-3-930830-15-2 – 2000 – 200 S. – 16,50 €

Luise Gubitzer
**Geschichte der Selbstverwaltung**
ISBN 978-3-923126-62-0 – 1989 – 290 S. – 16,00 €

Martina Rački (Hg.)
**Frauen(t)raum im Männertraum**
ISBN 978-3-923126-49-1 – 1988 – 342 S. – 13,50 €

Rolf Schwendter (Hg.)
**Grundlegungen zur alternativen Ökonomie**
Band 1: Die Mühen der Berge
ISBN 978-3-923126-37-8 – 1986 – 292 S. – 12,50 €
Band 2: Die Mühen der Ebenen
ISBN 978-3-923126-38-5 – 1986 – 268 S. – 12,50 €

**AG SPAK Bücher | Holzheimer Str. 7 | 89233 Neu-Ulm**
www.agspak-buecher.de | Gesamtverzeichnis anfordern!

## Zusätzliche Angebote zum
## Handbuch AlternativMedien 2011/2012

**Web-Adressen** ∿∿∿∿∿∿∿∿∿∿∿∿∿∿∿∿∿∿∿∿∿∿∿∿∿∿∿∿∿∿∿∿
**www.alternativmedien.org** (kostenlos)


**Adressenliste als Exel-Datei** ∿∿∿∿∿∿∿∿∿∿∿∿∿∿∿∿∿∿∿∿∿
**Bezug über Verlag** (spak-buecher@leibi.de) 30 Euro